지정학의
포로들

세계의 패권 싸움은
지정학의 문제다

정의길

지정학의
포로들

한겨레출판

해양세력과 대륙세력의 충돌점,
한반도의 현실주의를 위해

1991년 12월 26일 소련이 공식적으로 붕괴됐다. 소련 붕괴로 냉전이 끝나면서, 세계는 적어도 그 이전보다는 평화와 협력의 시대가 되리라 기대했다. 미국의 정치철학자 프랜시스 후쿠야마Francis Fukuyama는 자본주의와 자유민주주의 체제의 승리를 두고 '역사의 종언'이라고 표현했다. 인류에게는 이제 더 이상 발전할 역사가 없다고 감히 말했다.

사반세기가 지난 지금 세계는 냉전시대보다 평화와 협력이 증진됐나? 중동은 이슬람국가(IS)로 상징되는 테러와 전쟁의 도가니가 됐다. 냉전시대 이스라엘과 아랍 국가 사이의 분쟁을 일컫던 중동분쟁은 이제 북아프리카의 대서양 연안에서 태평양의 필리핀 민다나오까지 이슬람권 전체를 휘감는 테러와 내전의 의미로 확장됐다. 소련을 계승한 러시아는 우크라이나의 크림반도를 합병했고, 우크라이나에서는 내전이 벌어지고 있다. 아시아에서는 남중국해를 중심으로 미국과 중국이 군사력을 과시하는 대결을 벌이고 있다. 한반도에 사는 우리에게는 무엇보다도 북한의 핵 개발로 인한 긴장과 갈등이 냉전시대를 능가하고 있다. 그 북한의 핵 개발이 냉전 종식과 함께 시작됐다는 것은 의미심장하다.

소련과 사회주의권이 붕괴된 그 자리는 평화와 협력으로 채워지지 않고, 더 극심한 갈등과 분쟁으로 채워졌다. 차라리 냉전시대는 '분쟁과 갈등이 관리되는' 차가운 평화의 시대였다. 냉전이 끝나면 평화와 협력이 올 것이라는 기대 자체가 틀렸다. 냉전은 자본주의와 사회주의라는 이데올로기로 다시 포장한 전통적인 세력들의 패권 다툼이었을 뿐이다. 소련과 사회주의권은 몰락했지만, 그 비워진 공간의 패권을 차지할 세력은 아직 정해지지 않았다. 지금의 갈등과 분쟁은 그 공백을 채우는 혼란스러운 과정일 수 있다.

우리는 흔히 지정학적 위기라는 말을 쓴다. 국제사회의 질서를 위협하는 심각한 위기를 지칭하는 표현이다. 하지만 냉전 이후 국제사회는 지정학을 잊어버렸다. 국가와 세력의 위치와 힘의 관계를 논하는 지정학은 제국주의 시대의 유산으로 치부되며, 사이비과학으로 간주됐다. 기본적으로 국가와 세력들을 생존을 위한 갈등관계로 보는 지정학은 냉전에서 자유민주주의와 자본주의가 승리함으로써 갈등이 해소된 듯 보이자 가치가 폄하되었다. 지정학은 이데올로기나 이상과 상관없이, 지리적인 위치에 따른 국가와 세력 간 힘의 관계와 구도를 논할 뿐이다.

지금의 세계가 만들어지기 시작한 시기는 유럽세력의 세계 진출이 시작된 16세기경이다. 이후 역사는 줄곧 서방 해양세력과 유라시아 대륙세력의 충돌의 역사이다. 바다와 유라시아 대륙 연안지대에 세력을 튼 서방 해양세력, 유라시아 대륙 내부에 근거지를 둔 유라시아 대륙세력의 지정학이 이 책의 주제이다. 이런 큰 구도를 그려놓고 보면, 한반도의 분단과 지금의 북핵 위기도 러시아–중국–북한으로 연결되는 유라시아 대륙세력과 미국–일본–남한으로 연결되는 서방 해양세력의 계속되는 갈등과 충돌의 일환일 뿐이다.

이 책을 쓰게 된 동기는 지정학의 소개에 있지 않다. 지정학을 빌려 우리에게 필요한 현실주의Realism를 말하려는 것이다. 근대 이후 서방을 필두로 한 국가들의 대외정책은 보수와 진보라는 이념적 스펙트럼으로 구분할 수 없다. 그보다는 '현실주의'와 '이상주의Idealism'의 경합과 갈등, 조합의 산물이었다. 현실주의란 국가의 대외정책 목적과 국제사회의 본질은 현실적 국익이며, 이를 위해서라면 상대와의 대화와 타협 혹은 전쟁까지도 가리지 않는다고 거칠게 정의할 수 있다. 반면 이상주의는 국가, 특히 국제사회의 본질은 특정한 가치에 입각해 이를 구현하는 것이라고 보며, 그 자체를 목적으로 삼는다.

국가의 정책, 특히 대외정책 성공 여부는 상황에 따라 현실주의와 이상주의를 어떻게 조화시키느냐에 달려 있다. 공동의 가치가 없는 지나친 현실주의는 국가 사이의 갈등과 분쟁으로 귀결될 소지가 크고, 지나친 이상주의 역시 상대와의 협상과 타협을 불가능하게 하며 참극으로 끝난 것을 역사는 보여준다.

영국 역사학자 에드워드 핼릿 카Edward Hallett Carr는 현실주의 정치학의 한 고전인 《20년의 위기The Twenty Year's Crisis, 1919 ~1939》에서 2차대전은 이상주의가 빚어낸 참극이라고 결론 냈다. 각국의 현실적 힘에 입각하지 않고 가치에만 기댄 공허한 국제 체제가 2차대전을 불렀다는 것이다.

20세기에 들어오면서 이미 유럽에서 최고의 국력을 갖춘 독일이 1차 대전을 일으킨 책임을 묻는다는 이유로 국제사회에서 배제된 데서 재앙이 시작됐다고 본다. 나폴레옹전쟁 뒤부터 1차대전 전까지 유럽은 영국, 프랑스, 독일, 오스트리아, 러시아 5대 열강의 세력균형으로 비교적 긴 평화의 시대를 누렸다. 하지만 1차대전 뒤 승전국들은 유럽의 세력균형 체제에서 독일의 몫을 박탈했다. 오스트리아는 1차대전을 거치며 열강의 지위를 잃고 사실상 몰락했다. 러시아는 볼셰비키혁명 뒤 소련 성립으로 스스로 국제 체제로부터 철수하기도 했고, 자본주의 열강에 봉쇄당하기도 했다. 1차대전을 통해 유럽에 파병하면서 유럽뿐만 아니라 전 세계에서 세력균형의 한 축으로 부상한 미국은 이상주의 성향의 고립주의로 유럽에서 물러나 있었다. 영국은 유럽 대륙에 대한 특유의 '영예로운 고립Splendid Isolation' 노선을 다시 가동하고 개입을 자제했다.

유럽에 남은 것은 쇠락해지는 국력의 프랑스와 불만에 찬 독일뿐이었다. 유럽에 생긴 거대한 세력공백은 결국 독일이 채울 수밖에 없었다는 데 모든 정치학자들이 의견을 같이한다. 1차대전 뒤 베르사유 체제에서 승전국들이 독일의 현실적 힘을 인정하고 국제사회의 동등한 구성원으로 참여시켰다면, 2차대전의 참극은 없었으리라.

현실주의와 이상주의가 야기한 대조적인 결과에 대해서는 가까운 미국의 역사에서 대표적인 사례를 찾아볼 수 있다. 2차대전 이후 미국 대외정책의 최고 성과인 미국과 중국의 화해는 매카시즘의 실질적 주역인 한편 실리를 우선시하는 현실주의자이기도 했던 리처드 닉슨Richard Nixon에 의해 추진됐다. 미국 정치인 중 가장 강경한 반공 매파였던 닉슨은 미국 냉전정책에서 혁명적 사고전환을 해서, 결국 냉전의 승리를 이끄는 기반을 닦았다. 반면 2차대전 이후 미국 대외정책의 최대 재앙인 이라크전쟁은 우파 이상주의 세력인 네오콘Neocons의 작품이었다. 중동에 민주주의를 전파한다는 그들의 이상은 오히려 아노미만 불렀다.

한국의 보수와 진보 진영은 모두 이상주의자들이다. 특히 북한 문제에서는 거의 100% 이상주의자들이다. 북한을 기본적으로 박멸해야 한다거나, 같은 민족이니 무조적 껴안아서 통일을 이뤄야 한다는 이상주의자들이다. 각 진영 내에서도 편차는 있지만, 기본적으로 그렇다. 그런데 북한을 우리를 위협하는 적이나 같이 살아야 할 민족 어느 한쪽이 아닌, 생존과 국익을 챙기기 위해 몸부림치는 집단으로 볼 수 없을까? 그래서 그런 집단을 놓고 우리가 상정할 수 있는 손해를 계산하고 이익을 챙길 수는 없을까?

독일 통일을 이루고 오늘의 독일을 만든 오토 폰 비스마르크Otto von Bismarck는 '정책은 가능성의 예술'이라고 말했다. 그가 이룬 독일 통일은 따지고 보면, 오스트리아를 배제한 반쪽 통일에 불과하다. 이상이란 현실 가능해야 이상이지, 그렇지 않으면 도그마일 뿐이다. 우리의 대외정책, 특히 대북한정책은 여전히 도그마에 기초해 있다. 냉전시대보다도 갈등과 분쟁이 더 격심해진 오늘날 세계의 근원을 지정학으로 해석하고자 하는 것은 이상이 아닌 현실에 발붙인 리얼리즘이 우리에게 무엇인가를 보기 위해서이다.

나는 30여 년의 기자생활 중 적지 않은 기간 동안 국제 문제에 관한 기사를 썼지만, 이러한 주제를 다루기에는 지식과 역량이 부족하다. 그럼에도 무모하게 이 책을 쓴 것은 기자생활을 하면서 느낀 나의 문제의 식이 대중이 필요로 하는 문제의식과 다르지 않을 것이라는 만용 때문이다.

책의 얼개에 대한 소개는 차례로 대신한다. 책의 출판을 기꺼이 맡아주고 독려해준 한겨레출판의 고우리 편집자, 출판을 후원해준 삼성언론재단이 없었다면 이 책은 나올 수 없었다. 책을 쓴다는 이유로 생업에 소홀해도 불평하지 않았던 한겨레의 국제부 동료 모두도 이 책의 저자들이다.

정의길

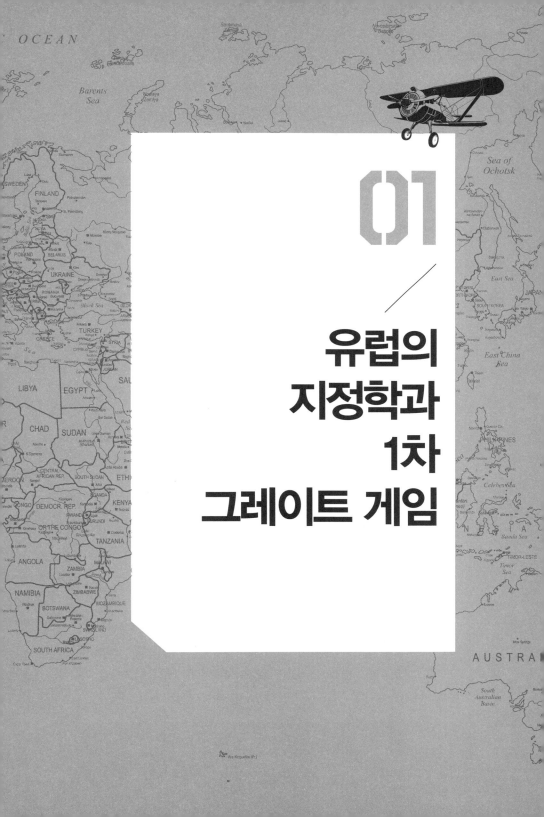

01

유럽의
지정학과
1차
그레이트 게임

세계 근현대사를 주도한 유럽의 지정地政 질서 역사는 서방 해양세력 형성의 역사이자 세력균형 질서의 역사이다.

유라시아 대륙 서쪽의 큰 반도인 유럽은 풍부한 해안선, 양질의 항구, 항해 가능한 내륙 수로, 다양한 지리적 구획이라는 지리적 특징을 갖고 있다. 이런 지리적 특징 덕분에 유럽은 일찌감치 지중해를 무대로 한 그리스 도시국가 세력 등 해양세력의 전통을 일구었다. 지리적 구획이 만들어낸 다양한 민족과 세력의 경쟁과 각축은 유럽 국가들의 해양 진출을 촉진했다.

이는 아시아로 가는 직항로 개척과 아메리카 대륙의 발견으로 이어졌다. 1500년대 이후 지리상의 대발견은 한 번도 역사의 중심 역할을 못했던 유라시아 대륙 서쪽의 변방인 서유럽을 전 세계로 진출하는 해양세력의 중심지로 탈바꿈시켰다.

지리상의 발견에 따라 서유럽 지역 국가들이 부상하자 유럽의 다양한 민족과 세력의 경쟁과 각축이 격화됐다. 1500년대 유럽 대륙 한가운데를 무대로 한 30년전쟁의 참화와 이 전쟁을 수습한 베스트팔렌조약은 유럽의 크고 작은 세력들에게 획정된 영토와 그 안에서의 배타적 주권을 행사하는 국민국가Nation State 체제, 그리고 이에 기반한 세력균형 Balance of Power 질서를 만들어냈다.

세력균형 질서는 각 세력 간 힘의 균형을 통해 공존을 추구한다. 핵심은 압도적인 패권국가 출현을 막는 것이었다. 베스트팔렌조약 전후로 그 관건은 유럽 한가운데 위치한 독일세력의 관리였다. 유럽의 세력균형 질서의 역사는 독일의 분열과 통일의 역사였다. 독일의 지나친 분열과 약화는 주변국의 부상을 낳았다. 독일의 강화와 통일은 독일의 패권국가화로 치달았다. 두 경우 모두 유럽에 전면전의 참화를 불렀다. 오스트리아 주도 합스부르크제국의 확대는 30년전쟁을, 독일의 분열과 약화에 따른 프랑스의 부상은 나폴레옹전쟁을, 독일 통일은 두 차례의 세계대전으로 이어졌다.

영국은 이 세력균형 질서의 수호자 역할을 했다. 영국은 유럽 대륙과 바다로 격리된 지리 조건을 유럽 대륙의 분쟁에서는 자유롭고, 해양 진출에는 유리한 지정적 호조건으로 만들었다. 서방 해양세력의 패자가 된 영국은 유럽 대륙의 문제에 거리를 두는 '영예로운 고립' 노선을 추구했다. 유럽의 세력균형 질서가 무너질 경우에만 개입하는 최후의 중재자 역할을 자임했다.

한편 러시아는 유럽의 지정 질서를 안팎에서 변주했다. 러시아는 유럽의 기독교 세계를 위협하는 국외자지만, 유럽의 세력균형이 와해될 때마다 이를 복원했다. 나폴레옹전쟁, 2차대전에서 유럽을 복원한 세력은 러시아였다. 이 과정에서 러시아는 서방 해양세력과 맞서는 유라시아 대륙세력의 패자로 성장했다. 이는 영국과 러시아가 유라시아 대륙 식민지 패권을 놓고 벌인 첫 번째 그레이트 게임으로 이어졌다.

1
유럽, 서방 해양세력을
탄생시키다

　지금의 유럽은 1500년대 이후 탄생한 세계이다. 이때 유럽이란 대서
양 쪽의 서유럽이 중심이고, 근대를 선도했던 유럽을 말한다. 1500년대
전까지 그런 유럽은 존재하지 않았다. 그전까지는 지중해 세계가 있었
을 뿐이다. 지금의 유럽은 그리스와 로마 문명, 15세기 전후의 르네상
스 시대까지를 거친 뒤에야 비로소 지중해 세계에서 갈라져 나왔다.

　그전까지 지리적인 유럽은 존재했을 수 있으나, 지정적인 유럽은 존
재하지 않았다. 유럽의 지중해 연안, 터키 연안과 레바논·팔레스타인
으로 이어지는 동지중해 연안, 이집트, 마그레브 등 북아프리카의 지중
해 연안으로 구성된 지중해 세계에서 유럽이 갈라져 나왔다. 그 원동력
은 서방 해양세력의 출발점인 15세기 말 아시아와 아메리카로 가는 신
항로의 발견이었다. 콜럼버스Christopher Columbus의 아메리카 대륙 발견

과 바스쿠 다가마Vasco da Gama의 아시아 직항로 개척은 대서양 연안 서유럽 국가들의 흥기와 지중해 세계의 쇠퇴를 불렀다.

유럽의 지형, 해양세력을 배태하다

지중해 세계는 인류 문명의 발상지인 '비옥한 초승달지대 Fertile Crescent'의 산물이다. 현재 팔레스타인과 레바논 등 중동의 동지중해 연안을 포함한 비옥한 초승달지대는 인류 역사에서 식량 생산이 가장 앞섰다. 겨울은 온난다습하며 여름은 길고 덥고 건조한 지중해성 기후 덕분이었다.

이런 기후는 인간에게 작물화된 식물종인 한해살이 곡류와 콩류가 성장하기 적합하다. 곡류와 콩류는 현대의 주요 12종 작물 중에서도 6종을 차지할 정도로 중요하다. 세계적으로 가장 훌륭한 56종의 볏과 식물 중에서 32종의 원산지가 이 지역이기도 하다. 인류가 초기에 작물화한 '창시 작물'은 8종으로, 에머밀, 외톨밀, 보리, 렌즈콩, 완두콩, 병아리콩, 쓴살갈퀴, 아마였다. 이 중 비옥한 초승달지대 외의 지역에서 널리 자생한 식물은 아마와 보리 두 가지뿐이었다. 또한 비옥한 초승달지대에서는 대형 포유류인 염소, 양, 돼지, 소가 매우 일찍부터 가축화됐다. 이 4종의 가축과 개는 전 세계를 통틀어 가장 먼저 가축화된 동물이다. 오늘날에도 전 세계의 가축화된 포유류 중에서 가장 중요한 5종이다.[1]

농업이 시작된 비옥한 초승달지대에서 인류 문명이 창시됐다. 이 지대의 문명은 그리스 문명 등 지중해 세계의 탄생을 낳았다. 지중해 세계에서도 동지중해 연안 지역이 중심이었다. 특히 동지중해 지역에서 그리스는 일찌감치 해양세력으로 발돋움했다.

지리적인 유럽은 서쪽의 영국제도부터 시작해 동쪽의 러시아 우랄산맥까지이다. 면적은 약 1,018만 제곱킬로미터이다. 세계 전체 육지 면적 1억 4,893만 제곱킬로미터의 15분의 1 남짓하다. 그러나 러시아를 제외한 전통적인 유럽은 622만 제곱킬로미터로, 가장 작은 대륙이라는 오스트레일리아의 767만 제곱킬로미터보다도 작다.

유럽은 작은 면적에 비해 긴 해안선과 풍부한 연안지대 등 양호한 해양 조건을 가지고 있다. 해안선의 길이는 27만 8,547킬로미터이다.[2] 이는 지구 전체 육지의 해안선 길이인 116만 2,306킬로미터[3] 혹은 163만 4,702킬로미터[4]의 20~25%나 된다. 대양으로는 대서양을 접하고, 지중해, 북해, 발트해, 흑해 등 다양한 공해와 내해가 3면을 둘러싸고 있다. 유럽 자체가 하나의 큰 반도이기도 하지만, 유럽은 수많은 반도를 품고 있기도 하다. 스페인과 포르투갈이 있는 이베리아반도, 이탈리아반도, 덴마크의 유틀란트반도, 그리스 등이 있는 발칸반도… 그리고 이 반도들은 또 그 안에 작은 반도들을 안고 있다. 유럽 인구의 대부분은 해안에서 400킬로미터 안에 거주한다. 모든 지역이 해안과 가까운데다, 항해에 적합한 양질의 강들이 해안으로의 접근을 쉽게 해준다.[5]

유럽은 면적이 작으나, 그 안에 평원, 산맥, 강, 계곡 등 다양한 지형으로 자연적 경계와 방벽을 품고 있다. 이는 유럽에 수많은 민족과 언어, 국가를 만들어냈다. 이들 사이의 교류와 경쟁, 협력은 유럽을 근대 이후 가장 역동적인 역사 발전 무대로 만든 환경이었다.

험준한 알프스산맥은 서유럽에서 남과 북을 가르는 경계이자 방벽이었다. 피레네산맥은 이베리아반도와 유럽의 다른 지역을 구획하는 경계가 됐으며, 이는 이베리아반도와 다른 유럽 지역을 포괄하는 국가나 세력의 탄생을 막았다. 프랑스 역시 피레네산맥, 알프스산맥, 라인강으로 자연 경계를 치고 있다.

유럽의 주요 강들은 유럽 내의 역사적 경계이자, 교류의 길이었다. 러시아를 제외한 유럽에서 가장 긴 강인 도나우강(2,850킬로미터)은 중세까지는 지중해 세계의 북단 경계였다. 근대 이후에는 북유럽과 남유럽, 서유럽과 동유럽의 역사적 경계였다. 또한 그 유역은 지중해 세계에서 유럽이 갈라져 나오게 한 사회경제적 배경이 됐다.

독일의 삼림지대인 흑림에서 발원한 도나우강은 남동쪽으로 흘러 흑해로 들어간다. 도나우강 유역은 유럽의 18개 국가에 걸쳐 있고, 자연적 경계가 됐다. 2000년 전 로마제국의 북방 국경으로, 지중해 문명의 세계와 게르만족 야만의 세계를 가르는 경계였다. 그렇지만 이 강은 문명의 세계인 동지중해와 야만의 세계인 유럽의 서쪽 내륙을 잇는 길이기도 했다. 로마 시대부터 이 강은 주요 교역로였다. 중세에 들어서 그 유역에 많은 세력과 국가를 배태하고 그 경계가 됐다. 유럽 중부에 빈, 브라티슬라바, 부다페스트, 베오그라드 등 도시를 탄생시키기도 했다. 이 도시들은 지중해 세계에서 유럽이 갈라져 나오게 한 사회경제적 동력의 배경이 됐다.

유럽을 깨운 지중해

다양한 반도와 내해를 접한 풍부하고 복잡한 해안 환경, 좋은 해안 접근성을 가진 유럽에서는 일찌감치 해양세력이 성장했다. 유럽 문명의 요람인 고대 그리스 세계는 그 전형이다. 그리스반도의 척박한 토양과 산악 지형은 아테네 등 그리스 도시국가들로 하여금 인근의 에게해 등으로 일찌감치 진출하게 했다. 그리스 도시국가들은 동쪽의 흑해 북부 연안부터 서쪽의 이베리아반도가 있는 지중해 해안까지 식민지를 개척했다.

그리스 신화의 절정인 트로이전쟁에서의 오디세우스 이야기는 그리스의 해양 세계를 잘 말해준다. 트로이전쟁이 끝난 뒤 고향으로 귀환하다가 표류하는 오디세우스의 모험은 그리스 세계가 흑해뿐만 아니라 지중해 전역을 무대로 하지 않고서는 나올 수 없는 서사이다.

로마도 그 건국의 모태를 트로이전쟁에서 패배한 트로이의 후예에게서 찾는다. 트로이전쟁에서 트로이의 영웅이자 왕자인 헥토르의 사촌 아이네이아스가 멸망한 트로이를 떠나서 세운 나라가 로마라고 한다. 이는 사실 여부를 떠나 로마가 기원한 이탈리아반도가 그리스 해양세력의 영향 아래 있었다는 것을 말해준다.

로마가 지중해 세계의 패자로 등장하는 계기인 기원전 3세기 카르타고와의 포에니전쟁 역시 고대 지중해의 해양 세계를 말해준다. 카르타고는 페니키아가 현재의 튀니지를 중심으로 북아프리카 지중해 연안에 세운 식민도시이다. 기원전 9세기에 세워진 카르타고는 역사 내내 시칠리아섬을 놓고 그곳의 그리스 식민도시에 이어 로마와 다툰다.

북아프리카의 동부 연안과 이베리아의 지중해 연안, 시칠리아 등 지중해의 섬들은 현재의 레바논의 기원인 페니키아와 그리스 도시국가들, 그리고 로마가 패권을 겨뤘던 무대이다. 포에니전쟁은 그 패권 다툼의 절정이다. 이는 그들이 지중해를 종횡무진하는 해상활동을 했다는 증거이다.

로마는 서지중해로까지 세력을 넓힌 그리스 도시국가들의 식민세력에 영향을 받은 이탈리아반도 중부에 세워진 나라이다. 로마는 기원 원년 무렵 지중해 세계의 패자가 됐다. 로마제국이 서기 330년에 수도를 콘스탄티노플로 옮긴 것은 당시 지중해 세계에서 중심이 어디였는지를 잘 보여주는 대목이다. 로마가 발원했던 이탈리아반도 등 서지중해 지역에 비해 동지중해 연안이 문명과 경제에서 중심지였기 때문이다. 로마는 콘스탄티노플로 천도한 뒤 곧 동로마와 서로마로 분열된다. 이를 두고 경제적 가치가 떨어지는데다 게르만족 등 이민족의 침입에 시달리는 서로마 지역을 꼬리 자르기 한 것이라고 보는 시각도 있다.

지금의 이스탄불인 콘스탄티 노플을 중심으로 한 동지중해 일대는 1500년대가 될 때까지 지중해 세계의 중심이었다. 서유럽 지역은 476년 서로마 멸망 뒤 게르만족의 약탈에 휩쓸렸다. 그러자 동로마제국이 의연히 버티던 동지중해 지역의 문명과 경제 우월성은 상대적으로 더욱 커졌다. 특히 동지중해 일대는 유라시아 대륙의 문명 세계들에서 교역 중심으로서 우월한 지정적 지위를 누리고 있었기 때문이다.

로마 시대 이전부터 시작된 아시아와 유럽의 교역은 시간이 갈수록 유럽 등 유라시아 서쪽 세계에서 부와 권력의 한 원천이 됐다. 아시아, 특히 중국의 선진화된 문명과 경제력으로 인해 이 교역은 아시아로부터 유럽 쪽으로 흐르는 일방 교역의 성격이 짙었다. 비단과 향료 등 고가이나 경량인 아시아산 물품들이 유럽으로 수입됐다. 아시아산 제품들은 육로의 실크로드를 따라 중앙아시아를 가로지르거나, 인도 연안을 거쳐 페르시아만과 홍해에 이르는 해로를 통해 운반됐다. 육로와 해로는 동지중해 연안에서 합류했다. 아시아산 물품들은 거기서 유럽 전역으로 배분됐다.

유라시아 대륙의 동서인 아시아와 유럽을 잇는 실크로드는 동지중해 일대에서 3개의 주요 종착점을 만들었다.

첫 번째가 흑해 연안이다. 흑해 연안 북쪽의 크림반도, 그리고 흑해 연안 남동쪽의 트레비존드(현재 터키의 트라브존 일대)로, 실크로드 육로의 터미널이었다. 크림반도는 중국에서 출발하는 북방 실크로드의 종착점이었다. 트레비존드는 인도를 출발해 페르시아를 거치는 남방 실크로드의 종착점. 통상로로서의 흑해 일대는 중세 이후 북쪽의 몽골과 남쪽의 튀르크 등 중앙아시아 초원 유목세력들의 부침에 크게 영향을 받았다. 흑해는 가장 좁은 폭이 750미터에 불과한 보스포루스해협을 통해서 지중해로 연결된다. 이런 흑해의 지형은 보스포루스해협의 유럽 쪽에 위치한 콘스탄티노플을 고대 이후부터 가장 중요한 지정학적 가치를 지닌 도시로 만들었다. 콘스탄티노플은 동로마제국과 이후 오스만 튀르크제국의 수도로서, 동지중해 일대의 통상 거점이 됐다.[6]

두 번째 종착점이 시리아와 팔레스타인 연안이다. 이 일대는 인도를 출발해 페르시아와 시리아를 거치는 통상로의 종착점이다. 레바논 남서부의 티레, 현재 이스라엘의 야파와 아크레 등으로 카라반(대상)이 몰려들었다. 특히 11세기 이후 십자군전쟁은 이 지역을 서유럽의 기독교도들에게 동방의 산물과 문명을 전하는 통로로 만들었다. 십자군이 예루살렘 일대에 세운 라틴 예루살렘왕국(1099~1187) 때 아크레는 요새화된 항구로서 가장 중요한 통상 중심지로 기능했다. 십자군세력이 퇴조한 13세기 후반에도 무슬림세력인 맘루크 왕조는 아크레를 함락시키는데 주저했다. 아크레가 파괴되면 상품 수출의 사활이 걸린 통로가 사라질 것을 우려했기 때문이다. 아크레가 1291년 함락되자, 이 통상로의 종착점은 북쪽 터키의 라자조와 동지중해 섬 키프로스로 이동했다.[7]

마지막으로 인도와 중국에서 홍해를 거쳐 지중해 항구들로 연결되는 해로의 종착점이다. 아시아와 무슬림 상인들은 물품을 해로로 운송해 홍해를 지나 수에즈 지협에 와서, 육로를 이용해 이집트의 지중해 도시 알렉산드리아에 도달했다. 또는 사우디아라비아의 홍해 연변 항구 제다에서 하역해 육로로 메카를 거쳐 시리아로 가기도 했다. 7세기 후반 이후 무슬림세력의 흥기와 이들의 이교도와의 통상금지 조처에도 불구하고, 이 통상로는 시간이 갈수록 유럽에서 가장 인기 있는 통로가 됐다. 중세 이후 동지중해와 서유럽 쪽을 잇는 중개상 역할을 하며 세력을 키운 베네치아 등 이탈리아 도시국가들이 가장 선호하는 통상로였기 때문이다. 알렉산드리아 등지의 항구에서 출발한 배들은 그리스 해안을 돌아서 유럽 본토로 갔다. 키프로스와 크레타섬을 기지로 하여 에게해의 섬들을 거치며 이탈리아반도 동쪽 아드리아해, 서쪽 티레니아해의 항구 도시들로 들어갔다.[8]

중세 이후 이탈리아반도는 유럽 대륙으로 들어가는 해로의 관문이었다. 따라서 베네치아와 제노바, 나폴리 등 도시는 지중해 세계의 교역을 담당하며 번성했고 중세 유럽을 근대로 이행시키는 르네상스 문화를 배태하게 된다.

특히 아드리아해는 중세 이후 두 가지 이유에서 유럽 대륙의 통상 관문이 됐다. 첫째, 아드리아해 북단은 이탈리아 내부 시장뿐만 아니라 유럽 대륙 내륙으로의 접근이 쉬웠다. 아드리아해로 흘러드는 포강과 아디제강을 타고서 선박으로 알프스산맥 남쪽 기슭까지 갈 수 있었다. 거기서부터 알프스산맥을 넘어 유럽 내륙으로 들어갔다. 또한 아드리아해는 동지중해 연안의 항구를 잇는 해로의 길이가 상대적으로 짧았다. 로마의 분리 이후 동로마제국을 계승한 비잔틴제국의 관할 아래 아드리아해는 상대적으로 안정된 치안을 유지했다.[9]

베네치아는 유럽 대륙 내륙과 가까운데다, 동지중해 연안을 잇는 해로의 길이도 짧다는 지정학적 이점을 누렸다. 이런 조건은 베네치아를 중세 이후 지중해 세계를 관할하는 해상제국의 위치로까지 올라서게 했다. 베네치아는 십자군전쟁 때 병력을 수송하는 등 유럽의 다른 국가나 세력보다도 월등한 해운 능력을 확보해갔다. 베네치아는 1204년 4차 십자군전쟁 때 콘스탄티노플을 한때 점령하는 등 지중해 세계의 통상 패권을 좌지우지하게 됐다. 콘스탄티노플의 비잔틴제국이 인접한 셀주크튀르크와 뒤이은 오스만튀르크 등 무슬림세력의 압박과 팽창으로 인해 쇠퇴로 접어들자, 지중해 세계에서 베네치아의 세력은 상대적으로 커졌다.

서유럽의 탄생

베네치아 번성은 서로마 멸망 이후 오랜 암흑세계에서 벗어나는 유럽 대륙 내부의 성장을 배후로 한다. 베네치아 세력의 원천인 통상은 유럽 대륙 내부의 성장을 촉진하고, 이는 또 베네치아의 성장을 촉진했다. 11~13세기 동안 유럽의 인구는 2~3배 증가한 것으로 추정된다. 이는 당시 유럽의 평균 기온이 섭씨 2도 정도 오르면서 작물 재배가 호조를 보인 데 크게 힘입었다. 또한 이 기간 동안 전염병의 감소도 한몫했다. 농업혁명에 의한 생산력 증가는 유럽 대륙에서 직물 등 상품의 수출도 가능케 했다. 이 시기의 경제 개발로 중세 후반은 '12세기의 르네상스'로 불린다. 이탈리아에서 발원하는 15세기 전후 르네상스의 전조가 됐다.[10]

북해에 인접한 함부르크도 1189년 독립 도시가 되어 그 지역 통상의 중심이 됐다. 프랑스 샹파뉴 지방의 6개 도시에서는 매년 돌아가면서 박람시장이 열렸다. 이는 유럽 대륙 내부의 경제 및 교역의 급속한 성장을 말해준다. 한 도시의 박람시장은 6주간이나 계속됐다. 상인들은 박람시장이 열리는 도시들을 이동하며 장사를 했다.

대서양 연안의 서유럽이 1500년대 이후 세계를 주도하는 해양세력으로 진화한 것은 유럽의 이런 지리 환경과 지중해 해양 세계의 역사적 경험에 힘입었다. 이에 더해, 다양성과 경쟁을 배태한 지리 환경 역시 유럽을 근대의 주인공으로 만드는 데 일조했다. 다양한 세력과 민족, 국가는 유럽을 역사 내내 전쟁의 도가니로 만들기는 했으나, 이를 통해 유럽의 각 세력과 국가들은 가장 경쟁력을 갖춘 집단으로 근대 이후 세계사의 무대에 등장했다.

아메리카 신대륙의 발견 전까지 유럽은 유라시아 대륙 서쪽 끝 변방에 불과했다. 그러나 아메리카 신대륙의 발견으로 진정한 글로벌 세계가 형성되자, 유럽은 그 지리적 중심이 됐다. 유라시아 대륙에서 유럽은 아메리카와 아프리카에 가장 쉽게 접근할 수 있는 세계가 됐다. 이는 그때까지 인류의 중심 무대였던 유라시아 전역에서 유럽을 가장 경쟁력 있는 지역으로 만든 지정적 원동력이었다. 특히 서유럽은 이곳 세력들이 개척하는 글로벌 세계의 중심 지역이 됐다. 그런데 아메리카 대륙의 발견과 아시아로 가는 직항로 개척은 서유럽의 흥기를 낳은 반면, 동서 교역로에서 지중해 세계의 지정적 가치를 쇠퇴하게 했다. 1500년대 이후 지중해 세계와 서유럽은 문명적으로 역전되고, 역사적 지위를 교체하게 된다.

16세기 해양세력의 흥기
1497년 포르투갈의 바스쿠 다가마가 남아프리카의 희망봉을 돌아서 인도로 가는 항로를 개척했다. 앞서 1492년 스페인의 후원을 받은 크리스토퍼 콜럼버스가 아메리카 신대륙을 발견했다. 대서양 연안의 서유럽 지역이 처음으로 역사의 주역으로 등장하는 인류사의 분기점이었다. 서세동점西勢東漸, 서방 해양세력 흥기의 시작이었다.

유라시아의 역사는 유목세력과 정주세력의 쟁패사다. 내륙 초원의 유목세력과 해안의 정주세력의 투쟁사다. 고대와 중세까지 대륙의 초원에서 발원한 흉노, 스키타이, 몽골, 튀르크 등 수많은 유목세력은 유라시아 연안 지역의 정주 농경세력을 유린했고, 그러면서 정주세력으로 바뀌었다. 중국의 한족도 수천 년에 걸친 서북방 '오랑캐'들의 집합이나 다름없다. 서방 세계의 대부분을 구성하는 인도유럽어족 역시 흑해 북쪽 연안에서 출발해 유럽과 인도 등으로 흩어진 쿠르간 유목부족에서 기원했다.

그래서 지정학의 아버지 해퍼드 매킨더Halford Mackinder는 "유럽과 유럽의 역사는 아시아와 아시아 역사의 종속물로 봐야 한다"며 "유럽의 문명은 사실 아시아의 침략에 대한 장기적인 투쟁의 산물이다"라고 말했다.[11] 다가마와 콜럼버스가 신항로와 신대륙을 발견하고 "16세기에 접어들면서 유라시아의 지정 질서는 문자 그대로 뒤바뀌었다. 유럽의 대서양 연안과 아시아의 태평양 해안이 전략적으로 중심축이 되고, 반면 지중해와 중앙아시아는 그 중요성이 약화됐다."[12]

대서양 연안 서유럽의 정주세력이 해양세력으로 진화하며, 유라시아 지정 질서를 주도하는 패권세력으로 올라서기 시작했다. 포르투갈을 시작으로 스페인, 네덜란드, 프랑스, 영국이 차례로 아메리카와 유라시아 대륙의 연안을 따라 식민지 거점을 개척했다. 이 유럽제국들은 아메리카라는 새로운 부의 원천, 유라시아 대륙 연안의 식민지 거점과 이를 잇는 직항 해로를 두고 패권 경쟁을 벌였다. 서유럽과 아시아를 직접 잇는 다가마의 항로 개척은 기존의 통상로에서 "유라시아의 대륙(중앙아시아, 중동, 남동유럽)과 해양(페르시아만, 흑해, 지중해) 핵심부들의 전략적 상관

성을 상실하게 했다."¹³

신대륙과 신항로가 개척된 16세기 유라시아 대륙의 정세도 서방 해양 세력의 형성과 흥기의 배경이다. 유라시아 대륙의 초원 유목세력의 퇴조와 중앙아시아의 정치 불안이 그것이다. 유라시아 대륙을 지배하며 교역로를 보호하던 몽골제국은 해체됐고, 그 후예인 중앙아시아 초원지대의 몽골−타타르 칸국들은 러시아의 팽창에 빨려들어가고 있었다.

1500년대 초부터 유라시아 카라반 교역로의 정치 불안이 심해졌다. 중앙아시아의 티무르제국이 붕괴되고, 사파비 왕조의 페르시아가 오스만튀르크제국과 알력하며 긴장을 고조시켰다. 새로운 해로의 발견보다 중앙아시아의 불안정이 유라시아 육로를 통한 교역을 감소시켰다. "화물 약탈이 현실적으로 우려됐고, 이를 보호하는 비용이 너무 비싸졌다. 배로 수송해도 이익이 생길 수 있자 상인들이 육로로 통상할 마음은 약해졌다. 그러나 대상을 파견하지 않은 주요한 동기는 아시아 대륙에서 직면한 군사적, 정치적 조건 때문이었다."¹⁴

16세기 들어 항해술과 선박건조 능력의 향상은 해로를 육로보다도 더 안전하고 신뢰할 수 있게 만들었다. 해로를 통해서 정기적이고 안전한 여행과 수송이 가능해졌다. 더구나 해로는 과거에 분절됐던 지역들을 연결해줬다. 스페인제국에 의해 멕시코와 동아시아가 은 교역으로 연결된 것이 대표적이다. 이는 진정한 의미에서 세계경제의 탄생이었다. 새로운 대양 항로의 발견과 개발, 유지는 기존 육로 및 지중해 등 내해 해로보다 더 큰 상업망을 만들었다.

육로처럼 해로 역시 교역을 위해 자유롭고 안전한 통행을 보장하는 세력에 의해 유지돼야 했다. 하지만 항구를 연결하는 해양 상업망은 광대한 영토에 제국적 통제를 유지하는 것보다 비용이 훨씬 쌌다. 포르투갈은 16세기 동아프리카에서 마카오를 잇는 자신들의 아시아 해상제국을 단 1만 명의 병력으로 유지했다.[15]

공해의 본질은 장거리 교역의 생존이 거대한 육상제국들의 정치적 부침에만 더 이상 의존하지 않아도 됨을 의미했다. 거래인들이 해적을 막을 힘만 있다면, 모든 해로를 통해서 중개인들을 우회해 최종 항구와 직접 거래할 수 있었다… 수익 좋은 장거리 교역을 위한 해로를 열고 안전하게 유지하는 비용, 즉 해적을 퇴치하고 전략적 교역 항구에 거점을 확보하는 비용은 육로를 통제하는 것보다도 훨씬 쌌다. 육로 통제에는 보통 군사적 정복과 이방 영토의 관리가 요구됐다.[16]

서방 해양세력의 첫 주자인 포르투갈의 해상제국은 광대한 영토를 장악한 기존의 제국과는 달랐다. 리스본에서 출발해 서아프리카 앙골라의 루안다, 동아프리카 모잠비크의 소팔라와 키루와, 탄자니아의 잔지바르, 인도의 고아, 스리랑카의 콜롬보, 말레이반도의 말라카, 중국의 마카오, 일본 나가사키 등 아프리카와 유라시아 대륙 연안의 전략적 거점 항구 몇 곳만을 확보하거나 식민화해서, 이곳들을 연결하는 해로를 장악하는 것만으로도 충분했다.

이 교역은 아시아의 산물이 유럽으로 수출되는 일방적 흐름이었음에도, 시간이 갈수록 그 이익은 중국 등 아시아 지역이 아니라 포르투갈 등 대서양 연안의 서방 해양세력이 독점하게 된다. 통상로를 장악한 유럽제국들은 중국 등 아시아 나라들과의 교역 조건을 정하는 힘을 갖게 됐다. 아시아와 유럽 사이의 교역뿐만 아니라, 그보다 무역량이 더 많았던 아시아 지역 내의 교역도 유럽제국의 손아귀에 들어갔다.

1500년대 포르투갈 해상제국의 영역과 주요 항로(지명 위의 숫자는 정복한 연도) ■

다네가시마 1542
광저우 1517
다낭 1516
말라카 1509
뭄바이 1509~34
고아 1510
몰디브 1518
바레인 1510~21
에티오피아 1493
모가디슈 1499
잔지바르 1499
모잠비크 1497
희망봉 1488
카나리아 제도 1336
뉴펀들랜드 1473
포르투 세구로 1500

아시아 내의 해운은 시간이 갈수록 우월해지는 선적과 항해술, 그리고 각 항구를 연결하는 교역 시스템을 갖춘 유럽의 선박들이 대체해갔다. 중국의 정크(범선)들이 여전히 남중국해에서 활동했으나 유럽제국들의 영향권에 들어갔다. 항로, 무엇보다도 화물의 구성과 가격은 포르투갈, 네덜란드, 스페인의 승인을 받아야 했다. 유럽제국들은 핵심 통로를 통제하며 수수료와 세금을 징수했다. 유럽제국과 관련된 당국의 승인을 받지 못한 배들은 압수되거나 파괴됐다.

18세기까지 유럽이 대부분 해군기지와 연안 요새들로 이뤄진 세계를 소유하고 있었음을 어떠한 설명보다도 지도가 잘 보여줬다… 인도양에 유럽의 배들이 처음으로 도착한 지 몇 년 만에, 유럽이 아닌 곳의 배들은 유럽의 총포에 박살나지 않으려면 항해 허가를 받는 것이 의무가 됐다. 대양은 유럽의 소유물이 됐다.[17]

포르투갈이 선도한 서방 해양세력 사이의 패권 다툼에선 스페인, 네덜란드, 프랑스를 거쳐 18세기 중반 영국이 최후의 승자로 올라섰다. 18세기 중반부터 영국에서 시작된 산업혁명에 의한 과학기술의 발전은 유럽제국들의 우위, 특히 영국의 식민지 패권 경쟁력을 더욱 높였다. 영국은 해양과 유라시아 대륙 주변부를 놓고 유럽제국들과 경쟁하며 차례로 제압했다. 영국은 북미 대륙, 아프리카 남부와 동부 연안, 유라시아 대륙에서 중동, 인도, 동남아, 중국 연안으로 활 모양으로 이어지는 유라시아의 연안지대를 식민지나 세력권Sphere of Influence으로 거느린 광대한 대영제국을 구축했다.

특히 중동, 인도, 동남아, 중국 연안으로 이어지는 유라시아 연안지

대영제국 판도(1921) ■

대는 포르투갈이 인도양에 진출한 이후, 서방 해양세력들의 패권 경쟁 우위를 결정한 곳이었다. 서방 해양세력들이 유라시아 대륙에서 전통적으로 인구와 부가 몰린 이 지대를 해로를 통해 경략하면서, 유라시아 내륙 중앙아시아와 육로의 상업적, 정치적 가치는 급격히 줄어들었다.

이 유라시아 연안지대는 매킨더에 의해 유라시아 '초승달지대' 혹은 니컬러스 스파이크먼Nicholas Spykman에 의해 '환형지대Rimland'로 명명됐다. 유라시아 연안지대와 중앙아시아 등 유라시아 내륙지대인 '중심축Pivot' 혹은 '심장지대Heartland'의 관계는 근대 지정학의 뼈대가 된다.

2
유럽의 세력균형이 만든
영국·독일·프랑스의 지정학

유럽세력이 전 세계로 진출한 원동력은 유럽 내에서 각축하던 다양한 민족과 국가의 난립이었다. 이는 그 이전까지 유럽을 역사의 뒷전에 머물게 했던 취약점이었다. 하지만 유럽의 민족들과 국가들은 끊임없는 상호 분쟁 속에서도 공존을 추구하는 체제를 만들어냈다. 바로 국민국가와 세력균형의 체제였다. 이는 근대 이후 국제 질서의 토대이자, 지정학의 원리가 됐다.

베스트팔렌조약, 유럽의 지정학을 설계하다

1500년대 중반부터 1600년대 중반까지 100여 년 동안 유럽은 간단없는 전쟁에 휩쓸렸다. 30년전쟁(1618~1648)은 그 절정이었다. 30년전쟁은 신성로마제국의 제위를 놓고, 가톨릭세력과 개신교세력 사이에서 벌어진 전쟁이었다. 하지만 가톨릭 국가인 프랑스가 신교 동맹에 가세한 데서 보듯, 각 세력이 자신의 이익에 따라 벌인 전쟁이 었다. 이 전쟁의 참화를 수습한 베스트팔렌 평화회의는 근대 이후 국제 질서로 이행하는 이정표가 됐다. 베스트팔렌 평화회의조약은 국민국가 체제와 질서를 낳았다. 지금까지 이어지는 국제관계 질서의 원형이다.

1648년, 현재 독일 북서부에 있는 노르트라인베스트팔렌 주의 서쪽 지역인 당시 베스트팔렌의 두 도시 뮌스터와 오스나브뤼크는 유럽 전역에서 몰려든 사절들로 붐볐다. 뮌스터에는 가톨릭을 믿는 179개 왕국과 공국의 외교 대표들이 모였다. 신성로마제국을 구성하는 대다수 공국들과 스페인 등 가톨릭 국가들이 이에 포함되었다. 뮌스터에서 약 45킬로미터 떨어진 오스나브뤼크에는 스웨덴과 네덜란드 등 57개 프로테스탄트 왕국과 공국의 사절들이 모였다. 모두 235개 왕국과 공국에서 온 공식 대표사절과 그 수행원들로 베스트팔렌의 두 도시는 숙소가 동이 나며 국제적 난장이 됐다.

30년전쟁이 독일 인구의 4분의 1을 사망시킬 정도로 중부유럽에 참화를 불러오자, 신성로마제국과 그 숙적인 프랑스와 스웨덴은 2년 전 이 전쟁을 수습할 평화회담 소집을 합의한 터였다.

회담 참여자들에게 동인은 국익이었다. 그럼에도 회담의 공동 목표는 있었다. 전쟁 종식을 통한 유럽의 평화였다. 이를 위해서는 모든 전쟁 당사자를 서로 인정한다는 원칙이 있었다. 신성로마제국이나 로마 교황청의 도덕적 우위나 정통성은 이 회담의 규율이 되지 못했다. 그래서 신성로마제국을 주도하는 합스부르크 왕가의 오스트리아든, 신교를 믿는 독일 지역의 군소 공국이든 이 회담에서는 적어도 형식적으로는 대등한 지위를 갖는 당사자였다.

모든 왕들은 '폐하Majesty'로, 모든 회담 대표들은 '각하Excellency'로 불렸다. 절대적인 평등을 요구하는 모든 대표들은 개별 문을 통해 회담장에 들어가는 절차를 고안했다. 각 대표가 입장하는 많은 입구를 만들었고, 대표들은 동시에 입장해 착석했다. 아무도 상대 대표들을 기다리며 무시당하지 않았다. 이는 국제 외교 의전의 출발이었다.[18]

베스트팔렌 평화회의조약의 요체는 조약 체결 당시 당사자들의 영역에 대한 상호 인정이었다. 30년전쟁이 결과한 국가와 공국 등 모든 세력의 영역을 인정하고, 각자의 영역 내 문제에 대해서는 간섭하지 않는다는 것이었다. 조약 당사자들은 외부의 간섭 없이 내정 구조와 종교적 지향을 선택할 권리를 확보하면서도, 소수 종파에게 평화롭게 자신의 신앙을 추구하고 강요된 개종으로부터 자유로울 수 있는 권리를 보장했다. 국가주권 개념이 수립된 것이다. 즉 국가의 물리적 영역인 영토, 이 영토 안에서 일어나는 모든 문제에 대한 배타적 권리가 인정됐다.

또한 조약 당사자인 각 국가가 대등한 지위로서 국제사회를 구성하는 기본 단위가 됐다. 민족국가 혹은 국민국가 개념이 수립된 것이다. 근대적인 국제관계 체제의 토대이자 그 형성의 시작이었다. 상대방 국가의 수도에 자국 대표를 상주시키는 상업국가 베네치아의 관행을 따라 외교 사절들이 교환되어 대등한 국가관계를 상징했다.

각 국가가 물리적으로 구획되는 특정한 영역을 영토로 확정하고, 그 영토 안에서 배타적인 주권을 행사하며, 그런 국가들이 대등한 지위를 갖고 국제사회의 기본 단위가 된다는 베스트팔렌 시스템은 지금 보기에는 당연한 것으로 받아들여질 수 있다. 하지만 베스트팔렌 이전 세계에서는 이론적으로나 내용적으로나 결코 그러지 못했다.

유럽은 크리스천돔이라는 개념하에서 로마교황청과 신성로마제국이

권력 정당성의 근원이자 유일한 공식 권력이었다. 다만 이는 형식적인 권력이었다. 그에 비해 중국의 세계 시스템인 천하 개념에서는 중국의 황제가 천자天子라는 말에서 드러나듯 하늘의 대리인으로서 세계를 다스리는 유일 권력이었다. 주변의 나라들은 중국의 봉국이었다. 봉국의 왕들은 황제로부터 지역 권력을 하사받는 신하일 뿐이었다. 이슬람 세계에서도 예언자 무함마드의 계승자 칼리프가 무슬림 공동체인 '움마' 전체의 종교적, 세속적 권력의 대리인이었다. 유럽의 크리스천돔, 중국의 황제 체제, 이슬람 세계의 칼리프 체제에서 실질 권력이 다른 세력이나 사람에게 있다고 해도, 그 권력의 합법성과 정당성은 교황, 황제, 칼리프에게 있었다.

현실 세계에서 모든 국가들은 결코 배타적 주권을 행사하지 못하고, 결코 대등한 지위를 향유하지도 못한다. 하지만 베스트팔렌 시스템은 각 국가의 배타적 주권, 대등한 지위를 갖는 국가들로 구성된 국제사회를 상정했다. 그 구현이 국제 질서의 명분이 됐다. 각 국가와 세력의 공존과 다원성을 전제로 했기에, 이를 붕괴시킬 수 있는 압도적 힘을 갖는 세력이나 국가의 출현을 막는 기제가 작동하기 시작했다. 세력균형의 질서이다.

베스트팔렌 시스템은 지정 질서에서 세력균형 질서를 내용적으로, 형식적으로 확립하는 계기였다. 정당성의 근원이자 상징적인 유일 권력이던 로마교황청이나 신성로마제국의 역할 종식과 약화, 배타적 주권과 대등한 지위를 가진 국가들의 도래가 그 배경이었다. 종교적 통일이나 제국적 통합이 목표가 아닌 각 국가 사이의 힘의 균형, 즉 세력균형을 맞추어, 질서와 평화를 유지하는 체제가 도래했다. 세력균형의 바탕이자 원동력은 국익이었다.

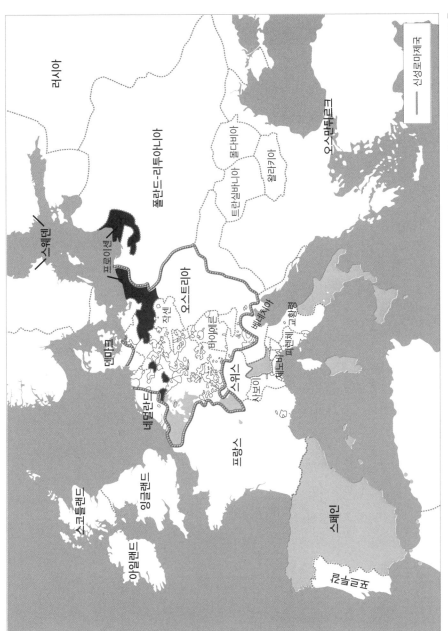

베스트팔렌조약 당시의 유럽(1648)

러시아

스웨덴

폴란드-리투아니아

프로이센

덴마크

작센

오스트리아

오스만튀르크

트란실바니아

몰다비아

왈라키아

바이에른

스코틀랜드

아일랜드

잉글랜드

네덜란드

스위스

사보이

베네치아

제노바

피렌체 교황령

프랑스

스페인

포르투갈

—— 신성로마제국

18세기 중엽 영국 총리를 지낸 파머스턴 남작 헨리 존 템플Henry John Temple, 3rd Viscount Palmerston은 "우리에게 영원한 동맹은 없고, 영구한 적도 없다. 우리의 이익이 영원하고 영구하다. 그런 이익이 우리가 추구해야 할 의무이다"라고 세력균형의 기본 원리를 설파했다.

베스트팔렌 이전 중세 유럽에서 세력균형이 없었던 것은 아니다. 중세 유럽의 수많은 왕국과 공국은 서로 경쟁과 협력 속에서 자연스러운 세력균형을 부분적으로 이뤘다. 하지만 크리스천돔이라는 종교적 보편주의에 바탕한 제국적 통합을 구현하려는 이상은 유럽에서 상대 세력을 완전히 굴복시키거나 절멸하려는 전면전의 위험을 내포했다. 베스트팔렌 이후 다원적인 세력의 공존 합의와 이를 구현하기 위한 세력균형은 유럽 전체를 참화로 밀어넣은 전면전의 위험을 줄였다.

베스트팔렌 체제가 만든 유럽의 국민국가 질서는 곧 영국, 독일, 프랑스 세 세력에 의해 조율됐다. 영국, 독일, 프랑스는 유럽의 분쟁을 야기하는 동시에 세력균형을 유지하는 3개의 기둥이었다.

영국 지정학의 시작과 끝, 섬이라는 지리 조건

영국이 유라시아 대륙 서쪽 끝에 위치한 섬나라라는 지리 조건은 1500년대까지는 영국을 역사에서 한 번도 주목받지 못한 유라시아 대륙의 변방으로 머물게 한 요인이었다. 하지만 지리상의 대발견 이후부터 그 지리 조건은 영국을 서방 해양세력의 패자로 올라서게 한 결정적 요인이 되었다.

영국의 지리 조건이 전 세계로 진출해 식민지를 개척하기에 유리했기 때문만은 아니다. 유럽 대륙에서 바다로 격리된 조건은 유럽 대륙의 전쟁과 분쟁, 갈등에서 영국을 자유롭게 했다. 섬나라라는 조건 덕분에 영국은 유럽에서 가장 침략이 어렵고, 외침이 적은 나라였다.

영국은 유럽 대륙의 국가들과 달리 대륙 내 분쟁에 국력을 소비하지 않고 세계로 진출할 수 있었다. 해상권을 장악한 후에도 필요한 경우에만 유럽 대륙의 상황에 선택적으로 개입했다. 유럽의 정세가 자신에게 불리하게 전개되지 않도록 하거나 유리하게 이끌었다.

영국은 유럽에 있으면서도 유럽을 타자화했다. 유럽을 '컨티넨트'(대륙)라고 부르며, 유럽 대륙과 자신을 차별화했다. 이는 '영예로운 고립'이라는 영국의 전통적 외교 노선을 배태한 인식이었다.

영국은 유럽 대륙 국가들과 지속적인 동맹을 맺지 않는 초월적 위치에서 세력균형을 조정하는 역할을 했다. 영국이 직접 개입하는 경우는 유럽 대륙에서 세력균형을 파괴하는 패권국가가 출현하는 위기 상황이었다. 즉 영국의 영예로운 고립 외교 노선은 궁극적으로 유럽 세력균형을 위한 담보였고, 영국은 유럽 세력균형의 최후 조정자 역할을 자임했다. 유럽의 세력균형 질서는 영국의 세력균형 전략과 동의어이다.

유럽 대륙과 거리를 두며 유럽 전체의 세력균형을 유지하려는 영국의 지정 전략은 15세기로까지 그 기원이 올라간다. 영국이 유럽 대륙에서 발을 빼게 된 계기는 프랑스와의 백년전쟁(1337~1453) 종식이었다. 영국은 프랑스에서 벌어진 백년전쟁이 끝나면서 유럽 대륙에서 영토와 세력을 상실했다. 하지만 이는 영국을 유럽 대륙의 상황에서 해방시켜주었다.

특히 유럽 대륙에 개입하는 데 필요한 과도한 지상군 병력을 양성하고 운용하는 부담을 덜어주었다. 이는 때맞춰 일어난 신대륙 발견과 아시아로의 직항로 개척에 국력을 집중하게 해서, 영국을 가장 유리한 입지에 서게 했다. 영국의 튜더 왕조는 해군력 증강에 힘을 쏟을

수 있었다.[19]

1588년 영국은 본토를 침공하려던 스페인 무적함대를 패퇴시키며 해군력을 과시했다. 영국이라는 나라가 성립된 이후 첫 본격 침공인 이 사건은 바다로 격리된 영국의 지리 조건이 외부 침략세력에 맞서는 보루임을 증명했다. 훗날 나폴레옹전쟁, 두 차례 세계대전에서도 영국은 이런 지리 조건에 힘입어 세력균형자 역할과 자신의 패권을 유지했다. 스페인은 영국에 패배하며 해상 패권을 잃었고, 네덜란드의 독립을 허용하며 유럽 대륙에서 영향력이 쇠퇴했다. 영국은 스페인을 대신해 해상 패권세력으로 부상했다.

18세기 초 해양세력으로서 영국의 흥기는 유럽에서 세력균형을 시스템으로 정착하게 했다. 영국은 해로 장악으로 유럽 대륙의 세력균형 조정자로서 그 개입의 시기와 규모를 선택할 수 있게 됐다. 유럽에 전반적인 세력균형을 유지시키는 담보자가 된 것이다.[20]

영국은 왜 유럽의 경찰이 됐나?

나폴레옹전쟁(1793~1815)을 계기로 영국은 유럽의 모든 국가를 제치는 해양 패권세력으로 부상했다. 나폴레옹전쟁 이전에 영국은 미국독립전쟁에서 패퇴한데다 네덜란드, 프랑스 등의 도전으로 결코 압도적 우위를 보이지는 못했다. 나폴레옹전쟁 초기 프랑스는 해군력에서 영국에 도전할 수 있는 유일한 세력이었다. 그러나 프랑스는 유럽 대륙 제패를 노리며 육군력에 집중하느라 해군력 육성을 방기했다. 영국은 트라팔가해전(1805)에서 프랑스를 격퇴하고, 워털루전투(1815)에서 최종적으로 나폴레옹을 제거함으로써 마지막 경쟁자를 물리쳤다.[21]

이로써 영국은 북대서양에서 우월한 지위를 확보하게 됐다. 영국 해군 로열 네이비Royal Navy는 세계의 항로를 지키는 경찰이 됐다. 나폴레옹전쟁을 계기로 유럽 전체에서 영국의 세력균형 수호자 역할은 더 커졌다.

나폴레옹전쟁 뒤 소집된 파리조약 및 빈 회의(1814~1815), 그리고 이후 과정에서 영국의 전략은 명확히 드러났다. 나폴레옹전쟁 과정에서 부동의 해상력을 과시한 영국은 파리조약으로 자신의 해상권을 공식화했다. 영국은 나폴레옹전쟁 때 프랑스로부터 빼앗은 해외 영토들을 돌려줬다. 그러나 토바고, 세인트루시아, 세이셸군도, 모리셔스, 몰타 등 대서양과 인도양, 지중해 해로의 주요 거점들은 돌려주지 않았다.

영국은 또 유럽 대륙에서 패권세력의 출현을 저지하는 것을 최우선으로 했다. 이를 위해 첫째로 유럽에 전면전의 참화를 부른 프랑스가 거대 세력이 되지 않도록 견제했다. 둘째는 러시아에 대한 견제였다. 러시아는 나폴레옹전쟁을 통해 유럽에 본격적으로 개입하는 한편 유라시아 대륙 전역에서 패권을 놓고 영국에 맞설 수 있는 마지막 세력으로 부상하고 있었다.

베스트팔렌조약은 유럽 한가운데의 독일세력을 분할시켜서 그곳에서 패권 추구 세력의 출현을 막았으나, 프랑스의 영향력 확장을 야기했다. 윌리엄 피트William Pitt 당시 영국 총리는 프랑스의 이런 유혹을 막으려면, 유럽 중앙의 수많은 작은 독일 공국들을 합쳐서 이 지역을 공고화할 필요가 있다고 주장했다. 300여 개의 독일 소공국들이 계속 난립한다면, 프랑스의 개입과 압력이 여전할 것으로 보았다. 이 공국들을 더 크게 합쳐서 유럽 중앙에 '큰 무리'들을 만들 필요가 있었다. 그는 프랑스에 가담했거나 나폴레옹전쟁 도중 붕괴된 독일 공국들은 프로이센이나 오스트리아로 합병하고, 남은 공국들도 합치자고 구상했다.[22]

강화된 중부유럽은 러시아의 팽창주의 유혹을 분쇄할 위치에 있기도 했다. 유럽의 평화를 위해서는 프랑스가 혁명 이후 정복한 모든 영토를 박탈하고, 이 과정에서 네덜란드·벨기에·룩셈부르크, 즉 베네룩스 3국이라고 불리는 '저지대 국가Low Countries'들의 독립이 필요했다. 특히 저지대 국가들은 유럽 대륙에서 영국 안보의 사활이 걸린 나라들이었다.[23] 유럽 대륙에서 영국을 침공할 경우 교두보인데다 영국해협의 봉쇄점이었다. 나중에 벤저민 디즈레일리Benjamin Disraeli 총리는 저지대 국가들에 대해 "됭케르크와 오스텐트부터 북해의 섬들까지 걸쳐진 유럽 해안가의 국가들은 자유롭고 번성하는 공동체들에 의해 소유돼야 한다"며 "이 국가들은 자유로운 권리를 향유하고 인류 문명에 기대는 통상을 추구해야 하며, 큰 군사력을 가진 열강의 소유가 돼서는 안 된다. 이는 영국의 이익을 위해서이다"라고 역설했다.[24] 나중에 1차대전에서 영국은 독일이 저지대 국가들을 침공하자, 주저 않고 전쟁에 개입했다. 또 2차대전에서는 독일의 침공에 쫓기며 저지대의 됭케르크에서 철수해 후일을 도모할 수 있었다.

독일 소공국들의 영역과 세력을 흡수할 첫 번째 후보는 프로이센이었다. 빈 회의 결과 프로이센에게는 프랑스와 접경한 라인란트가 주어졌다. 라인란트를 병합함으로써, 프로이센은 프랑스를 견제하는 완충지대 역할을 맡게 됐다. 프랑스는 자신의 국력을 유럽으로 투사하는 통로인 북유럽평원으로 나가는 출구에서 프로이센이라는 이전에 없던 강력한 세력과 접하게 됐다. 북유럽평원에서 프랑스와 프로이센의 접경은 프랑스를 견제하는 역할을 훌륭하게 수행했으나, 유럽에 큰 참화를 부르는 씨앗이 될 거라고 당시는 아무도 예측하지 못했다.

영국의 전략, '영예로운 고립'

영국은 빈 체제 성립 뒤 유럽 대륙에서 다시 철수했다. 영국은 빈 체제 유지를 목적으로 한 영국-프로이센-오스트리아-러시아 4자 외무장관회의에 처음 한 번만 참석한 뒤 다시는 참석하지 않았다. 영국의 영예로운 고립 노선의 본격적 출발이었다.

나폴레옹전쟁의 승리에 뒤이어 전례 없이 국력이 신장한 영국은 유럽 대륙에서 조성되는 상황과 위기를 혼자서 대처할 수 있고, 필요하다면 동맹을 찾을 수 있다는 자신감에 넘쳤다. 유럽 대륙의 상황에 대한 지속적이고 제도적인 개입은 영국의 안보에 도움이 되지 않는다는 것이 영국 조야의 지배적 분위기였다. 헨리 존 템플 총리는 이를 "영국이 실제로 일어나지 않거나, 즉각 터질 것으로 예상되지 않는 일들에 대해 개입하는 것은 상례적이지 않다"는 말로 표현했다.[25] 그러나 영국의 영예로운 고립 노선은 유럽에 독일의 부상을 부르고, 두 차례의 세계대전을 일으킨 한 배경으로 지목된다. 세계대전과 최근 영국의 유럽연합 탈퇴까지, 영국이 유럽에서 지속적으로 영향력을 잃어가는 과정이라고 하겠다.

빈 체제는 유럽에 전례 없는 평화를 정착시켰다. 유럽 대륙 국가와의 분쟁이 사라지자, 영국은 세계 전역에서 상업적 이권을 추구하는 노력에 집중했다. 영국은 저지대 국가를 놓고 프로이센과 오스트리아와 협력해 프랑스를 견제했고, 발칸을 놓고 오스트리아와 프랑스와 연합해 러시아를 봉쇄했다. 유럽 대륙에 대한 영국의 개입은 국익을 위한 세력 균형의 관점에서만 이뤄졌다.

그런데 빈 체제 이후 영국의 세력균형 수호정책에서 빠진 대상이 하나 있었다. 프로이센이었다. 영국은 프랑스를 견제하기 위해, 또 러시아를 막기 위해 유럽 한가운데 독일세력의 공고화를 지지했다. 그 중심 역할을 프로이센이 맡는 것을 암묵적으로 용인했다.

특히 19세기 중엽 이후부터 영국은 유라시아 전역에서 남하하려는 러시아를 견제하는 데 집중했다. 오스만제국의 발칸반도 내에 있는 기독교계 주민 지역의 독립 문제인 '동방 문제Eastern Question'를 명분으로 러시아가 유럽 대륙에 진출하려 하자, 이를 봉쇄하는 데 주력했다. 프로이센도 유럽의 이런 세력균형의 허점을 교묘히 이용하는 외교로, 유럽 열강이 모두 크림전쟁(1853~1856)에 몰두한 틈에 그들 사이에서 별다른 견제를 받지 않고 세력을 신장했다.

1871년 프로이센은 프랑스를 상대로 전쟁을 벌여, 전격적인 승리를 거뒀다. 프로이센의 빌헬름 1세는 파리 베르사유 궁전의 거울의 방에서 독일 통일 선포와 독일 황제인 카이저 즉위를 단행했다.

크림전쟁에서 독일 통일에 이르는 과정에서 영국은 프로이센의 부상을 사실상 손 놓고 보고만 있었다. 프랑스를 견제하는 데 프로이센이 여전히 유용할 것이라는 생각에서 벗어나지 못했고, 러시아를 봉쇄하느라 여력이 없기도 했다.

독일 통일이 가져올 후폭풍을 영국에서도 모르지 않았다. 당시 야당이던 보수당 대표 벤저민 디즈레일리 전 총리는 프로이센과 프랑스 간 전쟁에 이어진 독일 통일과 관련해 가장 유명한 말을 의회에서 했다. "이 전쟁은 지난 세기의 프랑스혁명보다도 더 큰 정치적 사건인 독일혁명을 상징한다… 휩쓸려가지 않은 외교적 전통이란 이제 없다. 여러분들은 새로운 세계에 들어갔다. 세력균형은 완전히 파괴됐다."

영국의 현대 보수당의 아버지이자, 당대를 대표하는 리얼리스트 정치인인 디즈레일리의 이 말만큼 독일 통일의 후폭풍을 정확히 예측한

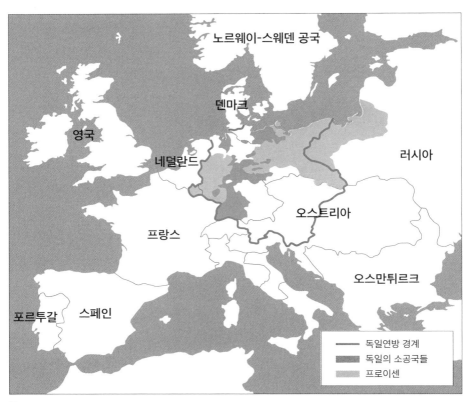

노르웨이-스웨덴 공국

덴마크

영국

네덜란드

러시아

오스트리아

프랑스

오스만튀르크

포르투갈 스페인

독일연방 경계
독일의 소공국들
프로이센

■ 나폴레옹전쟁 뒤 빈 체제의 유럽(1817)

말은 없었다. 그의 말대로 유럽은 세력균형이 파괴돼 새로운 세계에 들어갔다. 유럽 지정학의 영원한 숙제인 '독일 딜레마'는 현실적 위협으로 전화되기 시작했다.

'독일 딜레마'의 독일 지정학

지정학의 핵심은 위치이다. 국가의 행태는 그 국가가 어디에 위치했느냐에 뿌리를 둔다. 유럽 한가운데 위치했으나 바다로의 진출이 막혀 있는 독일은 지정학적 이점과 제약을 동시에 안고 있다. 유럽 대륙 내에서 동서로 팽창하기 유리한 조건을 가졌으면서도, 자신을 포위한 주변 국가들의 집중 견제 대상이 됐다. 독일의 팽창에는 주변국의 견제라는 지정적 선택이 뒤따랐다. 유럽의 다른 민족에 비해 상대적으로 많은 인구와 잠재적 국력을 가진 독일의 위상은 유럽에서 평화와 전쟁을 결정하는 요인이었다.

특히 1600년대 30년전쟁 이후 독일세력은 유럽에 반복되는 딜레마를 제공했다. 독일이 약해지고 분열될 때는 이웃 국가들, 그중에서도 프랑스의 팽창 욕구를 자극했다. 반면 독일이 강화되고 팽창될 때는 주변 국가들을 공포에 처하게 했다. 이는 지금도 유럽에서 계속되는 역사이다.

30년전쟁이 발발하기 이전에 1609년 유럽 대륙의 상황을 관찰했던 영국의 시인 토머스 오버베리Thomas Overbury 경은 "만약 독일 전체가 한 왕조에 의해 통치된다면, 나머지 모두에게 끔찍한 일이 될 것이다"라고 말했다. 역사적으로 독일은 너무 약해도, 그리고 너무 강해도 유럽의 안정을 해쳤다.[26]

강력한 독일은 주변국에 위협을 자아냈지만, 독일 역시 언제나 안보

위협에 시달렸다. 자연 방벽이 없는 유럽평원의 한가운데 위치한데다 동서 양쪽으로 강력한 세력과 접해왔다. 서쪽으로는 프랑스와 항상 고정적으로 국경을 접했고, 동쪽으로는 팽창과 수축을 반복하는 러시아에 노출됐다. 독일의 강화는 프랑스와 러시아라는 두 세력과의 충돌을 의미했다.

이는 독일에게 오토 폰 비스마르크가 말한 '연합의 악몽Nightmare of Coalition'이라는 안보 딜레마를 제공했다. 즉 독일이 힘을 키우면 프랑스나 러시아 등이 연합해 독일을 포위, 압박한다는 것이다. 독일이 이런 연합의 악몽을 막거나 붕괴시키려면, 정교한 외교나 선제적이고 공격적인 군사적 선택을 해야만 했다. 1871년 독일 통일 이후 비스마르크의 현란한 동맹외교, 그리고 20세기의 두 차례 세계대전은 독일에게는 불가피한 양극단의 선택이었다.

바꿔 말하면, 독일의 안정은 유럽의 안정이었다. 독일의 안정을 담보하는 안보는 세 가지 기본 조건에 의존한다. 첫째, 독일은 국경선에 완전히 만족해야만 한다. 그 힘을 팽창할 구상이나 야망이 없어야 한다. 둘째, 독일 입장에서 모든 이웃국가들도 같은 상태임을 믿을 수 있어야 한다. 셋째, 두 번째 조건이 실제로 구현돼야만 한다. 독일이나 이웃국가 모두 자국의 위상과 힘에 만족하는 상태가 유지돼야 한다는 뜻이다. 유럽에서 분쟁의 역사는 이런 세 가지 조건이 충족되지 않음에 따라 벌어진 사건들의 연대기였다.[27]

독일이라는 국가의 원형은 서기 800년 샤를마뉴 대제에 의해 세워진 신성로마제국으로 시작됐다. 독일 역사에서는 제1제국이라고 부르는 신성로마제국을 외형으로 한 독일세력의 부침은 주로 오스트리아에 의해 주도됐다. 나폴레옹전쟁 뒤부터 부상한 프로이센은 오스트리아를 대체해 독일세력 흥기의 주역이 된다.

동유럽 변방의 프로이센이 독일 지역을 장악하다

프로이센은 원래 폴란드와 러시아의 해외령인 칼리닌그라드 국경을 중심으로 동서로 발트해에 면한 연안 지역이다. 현재는 독일 영토가 아니다. 13세기 독일기사단이 진출해 고대 프로이센 원주민을 정복하고 영지로 만들었다. 15세기 초 폴란드와의 전쟁에서 패한 후 쇠퇴하여 서프로이센은 폴란드령이 되고, 1525년 기사단장 알브레히트 폰 프로이센Albrecht von Preußen이 신교로 개종함에 따라 동프로이센은 세속화한 프로이센공국이 되었다. 프로이센공국은 폴란드의 종주권하에서 호엔촐레른 가문의 한 지류가 대대로 프로이센 공이 되어 쾨니히스베르크(현재의 칼리닌그라드 시)에서 통치했다. 프로이센왕국의 성립은 1618년 베를린 지역의 브란덴부르크후국이 프로이센공국을 통합하면서부터 시작됐다. 프로이센공국에서 호엔촐레른 가문이 단절되자, 같은 호엔촐레른 가문의 브란덴부르크후국의 통치로 들어간 것이다.

프로이센왕국은 성립 때부터 국토가 분리되어 있었다. 독일 역사에서 적지 않은 기간 동안 프로이센 지역은 독일 본토로부터 단절과 연결, 상실과 회복을 반복했다. 현재의 독일 동쪽 국경선과 약 400킬로미터 떨어진 동유럽 변방에 한 뿌리를 둔 프로이센 세력이 주도해 통일 독일제국이 동유럽 쪽으로 팽창하려 한 이유이다.

많은 독일 공국 중에서도 변방이던 프로이센은 기후가 혹독하고 인구가 희박한데다가, 자연적 경계가 없는 북유럽평원의 길목에 자리 잡았다. 프로이센이 주변을 둘러싼 오스트리아, 스웨덴, 러시아, 폴란드 등으로부터 자신을 지키는 유일한 수단은 제한된 자원을 효율적으로 관리하는 엄격한 기강과 관료 체제였다. 프로이센의 잘 훈련된 군은 그 결과였다. 이는 프로이센과 독일제국 군국주의의 바탕이 된다.

프로이센은 1600년대 30년전쟁 과정에서 부상했다. 30년전쟁 뒤 베스트팔렌조약을 통해 상당한 영토를 획득했다. 1640년 즉위한 프리드리히 빌헬름Friedrich Wilhelm 대공은 적극적인 중상주의 정책을 펴며 군사력 증강에 힘썼다. 이 군대는 1675년 스웨덴과의 전쟁에서 승리를 이끌었다. 1680년대 후반에는 프랑스에서 종교분쟁으로 탄압받던 신교도 위그노들이 대거 프로이센으로 이주했다. 뛰어난 기술자들인 이 위그노들은 프로이센에서 상공업 발전과 근대화의 견인차가 됐다.

이처럼 프로이센은 1700년대 후반 들어, 유럽의 세력균형에 영향을 줄 세력으로 성장했다. 1740년 즉위한 프리드리히 2세는 조각난 프로이센의 영토들을 연결하려고 나섰다. 이는 바로 프로이센의 팽창을 의미했다.

이처럼 프로이센의 부상은 빈 체제 이전부터 예고된 것이었다. 그 일차적 책임은 30년전쟁 뒤 베스트팔렌 세력균형 시스템에서 독일세력을 견제해야 했던 프랑스에 있었다. 베스트팔렌조약으로 독일세력 분열이 제도화되자, 프랑스는 자신의 세력을 팽창하는 과정에서 영국과 스페인과 다투다 프로이센의 부상을 막지 못했다. 프랑스가 팽창을 위한 대외전쟁에 전력을 쏟던 루이 14세 시절에 프로이센은 독일을 대표하는 세력이던 합스부르크 왕가의 오스트리아에 필적하는 위상으로 부상했다.

유럽 전역을 석권했던 프랑스의 나폴레옹전쟁도 독일 통일의 기초를 닦는 아이러니를 낳았다. 그 아이러니는 첫째, 나폴레옹전쟁이 전파한 민족주의는 독일 통일의 이데올로기 접착제 구실을 했다. 둘째, 나폴레옹전쟁을 통해서 수많은 독일의 소공국들이 정리되면서 독일 통일로 가는 걸림돌이 제거됐다. 셋째, 오스트리아의 약화와 프로이센의 강화였다. 프로이센의 강화는 형식상의 대독일주의를 표방하는 오스트리아를 제치고, 프로이센이 주도하는 소독일주의의 통일로 가는 실질적 길을 열었다. 넷째, 유럽의 열강들, 특히 영국은 빈 체제에서도 세력균형에 대한 최대 위협을 프랑스로 보고 견제하려다 프로이센의 부상을 좌시하거나 부추겼다. 이 넷째 요인이 가장 중요했다.

1862년 프랑스 주재 대사였던 비스마르크가 급히 호출되어 재상에 임명됐다. 그는 취임연설에서 "독일은 프로이센의 자유주의를 기대하고 있는 것이 아니라 프로이센의 힘을 기대하고 있다"며 "빈조약 이래 우리의 국경은 건전한 민족생활에는 적합하지 않다"고 빈 체제 와해에 의한 독일의 통일을 명확히 했다. 그는 "이 시대의 중대한 문제들은… 연설이나 다수결에 의한 결정들에 의해 좌우되는 것이 아니라 철과 혈에 의해 결정된다"고 선언했다.

비스마르크가 재상으로 취임한 이후 9년 동안 프로이센은 세 차례의 전쟁을 치르며 독일 통일의 과업을 완수했다. 프랑스와의 전쟁에 승리한 프로이센은 1871년 1월 18일 파리 베르사유 궁전 거울의 방에서 독일제국을 선포했다. 빌헬름 1세가 통일된 독일제국의 황제 카이저로 취임했다.

프랑스제국 권력의 상징인 거울의 방에서의 독일제국 선포와 카이저 취임, 알자스로렌 지방 할양은 유럽 대륙의 양대 세력인 독일과 프랑스를 화해할 수 없는 적대관계로 만들었다. 이는 유럽 세력균형 질서의 유연성을 파괴해 결국 두 차례의 세계대전으로 가는 문을 열었다. 무엇보다도 프랑스는 유럽 대륙의 세력균형 질서를 주도하는 주축에서 독

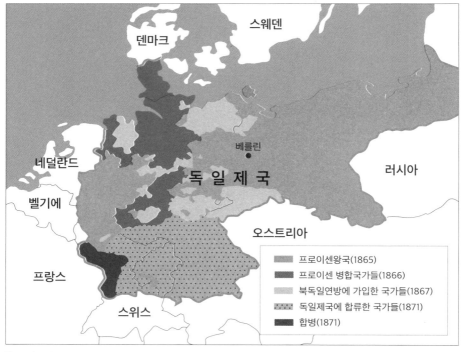

스웨덴

덴마크

네덜란드

벨기에

프랑스

스위스

베를린
●

독 일 제 국

러시아

오스트리아

▓	프로이센왕국(1865)
▓	프로이센 병합국가들(1866)
▓	북독일연방에 가입한 국가들(1867)
▒	독일제국에 합류한 국가들(1871)
▓	합병(1871)

▌ 독일통일(1865~1871)

일과의 관계에 제약받는 변수로 전락해갔다.

프랑스, 대륙과 바다의 혜택을 누리는 유일한 유럽 국가

근대 이후 유럽 지정 질서의 뿌리는 프랑스에서 시작된다. 종교적 원인으로 시작된 30년전쟁에서 프랑스의 신교동맹 가세는 근대 이후 유럽 지정학의 출발이다. 프랑스는 종전 후 베스트팔렌조약으로 공인되는 국민국가의 선두주자로서 유럽의 국민국가 체제와 질서를 이끌었다.

프랑스는 남쪽으로는 지중해, 북쪽으로는 대서양에 면해 있다. 유럽이 복잡한 지형을 지니고 있으나, 남과 북을 규정하는 지형은 북유럽평원과 지중해이다. 북유럽평원은 프랑스 북부에서 독일과 폴란드를 거쳐 러시아의 우랄산맥까지 이어지는 대평원지대이다. 비옥한 토양, 세계에서 가장 선박 운항이 수월한 강들을 품고 있다. 비옥한 토양에서 나오는 잉여 농산물과 교역이 손쉬운 환경은 북유럽평원 지대를 유럽을 이끄는 동력원으로 만들었다. 이에 더해 프랑스는 남쪽의 지중해에 접해, 그 혜택 또한 풍부하게 누렸다. 북유럽평원과 지중해를 모두 접한 국가는 유럽에서 프랑스가 유일하다.

프랑스는 남서쪽의 피레네산맥, 남동쪽의 알프스산맥, 남쪽의 지중해, 서쪽과 북쪽의 대서양, 동쪽으로는 라인강과 아르덴산맥·보주산맥·쥐라산맥으로 둘러싸여 있다. 서유럽 한가운데 위치하면서도, 바다와 산맥, 강 등의 자연적 경계를 가진 상대적으로 넓은 공간은 프랑스를 서유럽에서 가장 빠르게 중앙집권국가로 형성시킨 지리 조건이 됐다.

유럽 대륙의 다른 국가들과 비교해보면, 독일은 상대적으로 열악한 농토, 혹독한 기후에다 해양으로의 접근도 제한됐다. 독일은 발트해로만 바다에 면한데다, 심지어 대서양 진출은 영국 제도에 의해 가로막혀 있다. 이탈리아는 북쪽의 알프스산맥으로 유럽 대륙과 가로막혀 있는데다, 지중해에 갇혀 있다. 스페인은 산악 지형과 척박한 농토에다 피레네산맥이 유럽 대륙과의 교통을 방해했다. 러시아는 기후가 혹독할 뿐 아니라 해양으로의 접근이 사실상 봉쇄됐다. 프랑스의 상대적인 지리적 이점은 산업혁명 전까지 프랑스에 풍부한 농업 생산과 활발한 교역이라는 경제적 이점을 제공했다.

프랑스에서도 북부 지역은 그 중심이 됐다. 현재 벨기에 및 독일과 접한 프랑스 북동 지역은 북유럽평원이 이어지며, 프랑스에서 상대적으로 열린 공간이다. 북유럽평원으로 이어지는 이 보스 지방은 현재 파리가 있는 곳으로 프랑스 역사 전개의 중심 지역이다. 1500년대 이후 유럽의 발전을 선도하는 대서양 연안과 북유럽 지역과 연결돼, 프랑스 국력 전개의 중심이 됐다.

하지만 북유럽평원은 프랑스에게 양날의 검이다. 프랑스 국력 전개의 중심이자 통로이기도 했지만, 프랑스의 가장 취약한 안보 고리였다. 경쟁국인 독일의 국력이 이곳을 통해 가장 먼저 전개됐다. 나폴레옹이 이곳을 통해 전 유럽을 석권하기도 했지만, 1871년 프로이센과의 보불전쟁, 훗날 1차대전, 2차대전 때 독일의 침략을 받는 통로가 됐다.

근대 이후 북유럽평원은 프랑스뿐만 아니라 독일 등 유럽 전체의 지정 질서를 규정하는 지리 조건 중 핵심 요인이 됐다. 북유럽평원이 근대 유럽 지정학의 지리적 토대라면, 다양한 세력과 국가는 정치적 조건이다. 중부유럽에서 거대한 통일세력을 막으려는 프랑스의 핵심적 지정 전략은 이 북유럽평원을 지리적 전제로 한다.

프랑스, 유럽의 세력균형을 선도하고 그 희생자가 되다

천혜의 지리 조건을 가진 프랑스는 유럽에서 가장 선도적이고 강력한 국민국가를 형성하면서, 유럽 중앙에서 세력균형의 담지자가 됐다. 30년전쟁을 초래한 한 배경이 강력한 합스부르크제국이었던 만큼, 유럽 한가운데에서 패권세력 형성의 저지는 유럽의 세력균형뿐만 아니라 프랑스의 중대한 지정적 이해관계가 걸린 문제였다. 구체적으로는, 유럽 대륙에서 가장 강력한 국가가 될 위치에 있는 통일 독일의 출현을 저지하는 것이었다.

30년전쟁 때 프랑스의 재상 리슐리외Armand Richelieu는 자신이 가톨릭 추기경이면서도 프랑스의 신교동맹 참여를 적극 주도했다. "만약 신교 쪽이 완전히 파괴된다면, 오스트리아 왕가 세력의 예봉이 프랑스에 덮칠 것이다." 프랑스는 이미 카를 5세의 합스부르크 왕가가 운영한 신성로마제국에 국왕이 생포당한 경험이 있었다. 유럽 한가운데에서 거대 세력이 형성될 경우 프랑스에 어떤 결과가 닥치는지를 경험했던 셈이다.

리슐리외는 베스트팔렌조약으로 확립되는 국민국가 체제와 이에 기반한 세력균형 질서를 설계한 근대의 첫 정치인이라 할 수 있다. 그에게 국가란 통치자의 인격, 왕가의 이익, 종교의 보편적 요구를 실현하는 도구가 아니라, 국익에 따라 움직이는 실체였다.

리슐리외는 이런 국가 개념에 입각해, 중앙집권적 국가기제를 정립하고 세력균형에 입각한 대외정책을 선도했다. 그는 파리를 중심으로 중앙집권국가 체제를 설계했다. 엥탕당Intendant이라는 지방장관이나 전문 관료를 통해서 중앙정부의 권력을 프랑스왕국의 전 지역으로 투사했다. 귀족들의 전통적 지방권력에 단호하게 맞서며, 조세 징수의 효율성을 제공했다. 왕권은 주권국가의 상징이자 국익의 표현으로써 국왕에 의해 행사됐다.

1624년 리슐리외의 재상 등극에서부터 1871년 독일 통일까지 250년 동안, 프랑스 지정 전략의 지도적 원칙은 현재의 독일·오스트리아·북부 이탈리아 영역인 유럽 중앙을 분열시켜놓는 것이었다. 이는 근대 이후 유럽 대륙 지정 질서의 한 주축이었다. 이런 프랑스의 지정 원칙이 유럽 질서의 본질로서 관철되는 한 프랑스는 유럽 대륙에서 최고의 세력을 과시했다. 유럽 역시 이에 기반한 세력균형의 질서를 유지했다. 그러나 독일 통일로 이 지정 전략이 붕괴됐을 때 프랑스의 지배적인 역할도 끝났고, 유럽 역시 대규모 전쟁의 참화에 휩쓸렸다.[28]

프랑스는 베스트팔렌조약을 전후해 유럽 대륙에서 세력균형 기제의 담보자이면서도 파괴자라는 상충된 역할을 했다. 유럽 대륙 내에서 프랑스가 일익을 담당하던 세력균형 질서에 프랑스가 먼저 도전하는 역설적 상황이 벌어진다.

근대적 국민국가 체제를 먼저 확립한 프랑스는 루이 14세에 들어 절대왕권이 수립되며 그 국력이 노골적으로 유럽 대륙 전역으로 전개됐다. 프랑스의 상비군은 루이 14세 때 60만 명을 돌파해 유럽 최강의 군사력을 보유하게 됐다. 루이 14세는 아우구스부르크 동맹전쟁, 스페인 왕위계승전쟁 등에 개입하며 재위 내내 전화를 몰고 다녔다.

유럽의 세력균형 질서를 위협하던 프랑스의 도전은 1789년 일어난 프랑스대혁명을 거치며 그 절정에 올랐다. 혁명이 발발한 지 3년 뒤인 1792년 11월 프랑스 국민회의는 해방된 프랑스는 "자유를 회복하고자 하는 모든 인민들에게 박애와 지원을 제공할 것"이라고 선언했다. 어느 곳의 민중혁명에 대해서도 프랑스의 군사적 지원을 확장하겠다는 무제한적인 다짐이었다.

가장 선진적인 중앙집권 국가 체제가 자유와 평등의 이념으로 추동됐다. 이미 모든 성인 남성이 징병되는 최초의 국민개병제가 도입된 터였다. 군사적 천재 보나파르트 나폴레옹이 지휘할 프랑스의 대육군 Grande Armee이 육성되고 있었다. 프랑스의 중앙집권화된 국력은 국경을 넘을 명분과 추동력을 장착하게 됐다.

프랑스는 북유럽평원에서 자신의 역할과 지위를 극적으로 뒤바꿨다. 유럽 한가운데에서 패권세력 형성을 선제적으로 막기 위해 북유럽평원 국경지대를 신중하게 봉쇄하던 역할에서 벗어났다. 북유럽평원을 통로로 자신들의 국력과 이념을 전 유럽으로 전개했다. 혁명 과정에서 집권한 나폴레옹이 1804년 황제의 자리에 오르며, 혁명전쟁은 프랑스의 유럽 제패 전쟁으로서의 성격이 짙어졌다. 프랑스는 나폴레옹의 지휘를 받는 대육군의 승승장구로 모든 적들을 격파했다. 1809년이 되자 유럽의 지도를 자신들의 영역으로 다시 그리게 됐다.

하지만 2개의 장애가 여전히 남아 있었다. 영국과 러시아였다. 나폴레옹은 이미 1804년 트라팔가해전에서 영국에게 대패한 터였다. 그리고 1812년 러시아 침공에 실패하며 나폴레옹의 몰락이 시작됐다. 1813년 라이프치히전투에서 나폴레옹군이 반프랑스 연합군에게 패배하며, 나폴레옹전쟁은 종막으로 향했다.

프랑스는 세력을 최절정으로 구가했던 나폴레옹전쟁을 거치면서 지정적 지위에 격변을 겪었다.

첫째, 영국과 서방 해양세력 패권을 놓고 벌인 다툼에서 결정적으로 밀려났다. 대서양과 지중해에 면한 프랑스는 해양세력으로 성장하며 양호한 지정 조건을 갖추고 영국과 경쟁을 벌였다. 그러나 앞서 영

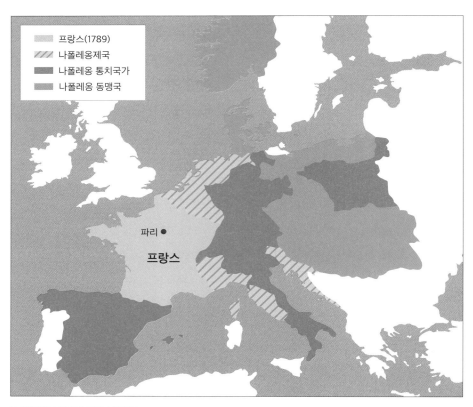

프랑스(1789)
나폴레옹제국
나폴레옹 통치국가
나폴레옹 동맹국

파리 ●
프랑스

▌ 나폴레옹 시대의 프랑스(1812)

국의 지정 전략에서 언급한 것처럼, 나폴레옹전쟁으로 프랑스는 해군력 강화를 방기했다. 전 국력을 유럽 대륙에서의 전쟁에 쏟아붓고 말았다. 해외 식민지 경쟁에서 영국에게 밀린데다, 나폴레옹전쟁과 이 전쟁이 빚어낸 상황은 프랑스를 유럽 대륙에 묶어놓고, 항상 견제받는 대상으로 만들었다.

둘째, 독일의 통일을 불렀다. 나폴레옹전쟁은 민족주의를 전파하는 한편 난립된 독일 공국들을 정리했다. 또한 나폴레옹전쟁 이후 프랑스를 견제하기 위해 마련된 빈 체제는 독일세력의 공고화로 이어졌다. 이는 결국 프로이센 주도의 독일 통일로 가는 길을 닦았다.

나폴레옹전쟁의 이런 후폭풍은 결국 유럽 대륙에서 프랑스의 지정질서 주도권 상실로 이어졌다. 1871년 독일 통일 이후 현재까지 프랑스는 유럽 대륙에서 독일과의 관계라는 변수에 의해 항상 제약을 받는 존재로 전락했다.

러시아, 유럽 지정 질서의 상수로 등장하다

유럽의 베스트팔렌 세력균형 시스템은 결국 나폴레옹의 프랑스를 저지하는 데 성공했다. 그리고 스스로를 복원했다. 하지만 새로운 힘의 개입이 있었기에 가능했다. 러시아다. 나폴레옹의 러시아 침공은 유럽의 세력균형과 지정 질서에 중대한 변수를 추가하는 전기였다. 나폴레옹전쟁이 끝났을 때 16만 명의 러시아 대군은 유럽 대륙을 가로질러 파리까지 진주했다. 파리에 진주한 러시아군은 유럽의 세력균형질서에 근본적인 변화를 상징했다.

나폴레옹전쟁 이후 러시아는 국제관계에서 독특한 역할을 했다. 유럽과 아시아 두 지역 모두에서 세력균형의 일환을 담당했으나, 국제질서의 평형에 대한 그 기여는 발작적으로 이뤄졌기 때문이다. 러시아는 130여 년 뒤, 나폴레옹의 프랑스 이후 유럽을 최대 위기로 몰아넣은 아돌프 히틀러Adolf Hitler의 독일을 제압하는 역할을 다시 수행했다.

나폴레옹전쟁을 계기로 러시아는 유라시아 대륙에서 영국과 패권을 다투는 경쟁자로 등장했다. 서방 해양세력과 유라시아 대륙세력의 충돌인 첫 번째 그레이트 게임이 점화됐다.

3
팽창주의 지정학의
포로 러시아

바스쿠 다가마가 아시아 신항로를 발견할 무렵, 유라시아 대륙의 한 가운데에선 거대한 세력교체가 이뤄지고 있었다. 러시아라는 새로운 유라시아 대륙세력의 출현이었다. 다가마가 신항로를 발견하기 직전인 1480년, 몽골제국의 일부인 킵차크 칸국에서 모스크바대공국이 완전 독립했다. 곧 모스크바대공국은 몽골의 후예들인 중앙아시아 초원지대의 몽골-타타르 칸국들을 병합해 팽창하며 러시아제국으로 진화했다. 대서양 연안의 유럽제국들이 해양과 유라시아 대륙 주변부의 식민지를 놓고 경쟁하며 팽창하는 동안, 러시아는 유라시아 대륙 한가운데라는 전혀 다른 방향에서 아무런 견제 없이 거대한 제국의 팽창을 가속화했다.

러시아는 제국으로 떠오른 15세기 이래 끝없는 영토 확장을 했다.

이는 일단 근대 이전 유라시아 대륙 내부의 초원세력을 잇는 러시아의 지위 덕분이기도 했다. 러시아 지역은 고대 이래 유라시아 대륙의 초원에서 발원한 수많은 유목세력들의 이동로이자 정복로, 정복지였다. 스키타이, 흉노, 훈, 몽골, 튀르크 등 유라시아 대륙의 광활한 내륙을 호령했던 수많은 초원 유목세력이 흥망성쇠를 거듭했던 공간을 러시아가 이어받은 것이다. 유라시아 대륙세력의 계보를 이어받게 된 주자인 셈이다.

한편으로 영토 확장은 지정적 위치에서 기인한 안보 취약성에 대한 대응이기도 했다. 유라시아 대륙 한가운데, 바다나 산맥 등 자연적 방벽이 없는 평원에 위치한 러시아는 영토를 외곽으로 확장해 방벽으로 삼았다. 러시아로서는 '팽창이 아니면 피침'이라는 숙명에 따른 팽창주의였다. 실제로 근대에 들어서는 러시아에 대한 서방 열강들의 침략이 이어졌다.

러시아, 크림반도에서 태어나 모스크바에서 몽골을 물리치다

크림반도 남서단 체르소네스 해안의 작은 언덕에 있는 세인트블라디미르 성당. 서기 988년 당시 키예프공국의 블라미디르 대공은 이곳에서 동방 기독교인 정교회 세례를 받고 국교로 받아들였다. 정교회에 바탕한 슬라브 문명이 시작된 원점이다.

러시아가 시작되는 키예프공국, 즉 키예프러시아는 현재 우크라이나의 드네프르 강변에 거주하던 동슬라브족들의 작은 공후국公侯國들 중 하나로 출발했다. 그 공후국들 중에서 키예프는 6세기 말부터 두각을 나타냈고, 9세기 초에는 동슬라브 부족들의 절반 정도에 영향을 미치는 세력으로 성장했다. 그 과정에서 이들은 스스로를 '루시'라 불렀고,

자신들이 살던 곳을 '루시의 땅'으로 부르게 됐다. 러시아라는 국호의 연원이다.

키예프공국의 본격적 시작은 9세기 중반부터 수로를 따라 남하한 북유럽 노르만족인 바이킹들의 키예프 지배이다. 882년에 노르만족의 부족장 올레크가 키예프에 들어와 종전의 지배자들을 몰아내고, 스스로를 키예프 대공이라 불렀다. 이렇게 시작된 키예프공국은 점차 주위의 슬라브 부족들을 병합했다.

키예프공국은 블라디미르 대공 때 그 영역을 발트해 연안까지 개척하며 러시아 역사 내내 일관된 팽창주의의 문을 열었다. 그의 정교회 세례는 러시아와 슬라브족이라는 정체성을 만든 계기이기도 했다. 블라디미르 대공이 크림반도의 성당에서 정교회 세례를 받은 것에서 알 수 있듯이, 크림반도 등 흑해 연안은 키예프공국과 당시 비잔틴제국이라는 선진 문명의 접점이었다. 블라디미르 대공은 비잔틴제국 황녀와 결혼하고, 흑해 연안을 교두보로 국제 교류를 추진했다. 언어와 문자의 보급에도 힘쓰고 그리스 문헌도 도입하여 문화발전의 토대를 닦았다. 키예프공국은 중세 유럽에서 가장 큰 국가 중의 하나로 성장했다.

10세기 말 최전성기에 도달했던 키예프공국은 13세기 들어 내분 속에서 몽골의 침입을 받았다. 현재의 러시아 영역은 대부분 몽골의 지배로 들어갔다. 러시아 영역에서 몽골과 그 후예들의 지배가 완전히 청산되는 것은 무려 19세기까지 기다려야 했다. 키예프공국을 정복하고 그 영역에 세워진 몽골제국의 일부인 킵차크 칸국에서 슬라브족들의 중심지는 키예프에서 모스크바로 옮겨졌다.

모스크바가 슬라브족들의 중심지가 된 데는 키예프와 다른 지정학적 조건이 작용했다. 키예프는 중앙아시아의 스텝 지역에 연결된 곳인 반

스웨덴

발트해

폴란드

프라하(현재)

헝가리

키예프공국 영향권

상트페테르부르크(현재)

모스크바(현재)

볼고그라드(현재)

1054년 이후
키예프공국 판도

키예프

카르파티아산맥

흑해

콘스탄티노플

비 잔 틴 제 국

캅카스산맥

카스피해

11세기의 키예프공국

면, 더 북쪽에 있는 모스크바는 주변이 삼림으로 둘러싸였다. 모스크바의 이런 지리 조건은 러시아 남부에 비해서 상대적으로 방어에 유리했다. 몽골군은 신속한 기동력을 가진 기병대로 초원지대를 휩쓸었다. 그러나 모스크바 주변의 삼림지대에서는 그 위력이 떨어졌다. 몽골군은 삼림지대에서 보병으로 싸워야 했고, 이는 모스크바를 방어하는 슬라브족들에게는 방어의 우위를 안겨줬다. 키예프는 자연스럽게 스텝 지역이 고향인 몽골 지배층의 중심지가 됐지만, 모스크바는 상대적으로 몽골족의 지배력이 느슨했고 슬라브족들의 중심지가 됐다.[29]

몽골의 러시아 지배를 종식한 모스크바대공국은 1271년 모스크바를 본거지로 세워진 작은 공국이었다. 칸국의 지배하에 있는 봉국 중 하나였다. 러시아평원의 중심부에 자리 잡은 모스크바는 유라시아평원에 발달한 수로망을 통해서 성장했다.

모스크바대공국은 1380년 유명한 쿨리코보전투에서 킵차크칸군을 무찔러 '몽골 불패의 신화'를 깨뜨리기 시작했다. 이렇게 몽골의 지배력을 완화시키는 데는 모스크바가 갖는 지정 조건이 작용했다. 15세기 들어 쇠락을 시작한 킵차크 칸국에서 모스크바대공국은 1480년 완전히 독립했다. 당시 모스크바대공국의 이반 3세는 러시아라는 나라의 탄생을 향해 본격적인 행보를 시작했다.

전통적인 침략로에 놓인 팽창과 수축의 러시아 역사

모스크바 일대는 키예프에 비해 상대적으로 안보에 유리했을 뿐이지, 그 취약성은 본질적으로 차이가 없다. 러시아의 역사는 침략에 살아남은 연대기이다.

역사적으로 러시아를 향한 침략은 두 방향에서 이뤄졌다. 첫 방향이

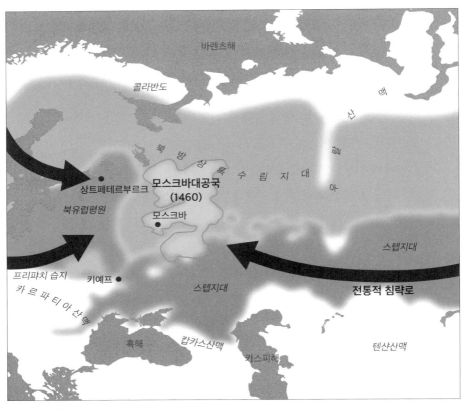

바렌츠해

콜라반도

맥

산

북 방 침 엽 수 림 지 대

아

상트페테르부르크

모스크바대공국
(1460)

북유럽평원

모스크바

스텝지대

프리퍄치 습지

키예프

스텝지대

전통적 침략로

카르파티아산맥

흑해

캅카스산맥

카스피해

텐샨산맥

▌ **침략에 대한 러시아의 지리적 취약성**

남서부 스텝지대이다. 경계가 없는 초원으로 열려 있어 러시아를 중앙아시아와 그 너머로 연결하는 지역이다. 몽골 등 중앙아시아 초원 유목 세력들의 전통적 침략로였다. 다른 하나는 프랑스 북부에서 모스크바를 넘어 우랄산맥까지 이어지는 북유럽평원이다. 특히 15세기부터 러시아라는 나라가 본격적으로 성립되면서, 이 북유럽평원은 러시아를 침략하는 세력들의 통로가 됐다. 15세기 독일 튜튼기사단의 침략부터 가깝게는 히틀러의 군대까지 북유럽평원은 러시아를 향한 유럽세력들의 원정로였다.

러시아제국의 성립은 자신들의 안보를 위협하는 전통적인 침략로를 영토로 둔 러시아의 투쟁의 역사였다. 이 침략로를 둘러싼 팽창과 수축의 역사였다.

이반 3세의 손자 이반 4세 들어 러시아는 이 전통적 침략로 정복을 시작해, 러시아를 차르가 통치하는 제국으로 성립시켰다. 무자비함과 단호함 때문에 영어로는 'Ivan the Terrible'이라고 알려진 폭군 이반, 이반 뇌제나 이반 대제로 불린 이반 4세는 러시아를 우랄산맥을 넘는 유라시아제국의 원형으로 만든 인물이다.

이반 대제 전 모스크바대공국은 남쪽과 동쪽으로는 몽골-타타르 칸국들로, 서쪽으로는 현재의 우크라이나와 벨라루스를 점령한 리투아니아대공국에 의해 봉쇄되어 있었다. 이반 대제는 1552년 킵차크 칸국의 해체로 성립된 4개의 독립된 칸국 중 하나인 타타르족의 카잔 칸국의 수도 카잔을 점령했다. 그러고는 남동쪽을 막고 있던 타타르의 군사력을 몰아내기 시작했다. 모스크바에서 동쪽으로 약 500킬로미터 떨어진 카잔은 우랄산맥 남단으로 통하는 관문으로서 우랄산맥을 넘기 위한 거점이었다.

또한 이반 대제의 군은 카스피해 북쪽의 아스트 칸국을 병합하면서 카스피해 북쪽 연안에 도달했다. 1581년에는 우랄산맥을 넘어 그 동쪽의 시비르 칸국(현재의 토볼스크)을 공략하기 시작했다. 이반 대제는 재위 말기인 1584년 '모든 러시아의 차르'라는 칭호를 얻었다. 당시 러시아의 영역은 북쪽으로는 콜라반도, 노바야젬랴섬, 그 주변의 백해, 바렌츠해, 카라해까지 확장됐다. 이반 대제 재위 마지막 해에 러시아는 백해의 드비나만 입구에 아르칸젤스크를 건설했다. 1년 중 절반 이상 얼어붙는 해로이나, 처음으로 바다로 나가는 항구를 얻었다.

러시아의 시비르 칸국 공략은 1598년 끝났다. 이는 그때까지 역사적으로 러시아에게 중대한 안보위협이던 몽골족 등 중앙아시아 초원 유목세력의 침략로를 원천적으로 봉쇄하는 전기였다. 이는 또 시베리아로 가는 문을 활짝 열었다. 러시아의 시베리아 개척의 주역 코사크 용병들은 50여 년 만인 1649년 태평양 연안의 오호츠크해까지 도달했다. 이 동부 시베리아와 극동 지역은 그 후 200여 년간 러시아에게 잊혔다. 러시아는 극동 지역에서 중국과의 국경지대인 아무르강 북쪽과 우수리강 동쪽 영토를 중국과 획정한 1856~1860년이 되어서야 다시 극동 경략에 나선다.

러시아의 안보상 최대 이해가 걸린 지역인 서쪽과 남쪽 영토 확장은 자신들의 본향인 키예프를 비롯한 현재의 우크라이나 지역에 대한 공략으로 시작됐다. 이는 러시아가 태평양 연안에 발을 디디고 나서 철수해 유럽 쪽으로 관심을 돌리면서 시작됐다. 우크라이나는 킵차크 칸국의 해체 이후 서방 가톨릭세력인 리투아니아대공국에 이어 폴란드−리투아니아연방에 의해 정복된 터였다. 우크라이나가 러시아와는 구별되는 정체성을 갖게 된 배경이다.

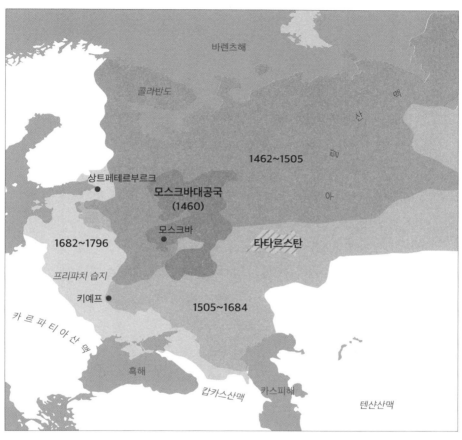

바렌츠해

콜라반도

1462~1505

상트페테르부르크
모스크바대공국
(1460)

모스크바

1682~1796

타타르스탄

프리퍄치 습지

키예프

1505~1684

카르파티아산맥

흑해

캅카스산맥

카스피해

텐샨산맥

러시아의 팽창(1462~1796)

러시아는 1667년 폴란드와 전쟁을 통해서 우크라이나를 분할했다. 키예프를 포함해 드네프르강 동쪽 지역을 러시아가, 서쪽 지역은 폴란드가 차지했다. 이를 시작으로 러시아의 서쪽과 남쪽으로의 경략은 표트르 대제와 예카테리나 대제 때 완성된다.

표트르 대제는 서쪽의 발트해 주변과 남쪽의 흑해 주변을 처음으로 러시아에 귀속시켰다. 당시 발트해 지역의 패권국은 스웨덴이었다. 러시아는 덴마크, 폴란드, 프로이센 등과 동맹해 스웨덴을 상대로 1700~1721년까지 북방전쟁을 벌여, 현재의 에스토니아와 라트비아가 있는 지역을 획득했다. 러시아는 발트해 지역을 얻었으나, 숙원인 부동항을 향한 야망은 아직 충족되지 않았다. 발트해도 1년에 3~4개월은 얼어붙는 바다였다. 대양으로 나가려면, 덴마크와 스칸디나비아반도 사이의 좁은 해로들을 통과해야 했다.

남쪽의 흑해는 러시아에게 1년 내내 얼지 않는 부동항을 줄 수 있었다. 표트르 대제는 1696년 돈강이 흘러드는 흑해 북쪽의 아조프해 연안 지역을 오스만튀르크제국으로부터 정복했다. 이는 그 후 200년 동안 흑해 주변 지역을 둘러싸고 러시아와 오스만튀르크, 그리고 오스만튀르크를 지원하는 영국과 프랑스 등 유럽제국이 벌이는 각축의 시작이었다. 흑해 연안 지역은 예카테리나 대제가 오스만튀르크와 두 차례 큰 전쟁을 벌이면서 러시아에 완전히 귀속됐다. 먼저 1783년 크림 칸국을 종식시키며 러시아의 슬라브 문명이 시작된 크림반도를 병합했다. 흑해의 주요 항인 오데사도 1791년 러시아에게 떨어졌다.

러시아의 팽창에서 예카테리나 대제의 가장 큰 역할은 가장 큰 안보이해 지역인 우크라이나와 폴란드의 정복과 분할이다. 예카테리나 대제는 우크라이나 서부 지역을 병합한 데 이어, 약화된 폴란드를 프로이센과 오스트리아와 함께 1772년, 1793년, 1795년 세 차례에 걸쳐 분할하며 나눠가졌다. 폴란드 분할 과정에서 러시아는 현재의 벨라루스인 벨로러시아(백러시아), 발트해 연안의 리투아니아를 손에 넣었다. 이 분할을 통해 폴란드는 그 후 120년 동안 지도에서 사라졌다. 폴란드는 강대국 사이에 끼여 그 운명이 결정되는 약소국의 대명사가 됐다.

예카테리나 대제는 남쪽으로 캅카스 지역까지 러시아를 확장했다. 예카테리나 대제의 차르군은 이 과정에서 캅카스산맥 지역의 거칠고 호전적인 부족들의 끈질긴 저항을 받았다. 특히 조지아 북쪽의 체첸 민족은 러시아의 침략에 저항한 대표적 민족이다.

체첸의 전투성은 지형의 산물이다. 바위로 구성된 거친 산악 토양에서 양과 염소를 유목하는 체첸 민족은 들짐승들에 맞서 무장했다. 캅카스 북쪽 기슭에 자리한 까닭에 캅카스를 통과하는 대상들의 길 안내자이자 약탈자이기도 했다. 체첸 민족은 이슬람 종파에서 온건한 수피 이슬람교도였지만, 자신들의 땅을 기독정교도인 러시아 침략자들에게서 지키는 데는 극렬한 민족주의자였다. 러시아와 체첸의 첫 본격적 전쟁은 1785년 체첸의 이슬람 지도자 셰이크 만수르Sheikh Mansur가 주도한 봉기로 촉발됐다. 이 지역에서 러시아의 철도 부설이 캅카스 통상로와 관련한 체첸의 핵심적 경제 이익을 해칠 것이라고 봤기 때문이다. 러시아는 만수르의 고향 등을 불지르는 특유의 초토화 전술로, 체첸은 산악 지형을 이용한 게릴라전으로 맞섰다. 지도자 만수르가 체포될 때까지 6년간 계속된 항쟁은 지금까지 계속되는 체첸 분쟁의 원형이자 시작이 됐다.

러시아는 이 전쟁을 통해서 캅카스산맥 남쪽의 오스만튀르크와 페르시아 등 이슬람세력과 연계될 수 있는 체첸 등지의 이슬람 주민들을 단속하기 위한 근본 대책이 필요함을 절감하게 된다. 체첸 등지 이슬람 주민세력과 오스만튀르크 사이에 낀 기독교 동맹세력 조지아를 보호할 필요도 커졌다. 이는 캅카스산맥 남쪽 기슭으로까지 국경을 확장해, 오스만튀르크 등 남쪽 이슬람세력의 북상을 원천적으로 차단하려는 것이었다. 러시아의 야망은 1801년 캅카스산맥 남쪽 기슭에 있는 조지아를 합병하는 것으로 일단락됐다.

러시아 지정 전략의 요체인 '전략적 종심'

예카테리나 대제 재위 후기인 18세기 말 러시아가 손쉽게 팽창할 수 있었던 것은 당시 유럽을 휩쓸기 시작한 프랑스혁명 때문이었다. 영국도 아메리카식민지 독립전쟁으로 여력이 없었다. 1789년 시작된 프랑스혁명은 유럽의 모든 열강이 다른 곳으로 관심을 돌리지 못하게 했다. 프랑스혁명에 이은 나폴레옹전쟁으로 인한 유럽 열강들의 힘의 공백 속에서 이뤄진 러시아의 팽창은 곧 후폭풍을 몰고 왔다. 나폴레옹이 1812년 러시아 침공을 시작한 것이다. 나폴레옹의 러시아 침공은 근대 이후 러시아가 끊임없이 직면하는 안보 취약성, 이를 타개하기 위한 러시아 팽창의 위력을 유감없이 보여준 전쟁이었다.

나폴레옹의 프랑스군은 북유럽평원의 폴란드 회랑을 통해서 거침없이 러시아의 모스크바까지 진격했다. 당시 유럽 최강 나폴레옹 육군에 맞선 러시아의 유일한 대책은 광대한 영토와 혹독한 기후였다. 러시아는 모스크바까지 불태우며 퇴각하는 초토화 전술로 나폴레옹군의 보급선을 유지 불가능하게 만들어버렸다. 이는 러시아가 앞서 폴란드 분할 등을 통해 확보한 폴란드와 벨라루스를 완충지대로 만들었기 때문에 가능했다.

근대 이후 러시아 안보의 요체인 '전략적 종심Strategic Depth'의 진가가 발휘된 것이다. 종심은 전장의 전방에서 후방까지의 거리를 일컫는 말이다. 러시아는 국경부터 수도 모스크바까지의 광대한 영토를 종심으로 확보했다. 광대한 영토 안의 완충지대를 통해 길게 만들어진 전략적 종심을 전략 자산으로 삼았다. 나폴레옹군처럼 서쪽으로부터 오는 침공세력은 모스크바에 도달할 때쯤이면 보급선이 너무 길어져 더 이상 유지할 수 없게 된다. 그때부터 그들은 전쟁의 수렁에 빠지게 된다. 러시아는 더 이상 전쟁을 수행할 여력을 잃고서 퇴각하는 나폴레옹군을 추격하며 일패도지시켰다.

러시아는 나폴레옹군과의 전쟁 여진에서 1812년 현재의 몰도바인 베사라비아를 합병해, 서쪽의 전략적 종심을 완성하게 된다. 몰도바는 루마니아와 우크라이나 사이에 낀 지역이다. 루마니아의 동쪽 국경지역인 카르파티아산맥의 동쪽 사변과 접하고 있다. 러시아는 몰도바 확보로 동유럽의 알프스라는 카르파티아산맥을 서쪽 국경으로 획정해 안보를 위한 자연 방책으로 삼았다.

서쪽 안보에서 카르파티아산맥은 그 자체가 안보를 위한 자연 방책이기도 하고, 이 산맥의 북쪽 끝에서 발트해까지 이어지는 지대는 북유럽평원이 가장 좁아지는 병목 지역이라는 점도 중요했다. 직선거리로 약 480킬로미터에 지나지 않는다. 이곳은 현재 폴란드의 영역이다. 러시아에게는 서쪽에서 침략하는 유럽세력들을 가장 효율적으로 막을 수 있는 방어선이었다. 이 선을 지나면 북유럽평원은 다시 쐐기 모양처럼 넓어진다. 남동쪽으로 활처럼 휘어진 카르파티아산맥의 동쪽 기슭을 따라 다시 광활해지고 남쪽으로는 중앙아시아 스텝지대로 연결된다. 러시아로서는 이 카르파티아산맥−발트해 선이 돌파될 경우, 러시아의 유럽 쪽 영토 전체가 노출된다. 방어선도 극히 길어진다.

폴란드는 모스크바로 침략하는 서쪽 유럽세력들을 효과적으로 막을 수 있는 위치일 뿐만 아니라, 러시아가 서쪽으로 나아가는 회랑이었다. 러시아가 폴란드를 장악하면, 효과적인 방어선뿐만 아니라 전략적 종심을 지니게 된다. 폴란드 회랑이 돌파된다 해도 모스크바까지의 광활한 지역을 완충지대로 갖게 된다. 침략세력은 모스크바에 도달할 때쯤이면 유지 불가능한 긴 보급선을 갖게 된다. 나폴레옹뿐 아니라 훗날 히틀러의 군대가 패퇴한 이유도 이것이었다.

러시아는 1813년 아제르바이잔을 합병함으로써, 남쪽 방면의 자연 방벽과 전략적 종심 구축도 완성했다. 캅카스산맥 남동쪽에 카스피해와 접안한 아제르바이잔을 조지아에 이어 확보해서, 캅카스산맥 전체를 완전히 자연적 안보 방벽으로 활용하게 됐다. 캅카스산맥 북쪽으로 광활하게 펼쳐진 스텝 지역은 안보 완충지대 역할을 했다.

모스크바에서 최대한 멀리 떨어진 지형적 방벽을 확보해서 전략적 종심을 구축하는 것이 러시아 안보정책의 본질이었다. 서쪽으로는 폴란드와 카르파티아산맥, 남쪽으로는 캅카스산맥과 흑해, 동쪽으로는 광활한 시베리아평원의 동토, 북쪽으로는 북극해가 러시아의 지형적 방벽이자 전략적 종심을 제공하는 원천이었다.

러시아는 지난 500년 동안 서방으로부터 허다한 침략을 받으며 이런 안보 방책을 굳혀왔다. 1605년 폴란드, 1708년 스웨덴의 카를 12세, 1812년 나폴레옹에 이어 1·2차대전 때 독일의 침략이 이어졌다. 나폴레옹의 침략부터 2차대전까지, 북유럽평원과 크림반도 주변에서 러시아는 33년마다 한 번씩 전쟁을 치렀다.

양날의 검인 광대한 국토

유라시아 대륙의 심장부에 위치한 러시아의 광대한 영토와 지정적 위상은 양날의 검이다. 러시아의 팽창은 외부세력에 맞서는 전략적 종심을 제공했으나, 내부에 끊임없는 반발과 불안의 원천을 심었다. 러시아가 정복한 완충 지역은 내부적으로 이민족들의 반발과 소요에 항상 노출됐다. 러시아에게 제국의 유지와 확장은 이런 이민족들에 대한 단속과 제어의 역사였다. 제국의 역량은 항상 내부의 불안과 반발을 제어하는 데 상당 부분 소모됐다. 러시아제국, 소련, 푸틴Vladimir Putin의 러시아가 전체주의 체제와 공포정치로 일관하게 된 배경이다.

또한 광대한 영토의 희박한 인구는 러시아 국가와 경제 운영의 본질적 약점이다. 열악한 기후까지 겹쳐지며 이는 서구에 비한 러시아의 상대적 후진성을 결정하는 요인이 되었다. 추운 기후로 작물 재배 지역과 시기가 제한되고, 재배 가능한 작물 역시 한정된다. 무엇보다도 취약한 수송망이 문제였다. 우크라이나 남부 등에서 재배한 작물들을 러시아 전역으로 유통하는 것은 지난한 문제였다. 이는 러시아 경제의 근본적 문제점이다. 작물들을 수송한다고 해도, 그 운송 비용 때문에 식량 가격이 감당할 수 없을 정도로 높아졌다. 1930년대 우크라이나 대기근 등 러시아 역사에 항상 나타나는 기근과 이에 반발한 폭동은 러시아가 지닌 근본적 문제에서 발생했다.

원거리 도시인구의 기아를 막으려면, 식량 생산 지역의 희생이 필요하다. 즉 도시 지역에서 식량 가격을 시장가격 이하로 판매하도록 강제할 수밖에 없다. 소련의 중앙계획경제는 단순히 공산주의 경제이론과 철학의 바탕에서만 나온 것은 아니다. 러시아의 내부적 취약성은 중앙집권화된 정부를 필요로 했고, 이는 러시아제국 이래 방대한 보안기구들의 탄생으로 이어졌다. 문제는 러시아의 중앙집권적 정부가 국가의 효율적 운영과는 별 상관이 없다는 것이다. 중앙집권적 정부의 역량은 대부분 내부 단속에 집중됐다.

러시아의 지정학을 말할 때 빠질 수 없는 것이 남하정책과 부동항 확보이다. 국토의 북쪽이 접한 북극해는 1년 내내 얼어붙는 바다이다. 태평양 연안 역시 대부분 1년에 절반 이상이 얼음으로 뒤덮인다. 여기에 더해 태평양 연안은 모스크바에서 너무 멀리 떨어져 있고, 육로로도 연결되어 있지 않다. 태평양 연안의 캄차카반도로 연결되는 육로는 없다. 항공으로만 연결된다. 태평양 연안 국토의 최남단에 블라디보스토크가 있기는 하나, 이 역시 완전한 부동항은 아니다. 블라디보스토크 역시 갇힌 바다에 있다. 사할린에 이어 일본 열도가 활처럼 둘러싼 동해에 갇힌 항구이다. 유사시에 남쪽으로 대한해협, 북쪽으로는 일본 혼슈와 홋카이도 사이의 쓰가루해협, 홋카이도와 사할린 사이의 소야해협을 봉쇄하면, 블라디보스토크에서는 대양으로 나갈 길이 없다.

소련 시절에 동독까지 영향권을 넓히면서 유럽 북쪽의 발트해 연안을 모두 확보했으나, 이때도 사실상 고립된 내륙 국가였다. 대양으로 나가는 출구를 얻지는 못했다. 발트해에서 대양으로 나가려면, 덴마크의 유틀란트반도와 스웨덴 사이의 카테가트해협, 덴마크와 노르웨이 사이의 스카게라크해협 등 좁은 해로를 연이어 통과해야 한다. 이 해로들을 통과한다고 해도, 북쪽으로는 영국과 노르웨이, 남쪽으로는 영국과 프랑스 사이에 갇힌 북해를 만나게 된다. 북해의 넓은 출구인 영국과 노르웨이 사이를 통과해도, 대서양으로 나가려면 아이슬란드와 영국 사이를 지나야 한다.

러시아는 제정시대 발트해의 항구 페테르부르크를 수도로 정하고

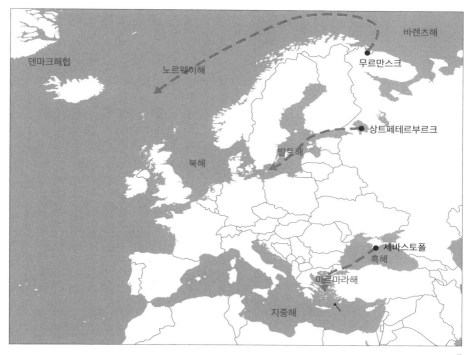

바렌츠해

덴마크해협

노르웨이해

무르만스크

상트페테르부르크

북해

발트해

세바스토폴

흑해

마르마라해

지중해

러시아에 대한 해상봉쇄점 ▮

발트함대를 육성했으나, 이런 노력은 유사시에 아무런 위력을 발휘하지 못했다. 러일전쟁 때 러시아의 발트함대는 아프리카와 유라시아 대륙을 돌아서 대한해협으로 진입하다가 일본 해군에게 일격을 당하고 패전했다. 당시 영국은 러일전쟁에 참전하려는 발트함대의 일거수일투족을 감시하며 보급을 방해했다. 일본이 러시아에 승리한 결정적 원인이었다.

러시아의 유일한 부동항은 흑해 연안 크림반도의 세바스토폴과 오데사이다. 하지만 이 항구 역시 흑해와 지중해를 잇는 터키의 보스포루스해협과 다르다넬스해협이라는 좁은 해로가 봉쇄되면, 대양은커녕 지중해로도 나갈 수 없다. 유사시에 세바스토폴 등 흑해 연안의 항구들은 러시아에게 흑해를 벗어날 수 없는 연안 기지일 뿐이다.

이런 지정학적 취약성을 가졌음에도 러시아에게 흑해 연안은 남하정책의 핵심 무대였다. 표트르 대제는 1725년 유언에서 "콘스탄티노플과 인도에 가능한 한 최대로 가까이 접근하라. 거기를 지배하는 자가 세계의 진정한 주권자가 될 것이다. 그러니 터키뿐만 아니라 페르시아에서도 끝없는 전쟁을 자극하라… 페르시아만으로 최대한 뚫고 들어가고, 인도로 최대한 전진하라"고 후손들에게 당부했다.[30] 러시아 입장에서는 대양으로 나가는 가장 가까운 길이 결국 지금의 이란과 파키스탄이 접한 아라비아해였기 때문이다. 소련이 아프가니스탄을 침공하고, 소련 붕괴 이후 러시아가 체첸전쟁을 시작으로 조지아전쟁, 우크라이나내전 등 흑해 연안 주변에서 계속 분쟁을 벌이는 근본적 이유이다.

러시아에게 제국 성립 이래 팽창은 지정적 취약을 타개하기 위한 것이었으나, 이는 또 다른 지정적 문제를 야기하는 원천이 됐다. 안과 밖을 향한 안보 비용이 급속히 증가했기 때문이다. 안으로는 확장된 지역을 단속하고 경영하는 체제 비용이 증가했다. 밖으로는 경쟁국들이 러시아의 확장을 중대한 위협으로 간주하고 봉쇄 등으로 대응하게 만들었다. 이는 러시아에 막대한 안보 비용을 대가로 요구했다.

4
러시아, 그레이트 게임을
점화하다

　서방 해양세력들의 패권 경쟁에서 영국이 승자로 올라서기 시작한 18세기로 접어들 때 러시아도 이미 서쪽으로는 현재의 폴란드, 동쪽으로는 태평양 연안, 남쪽으로는 흑해 연안까지 아우르는 광대한 제국을 구축하고 있었다. 유라시아 대륙 내부를 장악하던 초원 유목세력들은 18세기 들어 청제국의 강희제·건륭제가 신장위구르 지역 중가르를 완전히 정벌함으로써 변곡점을 맞았다. 이 정벌을 계기로 유라시아 대륙 중앙의 초원 유목세력들은 역사의 뒤안길로 사라지기 시작했다.

러시아, 초원 유목세력의 지위를 이어받다
　초원 유목세력의 빈자리와 지위를 러시아가 이어받았다. 초원의 유목세력들로 대표되던 유라시아 대륙 내부의 에너지는 새로운 대륙세력 러시아로, 정주세력은 외곽으로 밀려나 해양세력으로 전화됐다.

러시아의 팽창은 19세기 들어 유럽제국들과 본격적인 마찰을 내기 시작했다. 제국주의 시대 유라시아 대륙 패권을 놓고 벌인 마지막 대결인 영국과 러시아의 그레이트 게임에 대한 피터 홉커크Peter Hopkirk의 저서 《그레이트 게임*The Great Game*》은 그 시작을 이렇게 전한다.

> 이 모든 일은 19세기 초 러시아 군대가 캅카스를 통과해 남진하면서 시작됐다… 처음에 러시아의 진군은 200년 전 러시아가 시베리아를 가로질러 동쪽으로 대행군을 하던 때와 마찬가지로 영국의 이해관계에 그리 큰 위협이 되지 않는 것처럼 보였다… 1807년 런던에 전해진 정보는 영국 정부와 동인도회사 책임자들에게 상당한 경각심을 불러일으켰다. 유럽에서 일련의 화려한 승리를 거둔 뒤에 대담해진 나폴레옹 보나파르트는 차르 알렉산드르 1세에게 인도를 함께 공격해서 영국의 손에서 빼앗자고 제안했다… 위협은 현실화되지 않았다. 나폴레옹과 알렉산드르의 사이가 곧 틀어졌기 때문이다. 프랑스 군대가 러시아로 쓸고 들어가 불타는 모스크바에 진입하자 인도는 일시적으로 뒷전으로 사라졌다. 그러나 나폴레옹이 심각한 손해를 보고 유럽으로 밀려나오자, 인도는 새로운 위협을 느끼게 되었다. 이번에는 새롭게 자신감과 야심이 넘쳐나는 러시아였다. 전투로 단련된 러시아 군대가 캅카스를 거쳐 남진하자 인도의 안보에 대한 두려움은 깊어졌다.[31]

러시아는 나폴레옹전쟁에 승리한 직후인 1813년 러시아-페르시아 조약으로 현재의 아제르바이잔을 병합했다. 유라시아의 내륙과 주변부를 가르는 한 경계인 캅카스산맥을 넘은 것이다. 러시아가 중동, 인도, 동남아시아, 중국 연안으로 이어지는 유라시아 대륙 연안의 인구 밀집

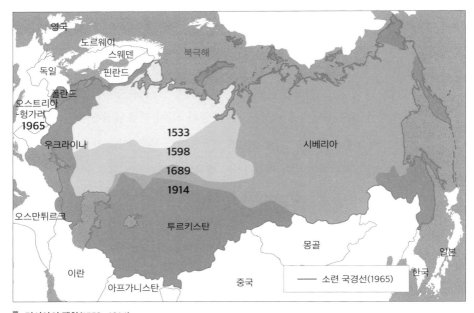

영국
노르웨이
스웨덴
독일
핀란드
폴란드
오스트리아
-헝가리
1965
우크라이나
오스만튀르크
이란
아프가니스탄

북극해

1533
1598
1689
1914

시베리아

투르키스탄

몽골

중국

일본

한국

—— 소련 국경선(1965)

■ 러시아의 팽창(1553~1914)

지역이자, 서방의 식민 경략지로 돌입하려는 시도였다.

러시아는 또 중앙아시아 초원지대인 현재의 카자흐스탄, 우즈베키스탄, 키르기스스탄, 튀르크메니스탄, 타지키스탄에 잔존한 몽골–타타르 계통의 칸국들을 병합하며 폭발적으로 영토를 늘려갔다.

중앙아시아에서 러시아의 팽창이 남쪽으로 더욱 진행되자, 영국은 러시아의 인도 진출을 본격적으로 우려했다.

당시 인도와 관련해 러시아의 위협은 매우 현실적이었다. 그 증거는 지도만 보아도 찾을 수 있다. 러시아제국은 수백 년 동안 하루에 약 140제곱킬로미터, 1년에는 약 5만 제곱킬로미터 늘어났다. 19세기 초에는 아시아에서 영국과 러시아제국이 3,000킬로미터 이상 떨어져 있었다. 그러나 19세기 말에는 그 거리는 불과 수백 킬로미터로 줄어들었으며, 파미르의 일부 지역에서는 30킬로미터 이하로 줄어들었다… 영국에서 매파적 관점에 완전히 기운 러시아공포증 환자들은 러시아의 진격을 막는 유일한 방법은 '전진'정책이라고 주장했다. 침략을 하든, 고분고분한 '완충' 국가나 위성국가를 건립하든 먼저 자리를 차지해 가능한 침략로를 차단하자는 것이었다. [32]

나폴레옹전쟁에 참전했던 영국의 전쟁영웅 로버트 윌슨Robert Wilson 장군은 의회에 진출하고 4년 뒤인 1817년 《러시아의 군사적, 정치적 능력의 개관A Sketch of the Military and Political Power of Russia》이라는 베스트셀러를 출간했다. 이는 러시아 위협론을 대중화시켰다. 윌슨은 러시아가 세계를 정복하라는 표트르 대제의 유언을 실행중이라며 콘스탄티노플에 이어 인도를 정복할 것이라고 주장했다.

윌슨은 알렉산드르가 러시아 차르에 오른 뒤 16년 동안 제국은 50만

제곱킬로미터가 늘었으며, 백성은 1,300만 명 늘어났고, 10년 전 8만 명이던 차르의 군대는 64만 명으로 늘었다고 주장했다. 그는 지도를 통해 러시아가 서유럽의 수도와 인도에 얼마나 가깝게 접근했는지 보여줬다. 그리고 러시아가 오스만튀르크의 근동 영토를 손에 넣으면 쉽게 인도를 칠 수 있다고 지적했다. 과장된 가정에 기초한 그의 책과 주장은 러시아의 움직임을 둘러싼 논란을 자극했다. 이런 논란은 그 후에도 100년 이상 지속됐다. 러시아공포증의 첫 씨앗이 뿌려진 것이다.[33]

그레이트 게임이 시작되다

중앙아시아에서 러시아의 팽창은 당시 아프간 토후국으로까지 진행될 것으로 예상됐다. 영국은 러시아가 아프간을 장악하면 '대영제국의 왕관에 박힌 보석'이라고 불린 영국의 최대 식민지 인도를 침공하는 전진기지가 될 것이라고 우려했다. 역사적으로 아프간은 알렉산드로스 대왕이나 유라시아 대륙 내륙에서 발원한 초원 유목세력인 칭기즈칸과 티무르 등이 인도로 침략하던 통로였다. 영국의 식민지가 되기 전에 인도를 통치하던 무굴제국도 아프간에서 넘어온 세력이었다.

국내에서 러시아 위협론이 점증하던 1835년 영국은 아프간을 선공했다. 카불을 점령하고 대리 정권을 세우고, 인도 주둔 영국군을 아프간에 주둔시켰다. 1년 뒤인 1836년 테헤란 주재 공사 부임을 기다리던 존 맥닐John McNeill 경은 존 템플 파머스턴 외무장관의 요청에 따라《동양에서 러시아의 진출과 현재 위치*The Progress and Present Position of Russia in the East*》라는 그레이트 게임에 관한 가장 논리정연한 책을 출간했다.

맥닐은 러시아에서 표트르 대제가 즉위한 뒤 차르의 신민들은 1,500만 명에서 5,800만 명으로 4배가 늘었다고 지적하고, 국경은 콘스탄티노플 쪽으로 800킬로미터, 테헤란 쪽으로 1,600킬로미터나 뻗어 나온 지도를 수록했다. 폴란드로부터 획득한 영토는 오스트리아제국 전체와 거의 맞먹었다. 맥닐은 "이런 엄청난 영토 획득의 모든 부분이 영국의 의견, 소망, 이익에 반하여 이뤄졌다. 스웨덴의 해체, 폴란드의 분할, 터키 여러 지방과 페르시아에서 분리된 지방의 정복은 모두 영국의 이해관계에 해를 끼쳤다"고 주장했다. 맥닐은 러시아의 다음 목표는 오스만튀르크와 페르시아이며, 페르시아를 점령한 다음에는 인도의 운명이 달라질 가능성이 높다고 지적했다.[34] 맥닐의 주장은 영국의 아프간 점령을 정당화하는 동시에 러시아 위협론을 더욱 부추겼다.

그렇지만 아프간 침공 4년 뒤 영국은 아프간 주민들의 반란에 주둔군 4,500명과 1만 2,000명의 군속이 전멸하는 초유의 비극을 겪었다. 영국 군의관 한 명만이 카이베르 고개를 넘어 인도로 생환했을 뿐이다. 중앙아시아와 인도를 연결하는 카이베르 고개는 역사적으로 북쪽에서 인도로 침공하는 세력들의 통로였다. 영국은 이 통로를 남쪽에서 넘은 첫 침공세력이었는데, 역사적 선례를 거스른 침공의 결과는 참극으로 끝났다.

이런 참극도 영국의 발목을 잡지는 못했다. 영국은 2차 아프간전쟁(1878~1880), 3차 아프간전쟁(1919)으로 두 차례 더 아프간을 침공했다. 2차 전쟁에서도 모두 1만여 명의 병력을 잃는 막대한 피해를 감수해야 했다. 영국은 두 전쟁에서 모두 승리했으나, 결코 아프간을 계속 점령하거나 식민지로 만들지 못했다. 세 차례의 전쟁 끝에 아프간을 러시아의 영향력에서 배제된 중립국으로 만드는 데 만족해야 했다.

러시아의 남진을 봉쇄하려는 그레이트 게임은 1차 아프간전쟁을 시작으로 동쪽과 서쪽으로 확장됐다. 서쪽 무대는 크림반도 주변의 흑해 연안이었다. 크림반도의 흑해 연안은 러시아의 전통적 남하정책의 주요 대상이었다. 러시아는 이미 1768년 오스만튀르크와 본격적인 전쟁을 벌이며 그 행보를 시작했다. 러시아는 1768년 터키와의 전쟁 이후 1787년 2차 러시아-터키전쟁, 1853년 크림전쟁, 1877년 러시아-터키전쟁 등 네 차례나 터키와 본격적인 전쟁을 벌였다. 또한 그 기간 중에 1804년 1차 이란-러시아전쟁, 1826년 2차 이란-러시아전쟁을 벌여, 캅카스 남쪽 지역으로 영토를 넓혀갔다. 이 전쟁들에서 러시아는 모두 승리했으나, 종전 이후마다 영국 등 유럽세력들이 개입해 러시아의 전승 이권을 제한했다.

이 일련의 전쟁 중 1853년 크림반도와 그 주변에서 영국·프랑스·오스만튀르크 동맹과 러시아가 싸운 크림전쟁은 당시까지 제국주의 전쟁중 최대 규모였다. 동맹 쪽은 약 100만여 명 병력, 러시아는 약 70만여 명의 병력이 참전했다. 모두 35만~45만 명이 죽었다. 이 전쟁에 종군한 플로렌스 나이팅게일의 '백의의 천사' 신화는 전쟁의 참혹함과 치열함이 만들어낸 산물이다. 전쟁에서 패배한 러시아는 그 이전 전쟁들에서 획득했던 흑해에서의 독점 항해권과 도나우강 하구 등 크림반도 서쪽 지역의 이권을 대부분 상실했다.

크림전쟁 패배로 러시아가 발칸반도와 흑해를 통해 지중해로 진출하려는 야망은 저지됐다. 그렇지만 유라시아 대륙 동쪽으로 러시아의 팽창은 계속됐다. 그레이트 게임의 무대는 이제 아프간 동쪽으로 옮겨졌다.

한편 1840년 아편전쟁 이후 중국의 청제국이 급속히 약화됐다. 아편전쟁에 이어 1856년 애로호 사건을 발단으로 영국과 프랑스가 다시 청을 유린하는 2차 아편전쟁인 애로호전쟁이 발발했다. 영국과 프랑스는 톈진조약을 맺어, 중국 내에서 이권을 더욱 챙겼다. 중국에서 커지는 영국과 프랑스의 존재는 러시아를 자극했다.

러시아 차르 알렉산드르 2세는 극동에서 새로 획득했지만 제대로 방비를 못 하는 영토 때문에 걱정하고 있었다. 러시아는 1858년에는 아이훈조약으로 헤이룽강 동쪽 태평양 연안 지역을 할양받았다. 이는 러시아로 하여금 블라디보스토크로 남진할 기회를 줬으나, 이 새로운 영토는 영국의 위협을 받게 됐다.[35]

차르는 중앙아시아 지역에서 러시아의 영토 팽창에 발군의 실력을 보여준 젊은 장군 니콜라이 이그나티예프Nikolai Ignatiev 백작을 베이징으로 파견했다. 1859년 봄 중앙아시아에서 썰매와 말을 이용해 베이징으로 달려온 이그나티예프가 자금성에 들어갈 때, 청의 황제 광서제는 베이징으로 진군하는 영국과 프랑스군의 압박에 시달리고 있었다. 영-프군은 곧 황실정원 원명원을 불지르는 야만도 저질렀다. 원명원은 지금도 복원되지 않고 있다. 중국에 가한 제국주의 야만의 역사를 증언하기 위해서다.

이그나티예프는 광서제에게 중재를 제안하는 한편, 영국과 프랑스 쪽에는 청을 더 압박하라는 이중플레이를 했다. 1860년 11월 영국과 프랑스가 철수했다. 이그나티예프도 베이징조약 체결에 성공해 연해주 지역을 공식 할양받았다. 또 현재 중국의 신장 지역인 동투르키스탄의 카슈가르와 몽골 수도 우르가에 러시아 영사관 설치권도 따냈다. 이로써 러시아는 경쟁자 영국보다 한 발 더 앞서 나가게 됐다.

한 영국 역사가는 이렇게 평가했다. "1815년 이래 러시아가 이렇게 유리한 조약을 체결한 적이 없었다… 1860년 러시아의 승리는 크림에서 당한 패배의 기억을 씻고도 남는 것이었다. 이것은 영국의 눈을 완전히 속이면서 이루어낸 일이었기 때문이다."[36]

그레이트 게임, 동진하다

극동에서 러시아의 약진은 곧 동아시아에 후폭풍을 몰고 왔다. 그레이트 게임의 무대는 동아시아로 옮겨졌다. 그레이트 게임이 시작된 중앙아시아의 정세가 직접 그 불씨를 극동으로 날려 보냈다. 러시아가 청으로부터 신장 지역의 이권을 따낸 1860년, 그 신장성에서 무슬림세력의 반란이 일어났다. 이 반란의 혼란을 틈타 신장성 서쪽의 서투르키스탄 출신 무슬림 군사지도자 야쿠브 베그Yakub Beg가 카슈가르를 장악했다. 야쿠브 베그는 우루무치, 투루판, 하미까지 동쪽으로 세력을 넓혔다. 그는 '카슈가리아'라는 왕국의 통치자를 자처했다.

야쿠브 베그의 이슬람세력 등장은 중앙아시아를 놓고 각축을 벌이던 영국과 러시아는 물론이고, 청제국에도 큰 위기감을 자아냈다. 청은 100년 전 이 지역의 중가르 정벌로 초원 유목세력인 서북방 '오랑캐' 세력을 완전히 토벌했다고 생각했다. 그런데 야쿠브 베그의 출현은 서북쪽 새로운 오랑캐의 등장으로 받아들여졌다. 이는 역사적으로 중국 왕조의 운명을 결정했던 서북쪽 안보위협의 일환으로 여겨졌다. 청 입장에서는 아편전쟁 이후 동남 연안 쪽으로 밀고 들어오는 서양 오랑캐인 '양이'의 현실적 위협보다도, 서북방 오랑캐에 대한 역사적 경험에 더 사로잡힐 수밖에 없었다.

이 지역에서 러시아에게 한발 늦었던 영국이 사절들을 파견해 먼저 야쿠브 베그에게 손을 내밀었다. 야쿠브 베그 역시 중앙아시아에서 이슬람 칸국들을 제압하던 러시아보다는 영국에 우호적 태도를 보였다. 또 같은 이슬람세력인 오스만튀르크에 제휴의 손길을 보냈다. 1871년 야쿠브 베그가 통치하는 카슈가르 북동쪽 이리에서 무슬림이 봉기하자, 러시아는 즉각 군대를 파견해 이리를 점령했다. 러시아는 야쿠브 베그가 이 무슬림 봉기를 이용해 이리를 점령할 것이라며, 이를 막기 위한 선제 조처라고 주장했다.

이리는 과거 몽골이 러시아 초원을 침공하던 길목이었다. 러시아는 청을 위해 반도들로부터 이리를 회복했다며, 청이 야쿠브 베그 등으로 부터 그곳을 방어할 능력이 생길 때까지 관할하겠다고 말했다. 러시아 가 만주에 이어 신장에서도 청을 잠식하기 시작한 것이다. 야쿠브 베그 의 이슬람세력이 아니라 러시아가 진정한 북방 오랑캐로 청에게 각인 되는 순간이었다.

청은 1874년 야쿠브 베그를 치기 위한 원정군인 팔기군을 파견했다. 팔기군은 식량을 자체적으로 조달하려고 농사를 짓고 추수를 하며 3년 간의 행군 끝에 카슈가르에 도착했다. 청의 팔기군은 이번에는 북방 오 랑캐를 정벌하던 과거의 실력을 보여줬다. 1877년 5월 야쿠브 베그는 사망했고, 그 지역은 청에 복속되었다. 하지만 러시아는 이리를 반환하 지 않았다.

이리 위기가 닥치자 청은 독일로부터 수천 정의 장총을 수입하는 등 비로소 군 현대화에 박차를 가하며 러시아를 위협했다. 영국은 청에게 중앙아시아에서 러시아의 팽창을 견제하는 영-청 동맹을 시사하기도 했다. 일찍이 청에서 태평천국의 난을 진압하는 데 공을 세운 바 있는 찰스 조지 고든Charles George Gordon 장군이 다시 청으로 파견됐다. 청이 러시아와 전쟁을 벌일 경우 청이 취할 수 있는 군사적 선택을 조언하기 도 했다.[37]

청의 강경한 태도와 영국 등의 압박에 러시아는 마침내 굴복했다. 1881년 러시아의 페테르부르크에서 이리를 청에 반환하는 이리 조약 을 체결했다. 그레이트 게임에서 또 한 번 서방의 외교적 승리였다. 이리 위기는 청에게 약간이나마 제국의 자존심을 회복시켰다. 동시에 경제적 이권을 노리는 영국 등의 '양이'와는 달리, 청의 영토를 직접적으로 위협하는 '북방 오랑캐'로 러시아를 인식하게 됐다. 이리 위기는 동아시아에서 러시아를 견제하기 위해 다양한 합종연횡을 야기하는 그레이트 게임을 촉발시켰다.

그레이트 게임이 지연시킨 조선 개항

1876년 조선이 일본의 강압으로 개항했다. 이때 일본의 협상 대표 이노우에 가오루井上馨는 조선에게 러시아의 위협을 강조했는데, 1853년 미국의 강압에 의해 불평등조약을 맺고 개항한 뒤 동아시아에서 생존을 모색하던 일본에게 가장 직접적인 위협이 바로 러시아였다. 일본은 러시아로부터 직접 영토 침략의 위협을 받았기 때문이다.

1861년 쓰시마 사건은 일본의 러시아공포증을 촉발했다. 이는 러시아의 군함 포사드니크호가 대한해협 사이에 있는 쓰시마의 일부 지역을 차용하게 해줄 것을 일본 정부에 요구하며 정박한 사건이다. 러시아는 1860년 블라디보스토크의 개항에 이어 더 남진을 시도해 정박지와 보급지를 개척하려 했다. 러시아의 이런 시도는 현지와의 무력충돌 위기로 번졌다. 이번에도 영국이 나섰다. 힘이 부친 일본은 영국의 개입을 요청했다. 영국은 즉각 두 대의 전함을 두 차례나 파견하는 무력시위로 러시아의 철수를 이끌어냈다. 러시아에 맞서는 영국과 일본의 동맹이 형성되는 시초였다.

쓰시마 사건으로 러시아의 위협을 몸으로 실감한 일본은 조선이 러시아의 영향권에 들어가면 일본 열도 전체가 위협받을 수 있다고 인식했다. 조선 진출은 일본이 동아시아에서 새로운 세력으로 발돋움하기 위해서뿐만 아니라 안보를 위해서도 절실했다.

1869년 10월 29일 일본 외무성이 태정관에 보낸 '조선국일건사서'라는 조선과의 수교에 관한 정책문건에는 조선에 대한 당시 일본의 인식이 잘 드러난다. 이 문건은 "일본은 조선을 기왕에 정복한 경우도 있다. 현재 러시아를 비롯하여 열강이 조선에 진출하려 하는데 이를 방지하는 것은 오로지 일본만이 할 수 있다"고 적었다.[38]

러시아에 대해 절치부심하던 일본은 1875년 러시아와 상트페테르부르크조약을 맺고, 사할린섬 전체를 러시아에 양도했다. 대신에 일본은 사할린 옆의 쿠릴열도 영유권을 얻었다. 일본으로서는 밑지는 거래였으나, 남하하려는 러시아와의 공식 경계를 국제사회에 공인시키는 것으로 만족해야 했다.

일본은 러시아와의 관계가 일단 안정되자, 다음해인 1876년 조선을 개항시켰다. 동아시아에 밀려드는 서방 열강이 아니라 일본이 조선을 개항시킨 첫 주자가 된 것은 당시 국제정세를 규정하던 영국과 러시아 간 대결의 결과였다. 중국에 아편전쟁이 일어난 지 42년, 일본이 개항한 지 22년이 지나서 조선이 개항한 것은 영국과 러시아 모두 조선이 상대방의 동아시아 진출에 보루가 될 것을 우려했기 때문이다. 양국 모두 조선의 현상유지를 원한 것이다.

영국 외무부의 사서 에드워드 허슬렛Edward Hertslet이 1882년 조선과 영국의 수교 뒤 작성한 '조선에 관한 각서'는 1854년 이후 영국의 대조선 정책의 흐름을 보여준다. 외무부의 미공개자료인 이 문서에는 조선의 현상유지에 대한 영국의 입장이 잘 드러나 있다.

영국은 러시아와의 세계적인 대치 상황이라는 세계 정치의 관점에서 조선을 봤다. 러시아가 조선에 진출해 영국의 중국 진출에 차질을 줄까 우려했다. 러시아가 조선에 개입하지 않는 한 영국도 조선 문제에 관여하지 않는다는 것이 1882년 조영수호조약 때까지의 기본 노선이었다.

영국은 또 조선 시장의 경제적 가치에 회의적이었다. 1880년 여름 일본에 개항된 부산 왜관을 처음 방문한 영국 영사 스펜서는 왜관에서 판매되는 면제품이 모두 상하이에서 수입되는 영국 제품임을 확인했다. 영국은 부산 왜관을 통한 영국 상품 수출에 만족했다. 영국은 조선이 청의 조공 체제에 그대로 머무른다면, 중국을 통해 조선 시장도 확보할 수 있을 것으로 생각했다. 만일 러시아가 블라디보스토크로부터 남하하면, 한반도 부근에서 저지해야 한다고 생각했다. 영국은 1870년대 이후부터 러시아에 대비한 거문도 점령계획을 세웠다. 실제로 영국은 1885년 거문도를 점령한다.[39]

러시아는 1860년 연해주를 공식 할양받으면서 동아시아 경략에 나섰으나, 조선을 놓고 서방제국과 경쟁하기에는 열세였다. 연해주 등 극동이 러시아 중앙과 너무 멀리 떨어진데다, 극동에 배치된 러시아 병력도 미비했다. 러시아는 조선이 열강에 개방되는 것을 가능한 한 저지하고 현상유지를 하면서, 연해주 개발에 필요한 생필품을 조선 북쪽 지역으로부터 확보하는 데 주력했다. 러시아의 '기다리는 정책vyzhidatilnaya politika'이었다. 1866년과 1871년 프랑스와 미국이 조선을 침략하면서 러시아에 공동 행동을 제의했으나 거절한 것도 이런 정책의 발로였다. 조일수호조약이 체결된 직후인 1876년 5월 13일자 러시아 외무성의 한 각서에 이런 입장이 잘 나타나 있다. 러시아는 조선과 조약교섭을 진행할 때도 조선이 계속 문호 폐쇄 국가로 남아 있게 하도록 중국에 권고하고 있다.[40]

영국과 러시아의 그레이트 게임은 결과적으로 조선을 완충지대로 남겨놓았다. 이는 조선이 어차피 겪어야 할 서방 세계와의 만남을 늦췄고, 동아시아에서 새로운 세력으로 발돋움하려는 일본에게 기회를 줬다. 개항한 이상 조선은 이제 더 이상 힘의 공백지대로 남을 수 없었다. 일본의 조선 개항 목적 중 하나는 러시아 영향에 대한 선제 방어였다. 조선은 그레이트 게임의 한 무대가 되는 것을 피할 수 없었다.

조선, 그레이트 게임의 마지막 무대가 되다

1880년 일본에 수신사로 파견된 김홍집은 이노우에로부터 러시아의 위협을 다시 경고받는다. 그는 나중에 '조선책략'이라고 알려진 청 외교관 황쭌셴黃遵憲의 '주지조선외교의'라는 정책건의서를 지니고 귀국한다.

"지구상에 더할 나위가 없이 큰 나라가 있으니, 이를 아라사(러시아)라고 한다"라고 시작되는 황쭌셴의 '조선책략'은 조선의 외교책으로 "친親중국, 결結일본, 연聯미국"을 권고한다. 이는 조선에 대한 청의 종주권을 확인하려는 의도였다. 그렇지만 당시 이리 위기로 고조되는 러시아의 위협에 대한 청의 인식, 동북아에서 남하하려는 러시아를 둘러싼 나머지 열강의 합종연횡을 보여주기도 한다. '조선책략'의 소개를 계기로 조선 내에서도 본격적으로 국제정세와 외교에 대한 인식이 생기고, 갈등이 벌어진다. 이는 한반도가 그레이트 게임의 마지막 회전인 러일전쟁의 무대가 되는 것으로 귀결된다.

조선의 개항 이후 러일전쟁까지 치닫는 복잡한 당시 국제정세는 이 책의 주제를 벗어난다. 여기서는 19세기 조선의 쇄국과 개항이 결국 영국과 러시아의 그레이트 게임의 영향이었다는 것을 주지하는 정도로 그치겠다.

1885년 3월 31일, 그레이트 게임의 시발점인 아프간 인근의 오아시스 도시 판데를 러시아군이 점령했다. 영국이 훈련시킨 아프간군 2개 중대가 전멸했다. 영국과 러시아의 전면전 위기가 일었다. 런던 증시는 공황상태에 빠졌다. 영국 정부는 의회로부터 1,100만 파운드의 전시 예산을 따냈고, 영국 외무부는 선전포고문을 준비했다. 경계 태세에 들어간 해군은 모든 러시아 전함의 이동을 감시했다. 터키의 도움을 받아 캅카스의 러시아군을 공격할 가능성도 검토했다. 극동에서는 함대에 조선의 거문도(포트해밀턴)를 점령하라는 명령이 떨어졌다. 블라디보스토크에 있는 러시아 해군 요새와 북태평양의 다른 목표물에 대한 작전을 펼치기 위한 기지로 사용하려는 것이었다.[41] 중앙아시아 오지인 아프간 현지에서 대응이 쉽지 않자, 영국은 러시아를 다른 곳에서 위협한 것이다. 한반도 주변은 유력한 최적지였다. 영국의 거문도 점령은 2년이나 지속됐다. 판데 위기는 두 나라의 전면전으로까지 번지지는 않았으나, 그레이트 게임에서 한반도 주변의 위상을 더욱 높였다.

1898년 청에서 일어난 의화단 봉기는 1900년 베이징까지 위협하는 전국적 난으로 번졌다. 이 반외세 민중봉기로 기독교 선교사들이 죽자, 영국과 프랑스 등 서방 6개국은 무력개입을 했다. 6개국 병력이 베이징을 점령하며 의화단 봉기는 진압됐다. 그러나 만주에서는 여진이 남았다. 당시 러시아는 시베리아를 횡단해 만주로 연결하는 철도를 부설중이었다. 러시아는 이 철도 부설을 보호한다는 명목으로 즉시 17만 명의 대군을 파견했다. 아시아에서 그렇게 많은 병력이 한곳에 집중된 것은 처음이었다. 특히 일본이 경악했다.[42]

의화단 봉기 진압 뒤 러시아에 만주 철병 압력이 가해졌고, 러시아는 이를 승인했다. 그러나 러시아는 약속한 3단계 철군 중 1단계만 이행했다. 앞서 일본은 청일전쟁에 승리하고도, 러시아가 주도한 3국간섭으로 인해 한반도 주변의 이권을 제한당했다. 일본은 러시아 대병력의 만주 주둔이 만주뿐만 아니라 조선에서 일본의 지위를 말소할 수 있을 것이라고 우려했다. 특히 시베리아 철도가 완공되면 러시아는 엄청난 병력과 무기를 유럽에서 실어 나를 수 있게 될 터였다.

일본은 러시아에 이른바 만한교환론을 제시하며 협상을 시도했다. 만주에서 러시아의 특수권익을, 조선에서는 일본의 특수권익을 서로 인정하자는 것이었다. 러시아는 자신의 만주 점령을 기정사실화하고, 조선을 중립화할 것을 요구했다. 시베리아 횡단열차 부설이 진행되고 있었으므로 시간은 러시아 편이었다. 일본 내에서는 영국과의 동맹을 추진하자는 의견이 강력히 대두됐다.

그동안 '영예로운 고립'을 추구하던 영국에서도 동맹의 필요성이 제기됐다. 전 세계에 걸친 식민지 패권을 유지하려다 국력을 과잉 전개한 후유증이 시작되고 있었다. 19세기 내내 러시아와 유라시아 대륙에서 충돌하던 영국은 1898년 수단의 파쇼다에서 프랑스와 충돌했다. 남아공에서는 보어전쟁(1899~1902)의 수렁에 빠져 있었다.

무엇보다도 유럽에서 급속히 국력을 신장하는 독일이 있었다. 독일의 해군 확장과 베를린-바그다드 철도 부설 문제는 영국의 생명선인 해양과 유라시아 연안지대를 위협했다. 군사력, 특히 지상군 전력이 턱없이 부족했다. 영국이나 일본이나, 만주에서 러시아를 저지하려면 동맹이 필요했다.

1902년 1월 30일 영일동맹이 체결됐다. 영일동맹은 영국이 영예로운 고립이라는 전통적 외교정책을 버리고 처음으로 동맹국을 갖게 된 역사적 사건이었다. 더구나 그 대상이 동아시아의 신흥국 일본이라는 점에서 세계사적 의의는 더 컸다. 대영제국이 한계에 도달했다는 징후였다. 영국이 주도하던 세계 질서가 수명을 다했다는 전조였다.

1904년 2월 8일 일본은 만주 뤼순(여순, 포트아서)의 러시아 해군기지를 예고 없이 공격했다. 18개월 동안 지속된 러일전쟁의 시작이었다. 동아시아 정세뿐만 아니라 전 세계의 제국주의 질서가 이 전쟁으로 전기를 맞는다. 영국과 러시아의 그레이트 게임이 종료되고, 13년 뒤의 러시아제국 몰락에 방아쇠를 당겼다. 무엇보다도 1차대전으로 가는 길을 열었다. 러일전쟁은 서방 해양세력 동맹의 단초였다. 러시아라는 대륙세력의 취약성을 여실히 보여줬다.

일본의 선공에 당한 러시아 함대는 뤼순에 포위 고립됐고, 만주 곳곳의 지상전에서도 러시아는 일본에 밀렸다. 뤼순을 탈출하던 러시아 함대는 서해에서 도고 헤이하치로東鄕平八郎 제독이 이끄는 일본 함대에 격파됐다.

1904년 5월 들어 러시아의 발트함대가 응원군으로 떠났다. 대서양을 남하해 희망봉을 돌아서, 인도양과 중국해를 거치는 긴 항해였다. 더구나 바다는 일본의 동맹국 영국의 무대였다. 러시아 함대는 영국의 방해로 아프리카 연안에서 보급을 받느라 긴 시간을 지체했다. 독일과 프랑스의 식민지인 아프리카와 인도차이나 항구에서 간신히 석탄과 보급품을 공급받았다. 그러는 사이 1905년 1월 2일은 뤼순은 함락됐고, 3월의 펑톈(봉천) 회전에서 러시아가 대패해 지상전의 승부도 갈렸다.

이때 발트함대는 희망봉을 돌아 마다가스카르에서 보급으로 시간을 보내고 있었다. 승패가 사실상 갈렸으나 발트함대는 항해를 계속했다. 영국이 이 함대의 일거수일투족을 일본에 전해줬다. 영국 해군은 이탈리아에서 건조된 두 척의 군함을 일본에 무사히 인도하는 데 도움도 줬

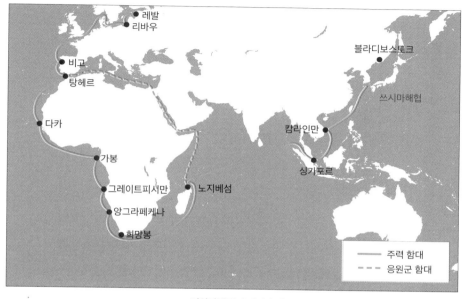

레발
리바우
블라디보스토크
비고
탕헤르
쓰시마해협
다카
캄라인만
가봉
싱가포르
그레이트피시만
노지베섬
앙그라페케나
희망봉

주력 함대
응원군 함대

러일전쟁 당시 러시아 발트함대의 항로(1904년 10월~1905년 5월)

다. 5월 말 대한해협에 들어선 발트함대는 기다리던 도고 헤이하치로 제독의 함대에 일패도지했다. 1년이 넘게 걸린 항해에 발트함대는 이미 패전이 예고돼 있었다.

종료된 그레이트 게임, 더 강해진 대륙세력을 예고하다

러일전쟁 패배로 동아시아에서 러시아의 남하가 저지됐다. 그레이트 게임도 이제 종료를 향해 갔다. 영국과 러시아 두 제국은 이제 더 이상 서로에 맞설 여력이 없었다. 두 나라 모두 제국의 확장에 국력을 과잉 전개했다.

무엇보다도 한 세기에 걸친 각축과 충돌의 결과, 두 제국 사이에 남아 있는 힘의 공백지대가 없어졌다. 유라시아 대륙에서 두 제국의 세력권이 확정된 것이다. 러일전쟁이 진행되던 1904년 영국 원정대는 세계에서 가장 외지고 은밀한 곳인 티베트의 라사에까지 강제로 들어갔다. 유라시아 대륙에서 러시아와 영국의 발길이 미치지 않은 곳이 없게 됐다. 영국과 러시아는 이제 서로의 세력권을 공인하는 타협을 해야 했다.

무엇보다도 새로운 세력의 출현에 두 나라는 이해를 같이했다. 유럽에서 막강하게 성장한 독일을 견제해야 했다. 영국은 나폴레옹전쟁 이후 빈 체제로 확립된 유럽의 세력균형 질서가 독일의 부상으로 흐트러지는 것을 지켜만 볼 수 없었다. 러시아도 독일의 동진에 위협을 받았다. 긴 협상 끝에 1907년 8월 31일 상트페테르부르크에서 알렉산드르 이즈볼스키Aleksandr Izvolsky 러시아 외무장관과 아서 니컬슨Arthur Nicolson 영국 대사 사이에 역사적인 영러협상이 타결됐다.

그레이트 게임의 중심 무대였던 아프간은 영국의 세력권으로 인정하나, 영국은 아프간의 중립성 등 정치적 지위를 바꾸지 않고 러시아에

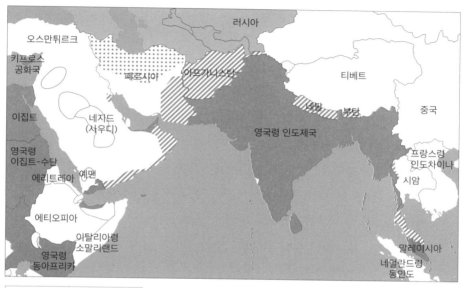

그레이트 게임 종료 후 중동 및 서남아 판도 ▐

오스만튀르크

키프로스
공화국

페르시아

아프가니스탄

러시아

티베트

중국

이집트

네자드
(사우디)

영국령
이집트-수단

에리트레아

예맨

영국령 인도제국

네팔

부탄

프랑스령
인도차이나

시암

에티오피아

이탈리아령
소말리랜드

영국령
동아프리카

말레이시아

네덜란드령
동인도

■ 영국 영향권
▨ 영국 보호령 및 영향권
■ 러시아 영향권
⬚ 러시아 보호령 및 영향권

대한 적대적 행위도 금지하기로 했다. 페르시아 독립을 존중하되, 북부와 중앙은 러시아의 세력권, 페르시아만 등 남부는 영국의 세력권이 됐다. 두 나라가 다투었던 발칸, 캅카스, 페르시아, 아프간에는 새로운 경쟁자가 출현할 조짐이었다. 독일이었다.

러일전쟁이 절정에 오르던 1905년 1월 22일 상트페테르부르크에서는 생존권을 요구하던 노동자들이 학살당한 '피의 일요일' 사건이 일어났다. 1차 러시아혁명의 불이 붙었다. 1년 뒤 러시아의 차르는 전제군주제를 폐지하고 근대적 의회인 '두마'를 설립하는 등 입헌군주제를 채택할 수밖에 없었다. 이 혁명은 10여 년이 지난 1917년 러시아제국을 몰락시키는 볼셰비키혁명으로 이어졌다. 이 혁명은 러시아라는 대륙세력의 몰락이 아니라 환골탈태를 뜻했다. 새롭고 강력한 대륙세력의 출현을 아무도 내다보지 못한 것은 아니었다.

5
매킨더,
서방 지정학의 설계자

　러시아제국의 몰락을 가져온 러일전쟁이 시작되기 2주 전인 1904년 1월 25일 런던의 겨울밤. 영국 런던 왕립지리학회에서는 해퍼드 매킨더 당시 런던정경대 학장의 〈역사의 지리적 중심축The Geographical Pivot of History〉이라는 논문 발표가 있었다. 매킨더의 발제를 들은 청중들은 귀갓길을 덮은 진눈깨비가 내리는 런던의 전형적인 흐릿한 날씨처럼 그의 논지를 정확히 이해하지는 못했다. 그렇지만 뭔가 새롭고 거시적인 것이 있다는 생각은 들었다. 청중들의 어렴풋한 느낌이 확실해지기까지는 오랜 시간이 걸렸다. 매킨더의 이날 발표는 그 후 100년이 넘는 지금까지 유라시아 대륙의 패권을 확보하려는 서방의 지정 전략과 지정학의 뼈대를 이룬다.

▌ 지정학의 아버지 해퍼드 매킨더

매킨더가 이론화한 해양세력과 대륙세력의 지정학

매킨더는 이날 당시 대영제국이 쥐고 있던 세계 패권을 지키는 방위 전략을 설파했다. 그는 영국을 서방 해양세력이라고 규정했다. 그리고 이 서방 해양세력에 도전하는 유라시아 대륙세력의 흥기를 경고했다.

매킨더는 유럽과 아시아를 분절하는 당시의 역사지리적 인식을 깨고, '유로-아시아'라는 개념을 제시했다. 즉 유럽과 아시아가 유기적으로 연결된 유라시아이다. 그는 유라시아의 역사를 '대륙세력'과 '해양세력'의 투쟁의 역사로 봤다. 유럽은 아시아 내륙에서 발원한 초원 유목 세력들의 침략에 맞선 투쟁의 산물이었다. 콜럼버스의 신대륙 발견과 다가마의 신항로 발견 이후 서유럽 국가들은 그 지정적 위치에 바탕해 해양세력으로 성장해, 세계 패권을 쥐었다. 매킨더는 "거의 무시할 수 있는 저항만을 받은 유럽의 팽창"이라고 규정한 '콜럼버스 시대'가 끝났음을 선언했다. 유라시아 대륙세력이 다시 흥기하고 있었기 때문이다.

매킨더 논지의 핵심은 그가 '중심축' 지역이라고 규정한 유라시아 대륙의 중심 지역을 장악하는 패권국가 형성을 저지해야 한다는 것이었다. 당시 흥기하는 유라시아 대륙세력은 러시아였다. 러시아는 중앙아시아 등 유라시아 대륙의 중심축 지역을 장악하고 있었다. 이 중심축 지역을 장악한 러시아는 영국의 사활적 이해가 걸린 인도 등 유라시아 대륙 연안의 식민지를 공략할 수 있는 지정 전략적 우위를 가지게 될 것이라고 매킨더는 경고했다.

매킨더의 '중심축' 지역은 나중에 용어가 '심장부' 지역으로 바뀐다. 대상 지역 범위도 두 차례 수정을 거친다. 하지만 핵심 개념은 유지된다. 중심축 지역이란 구체적으로 중앙아시아 및 시베리아이다. 이 지

외부 초승달지대

1919

1943

1904

심장지대

1943

1904

외부 초승달지대

주변 초승달지대

주변 초승달지대

주 변 초승 1919

■ 매킨더의 심장지대

– – 1904년 경계
------- 1919년 경계 확장
·········· 1943년 경계 확장
유라시아 저지대 평원
초원지대

역은 유라시아 연안 지역인 유럽, 중동, 인도, 동남아시아, 동아시아와 동시에 접하는 대륙 내륙 지역이다. 유럽, 중동, 인도, 동남아시아, 동아시아 지역은 인류의 인구와 부가 몰린 곳이다. 매킨더는 인류의 인구와 부가 몰린 이 유라시아 연안 지역을 '내부 혹은 주변 초승달Inner or Marginal Crescent' 지역으로, 유라시아 대륙과 바다로 격리된 주변 섬나라 영국과 일본 그리고 미국을 '외부 혹은 섬 초승달Outer or Insular Crescent' 지역으로 명명했다. 외부 초승달지대에 속해 숙명적으로 해양세력이 될 수밖에 없는 당시 패권국가 영국은 콜럼버스 시대 이후 가장 이동성이 뛰어난 함대와 해로를 통해 내부 초승달지대를 식민지로 경략해왔다.

하지만 매킨더는 새로운 기술과 동력의 발전이 해양세력 우위의 조류를 바꿀 것이라고 내다봤다. 이전까지 유라시아 대륙 중심부는 혹독한 기후의 사막과 초원, 삼림으로 이뤄진 텅 빈 지역이었다. 그러나 시베리아 횡단열차 등 새로운 이동수단이 발달하면, 러시아라는 대륙세력은 인류의 부가 몰린 유라시아 연안 지역으로 접근할 수 있을 터였다. 해양세력을 능가하는 이동성을 갖춰 지정적 우위를 확보하게 되는 셈이었다. 그러면 러시아는 중심축, 즉 심장지대를 통해서 그들의 제국적 야망을 유라시아 대륙 연안 지역인 주변 초승달지대로 수월하게 투사할 수 있을 터였다. "러시아는 몽골제국을 대체했다"고 그는 말했다.

물론 이는 1차원적인 지리적 접근에 불과할 수 있다. 하지만 매킨더가 말하고자 한 것은 인류에게 주어지는 숙명적 첫 조건으로서 위치와 공간의 중요성이다. 인류의 이동, 문명의 발상, 그리고 역사의 전개는 위치와 공간이 부여하는 조건에 대해 인류가 대응한 결과이다. 인간 집단은 자신이 서 있는 위치와 공간에서 자유로울 수 없고, 다만 그 위치와 공간에서 어떻게 대응할 것인지가 자신의 몫이다. 특히 영역 확보를 통해 세력 확장을 추구하는 국가 등 인간 집단 간 경쟁은 위치와 공간에서 출발한다.

매킨더의 우려 대상은 단순히 러시아만이 아니었다. 러시아든 독일이든 중국이든 혹은 러시아와 독일의 동맹이든 간에 중심축 지역을 장악한 유라시아 대륙세력은 해양세력의 세계를 측면에서 공격할 것이라고 경고했다. 매킨더의 논점은 유라시아 대륙의 패권은 그 중심축 지역의 통제력에 달려 있다는 것이었다.

매킨더의 주장은 이미 러시아의 남하를 막으려는 그레이트 게임을 벌이던 영국이 1세기에 걸쳐 실행해오고 있었다. 매킨더는 이를 역사지리적 관점에서 담론으로 구체화했다. 앞으로도 계속될 해양세력과 대륙세력의 충돌과 그 접점들을 예견했다.

> 중심축 국가에 유리하게 세력균형이 뒤바뀌면, 유로—아시아의 주변부 지역에 대한 팽창이라는 결과로 이어진다. 광대한 대륙의 자원들이 함대 건조에 사용되고, 그러면 세계제국이 가시화될 것이다. 만약 독일이 러시아와 동맹을 맺는다면 이런 일이 일어날 수 있다. 그래서 그런 사건의 위협이 있으니, 프랑스는 해양세력과 동맹을 맺어야만 한다. 프랑스, 이탈리아, 이집트, 인도, 한국은 중심축 동맹국가들을 격퇴하는 교두보가 될 것이다. 이 나라들에서 외곽[해양세력—저자 주] 해군력은 지상군 병력을 배치하려는 중심축 동맹국가들을 격퇴하는 지상군을 지원하는 한편 중심축 동맹 국가들이 함대에 그들의 전력을 집중하지 못하도록 해야 한다.[43]

매킨더가 가장 우려한 독일과 러시아의 관계는 그 후 벌어진 두 차례 세계대전의 향방을 갈랐다. 1차대전에서 두 나라는 나중에 강화했고,

2차대전에서는 초기에 협력관계를 맺었다. 한편 매킨더는 당시 서방의 식자층에서도 이름조차 낯설던 한국을 해양과 대륙세력의 충돌 접점으로 예견하기도 했다. 매킨더는 이렇게 결론 낸다.

결론적으로 유라시아 내륙 지역의 장악이 러시아에서 새로운 세력으로 대체돼도 중심축 지위의 지리적 중요성이 줄어들지 않으리라고 명확히 지정해 두는 것이 좋겠다. 예를 들어, 만약 일본에 의해 조직된 중국이 러시아제국을 무너뜨리고 그 영토를 정복하면, 중국은 세계의 평화에 황화黃禍가 될 수도 있다. 중국은 거대한 대륙의 자원에 더해 대양에 접해 있기 때문이다. 이는 중심축 지역을 점유한 러시아에게는 없는 이점이다.[44]

소련의 붕괴 이후 중국의 부상, 미국과 중국의 'G2' 시대의 도래를 매킨더가 내다본 것은 아니다. 그가 말하고자 했던 것은 중국이 원천적으로 가진 지정적 위상이었다. 매킨더의 논리는 2차대전 이후 미국의 소련과 중국 봉쇄정책의 근간이 됐다.

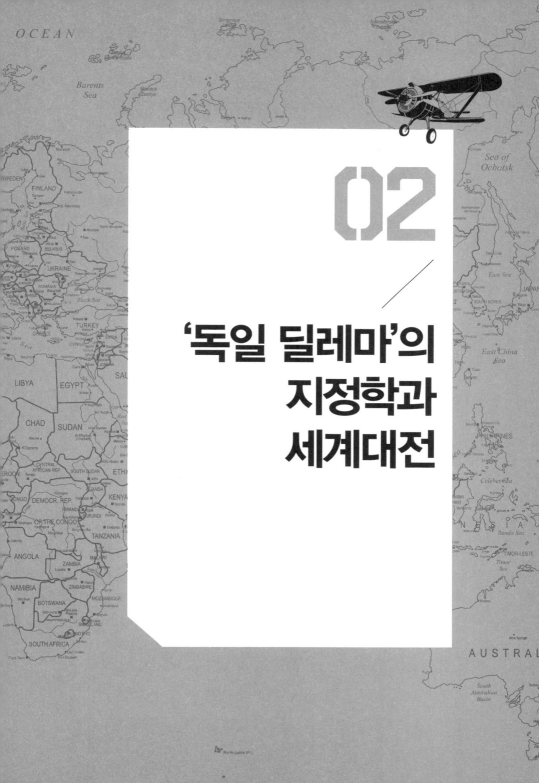

02

'독일 딜레마'의 지정학과 세계대전

독일 통일로 '유럽의 세력균형은 완전히 파괴됐다'는 벤저민 디즈레일리 영국 총리의 말은 독일 통일 이후 유럽과 세계정세에 대한 정확한 경고였다. 이를 누구보다도 잘 알고 있던 사람은 바로 독일 통일을 주도한 비스마르크였다. 그는 독일이 유럽 대륙의 최대 강국으로 부상할수록, 주변 강국들의 대독일 연합이 강화될 것임을 잘 알고 있었다.

'독일 딜레마' 지정학이 내포할 수밖에 없는 '연합의 악몽'이었다. 커져가는 독일의 힘에 맞서 균형을 쟁취하려는 다른 유럽 국가들은 연합세력을 조직하고, 그 반작용으로 독일 내에서는 주변 국가들의 연합에 대한 두려움이 커지는 것이다. 포위에 대한 두려움은 독일로 하여금 이 연합에 대항해 스스로를 지킬 방책을 만들게 했다. 이는 궁극적으로 독일이 두려워하는 연합을 더욱 정당화하고 부추길 뿐이었다. 이른바 '포위의 변증법'이었다.

비스마르크는 연합의 악몽을 피하려고, 독일에게 유리한 유럽의 세력균형 질서를 유지하려 했다. 그는 독일, 영국, 러시아, 프랑스, 오스트리아라는 유럽의 5대 열강 사이에서 독일이 항상 다수 쪽에 서는 외교를 펼쳤다. 이는 5개의 공을 돌리는 저글링 외교였다. 그 결과 독일은 러시아 및 오스트리아를 자신 쪽에 묶어둘 수 있었다.

하지만 유럽 최대 강국으로 부상한 독일 내에서는 팽창주의 움직임이 강화되었고, 비스마르크가 실각하자 그가 주도한 세력균형 질서는 그 시효가 끝나갔다. 빌헬름 2세 황제의 독일제국은 해군력을 강화해 영국을 자극하는 등 유럽이나 세계에서 패권을 추구하는 명백한 팽창주의로 나아갔다. 사라예보에서 발생한 오스트리아 황태자 암살 사건은 누구도 원하지 않고 예상하지 못했던 1차대전으로 비화됐다.

1차대전이 끝나자 유럽 중심의 세계 질서는 종말을 고하기 시작했다. 약화된 영국과 프랑스, 연합국들에 의해 독일에 족쇄가 채워지자, 유럽에 심각한 세력공백이 생겼다. 1차대전에 참가해 연합국의 승리를 이끈 미국은 아메리카로 돌아갔고, 볼셰비키혁명으로 러시아제국이 몰락한 자리에 들어선 소련은 국제 체제에서 철수했다. 1차대전 뒤 베르사유조약 체제는 독일을 묶어두려 했으나, 오히려 독일의 지정적 상황을 유리하게 만들어줬다. 불만에 찬 독일을 허약한 프랑스가 홀로 견제하는 상황이 유럽에서 조성됐다.

이는 결국 아돌프 히틀러의 나치 독일 부상을 불렀다. 히틀러는 결코 독일 지정 전략에서 이단아가 아니었다. 히틀러가 아니어도 독일은 1930년대가 되면, 다시 팽창을 추구하는 공격적인 국가로 부상했을 것이다.

독일이 다시 야기한 2차대전은 미국과 소련의 참전으로 수습됐다. 2차대전은 유럽 중심의 세계 질서를 완전히 몰락시켰다. 이 과정에서 미국은 영국으로부터 서방 해양세력의 패권을 넘겨받아 접수했고, 소련은 유라시아 대륙세력 패권국으로 부상했다.

6
'독일 딜레마'의 지정학이
세계대전으로 비화하다

1914년 6월 28일 보스니아의 사라예보를 방문한 오스트리아 황태자 프란츠 페르디난트Franz Ferdinand를 향한 총성은 유럽뿐만 아니라 전 세계에 유례없는 두 차례 대전쟁의 참화를 열었다.

총성은 유럽 내에 잠재하던 열강의 갈등을 전쟁이라는 형태로 표출시키는 계기가 됐다. 그 갈등은 기본적으로 독일의 팽창, 그리고 이 팽창을 저지하려는 주변국들의 연합, 이 연합을 두려워한 독일의 대응이라는 악순환으로 발전했다. 독일 딜레마의 지정학이 결국 세계대전을 부른 것이다.

비스마르크, 5개의 공을 돌리는 저글링 외교를 하다

독일 통일을 주도한 비스마르크는 독일의 딜레마를 잘 알고 있었다. 주도면밀한 외교로 독일에 유리하게 유럽의 세력균형 질서를 주도하는 길만이 독일의 안정과 번영을 이룰 수 있음을 그는 누구보다도 절감하고 있었다.

비스마르크는 유럽의 5대 열강인 영국·프랑스·독일·오스트리아·러시아의 조합에서 다수인 3개 열강 쪽에 독일이 항상 위치해야 한다고 말했다. 그런데 통일 이후 독일 입장에서 5대 열강과 조합하는 선택지는 제한됐다. 프랑스와의 적대관계는 상수가 됐다. 영국은 영예로운 고립 노선으로 동맹 대상으로 유효하지 않았다. 독일에 남은 선택지는 러시아와 오스트리아뿐이었다. 독일과 오스트리아는 이미 우방이었으므로 러시아와의 관계가 관건이었다.

그런데 당시 러시아와 오스트리아는 발칸 지역을 놓고 분쟁중이었다.[1] 첫 과제는 숙적 프랑스의 진영에 러시아와 오스트리아가 가담하지 않게 하고, 그 두 나라를 독일 쪽으로 끌어오는 것이었다. 이는 고난도의 과업이었다. 5개의 공을 돌리면서 그중 3개의 공을 한 묶음으로 돌리는 저글링이었다.

비스마르크는 1873년 러시아 및 오스트리아와의 3제동맹 결성을 시작으로 독일을 항상 유럽의 열강 체제에서 다수파에 위치시켰다. 비스마르크의 이런 동맹 외교는 1879년 비밀방위동맹을 체결한 독일-오스트리아 2국동맹, 1881년 독일-러시아-오스트리아 2차 3제동맹, 1882년 이탈리아 가담으로 독일-오스트리아 2국동맹의 3국동맹으로의 확장, 1884년 3국동맹의 재연장, 1887년 러시아와의 재보장조약 등으로 이어졌다.

복잡한 다중동맹으로 점철되는 비스마르크의 외교는 유럽 열강들을 서로 견제하게 하면서 독일의 고립을 막았다. 오스트리아를 러시아에 맞서게 하고, 러시아로 발칸에서 오스트리아의 모험주의를 견제하며, 독일이 포위되는 것을 막으려 했다. 영국을 끌어들여 러시아의 지중해를 향한 팽창을 저지하게 했다. 이런 정교한 체제에 대한 도전을 축소하려고, 비스마르크는 알자스로렌 지방을 빼놓고는 다른 모든 곳에서 프랑스의 야심을 만족시켜주는 데 최선을 다했다. 유럽 중앙에 대한 프랑스의 에너지를 다른 곳으로 돌리는 한편, 영국과의 식민지 경쟁을 불붙이려고 프랑스의 식민지 팽창을 부추겼다. 프랑스는 이집트를 두고 영국과 거의 충돌 직전까지 갔고, 튀니지를 놓고는 이탈리아와 틀어졌다. 영국은 중앙아시아와 콘스탄티노플로 전진하려는 러시아를 봉쇄하는 데 여념이 없었다.[2]

통일 독일을 유럽에서 고립시키지 않고, 세력균형 질서 속에서 유리하게 포진시키려는 비스마르크 외교의 열쇠는 결국 러시아였다. 프랑스와의 적대관계가 상수인 상황에서 러시아가 독일과 적대관계가 된다면, 독일은 동서 양쪽에서 협공당하게 된다. 유사시에는 동서 양쪽에서 동시에 전쟁을 치러야 했다. 두 전선에서의 동시 전쟁을 피하는 것은 통일 이후 독일 안보를 규정하는 기본 전제였다. 실제로 독일은 1·2차대전에서 이런 상황에 직면했고, 이는 독일 패망의 근본 요인이었다. 비스마르크는 독일이 통일에 만족하며 더 이상의 영토 야심이 없음을 항상 표명했고, 실제로도 그랬다. 그는 "발칸은 포르메니아 척탄병 한 명의 뼛조각만치도 가치가 없다"[3]는 유명한 말로 독일이 발칸에 영토 야욕이 없음을 극명히 표현해 러시아를 안심시켰다.

비스마르크는 또 유럽 대륙 세력균형 질서의 균형자인 영국을 염두에 두고, 독일의 식민지 진출 경쟁을 억제했다. "여기 러시아가 있고, 여기 프랑스가 있고, 여기 이 가운데에 독일이 있다. 그게 나의 아프리카 지도이다." 그는 독일의 식민지 진출을 촉구하는 국내세력들에게 이렇게 응수하며, 독일이 결코 식민지 진출 경쟁에 나서지 않을 것임을 못박았다.

비스마르크의 통일 독일은 유럽 대륙에서 패권국가로 가는 잠재력을 신장시키고 있었으나, 이를 결코 영토 확장이나 정복이라는 수단을 통해 취하지 않았다. 비스마르크의 외교 행보는 영국과 러시아로 하여금 독일 견제에 나서지 않게 했다. 특히 영국은 이런 독일의 노선을 유럽 대륙의 세력균형을 유지하려는 자신들의 노선과 동일시했다. 영국에게 비스마르크의 독일은 유럽에서 프랑스를 압박하고, 러시아를 묶어두는 효과로 받아들여졌다. 영국은 영예로운 고립 노선을 지켜나갔다.

비스마르크가 유럽의 세력균형을 유지하려는 고난도의 외교를 펼친 것은 통일 이후의 현실적 국력을 감안한 생존책으로, 철저한 레알폴리틱Realpolitik, 현실정치였다.

다음의 표에서 보듯, 독일이 1880년에 유럽 전체 부에서 차지하는

	1816	20	30	40	50	60	70	80	90	1900	10	13	20	30	40
영국	43	48	53	64	70	68	64	59	50	37	30	28	44	27	24
프로이센/독일	8	7	5	5	4	10	16	20	25	34	39	40	38	33	36
프랑스	21	18	21	16	12	14	13	13	13	11	12	12	13	22	9
러시아/소련	19	18	15	9	7	4	2	3	5	10	10	11	2	14	28
오스트리아-헝가리	9	9	7	6	7	4	5	4	6	7	8	8	—	—	—
이탈리아	—	—	—	—	—	—	0	1	1	1	2	2	3	5	4

1816~1940년 유럽에서 주요국의 부 비중(단위는 %)

비중은 20%로, 프랑스의 13%, 러시아의 3%를 능가했으나, 영국의 59%에는 압도당했다. 1890년에 독일의 몫은 25%로 늘고, 프랑스와 러시아는 13%와 5%에 머물렀으나, 영국은 여전히 50%를 차지했다.[4]

그러나 비스마르크의 저글링 외교는 영원히 계속될 수 없었다. 독일의 현실 국력이 성장하면서, 자연히 독일 국내에서도 유럽의 세력균형을 바꾸려는 팽창의 움직임이 나타났다.

독일의 몫은 20세기 접어들면서 극적으로 상승했다. 1900년에 34%로 영국의 37%에 육박했다. 숙적인 프랑스는 11%로 줄고, 러시아는 10%로 늘었다. 1903년이 되자 상황은 역전됐다. 독일은 36.5%로 영국의 34.5%를 추월했다. 독일은 20세기로 들어오면서 유럽의 잠재적 패권국가로 성장한 것이다.[5]

비스마르크 실각으로 독일이 포위되다

1887년에 29세의 젊고 야심찬 독일 황제 빌헬름 2세가 등극했다. 그는 즉위와 함께 공공연히 "6개월 동안만 늙은이가 더 하도록 놓아두고 그다음에는 내가 직접 통치하겠다"라고 공언했다. 비스마르크를 겨냥한 말이었다.

비스마르크는 결국 1890년 3월 사임했다. 비스마르크의 사임 다음 해인 1891년, 독일은 러시아와의 동맹인 재보장조약을 갱신하지 않았다. 독일의 고립을 막던 매듭이 풀어지기 시작한 것이다.

1년이 안 되어 러시아와 프랑스는 서로에게 외교적 지원을 제공하는 친선협정, 즉 2국협상을 체결했다. 이 2국협상은 3년 뒤인 1894년 군사동맹으로까지 발전했다. 러시아가 독일이나 독일과 연합한 오스트리아의 공격을 받을 경우, 혹은 프랑스가 독일이나 독일과 연합한 이탈리아의 공격을 받을 경우 서로를 돕는다는 군사조항이 추가됐다. 2국협상은 결국 독일을 겨냥한 동맹으로 발전한 것이다.

2차대전 뒤 미국의 대소련 봉쇄정책의 철학을 제시한 전략가 조지 케넌George Kennan은 1891년과 1894년 러시아−프랑스 동맹을 유럽이 전쟁으로 돌진하는 분수령을 상징하는 "운명적 동맹"이라고 칭했다. 이는 세력균형 작동 종말의 시작이었다.[6]

빌헬름 2세 치하에서 추진된 해군력 증강 등 독일의 팽창주의 노선으로 인해, 결국 영국은 영예로운 고립 노선까지 포기하며 러−프의 2국협상에 가담해 3국협상을 발전시켰다. 영국이 1907년 러시아와의 2국협정을 맺어, 사실상 영−프−러 3국협상을 타결한 것이다.

독일의 부상은 유라시아 대륙에서 패권을 놓고 '그레이트 게임'을 벌이던 영국과 러시아의 숙적관계마저 해소시켰다. 러시아가 러일전쟁에서 패배해 유라시아 대륙에서 남하가 최종적으로 저지되자, 영국은 서둘러 러시아와의 적대관계 청산에 나섰다. 유럽의 4대 열강 중 영국, 프랑스, 러시아가 반독일 동맹을 결성한 것이다.

사라예보에서 오스트리아 황태자 암살은 이런 상황을 결국 전쟁으로 몰고 갔다. 황태자의 장례를 치른 뒤 오스트리아는 7월 28일 세르비아에 전쟁을 선포했다. 이는 세르비아의 후견국 러시아의 병력 동원을 불렀고, 독일의 오스트리아 지지와 병력 동원, 러시아에 대한 독일의 선전포고로 이어졌다. 1차대전이 발발했다.

발칸에서의 전쟁을 세계대전으로 비화시킨 것은 독일이었다. 독일이 영국과 프랑스의 참전을 초래했다. 이는 독일이 자신의 지정 조건에 따른 역사적인 안보 공포에 사로잡혔기 때문이다. 서쪽으로는 프랑스, 동쪽으로는 러시아라는 강대국 사이에 낀 독일은 이 두 나라의 협공을 가장 우려했다. 영-프-러 3국동맹이 결성된 상태에서 독일은 발칸에서 러시아와 전쟁을 벌이게 되자, 프랑스를 묶어둬야만 했다. 방법은 두 가지뿐이었다. 프랑스의 중립을 이끌어내거나, 먼저 공격해서 프랑스를 무력화시키는 것이었다.

비스마르크 시절부터 독일의 안보국방 정책에서 러시아 및 프랑스와의 동시 전쟁은 상수였다. 비스마르크 시절에 일련의 전쟁을 승리로 이끈 참모총장 헬무트 폰 몰트케Helmuth von Moltke는 두 전선에서의 동시 전쟁 전략 개념을 입안했다. 그는 독일이 러시아 및 프랑스와의 두 전선에서 동시에 전쟁을 치른다면, 두 적을 모두 완전히 굴복시키는 총력전은 불가능하다고 판단했다. 그는 프랑스와 러시아에 전술적이고 단기적인 패배를 안긴 뒤 외교나 강화를 통해 전쟁 수습을 하도록 정치적 선택의 여지를 주는 전략을 고안했다.

몰트케는 독일군 전력을 동부와 서부전선에 균등하게 배치하고 두 전선에서 방어 태세를 취하도록 했다. 프랑스의 주 목적은 알자스로렌 지방의 탈환이었기 때문에, 프랑스가 공세를 취할 것은 확실했다. 만약 독일이 프랑스의 공세를 패퇴시킨다면, 프랑스는 평화를 위한 타협을 고려해야 했다. 몰트케는 특히 프랑스의 수도 파리로 군사 작전을 확대하는 것을 경고했다. 프랑스를 완전히 속국으로 만들 정도의 승리가 불가능한 이상, 수도까지 진군하는 것은 전력의 낭비일 뿐만 아니라 프랑스의 복수심과 반발만 키울 것이었기 때문이다. 실제로 보불전쟁 때 파리를 점령해 베르사유 궁전에서 독일 황제 대관식을 가진 것은 프랑스에게 독일에 대한 씻을 수 없는 적대감만 불러, 독일에게는 두고두고 부담이 됐다.

몰트케는 러시아와의 동부전선에서도 같은 전략을 채택했다. 러시아의 공격을 일단 패퇴시키고는 러시아군을 전략적으로 의미 있는 거리까지 밀어내, 평화 강화를 제안하는 것이었다. 동부와 서부, 두 전선 중 한쪽에서 먼저 승리하면, 다른 쪽 전선으로 전력을 돌릴 수 있었다.[7] 요컨대 몰트케의 전략은 제한전을 통한 독일의 승리였다. 희생을 줄이고 정치적 타협을 통한 승리를 도출하려 했다.

그러나 비스마르크와 몰트케가 현직을 떠난 뒤 독일은 이를 저버렸다. 독일의 고립과 포위를 막으려는 비스마르크의 정교한 세력균형 외교를 방기한 것처럼, 2개의 전선에서 소모적인 총력전을 막으려는 신중한 '몰트케 플랜' 역시 폐기됐다.

독일에 동시 전쟁을 가져온 슐리펜 플랜

몰트케 이후의 독일 참모총장 알프레트 폰 슐리펜Alfred von Schlieffen은 몰트케 플랜이 독일의 적들에게 군사적 주도권을 줄 수 있다며 거부했다. 전면적 승리를 추구한 슐리펜은 몰트케가 선호한 정치적 타협을 인정하지 않았다. 사실상 무조건적 항복을 단호히 추구한 슐리펜은 한 전선에서 신속하고 결정적으로 승리한 뒤 독일군의 모든 전력을 다른 전선으로 돌리려 했다. 2개의 전선에서 명백한 승리를 거두려 했다.

동서 양쪽에서 러시아와 프랑스 두 나라와 동시에 전쟁을 벌일 때 독일은 프랑스 쪽 전선을 먼저 제압하는 전략을 세웠다. 러시아는 병력을 완전히 동원하는 데 최소 6주나 걸렸다. 러시아 쪽 동부전선 대처에는 시간의 여유가 있는데다, 병력 동원이 채 안 된 러시아군에게는 치명적 타격을 줄 수도 없었다.

무엇보다 러시아와의 전쟁은 프랑스와의 전쟁에 비해 장기전이 불가피했다. 러시아는 전략적 종심이 깊은 나라이다. 국경 전선에서부터 수도 모스크바 등 핵심 지역까지의 거리가 멀었다. 나폴레옹도 러시아 침공에서 러시아의 이 전략적 종심 때문에 결국 일패도지했다. 적으로 하여금 긴 보급선과 오랜 행군을 요구하는 전략적 종심은 러시아에게는 방어를 위한 최대 전략 자산이었다.

슐리펜은 러시아가 병력을 완전히 동원하기 전에 프랑스를 먼저 공격해 제압하는 전략을 세웠다. 프랑스 쪽 서부전선은 국경을 맞대고 있는데다 전략 종심이 짧았다. 서부전선에서 신속하고 결정적인 승리를 막는 장애는 국경지대의 프랑스의 요새들이었다. 슐리펜은 강고한 프랑스 요새들을 우회해서 벨기에로 진공하는 방안을 채택했다. 그래서 파리를 점령한 다음 독일—프랑스 국경선의 요새를 따라 배치된 프랑스군을 뒤에서 사로잡는 작전이었다.

문제는 이 전략이 벨기에의 중립을 침해한다는 것이었다. 유럽 대륙에서 벌어진 전쟁 역사는 벨기에가 침공당하면 영국은 주저 않고 전쟁에 참전한다는 것을 말해준다. 벨기에나 네덜란드 등 영국해협을 마주보는 이른바 '저지대 국가'의 독립만큼 영국이 일관되고 단호하게 전쟁을 감수하는 대의는 없었다. 영국은 프랑스의 루이 14세나 나폴레옹과의 전쟁에서 이를 잘 보여줬다. 일단 참전하면, 영국은 프랑스가 완전히 패전해도, 끝까지 싸울 수밖에 없었다.[8]

슐리펜 플랜의 근본적 문제점은 또 있었다. 비스마르크와 몰트케가 두 전선에서의 동시 전쟁을 피하거나 제한전으로 치르려고 한 반면, 슐리펜 플랜은 두 전선에서 총력전인 동시 전쟁을 독일 전략의 필수 전제로 설정했다는 것이다. 이 경우 발칸에서 전쟁이 발발했는데 초기에 프랑스가 중립을 선포한다면 독일은 심각한 딜레마에 처하게 된다. 동부

전선에서 러시아가 병력을 완전히 동원한 뒤에 프랑스가 중립을 포기하고 참전한다면 독일로서는 최악의 상황으로 몰릴 수 있었다.

슐리펜 플랜은 프랑스가 중립을 선포한다 해도 프랑스를 공격할 이유를 만들어내야 했다. 슐리펜은 프랑스가 중립을 지킨다는 증표로 독일에게 국경지대의 주요 요새 중 하나를 넘겨야 한다는 조건을 내걸었다. 프랑스가 자신의 운명을 독일의 처분에 맡기고, 열강의 지위를 포기해야 한다는 의미였다. 프랑스가 이를 받아들일 이유가 없었다. 따라서 발칸에서 전쟁이 터진다면, 슐리펜 플랜은 필연적으로 유럽 대륙의 반대쪽에서 프랑스와 영국이라는 열강의 참전을 초래할 수밖에 없었다. 비스마르크가 그렇게 피하려고 했던 '연합의 악몽'과 '두 전선에서의 동시 전쟁'을 독일은 오히려 적극적으로 초래한 것이다.

저지대 국가가 침공당하자 영국이 참전하다
독일은 러시아에 선전포고를 한 다음 날인 8월 1일 프랑스에게 중립을 요구했다. 독일은 프랑스가 긍정적 태도를 보이면, 그 증표로 프랑스에게 국경 지역에 있는 베르됭과 툴의 요새를 요구할 방침이었다. 프랑스가 응할 리 없었다. 프랑스는 국익에 따라 행동하겠다고 응답했다. 독일은 3일 프랑스가 국경을 침공했다고 날조하며 선전포고했다. 동시에 벨기에를 침공했다.

1839년 런던조약으로 보장한 벨기에의 중립이 파괴되자, 영국은 주저 없이 참전했다. 바로 다음 날 영국은 독일에 선전포고를 했다. 독일 지도자들만 충격을 받았지 모두가 예상한 일이었다.

이미 전술한 대로 벨기에, 네덜란드 등 저지대 국가는 영국의 통상에 사활이 걸린 지역이다. 영국해협에 접한 국가들이 적대국에게 점령되면, 영국의 통상과 안보는 근본부터 위협받는다. 1차대전이 발발하자, 에드워드 그레이Edward Grey 영국 외무장관은 독일이 벨기에를 점령하면, 네덜란드와 덴마크 등도 독일의 수중에 떨어진다고 말한 터였다. 독일 함대가 영국해협의 항구들을 공격해서 영국의 통상을 와해하면, 이는 영국에게 전 유럽의 세력균형이 붕괴됨을 의미했다. 유럽 대륙이 한 패권세력에 의해 장악되는 것은 서방 해양세력의 원조 영국이 결코 받아들일 수 없는 마지노선이었다. 이는 나중에 영국의 지위를 이어받는 미국에게도 마찬가지였다.

영국은 1차대전에서 독일과 싸우기는 했지만, 유럽에서 세력균형을 지키려고 했다. 그레이 외무장관은 독일과 오스트리아가 완전히 파괴되는 것을 원치 않았다. 그래서 그는 동맹국인 러시아와 프랑스도 견제했다. 그레이는 "러시아를 프라하, 빈, 부다페스트, 베오그라드, 부쿠레슈티, 소피아에서 떨어지도록 하고… 프랑스도 쾰른, 마인츠, 코블렌츠에 접근 못 하게" 하려 했다.[9] 러시아는 동유럽에서, 프랑스는 독일로 세력을 확장하지 못하게 하려는 것이었다. 전쟁 내내 러시아와 프랑스가 독일의 공세에 밀린 전황에서도 영국은 이런 기우를 했다.

영국의 이해관계는 유럽 대륙을 넘었다. 중동에서 오스만튀르크가 독일의 동맹국이 되었는데, 이는 전쟁 전에 독일이 베를린-바그다드 철도 부설을 시도한 상황과 겹쳐졌다. 페르시아만과 인도양이 위협받을 수 있었다. 영국의 식민지 경영에서 수에즈 운하, 페르시아만의 석유, 인도는 최대 자산이었다. 이 자산들을 보호할 급소점들인 아덴, 오만, 쿠웨이트, 키프로스 등 지역에서의 입지를 더 굳혀야 했다. 영국은 아랍의 부족세력들과 동맹을 맺고 오스만제국에 대항하게 했다. 차제에 오스만제국을 해체해 영국의 영향권을 넓히려 했다. 덧붙여두자면,

'독일 딜레마'의 지정학과 세계대전

1차대전 뒤 영국과 프랑스가 오스만제국을 해체하고 분할한 것은 지금까지 이어지는 중동분쟁의 씨앗이 됐다.

한편 프랑스는 1871년 독일과의 보불전쟁에서 빼앗긴 알자스로렌 지역의 수복을 벼르고 있었다. 이를 통해 인근 자르 지역의 석탄 자원을 확보할 뿐 아니라, 독일과의 접경 지역인 라인란트에 완충 국가를 만들어 자신의 안보 완충지대를 만들려고 했다. 프랑스는 독일을 약화시키면서 자신의 안보를 강화시키려 했다.

러시아, 독일을 해체하고 발칸으로 가려 하다

러시아 역시 발칸에서 오스트리아와의 전쟁에 직면하자, 이 전쟁을 두 나라만의 전쟁으로 국한시키지 않으려고 했다. 발칸에서 두 나라만의 전쟁으로 진행될 경우, 전쟁 과정과 그 이후에 독일의 입지만 커질 것을 우려했다. 독일이 평화 강화 조건을 강제하는 위치에 설 것으로 봤다. 러시아는 1877~1878년 오스만튀르크와의 전쟁에서 승리한 뒤 독일의 이런 개입을 경험한 바 있다. 당시 러시아는 오스만에게 산스테파노조약을 강제해 발칸반도 전역을 영향권에 넣었다. 하지만 비스마르크는 평화 강화회의인 베를린 회의를 주도하며, 러시아의 이권을 대부분 제한해버렸다.

1892년에 맺어진 러시아-프랑스 동맹의 협상대표 니콜라이 오브루체프Nikolai Obruchev 장군은 외무장관에게 보내는 보고에서 이렇게 주장했다. "우리 외교가 무엇보다도 고려해야 하는 것은 러시아의 고립된 전쟁, 즉 독일이나 오스트리아, 오스만튀르크만을 상대로 한 전쟁이다. 베를린 회의는 이를 잘 보여주며, 누구를 우리의 가장 위험한 적으로 간주해야 하는지 가르쳐줬다. 우리와 직접 싸운 쪽인가, 아니면 우리의 약화를 기다린 뒤 평화의 조건을 명령한 쪽인가?"[10]

오브루체프에 따르면, 러시아로서는 모든 전쟁을 전면화하는 것이 이익이었다. 제한된 목적을 가진 방어적 전쟁은 러시아의 국익에 반했다. 그는 "우리가 일단 전쟁에 끌려들어가면, 전력을 다해서 그 전쟁을 수행할 수밖에 없다. 가장 결정적인 전쟁 외에는 다른 종류의 전쟁을 상정할 수 없다. 유럽 열강, 특히 러시아와 독일의 상대적인 정치적 지위를 미래에까지 결정할 전쟁이다"라고 말했다.[11]

러시아가 전쟁 초기에 한 나라만을 상대하게 된다면, 다른 나라도 끌어들여야 했다. 러시아의 고립을 막는 동맹을 맺으려면 싸우는 적국도 하나여서는 안 되었기 때문이다. 러시아 군부는 독일이나 오스트리아 중 한 나라와만 전쟁하기보다는 두 나라 모두를 상대하는 것을 선호하는 이상한 결론에 이르게 됐다. 프랑스와의 잘 조직된 동맹이 바로 러시아의 고립된 전쟁을 막고 전쟁의 전면화를 이끄는 장치였다. 독일-오스트리아-이탈리아의 3국동맹 중 어느 한 나라가 병력을 동원한다면, 러시아와 프랑스는 공동으로 병력을 동원하기로 합의했었다.

프랑스와의 동맹 이후 벌어지는 게임이 모든 것을 거는 도박임을 차르인 알렉산드르 3세도 알았다. 니콜라이 기르스Nikolay Giyrs 외무장관이 "우리가 프랑스가 독일을 격파하는 것을 도와서 얻는 이익이 뭐냐"고 묻자, 그는 "우리가 얻을 것은 독일이 사라지는 것이다. 독일은 옛날처럼 수많은 작은 나라들로 쪼개질 것이다"라고 답했다.[12]

또한 러시아에게는 충족되지 않는 영토 욕구가 있었다. 흑해에서 지중해로 나가는 오스만튀르크의 해협들에 대한 통제권, 동부유럽에서 영향력 확장, 그리고 발트해에서 얼지 않는 부동항의 확보가 절실했다. 수도 페테르부르크가 면한 핀란드만은 겨울이 되면 몇 달 동안이나 얼어붙었다. 당시 독일 영토였던 발트해 항구 메멜(현재 리투아니아의 클라이페다)과 쾨니히스베르크는 부동항이었다. 이 모두가 러시아의 안보와 해외 진출에 필수적이었다.

이권을 위해 전쟁으로 달려가는 나라들

전쟁을 촉발한 오스트리아 역시 그 전쟁을 확전시킬 수밖에 없는 입지였다. 오스트리아는 유럽의 5대 열강 중 국가 구성과 체제가 가장 취약했다. 주류인 독일계와 마자르계 외에도 수많은 민족으로 구성된 까닭에 당시 유럽의 민족주의 압력에 매우 취약했다.

전쟁 발발 당시 오스트리아는 오스트리아-헝가리제국이라는 이중 왕조 체제였다. 이중 왕조를 형성해 두 왕조가 군대와 재정, 외교공관을 공유하는 형태였다. 오스트리아의 합스부르크 왕가는 1867년 제국 내에서 독일계에 이어 두 번째로 많은 민족인 마자르계에게 헝가리왕국이라는 형태로 반독립적 지위를 부여했다.

부다페스트의 헝가리 왕조는 슬로바키아, 루마니아, 크로아티아 민족 등 슬라브계 소수민족들을 억압적으로 통치했다. 반면 빈의 합스부르크 왕가 관료들은 소수민족 통치에서 관용정책을 택해, 독일계인 오스트리아인들이 북쪽의 슬라브계인 체코 민족, 북동쪽의 폴란드 및 러시아 민족, 남쪽의 슬로베니아와 세르비아 민족에게 독일계와 동등한 권리를 보장했다.

그러나 그 결과는 제국 내의 화합이라기보다는 소수민족들의 민족주의 고조였다. 오스트리아의 주류인 독일계 엘리트들도 1871년 이후 출현한 독일제국 쪽으로 기우는 동요를 보였다. 알프스산맥의 남쪽 사면에서는 이탈리아계 민족들이 새로운 이탈리아왕국의 자장 속으로 빨려들고 있었다.

내륙 국가가 된 오스트리아는 해외로의 식민지 팽창이라는 선택지도 없었다. 제국 내 소수민족들의 민족주의와 분리독립 압력을 고스란히 떠안고 있었다. 발칸으로의 팽창만이 오스트리아의 유일한 선택지였다. 이는 발칸 지역에서 슬라브 민족주의를 제어해, 제국 내로의 확산을 막는 길이기도 했다.

한편 일본은 동아시아에서 세력을 확장해야 했다. 영일동맹은 일본에게 참전의 명분이 됐다. 일본은 동아시아에서 영국의 해로를 보호한다는 명목으로 신속하게 1차대전에 참전했다. 일본은 중국 산둥반도에서 독일 조차지와 이권을 접수했고, 태평양에서는 독일령인 캐롤라인, 마리아나, 마셜군도도 점령했다. 일본은 1915년 중국에 21개조를 제시하며, 중국 내에서 광범위한 이권을 요구했다. 중국은 이를 거부하다가 결국 굴복했다. 미국 역시 1917년 랜싱-이시이조약을 통해서 중국 내의 일본 이권을 인정했다. 일본은 1차대전에서 가장 적은 비용으로 가장 많은 이익을 확보하게 된다.

3국협상 국가들은 영토 할양을 약속하며 다른 국가들을 자신들 쪽으로 끌어들였다. 전쟁 초기 국외자였던 이탈리아는 1915년 4월 26일 런던비밀조약을 맺고는, 오스트리아에 5월 23일 선전포고를 했다. 이탈리아는 오스트리아의 트리에스테와 달마티아 등 알프스 지역 영토와 오스만튀르크의 아달리아 지역을 약속받은 터였다. 루마니아도 3국협상 국가들로부터 헝가리의 영토를 약속받고는 1916년 8월 참전했다. 하지만 이 두 나라는 독일과 오스트리아에 처절한 패배만 맛보았다.

미국의 참전을 부른 독일

전쟁의 관건은 독일의 슐리펜 플랜 성공 여부였다. 특히 프랑스와의 서부전선에서의 신속하고 결정적인 승리였다. 독일의 전쟁은 처음에는 잘 진행됐다. 서부전선에서 독일은 룩셈부르크, 벨기에의 산업지대, 프랑스 북부 지역을 점령했다. 파리는 위협받았다.

개전 한 달이 지나면서 전선은 교착상태로 빠졌다. 독일이 벨기에와 프랑스의 일부를 점령했으나, 더 이상 진공은 막혔다. 슐리펜 플랜에서 우려되던 허점이 현실화됐다. 애초부터 슐리펜 플랜에서는 벨기에를 점령한 독일군이 프랑스군을 박멸하지 못할 경우가 우려됐다. 프랑스군을 제압하지 못한다면, 독일은 벨기에를 침공해 이미 평화 강화를 위한 정치적 타협의 가능성을 배제해놓은 상태에서 동부와 서부 2개의 전선에서 수세에 처하게 된다. 우려는 현실화됐다.

전쟁 몇 달이 지나면서 1차대전의 경과에 기본이 되는 사실이 드러났다. 당시의 전쟁 기술 수준에서는 방어가 공격보다 쉬웠다. 1차대전은 끔찍한 소모전으로 접어들었다. 전략적 승리가 없는 학살 전쟁일 뿐이었다.[13]

영국의 해상봉쇄가 결정적이었다. 모든 해외 보급이 차단된 독일은 1년이 지나자 굶주리기 시작했다. 독일보다는 사정이 좋은 영국과 프랑스는 소모전을 지속했다. 궁지에 몰린 독일은 반격했다. 적국, 중립국을 가리지 않는 제한 없는 잠수함 작전과 러시아혁명 조장이었다. 그러나 이 반격은 독일에 궁극적 패배만을 불렀다.

독일의 해군력은 전쟁 발발을 부추긴 요인이었지만, 전쟁 수행에는 거의 기여하지 못했다. 독일 전함들은 북해에서 영국 해군을 기습해 영국을 자극하기만 했다. 독일 해군은 영국의 해상봉쇄선인 스칸디나비아반도와 덴마크의 유틀란트반도 사이의 스카케라크해협에서 영국 해군과 대규모 해전을 벌여 승리하기도 했지만, 전술적 승리에 불과했다. 영국의 해상봉쇄를 뚫지는 못했다.

독일은 영국의 해상봉쇄를 깨려고 잠수함 개발에 박차를 가해, 1915년 들어 무제한 잠수함 작전에 돌입했다. 적국으로 가는 모든 선박을 공격했다. 봉쇄 지역에 들어오는 배라면, 군함뿐만 아니라 민간 수송선도 대상이었다. 이 작전은 미미한 효과에 비해 반작용만 컸다. 당시의 보잘것없는 성능의 잠수함으로는 효과적인 작전을 펼칠 수가 없었다. 오히려 공격하는 독일 잠수함의 피해가 컸다. 반면 중립국의 선박까지 포함한 무제한 작전은 상대국들의 전쟁 결의만을 강화했다.

무엇보다도 이 전쟁뿐만 아니라 세계 질서의 분수령이 된 미국의 참전을 불렀다. 미국은 1917년 4월 6일 의회를 통해 참전을 선언했다. 미국의 참전은 독일의 무제한 잠수함 작전으로 인한 미국 선박과 선원들의 피해로 촉발됐으나, 결정적 이유는 따로 있었다. 독일이 멕시코에게 미국에 맞서 참전하라고 부추겼던 것이다.

아르투어 치머만Arthur Zimmermann 독일 외무장관은 멕시코에게 미국에 맞서는 독일의 동맹국으로서 참전하라고 청했다. 독일은 멕시코의 전비를 대고, 미국에게 빼앗긴 텍사스·뉴멕시코·애리조나를 회복하는 데 도움을 주겠다고 제안했다. 영국은 이 메시지를 전하는 전보를 가로채서 미국에 전달했다. 우드로 윌슨Thomas Woodrow Wilson 미국 대통령은 이 내용을 공개했고, 미국인들은 이를 개전 이유로 받아들일 수밖에 없었다.

미국의 고립주의는 미국이 유럽 대륙의 일에 개입하지 않는 대신 유럽 열강도 아메리카 대륙의 일에 개입하지 않는 것을 전제로 한다. 멕시코에 대한 독일의 참전 종용으로 1차대전은 아메리카 대륙에 독일이 개입할 수 있을 뿐만 아니라 미국의 영토까지 위협당할 가능성이 있음을 시사했다. 행정부보다도 고립주의 성향이 강한 의회가 선전포고를 한 것은 미국이 느낀 위협과 분노를 잘 보여준다.

1차대전으로 미국은 더 이상 아메리카 대륙에 은거하는 거인으로 남을 수 없었다. 독일의 직접적 도발이 아니어도, 미국은 1차대전에서 영국과 입장을 같이할 수밖에 없었다. 이미 세계 최고의 경제대국으로 성장한 미국은 자유무역과 방임경제, 자유로운 항해 등의 가치에 국익이 걸려 있었다. 미국은 영국과 함께 19세기 말부터 시작된 1차 세계화 조류의 추동 세력이었다. 1차대전에서 독일의 승리는 유럽뿐만 아니라 전 세계에서 미국에 불리한 세력 재편을 부를 것이 명확했다.

전세에 영향을 줄 수 있는 미군 병력은 전쟁이 종료되는 1919년에야 서부전선에 투입될 수 있었다. 미국의 참전은 전투보다는 피폐해진 연합국의 경제와 전쟁 수행을 돕는 데 결정적 역할을 했다. 1차대전이 터지기 전해인 1913년에 이미 미국은 전 세계 부의 47%를 차지하는 압도적인 경제를 가동하고 있었다. 영국은 14%, 독일은 21%였다.[14] 미국의 참전으로 1차대전의 승패는 사실상 결정 났다.

독일 동쪽에서 거대한 제국을 꿈꾸다

독일의 슐리펜 플랜은 동부전선에서 러시아의 병력 동원에 필요한 6주가 되기 전에 서부전선에서 프랑스를 격파하는 것이 관건이었다. 그동안 독일은 동부전선에서 수세를 취하려 했다. 하지만 전황은 정반대로 흘렀다. 독일은 서부전선의 공세에서 실패했다. 이에 비해 동부전선의 방어적 전투에서는 상대적인 승리를 거뒀다. 러시아는 독일의 예상보다도 훨씬 허약했다. 러시아는 개전 뒤 2년 동안 심각한 패배를 겪었다.

1916년부터 러시아 인민들은 굶주려 죽기 시작했다. 1917년이 되자 전쟁 수행 능력이 바닥에 이르렀다. 러시아에서 발발한 1917년 2월혁명은 그 귀결이었다. 전쟁에 대한 염증은 극도로 치솟았다. 정권을 잡은 알렉산드르 케렌스키Aleksandr Kerensky 자유민주주의 정부는 러시아의 전쟁 능력 소진에도 불구하고 전쟁을 고집하는 오류를 범했다.

독일은 스위스에서 망명중이던 볼셰비키 지도자 블라디미르 레닌Vladimir Lenin을 밀봉한 열차에 태워서 러시아로 입국시켰다. 미국이 참전할 서부전선에 집중하기 위해서는 동부전선에서 종전이 필요했다. 종전을 명분으로 내건 레닌은 10월혁명을 성공시켰다. 독일의 희망대로 1918년 브레스트−리톱스크조약을 맺고 종전했다. 형식은 종전조약이었으나, 사실상 러시아의 패전조약이었다. 러시아에 속했던 발트해 연안의 3국과 우크라이나, 폴란드가 독립국가가 됐다. 사실상 독일의 영향권에 들어갔다. 독일은 러시아를 희생시키며 동유럽에서 직간접적으로 지배할 수 있는 엄청난 제국을 얻었다.

독일로서는 서부전선으로의 전력 집중이 급선무였으나, 갑자기 오랫동안 꿈꿔온 동쪽으로 확장된 제국이 어른거렸다. 독일군은 브레스트−리톱스크조약에서 획정된 국경선을 넘어 진군하기 시작했다. 1918년 독일군은 북부 나르바에서부터 드네프르강을 넘어 돈 강변의 로스토프에 이르는 긴 선상에 섰다. 추후 2차대전 때 아돌프 히틀러의 독일군이 차지한 영역만큼이나 멀리 진출한 것이다.

1918년에 이 독일의 동부 제국은 한순간의 현상에 지나지 않았으나, 나중에 독일에게 더 큰 의미를 부여했다. 1914년 러시아에 선전포고를 하던 당시만 해도 생각할 수도 없었던, 완전히 새로운 생각이 독일 정치에서 한몫을 하기 시작했다. 러시아를 독일제국으로 만들 수 있지 않을까 하는 생각이었다. 1차대전에 참전한 아돌프 히틀러의 머리에도, 1918년의 경험으로부터 러시아가 그 거대한 크기와 엄청난 인구에도 불구하고 정복해 종속시킬 수 있는 허약한 나라라는 확신이 남았다.[15]

1차대전이 중반을 지나며 독일이 취한 반격 전략인 무제한 잠수함 작전 및 러시아와의 종전은 세계 지정 질서를 근본적으로 바꾸는 세력을 불러냈다. 우선 미국이 고립주의를 버리고 세계무대에 진출하는 계기가 된 것이다. 대서양과 태평양이라는 2개의 대양을 자신의 호수로 하는 초유의 해양세력이 등장하게 됐다. 그리고 러시아와의 종전은 러시아를 환골탈태시킨 소련이라는 유라시아 대륙세력의 출현을 낳았다.

7

독일을 지정적으로 강화한
베르사유 체제의 역설

1919년 1월 파리에서 소집된 평화회의에는 모두 27개국이 초대됐다. 하지만 중요한 두 나라가 빠졌다. 독일과 러시아였다. 1차대전의 당사자인데다, 유럽 인구의 절반을 차지하고, 막강한 군사 잠재력을 지닌 나라들이었다. 독일과 러시아를 배제한 파리 평화회의는 애초부터 실패할 운명이 아닐 수 없었다.

6월까지 반년 가까이 진행된 파리 회의에서 중심 의제는 결국 독일을 어떻게 할 것인가, 독일의 미래 역할이었다.

프랑스, 더 고삐 풀린 독일에 직면하다
비스마르크 시대 이후 두 차례나 독일로부터 침략과 점령을 당한 프랑스는 자국의 안보를 보장해줄 구체적인 세력균형 장치가 절실했다. 그건 구체적으로 독일의 해체 혹은 독일의 재침공에 대비한 미국 및 영국과의 동맹 체결이었다. 반면 미국은 우드로 윌슨 당시 대통령이 주장한 이상주의 원칙인 민족자결주의에 입각한 국가들의 수립과 독립, 이 국가들 사이의 평등한 관계에 기초한 집단안보 체제를 상정했다. 국제연맹이 그 수단이었다.

프랑스는 1차대전 때 온 국력을 쏟아붓는 희생을 치르고 전승국이 됐으나, 자신보다도 훨씬 국력 잠재력이 큰 독일이라는 존재가 변함없이 버티고 있다는 사실을 절감하지 않을 수 없었다. 더구나 동유럽에는 거대한 세력공백이 생겼다. 러시아혁명에 이어 수립된 소련이 국제사회로부터 철수했기 때문이다.

동쪽에서 독일을 견제해줄 러시아 같은 세력의 부재는 프랑스의 안보 우려를 더욱 부추겼다. 프랑스는 지난 2세기 동안 유럽의 주도권을 쥐려고 고투했으나, 1차대전이 끝나자 패배한 적인 독일로부터 국경을 지킬 능력조차 자신하지 못하게 됐다.

1880년에 프랑스는 유럽 인구의 15.7%를 점했다. 1900년이 되자, 그 수치는 9.7%로 떨어졌다. 1차대전이 끝난 1920년에 프랑스의 인구는 4,100만 명인 데 비해, 독일은 6,500만 명이었다. 프랑스 산업 생산 능력의 상대적 저하는 더 가팔랐다. 1850년에 프랑스는 유럽 대륙에서 최대 산업국이었다. 1880년이 되자, 독일의 철강·석탄·철광 생산량은 프랑스를 넘어섰다. 1913년에 프랑스는 4,100만 톤의 석탄을 생산한 데 비해 독일은 무려 2억 7,900만 톤을 생산했다. 1930년이 되면, 프랑스의 석탄 생산량은 4,700만 톤인 데 비해 독일은 3억 5,100만 톤으로 그 차이는 더욱 벌어졌다.[16] 그 밖에 독일과 프랑스의 인구와 생산량 비교는 다음의 표에서 확인할 수 있다.

	1830	1860	1880	1900	1913
국민총생산(10억 달러)					
프랑스	8.6	13.3	17.4	23.5	27.4
독일	7.2	12.8	20.0	35.8	49.8
유럽 전체 부에서 점유 비중(%)					
프랑스	21	14	13	11	12
독일	5	10	20	34	40
에너지 소비(석탄 100만 톤)					
프랑스	—	13.2	29.1	48.0	62.8
독일	—	15.0	47.1	113.0	187.8
철강 생산(1,000톤)					
프랑스	270	900	1,730	1,565	4,687
독일	60	400	2,470	6,461	17,600
세계 제조업 생산 비중(%)					
프랑스	5.2	7.9	7.8	6.8	6.1
독일	3.5	4.9	8.5	13.2	14.8
전체 산업 잠재력(1900년 영국 100 기준)					
프랑스	9.5	17.9	25.1	36.8	57.3
독일	6.5	11.1	27.4	71.2	137.7
인구(100만 명)					
프랑스	32.4	37.4	37.5	38.9	39.7
독일	12.9	18.0	45.1	56.0	67.0

※ 1830년과 1860년 독일은 프로이센 기준

프랑스와 독일의 부 및 인구 비교(1830~1913) ▐

프랑스가 장기적으로 독일과 균형상태를 유지할 수 있는 유일한 방법은 독일을 과거의 공국들로 쪼개서 비스마르크 이전 19세기의 독일연방을 다시 만드는 것이었다. 1차대전 이후 프랑스는 접경 지역인 라인란트를 독일에서 분리하고, 자르의 석탄광지대를 점령하는 등의 방법으로 독일의 분할을 끊임없이 추구했다. 프랑스의 수석대표 앙드레 타르디외André Tardieu는 절박하게 독일의 분할을 주장했다.

영국이나 미국처럼 프랑스에도 안전지대의 창설이 필요하다… 해양 열강에게 이런 지대는 자신의 함대와 독일 함대의 해체로 만들어진다. 바다에 의해 보호되지 못하고, 전쟁으로 단련된 수백만 명의 독일군을 제거할 수도 없는 프랑스로서는 라인강으로, 그 강을 연합국이 점령함으로써 그런 안전지대가 만들어진다… 영국은 영국군을 본국 밖에서 사용하기를 좋아하지 않는다고 말한다. 그건 의문의 여지가 있다. 영국은 항상 인도와 이집트에 군대를 주둔한다. 왜? 영국은 자신의 국경이 도버해협에 있지 않다는 것을 알고 있다… 우리에게 점령을 포기하라고 요구하는 것은 영국과 미국에게 전함 함대를 바다에 가라앉히라고 요구하는 것과 같다.[17]

프랑스는 자국을 포함한 유럽 대륙 전체에 가해지는 독일의 위협을 근본적으로 제거하기 위해 독일 분할을 주장했다. 비군사화된 완충지대로서 라인강에 라인공화국을 세우자고 주장했다. 이렇게 세워진 국가에는 전쟁배상금을 면제해주는 혜택도 제안했다. 프랑스는 국제연맹이 세워져 구체적인 강제 집행장치가 마련될 때까지 적어도 라인강 일대인 라인란트는 독일로부터 분리하자고 주장했다.

서방 동맹국, 특히 미국은 독일에 대한 그런 인위적인 분할은 자결의 원칙에 어긋난다며 반대했다. 영국 역시 독일의 분할과 약화에 소극적이었다. 프랑스를 강화하는 쪽으로 유럽의 세력균형을 바꿀 수도 있다는 입장이었다. 독일의 분할과 약화가 러시아 볼셰비즘의 서진을 부를 수도 있다고 우려했다.

영국은 1차대전을 일으킨 독일에게 책임을 묻고, 해군력 등에서 자국에 도전할 수 있는 능력을 근본적으로 제거하고자 했다. 로이드 조지David Lloyd George 영국 총리는 파리 평화회의에서 프랑스의 조르주 클레망소Georges Clemenceau 총리와 미국의 윌슨 대통령 사이에 서서, 독일을 징벌하면서도 그 해체는 막아야 한다는 타협적 입장을 취했다.

독일 분할이 미국의 반대에 부딪치자, 프랑스에게 남은 선택은 1차대전 같은 전쟁이 발발할 경우 자신을 방어해줄 미국과 영국의 공약이었다. 하지만 미국과 영국은 이마저도 꺼려했다. 미국에게 유럽 국가와의 동맹은 대외정책에서 없던 일이었고, 대서양을 사이에 둔 지정적 위치상 그런 동맹의 필요성도 없었다. 영국은 독일 함대의 해산과 이양으로 독일에 대한 우려가 대폭 줄어든 터였다.

베르사유조약의 뜻하지 않은 결과

1919년 6월 28일 베르사유조약이 파리 베르사유 궁정의 거울의 방에서 체결됐다. 독일은 전쟁 전 영토의 13%를 포기해야 했다. 경제적으로 중요한 북부 슐레지엔은 새로 건국된 폴란드에게 넘어갔다. 또한 폴란드는 독일 본토와 동부 프로이센 사이에 있는 폴란드 회랑을 얻어 발트해로 나가는 출구를 확보했다. 이는 독일에 동부 프로이센과 본토를 분리하는 영토 단절을 야기했다. 독일과 프랑스 사이의 최대 분쟁 지역인 알자스로렌도 프랑스로 반환됐다. 독일과 벨기에 사이

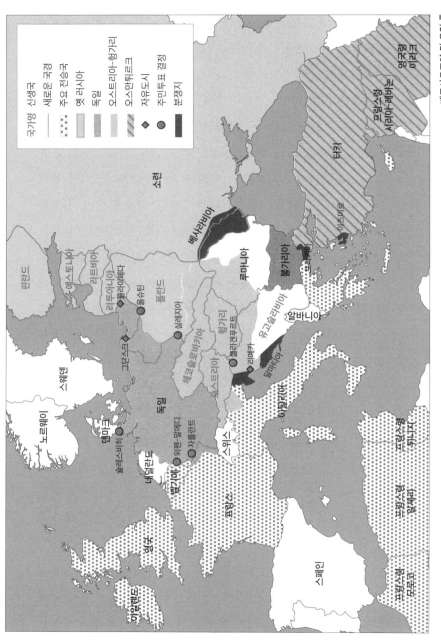

범례

국가명	신생국
——	새로운 국경
⋯⋯	주요 전승국
	옛 러시아
	독일
	오스트리아-헝가리
	오스만투르크
◆	자유도시
●	주민투표 결정
	분쟁지

소련

핀란드

에스토니아

라트비아

리투아니아

◆ 클라이페다

◆ 단치히

◆ 멤슈텐

폴란드

스웨덴

노르웨이

덴마크
슐레스비히

● 실레지아

체코슬로바키아

오스트리아

헝가리

● 올덴부르크

● 외펜 말메디

네덜란드

벨기에 ●

자를란트

독일

스위스

프랑스

영국

아일랜드

이탈리아

스페인

프랑스령
모로코

프랑스령 알제리

프랑스령
튀니지

알바니아

유고슬라비아

루마니아

불가리아

● 달마티아

◆ 리예카

베사라비아

그리스

크레타

터키

로도스 ●

키프로스 ●

영국령
이집트

프랑스령
시리아·레바논

의 작은 지역인 외펜-말메디는 벨기에로 넘겨졌다. 독일은 해외 식민지도 모두 상실했다.

패전국 독일에게는 징벌적이었다. 하지만 승전국 프랑스의 안보를 보장해주는 데는 소홀했다. 미국과 영국은 이해 당사자가 아니었으므로 조약 이행을 강제할 책임이 없었고 그럴 의지도 없었다. 결국 베르사유조약은 독일의 부상을 막지 못했다.

베르사유조약에서 독일이 가장 비통해하던 영토 축소는 오히려 독일을 지정적으로 더욱 유리하게 만들었다. 독일은 영토가 대폭 줄기는 했으나, 지정적 입지는 1914년 이전보다 약해지기는커녕 더 강해졌다.

1차대전 전에 독일은 지정적 딜레마인 '연합의 악몽'을 초래하는 '포위된 나라'였다. 유럽의 5대 열강 중 프랑스, 러시아, 오스트리아와 직접 국경을 맞대고 둘러싸여 있었다. 그런데 1차대전 패전으로 오스트리아제국은 붕괴됐다. 파리 평화회의와 베르사유조약으로 오스트리아의 영역에서나, 오스만튀르크의 발칸 영토에서 수많은 작은 국가들이 탄생했다. 독일 주변의 신생 소국가들은 독일 세력을 막는 완충지대 국가라는 애초의 의도와는 달리 독일의 세력 팽창을 유인하는 국가가 됐다.

독일은 동쪽에서 자신을 강력히 견제하던 러시아로부터도 해방됐다. 독일은 더 이상 러시아와 국경을 맞대지 않게 되기도 했거니와, 러시아 자체가 국제사회에서 추방된 신세였다. 러시아가 볼셰비키혁명을 수호하기 위해 국제사회에서 스스로 철수하기도 했고, 국제사회가 볼셰비키혁명의 전파를 막기 위해 러시아를 봉쇄하기도 했다. 국제사회에서 제재를 받고 소외된 독일과 러시아는 동병상련의 처지였다. 영국 등 서방 해양세력이 가장 두려워하는 독일과 러시아의 연합이 만들어질 조건이 갖춰졌다.

독일을 짓누르던 전쟁배상금과 무장해제는 일시적인 제재에 지나지 않았다. 길어야 10~20년이 지나면 전쟁배상금과 무장해제는 사실상 유효하지 않게 될 수밖에 없었다. 10~20년이 지나서도 독일에 이러한 요구를 강제하기에는 유럽 대륙에서 세력공백이 너무 컸다.

베르사유조약을 통해 '지정적으로 강화된 독일'을 현실화시켜준 것은 이 세력공백이었다. 미국이 유럽에서 다시 철수했고, 러시아는 국제사회에서 배제됐고, 영국도 전통적인 영예로운 고립 노선으로 선회했다. 유럽 대륙에는 불만에 찬 독일과 쇠약해진 프랑스만 남은 것이다. 프랑스에 전후 유럽의 질서와 세력균형을 유지할 책임이 고스란히 떨어졌다.

프랑스는 전쟁에서 승리했지만, 원하던 바를 이룰 수 없었다. 인구 4,000만 명의 프랑스는 여전히 인구 7,000만의 독일과 직접 국경을 맞대야 했다. 독일은 1차대전에 비해 영토만 줄어들었을 뿐이다. 프랑스를 압도하는 국력의 잠재력은 여전했다.

"동유럽을 장악하는 자가 세계를 지배한다!"

무엇보다도 동유럽에는 심각한 세력공백 우려가 있었다. 파리 평화회의에서 미국대표단의 수석 영토전문가였던 미국 지정학자 아이자이어 보먼Isaiah Bowman은 회의 뒤 전후 질서를 지정학적으로 관찰한 《신세계: 정치지리학의 문제점들The New World: Problems in Political Geography》을 썼다. 보먼은 유럽에 새로 만들어진 수많은 나라들에 경악했다. 그는 이 나라들을 성스러운 자결주의 원칙의 산물이라기보다는 문제를 야기하는 근원으로 봤다. 그는 이 나라들 때문에 전쟁이 일어날 것으로 예견했다.

그는 "전쟁은 아마 우리 세대 내가 아니라 몇 년 안에 올 것이다… 중부유럽에서 이전 국가들에는 약 8,000마일의 국경선이 있었다. 반면 지금은 1만 마일이고, 그중 3,000마일은 새로운 국경선이다[1마일은 약 1.6킬로미터이다]. 상이하고 비우호적인 민족들 사이에서의 잠재적 문제들의 근원이 새로운 국경선의 길이만큼이나 증가할 것이다"라고 내다봤다.

특히 신생 내륙 국가인 체코슬로바키아는 주변 5개 국가 모두와 국경분쟁 소지가 있었고, 슬로바키아는 분리독립을 원했다. 유고슬라비아는 수많은 소수민족들의 존재 때문에 모든 국경선이 비우호적인 국가들과 접경한 양상이었다. 폴란드는 사실상 3개의 폴란드로 구성됐다. 독일 본토와 동부 프로이센 사이의 폴란드 회랑에 있는 포젠을 중심으로 한 독일계 폴란드, 바르샤바에 집중된 러시아계 폴란드, 남부의 크라쿠프와 프셰미실을 중심으로 한 오스트리아 혹은 갈리시아 폴란드였다. 실제로 추후 2차대전 때 체코슬로바키아와 폴란드는 독일과 소련에 의해 갈기갈기 찢어져버렸다.

동유럽의 문제를 해양세력과 대륙세력의 충돌 관점에서 본 것은 지정학의 아버지 해퍼드 매킨더였다. 그는 1차대전을 지켜보면서 자신이 예견했던 대륙세력의 흥기와 해양세력의 위기를 더 절감했다. 그는 파리 평화회의가 열리던 1919년 봄 《민주적 이상들과 현실Democratic Ideals and Reality》을 출판해 동유럽이 소련이나 독일 같은 대륙세력의 손에 떨어지면, 그들이 세계를 지배할 수 있다고 경고했다.

매킨더에게 1차대전은 자신이 1904년에 주장했던, 대륙세력 흥기 지대인 유라시아의 중심축 지역인 심장지대가 훨씬 더 광대하다는 것을 말해줬다. 연합국의 해군들은 대륙세력인 러시아나 독일을 바다로 공격할 수 있는 발트해와 흑해로 진입하지 못했다. 전략적인 관점에서 심장지대는 매킨더가 중심축 논문에서 제시했던 유라시아 대륙 내부 우랄산맥 동서의 거대 하천 유역 및 북극해 유역에 그치지 않았다. 남부와 중부의 도나우강 계곡을 포함한 흑해에서부터 발트해까지 동유럽 지역도 유라시아의 전략적 핵심 지역에 포함돼야 했다.

매킨더는 유라시아 심장지대의 유럽 주변 지역을 봉쇄하기 위해, 발트해에서부터 흑해까지 이어지는 중간층Middle Tier 국가들의 수립을 제안했다. 매킨더는 러시아가 심장부 지역에서 동유럽까지 세력을 확장한다면, 해양세력의 요람인 서유럽은 존망 위기에 처할 것이라고 봤다. 또한 독일이 동유럽을 장악한다면 심장지대로까지 세력이 확장돼, 이 또한 유라시아 전역을 아우르는 세계제국으로 성장할 수 있다는 논리였다. 반면 발트해에서부터 흑해까지 중간층 국가들이 굳건히 자리 잡는다면, 독일이나 러시아의 확장을 저지하는 효과를 볼 것으로 봤다. 매킨더는 이를 유명한 어구로 표현했다.

"동유럽을 장악하는 자가 심장지대를 지배한다. 심장지대를 장악하는 자가 세계의 섬을 지배한다. 세계의 섬을 장악하는 자가 세계를 지배한다."

1차대전은 독일과 러시아가 동유럽 장악을 놓고 다투면서 시작됐다. 중간층 국가들이 자리 잡지 못한다면, 동유럽에서 독일과 러시아 사이에 다시 전쟁이 있을 것이라고 매킨더는 예상했다. 그는 적어도 한 세대 이내에 가장 큰 위협은 독일로부터 올 것이라고 내다봤다.[18]

전쟁이 끝나고 평화회의가 열려 새로운 세계에 대한 희망이 부풀던 1919년 매킨더는 음울한 전망을 내놨던 것이다. 그는 곧 전쟁이 다가올 것이고, 민주주의가 위기에 처했다는 경고까지 더했다. 영토 문제로 전쟁이 시작될 테고, 전체주의 정권들의 도래는 이 전쟁을 세계 차원으로 비화시킬 것이라고 우려했다. 2차대전에 대한 정확한 예견이었다.

'중앙유럽'과 '생활공간'의 독일 지정학, 또 세계대전을 준비하다
서방의 지정학자들이 1차대전이 끝나자마자 새로운 전쟁을 예견할 때 독일에서도 한 지정학자가 같은 의견을 보였다. 차이가 있다면, 그는 독일의 팽창을 위해서 그런 전쟁은 바람직하고 불가피하다고 보았다.

1차대전에 참전하고 종전이 되자 소장으로 전역한 카를 하우스호퍼Karl Haushofer는 1차대전 이후 만들어진 새로운 유럽 질서에 격분했다. 동부 프로이센이 분리됨으로써 독일의 통일은 다시 뒷걸음쳤다. 모든 독일인이 하나의 대독일Grossdeutschland 구성원이 돼야 한다는 인식도 퇴색했다. 독일계 주민들은 체코슬로바키아와 폴란드 등 새로 만들어진 국가나, 알자스로렌 등 외국으로 넘겨진 지역으로 흩어졌다.

하우스호퍼는 독일이 유럽이나 세계 문제에서 주도적 지위로 복귀해야 한다고 생각했다. 하우스호퍼의 견해로는 그 문제는 오직 독일의 팽창과 더 많은 '생활공간Lebensraum'의 창조에 의해서만 풀릴 수 있었다. 그래서 독일이 '중앙유럽Mitteleuropa'을 장악하고 대독일을 이뤄야 했다.

생활공간과 중앙유럽이라는 개념은 독일 지정학에서 아버지 격인 프리드리히 라첼Freidrich Ratzel 이후 핵심 의제이다. 독일 지정학에는 몇 가지 전제가 있다. '국가의 성공은 레벤스라움, 즉 생활공간에 달렸다'는 것이다. 국가들은 공간을 놓고 경쟁한다. 성공한 국가들은 팽창해서 약한 국가들을 희생시켜 추가 공간을 점령한다. 국가들은 아우타르키Autarky, 자급자족경제를 위해 노력한다. 즉 필요한 모든 물질, 상품, 서

비스를 국가의 영역 내에서 생산하려 하는데, 이는 자원의 사용을 최적화하는 국가주의 정책을 의미한다.

요컨대 국가의 성공이란 더 많은 영역을 확보해서 필요한 모든 것들을 그 영역 내에서 생산할 수 있어야 한다는 것이다. 독일에게 영역을 넓힐 대상은 독일계 주민들이 생활해온 유럽의 한가운데 지역이다. 즉 중앙유럽이다. 중앙유럽이란 단순히 유럽의 중앙 혹은 중부, 가운데라는 위치적 의미가 아니다. 이는 독일계 주민들이 살고 있고, 독일이라는 개념에 의해 통합된 유럽 내의 유기적인 한 지역이다. 독일이 지배하는 중앙유럽의 창조는 독일 팽창의 의제로 작동했다.

하우스호퍼에게 대독일을 의미하는 '도이칠란트Deutschland'는 단순히 독일 국가가 점령한 영토가 아니라 독일 말과 문화를 가진 주민들이 거주하는 모든 땅이었다. 주민투표로 덴마크를 선택한 북슐레스비히, 벨기에로 넘어간 외펜-말메디, 독일에서 분리된 자르, 프랑스로 넘어간 알자스로렌, 독일과의 통합이 금지된 오스트리아, 이탈리아가 차지한 티롤, 체코의 모라비아, 폴란드의 독일계 지역, 단치히(폴란드의 그단스크) 및 독일이 오스트리아를 넘어서 도나우계곡에서 점령했던 모든 영토들이 포함됐다.

하우스호퍼는 매킨더의 심장지대 이론을 자신의 필요에 맞게 가공했다. 하우스호퍼 역시 '공간을 소유한 제국주의자들'인 해양세력과 억압받는 대륙세력 간의 점증하는 갈등을 봤다. 독일의 주적은 대영제국이었다. 하우스호퍼는 소련과의 동맹을 제안했다. 이를 통해서 유라시아의 광대한 자원이 독일의 야망을 지원하는 데 이용될 수 있다고 주장했다. 이 때문에 하우스호퍼에게 러시아 슬라브족들이 차지한 땅들은 독일의 팽창 대상이 아니었다. 독일과 소련의 동맹은 매킨더가 가장 우려

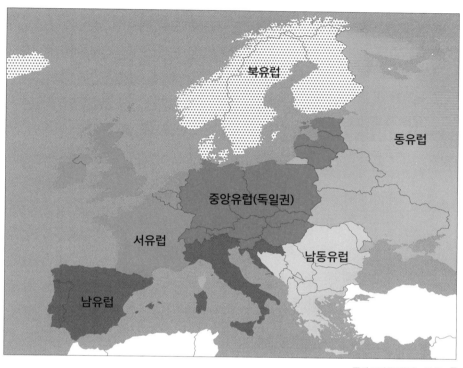

북유럽

동유럽

중앙유럽(독일권)

서유럽

남동유럽

남유럽

중앙유럽(독일권) 개념도

하던 사안이었다.

하우스호퍼 역시 독일이 안고 있는 지정적 딜레마인 두 전선에서의 전쟁을 알고 있었다. 그에게 그 해답은 소련과의 타협이고, 이를 통해 공간을 소유한 제국주의자들을 제물로 삼는 것이었다. 독일의 목적을 달성하는 길은 소련 및 일본과의 동맹이었다.

1919년 루돌프 헤스Rudolf Hess가 그의 강연을 들으며, 두 사람의 관계가 시작됐다. 훗날 나치 정권에서 총통대리와 국무장관이 된 헤스는 하우스호퍼를 히틀러에게 소개해준 인물이기도 하다. 하우스호퍼는 1923년 독일, 소련, 일본 사이의 비밀회담에 관여했다. 그는 1차대전 전에 일본에서 무관으로 근무하며, 일본의 부상하는 경제력과 군사력을 잘 알고 있었다. 1924년 히틀러가 뮌헨에서 맥주홀 폭동을 일으킨 뒤 투옥되자, 하우스호퍼는 감옥으로 히틀러와 헤스를 찾아가 이들에게 독일의 팽창을 위한 지정학 이론을 더욱 열렬히 전수했다. 히틀러와 하우스호퍼는 독일 팽창이라는 목표에는 공감하지만 구체적인 지정 전략에서 결정적 차이가 있다. 히틀러는 독일 팽창이라는 목표에는 궁극적 대상을 소련으로 설정한 반면, 하우스호퍼는 소련과의 동맹을 주장했다.

하우스호퍼는 히틀러가 소련을 침공하자, 이에 대한 지지를 보내고 자신의 견해도 수정했다. 하우스호퍼는 비스마르크의 독일 통일 이후 독일제국이 추구한 팽창적 지정 전략을 1차대전 이후의 상황에 맞게 정립했다. 역사에서 가정은 무의미하지만, 그의 주장대로 독일의 팽창을 독일계 주민들이 사는 영역으로만 한정하고 소련과 동맹을 지속했다면, 독일의 패권은 보장됐을 수도 있다.

하우스호퍼는 나치 말기 강제수용소에 수용됐고, 그의 아들은 히틀러 암살에 관여해 처형됐다. 그는 전범재판에서 살아남았으나, 1946년 부인과 함께 자살로 생을 마감했다. 독일 지정학의 비극을 체현한 인물이다.

대공황이 독일의 족쇄를 풀어주다

1929년 미국에서 발발해 전 세계로 확산된 대공황은 독일을 베르사유 체제에서 해방시키며, 독일제국의 부활을 궁극적으로 촉진했다. 대공황이 발발하자 독일로 들어오던 미국의 자금이 끊겼다. 독일에서는 실업률이 급증하고 파산이 줄을 이었다. 독일은 차제에 전쟁배상금을 완전히 털어내려고 했다. 대공황으로 전 세계를 덮친 디플레이션을 의도적으로 더 조장했다. 디플레이션으로 독일을 가난하게 만들어, 더 이상 배상금을 갚을 수 없게 만들려 했다. 그리고 성공했다.

미국은 유럽 나라들의 1차대전 전비 부채, 그리고 독일의 전쟁배상금 상환이 가능하지 않고, 세계경제를 더 파탄 낸다는 인식에 이르렀다. 1931년 허버트 후버Herbert Hoover 미국 대통령은 이런 모든 정치적 성격의 지불 중단을 요구했다. 우선 1년 동안 모든 부채 지불을 유예하는 '후버 모라토리엄'을 단행했다. 1932년 스위스 로잔 회의에서 영국과 프랑스 등 서방 국가들은 독일로부터 전쟁배상금을 받아내기를 사실상 포기했다. 30억 마르크의 최종 금액이 확정됐지만, 요구하지도 않았고 실제로 갚지도 않았다.

그해 12월 독일은 또 다른 큰 족쇄를 벗었다. 제네바 군축회의에서 독일은 서방 국가와 대등한 군비를 갖출 권리를 인정받았다. 이 회의에서 독일은 서방 국가들도 독일만큼 군축을 하든가, 아니면 독일에도 동등하게 무장할 권리를 줘야 한다고 촉구했다. 전쟁이 끝난 지 이미 14년

이 지났고, 대공황이 휩쓸던 분위기는 독일의 재무장을 그리 개의치 않게 했다.

독일이 드디어 베르사유 체제의 모든 족쇄들을 벗어던지자, 곧 아돌프 히틀러가 등장했다. 독일이 베르사유 체제에서 해방된 첫 새해인 1933년 1월, 나치당의 히틀러가 총리로 취임하고 권력을 틀어쥐었다. 독일이 베르사유 체제 족쇄를 풀어버린 지 한 달 만이었다.

히틀러, 팽창을 위해 전쟁으로 치닫다

히틀러는 집권하자마자 국제연맹을 탈퇴하면서 독일을 국제 사회에서 절연시키는 폐쇄적 자립경제 '아우타르키'를 추구했다. 수입품에 대한 관세 인상 등 수입 통제로 국내산업 보호정책을 폈다. 일자리 우선의 완전고용 정책을 천명하고 '일할 수 있는 모든 사람은 일해야만 한다'면서 '노동의 아름다움Schönheit der Arbeit'(SdA)이라는 대중 선전 운동을 펼치기도 했다. 결과적으로 히틀러는 큰 성공을 거뒀지만, 이는 독일의 2차대전 도발의 배경이 됐다.

나치 정권의 첫 중앙은행장이자 경제장관인 할마르 샤흐트Hjalmar Schacht는 외부와는 엄격히 차단된 국내 경제정책을 실시하며, 재정투입과 대규모 인프라 건설을 통해 경기를 부양했다. 노조 해산과 파업 등을 통해 기업인들에게 더 많은 재량을 줬다. 고속도로인 아우토반 건설, 삼림녹화, 병원과 학교 건립, 올림픽경기장 등 대형 공공건물 건립 등을 통해 일자리를 만들었다. 무엇보다 재무장을 위한 군비확장 정책을 실시해 군수산업을 팽창시켰다. 이와 함께 유대인 등의 시민권을 박탈하는 극우 민족주의 정책을 폈다.

나치와 샤흐트의 경기부양과 완전고용 정책은 1939년까지 놀라운

성공을 거뒀다. 히틀러 집권 초기인 1930년대 초반 30%대였던 실업률은 1939년에 사실상 완전고용 상태로 바뀌며 경제적 호황기를 누렸다.

성공 요인은 여러 가지다. 첫째, 대공황 기저효과가 있었다. 히틀러가 집권을 시작할 무렵은 대공황이 잦아들던 때여서, 빠르게 경기를 회복할 여력이 있었다. 둘째, 독일 경제를 짓누르던 1차대전 배상금 지급이 중단됐다. 나치 정권은 이 돈을 국내 경제에 투자했다. 셋째, 대규모 재정투입이 있었다. 1933~1939년 나치 정권의 세입은 620억 마르크인 데 비해, 지출은 1,010억 마르크였다. 재정적자와 국가부채는 1939년 380억 마르크가 넘었다. 넷째, 무엇보다도 군비확장이다. 지출의 60%가 재무장 비용이었다. 독일이 자랑하는 중공업은 군수산업 팽창으로 활황을 보였고, 많은 일자리를 만들었다. 젊은이들이 6개월간 의무 사회봉사를 마친 뒤 징병된 것도 실업률을 낮추는 데 한몫을 했다. 1939년 140만 명의 젊은이들이 병역 복무를 했고, 이는 실업률에서 제외됐다. 다섯째, 폭력적인 재산 약탈과 일자리 만들기였다. 유대인 재산을 몰수하고, 이들의 일자리를 독일인들에게 배분했다. 여성의 일자리도 남성에게 넘겼다.

나치의 이런 경제정책은 지속가능하지 않았다. 폐쇄적 자립경제로 성장을 계속하려면, 경제권의 확대가 필요했다. 이는 나치 독일에게 동유럽 등을 배타적 경제권으로 만들려는 2차대전으로 이어졌다.

독일은 2차대전으로 가는 길을 차곡차곡 밟고 있었다. 1935년 일반 징병제를 재도입해서, 100만 대군 구축에 나섰다. 1936년 3월에는 로카르노조약을 깨버리는 대담한 도발을 성공시켰다. 독일군이 비무장지대인 라인란트로 진군한 것이다. 이에 대응해 프랑스가 동원령을 내리자 라인란트 위기가 고조됐다. 장군들은 라인란트 진군을 반대했으나,

히틀러는 프랑스가 결코 행동하지 못할 것이라고 주장했다. 그의 의견이 맞았다. 라인란트 재진군은 히틀러가 독일 대중을 사로잡은 최대 성공 중 하나였다.

독일의 라인란트 재진군은 유럽의 지정 구도를 바꾸었다. 독일은 이제 벨기에와 프랑스와 접경했다. 완충지대가 없어진 독일군은 전쟁이 발발하면 벨기에, 프랑스, 네덜란드, 룩셈부르크에 바로 진군할 수 있게 됐다. 이는 프랑스 등 서방 국가들이 자국 방위에 급급하게 만들어, 동유럽 취약 국가들에 대한 독일의 침공을 제어할 능력을 현저하게 제한시켰다.

1930년대 유럽을 휩쓴 파시즘 등 전체주의 정권의 득세도 독일의 입지를 강화했다. 1928년 이탈리아에서 집권한 파시스트 독재자 베니토 무솔리니Benito Mussolini는 1936년 11월 베를린-로마 추축Axis을 발표했다. 이탈리아는 국제연맹에서 탈퇴하고, 독일이 주도하는 반코민테른 협정에 가담했다.

1938년에는 독일군이 아무 저항도 받지 않고 오스트리아에 진군했다. 독일과 오스트리아의 합병이 3월 13일 선포됐다. 독일과 오스트리아의 합병은 비스마르크도 꺼려했던 대독일주의의 완성이었다. 그 전략적 함의는 엄청났다.

오스트리아와 합병한 독일은 이제 동맹국 이탈리아와 접경하게 됐다. 독일-이탈리아 추축국은 북쪽으로는 발트해와 북해에서부터 알프스산맥을 지나 남쪽으로 지중해까지 뻗치게 됐다. 오스트리아 합병으로 독일은 도나우강 유역을 장악하게 됐다. 빈과 린츠 등 도나우강의 하상 항구들을 얻었다. 이로써 하류에 있는 헝가리 부다페스트와 유고슬라비아의 베오그라드, 흑해까지 진출할 통로를 얻게 됐다. 체코슬로바키아의 지정적 입지도 약화됐다. 독일이 북쪽과 서쪽에서뿐만 아니라 남쪽에서도 체코슬로바키아를 압박했다. [19]

뮌헨협정은 잘못된 유화정책인가?

곧 본격적으로 2차대전으로 향하는 위기가 불거지기 시작했다. 1938년 여름, 독일은 체코슬로바키아의 독일계 주민 거주 지역인 주데텐을 독일로 합병하겠다고 나섰다. 독일과 접한 체코의 북부 지역인 주데텐은 한 번도 독일의 영역인 적이 없었다. 히틀러가 전쟁을 을러대자 주데텐 위기가 벌어졌다.

네빌 체임벌린Arthur Neville Chamberlain 영국 총리는 뮌헨으로 날아가 히틀러와 담판을 지었다. 체임벌린은 독일이 더 이상 영토 요구를 하지 않는다는 조건으로 독일의 주데텐 합병을 승인하는 뮌헨협정을 맺었다. 런던으로 돌아온 체임벌린은 환영하는 인파 앞에서 뮌헨협정서를 들고는 전쟁을 피했다고 자부했다. 거리에는 그를 환영하는 인파가 넘쳤다. 동유럽의 먼 나라인 체코슬로바키아를 놓고 독일과 또 전쟁을 할 수는 없다는 영국 국민들의 염증이 배경이었다.

하지만 히틀러는 6개월 뒤 체코슬로바키아 전체를 집어삼켜버렸다. 1939년 9월에는 폴란드를 침공해, 2차대전이 발발했다. 뮌헨협정은 실패한 유화정책, 나쁜 유화정책의 상징이 됐다. 그때 체임벌린이 히틀러에게 단호히 맞섰다면 2차대전은 없었으리라는 비판이다.

그러나 뮌헨협정을 그렇게 단순하게 평가할 수는 없다. 뮌헨협정은 결코 히틀러의 외교적 완승으로만 볼 수 없다. 뮌헨협정은 히틀러가 구상하던 새로운 유럽 질서, 그리고 이를 위한 전쟁 구도를 흩트려버린 첫 단추이기도 하다.

히틀러는 기본적으로 러시아 점령을 통한 독일대제국의 건설을 원했다. 히틀러는 1936년 뉘른베르크 나치당대회에서 "만약 셀 수 없는 풍부한 원자재를 가진 우랄산맥, 시베리아의 많은 삼림, 우크라이나의 끝없는 옥수수밭이 독일 안에 있다면, 이 나라는 풍요 속에서 헤엄칠 것이다"라고 말했다. 집권 전부터 일관되게 히틀러는 독일은 소련을 먹잇감으로 삼아서 동방의 영토를 획득해야 한다는 견해를 표방했다.[20]

한편 히틀러는 독일 영토를 해외로 확장해 영국과 부딪치기보다는 유럽 내에서 독일대제국을 꿈꿨다. 그는 저서 《나의 투쟁*Mein Kampf*》에서 "우리 나라의 힘은 식민지가 아니라 우리 유럽 조국의 땅 위에서 건설된다"고 말했다. 이는 해외 식민지 개척에 나서기보다는 유럽 내에서 세력을 키우려 했던 비스마르크의 노선과 궤를 같이한다. 유럽의 한가운데 위치하고 바다로 나가는 조건이 불리한 독일의 지정적 위상을 감안한 전략이다.

이를 위해 영국과는 전쟁보다 타협을 원했다. 히틀러는 대영제국이 세계의 큰 부분을 점하고 있음을 인정했다. 히틀러는 1935년 영국과 해군력 제한조약을 맺고, 독일 함대를 영국 함대의 3분의 1 수준으로 제한했다. 영국 해군력에 비하면 독일 함대라는 것은 어차피 별 의미가 없기도 했다. 히틀러는 영국과 전쟁을 원하지 않았고, 영국을 도발할 생각도 없었기 때문에 이 조약을 존중했다. 히틀러는 1936년 8월 자신의 측근 요아힘 폰 리벤트로프Joachim von Ribbentrop를 주영대사로 임명하고, 영국과의 동맹 체결을 명령했다.

영국은 유럽 대륙에 대한 '영예로운 고립'이라는 전통적인 외교 노선에 따라 독일과의 동맹을 원하지 않았다. 또한 독일이 소련을 완전히 정복하는 것도 용인할 수 없었다. 다만 독일이 전통적인 대륙 중앙의 위치에 만족한다면, 큰 양보를 해줄 각오는 되어 있었다. 영국은 독일이 독일계 주민이 거주하는 동유럽 지역으로 확장하는 것까지는 용인해주는 양보를 통해 독일을 그 안에 가둬두려고 했다. 이는 나중에 '유화정책'이라고 불리게 된다. 독일이 더 커지더라도 유화돼서 평화로운 유럽에 머물게 하려는 것이었다. 영국은 리벤트로프가 히틀러의 이름으로 공공연히 요구했던 '동쪽에서의 자유로운 손길'을 결코 용인하려고 하지 않았다.

히틀러가 집권하고 1939년 2차대전이 발발할 때까지 독일과 영국이 벌인 외교전은 두 나라의 이런 노선 대립이었다. 요컨대 독일은 영국을 중립으로 만들어 소련까지 정복하는 동방전쟁을 위한 발판을 마련하려 했지만, 뮌헨협정은 독일에게 영국과의 그런 타협을 봉쇄하는 족쇄가 됐다. 히틀러가 뮌헨협정을 어기고 폴란드나 러시아 등 동방 점령에 나선다면, 영국 등 서방과의 전쟁도 불가피하게 됐다. 이는 독일이 역사 내내 직면한 두 전선에서의 동시 전쟁이라는 지정적 딜레마에 또 빠져버리는 것을 의미했다.

히틀러, 뮌헨협정으로 전쟁의 첫 단추를 잘못 꿰다

영국의 유화정책은 뮌헨협정으로 정점에 올랐다. 히틀러는 분명 최대의 외교적 승리를 거뒀지만, 그 안에는 자기를 찌르는 깊은 칼날이 숨겨져 있었다.

이 협정에서 영국은 주데텐을 독일에 그냥 넘겨준 것이 아니었다. 독일은 이후 모든 중요한 외교적인 결정에서 영국과 협의하기로 합의를 봤다. 독일의 팽창 대상 지역인 남동유럽의 모든 나라들도 이제 독일과 협상을 하려 할 것이고, 여기에는 5~10년이 걸릴 것이었다. 이 기간 동안 영국 등 서방 국가들도 무장을 강화해서 독일을 견제할 수 있게 될 터였다.

당시 영국군 참모본부는 영국은 독일을 저지할 무력이 없고, 전쟁 발발을 지연시켜 장기전으로 가야만 승리할 수 있다는 보고를 했다. 전쟁이 즉각 발발하면, 독일은 우세한 공군력으로 런던을 초토화하고 500만 명 이상을 살상할 수 있다고 평가했다. 하지만 체임벌린은 히틀러가 뮌헨협정을 깨고 체코슬로바키아를 점령하자 예비군 병력을 2배로 늘리는 한편 영국 사상 최초로 평화시에 국민개병제를 실시하는 전쟁 준비에 들어가 열세를 극복하고자 했다. 뮌헨협정 1년 후 독일에 전쟁을 선포할 때 영국군은 레이더 및 새로운 전투기의 배치로 뮌헨협정 때보다 전쟁 능력에 대한 자신감을 가졌다. 공군력 강화는 영국이 2차대전에서 버티는 데 보루가 됐다.

히틀러로서는 영국 등 서방에 시간을 주지 않고, 자신의 발목을 잡는 뮌헨협정의 틀을 깨버려야 했다. 독일에게 더 이상의 외교는 불가능해졌다. 특히 히틀러의 본래 목적인 러시아를 겨냥한 동방 전쟁이 감행되면, 두 전선에서 동시 전쟁의 위험성을 감수해야 함을 의미했다.

1939년 3월 독일이 뮌헨협정을 깨고 체코슬로바키아 전체를 무력으로 점령했다. 영국은 이제 전쟁 초읽기에 들어갈 수밖에 없었다. 영국의 체임벌린 내각은 프랑스와 함께 3월 말 폴란드에 대해 안전보장 약속을 했다. 이는 프랑스가 1차대전 이후 줄곧 영국에게 요구하던 것이었다.

이에 앞서 히틀러는 폴란드에게 소련에 맞서 동맹을 맺자고 제안한 바 있었다. 히틀러는 독일 본토와 동부 프로이센을 분리하고 있는 폴란드 회랑 지역인 단치히를 독일에 넘기면, 독일의 대소련 전쟁 때 폴란드가 우크라이나 영토 일부를 획득하는 것을 용인하겠다는 이면 제안을 했다. 폴란드는 이를 거부했다.

이제 히틀러는 소련을 침공하려면 폴란드를 먼저 침공해야 했다. 이는 영국이나 프랑스의 개입을 부를 것이 분명했다. 영국과 프랑스의 대폴란드 안전보장은 히틀러의 이런 우려를 정확히 현실화했다. 이로써 히틀러는 애초 구상했던 전쟁과는 완전히 구도가 다른 길로 접어들게 됐다. 이는 히틀러가 원하던 전쟁이 아니었다. 동쪽에서는 소련, 서쪽에서는 영국과 프랑스와 맞서야 하는 1차대전의 악몽이 재연될 수 있었던 것이다.

히틀러는 2차대전이 터지기 3주 전인 1939년 8월 11일 당시 국제연맹의 단치히 고등판무관인 스위스의 카를 부르크하르트Carl Burckhardt에게 자신이 원하지 않던 이 상황과 그 타개 방안을 명료하게 표현했다.

내가 시도하는 모든 것은 러시아를 향한 것이오. 서방이 너무 멍청하고 눈이 멀어 이것을 보지 못한다면, 나는 별수 없이 러시아와 상의해서 서방을 먼저 치고 그런 다음 서방의 패배 이후에 내 힘을 결집해서 소련을 향하는 방도밖에 없다오. 나는 우크라이나가 필요하고, 우크라이나가 있다면, 어느 누구도 우리를 지난 전쟁에서처럼 굶주리게 할 수 없소.[21]

히틀러의 이 말은 2차대전의 발발과 그 전개의 배경을 가장 압축적으로 보여준다. 영국-프랑스의 폴란드 안전보장 공약은 소련을 포함한 유럽 열강의 지정 전략을 근본적으로 바꾸었다. 며칠 뒤인 8월 23일 독일과 소련은 불가침조약을 맺었다. 양국의 외교장관 이름을 딴 몰로토프-리벤트로프조약에 포함된 비밀조항에는 양국의 폴란드 분할, 소련의 발트해 연안국가 합병, 독일의 남동유럽 국가 합병 등이 포함됐다. 두 나라가 동유럽을 분할하기로 한 것이다.

독일, 소련, 영국의 지정학 게임

소련이 독일과 손을 잡은 데는 영국-프랑스의 폴란드 안전 보장 공약이 작용했다. 이 공약으로 영국과 프랑스는 소련을 유인할 카드를 잃어버렸다. 소련은 폴란드에 영토 반환을 요구하던 터였으므로, 소련의 입장에서 보면 이 공약은 자신의 요구를 무력화하는 것이었다. 1차대전 뒤 영국은 폴란드에게 점령한 우크라이나 영토를 소련에게 돌려주라고 요구했었다. 하지만 폴란드는 이 요구를 받아들이지 않았다. 영국과 프랑스는 폴란드 안보 공약 뒤 소련의 양해를 구하기 위한 대표단을 파견하기도 했다.[22]

이오시프 스탈린Iosif Stalin은 폴란드 안전보장 공약의 다른 점을 보고 역이용했다. 이 공약은 독일이 폴란드를 침공하면, 영국과 프랑스가 독일의 서부전선에서 전쟁에 개입한다는 것을 의미했다. 이는 독일의 전쟁 도구가 동쪽의 소련이 아닌 프랑스 등 서쪽으로 향한다는 것이었다.

스탈린 역시 히틀러의 최종 목적이 소련임을 모르지 않았다. 히틀러는 소련에 대한 자신의 구상을 공공연히 밝히곤 했다. 그럼에도 스탈린이 히틀러와 손을 잡은 것은 전쟁의 공을 먼저 서방 쪽으로 넘기려 했기 때문이다. 그는 독일이 영국-프랑스와의 전쟁에 휩쓸려 들어가게 해서, 독일을 소련과의 전쟁에서 멀리 떼어놓을 기회를 본 것이다. 소련에게는 1차대전 때 잃어버린 동유럽 영토의 회복이라는 선물도 있었다. 스탈린은 기꺼이 히틀러와 손을 잡고, 히틀러의 전쟁 도구들을 서방으로 돌린 뒤 동유럽을 분할했다.

당시 소련은 독일과 마찬가지로 2개의 전선에서의 전쟁 딜레마가 있었다. 소련의 아시아 영토에는 일본의 위협이 있었다. 1939년에 소련군과 일본 관동군은 소련−몽골 접경 지역인 노몬한(할힌골)에서 전투를 벌이고 있었다. 독일−소련 불가침조약은 소련에게 이런 두 전선에서의 전쟁 딜레마를 해결하는 방안이기도 했다.

독−소 불가침조약이 체결된 지 일주일이 지난 9월 1일 독일은 폴란드를 전격 침공했다. 프랑스와 영국도 이틀 뒤인 3일, 독일에 선전포고를 했다. 영연방의 캐나다, 오스트레일리아, 뉴질랜드, 인도, 남아공이 그 뒤를 따랐다. 노르웨이, 스웨덴, 덴마크, 발트해의 국가들, 핀란드, 그리고 미국은 중립을 선언했다. 9월 17일 소련도 폴란드를 침공해, 9월 말이 되자 폴란드는 독일과 소련에 의해 분할점령되며 지도에서 사라졌다. 소련은 더 나아가 에스토니아, 라트비아, 리투아니아 등 발트해 3국, 핀란드와 루마니아의 일부도 점령했다. 독일이 4월 9일 중립국 덴마크를 침공했다. 이제 이 전쟁은 또 다른 세계대전임이 분명해졌다.

8

스탈린의 소련이
히틀러의 독일을 붕괴시키다

　대외정책과 지정 전략에서 히틀러는 그 이전 독일 지도자들과 같이 생각하고 행동했다. 근대 이후 독일이 세계에 일으킨 재앙은 독일의 지정적 위치에서 비롯됐다고 주장하는 미국 정치학자 데이비드 캘리오 David Calleo는 이를 잘 말해준다.

　"대외정책에서 그 이전 독일제국과 나치 독일의 유사성들은 명백하다. 히틀러는 같은 지정적 분석을 공유했다. 국가 사이의 분쟁에 대한 확신, 유럽의 패권에 대한 갈망과 근거를 똑같이 지녔다. 히틀러로서는 1차대전이 그런 지정적 분석의 유효성을 더욱 예리하게 했다고 주장할 수 있었을 것이다." 히틀러와 그의 살인적 이데올로기가 없었더라도, 독일은 1930년대 말이 되면 공격적인 국가로 다시 바뀌었을 것이 확실했다.[23]

2차대전은 결코 새로운 전쟁이 아니었다. 완전히 종결되지 않은 1차 대전의 재개였다. 재개된 전쟁은 이전보다도 더 크고 참혹했다. 구질서를 파괴하고 새로운 질서를 만들어냈다.

서유럽을 정복한 독일이 대서양 패권도 위협하다

독일은 1940년 4월 9일 중립국인 덴마크와 노르웨이 침공을 시작으로 서유럽 점령에도 나섰다. 5월에는 중립국 벨기에와 네덜란드가 프랑스와 나란히 독일의 침공을 받았다. 유럽 대륙의 분쟁에 영국이 개입하게 하는 인계철선을 독일이 건드린 것이다. 도버해협을 마주한 저지대 국가에 대한 침공은 영국이 유럽 대륙의 분쟁에 개입하지 않을 수 없게 했다. 네덜란드는 며칠 만에 독일에 완전 점령됐고, 벨기에는 5월 28일 항복했다. 프랑스 역시 6월 22일 독일과 정전 협상에 나섰다.

독일의 서유럽 침공 2개월 만에 프랑스가 점령되면서 서유럽은 독일의 영역이 됐다. 유럽 대륙에 파견된 영국군들은 6월 독일군이 진주하는 상황에서 도버해협을 사이에 두고 영국을 마주 보는 프랑스 북부 뎅케르크에서 철수 작전을 감행해야 했다.

1940년 초만 해도 독일은 북해로 나가는 조그만 연안을 가지고 있었을 뿐이어서 독일의 잠수함들이 대서양으로 나오는 것은 어려웠다. 빌헬름스하펜과 킬 운하의 북해 출구 사이에 있는 제한된 출구만을 독일 해군력이 이용할 수 있었다. 여기서 발진하는 독일의 해군력은 영국의 해군과 공군에 의해 쉽게 포착됐다.

하지만 1940년 6월이 되자 상황은 역전됐다. 독일은 노르웨이의 노르카프부터 프랑스의 스페인 접경 피레네까지 유럽의 대서양 연안 전체를 장악하게 됐다. 항복한 프랑스의 해군이 사라지고 영국의 해군 역시 측면에서 공격을 받았다. 독일의 잠수함 유보트는 노르웨이의 들쭉날쭉 복잡한 피오르 해안에 주둔하고는 대서양을 마주 봤다. 브레스트, 로리앙, 라로셸, 보르도 등 프랑스의 항구에서부터 잠수함 등 독일의 해군력이 발진해 영국제도 서쪽의 해로를 위협했다. 화물선을 공격하는 독일 전함들도 유럽의 대서양 연안 전역에서 발진해 영국 해군과 공군의 초계 능력을 분산시켰다.[24] 아메리카 대륙의 카리브해, 멕시코만, 미국 동부 해안까지 대서양 전역에서 독일의 잠수함 전력이 투사될 수 있었다. 영국은 필요한 원자재와 상품을 먼 식민지로부터 수입해야 했는데, 그 해로는 이제 독일의 잠수함에 노출됐다.

소련과의 동맹은 독일에게 힘으로 서부 및 중부 유럽을 정복하게 해줬다. 해양세력 영국은 고립됐다. 게다가 소련에 의해 독일에 공급되는 원자재 등 유라시아 대륙의 자원들은 영국을 무력화할 수 있는 잠수함 함대 제조에 사용되고 있었다.

1940년 여름 독일 공군은 영국 침공 작전인 바다사자Sea Lion 작전의 전제조건인 영국해협과 영국 남동부에서의 제공권 확보에 나섰다. 영국 공군은 이 전투에서 침공을 저지할 수 있는 전력임을 증명했다. 그 결과 바다사자 작전은 9월이 되어도 시작되지 못했다. 10월이 되자, 바다 날씨는 해협을 건너는 침공 작전을 거의 불가능하게 했다. 바다사자 작전은 연기됐다. 2차대전의 첫 분기점이었다.

영국 공군은 영국 남부를 침공하려는 독일의 위협을 격퇴하기는 했으나, 1940년 말 영국과 영연방은 절망적인 상황이었다.

1940년 9월 27일 독일, 이탈리아, 일본은 추축국 동맹을 결성했다. 아시아에 있는 영국의 식민지들 역시 일본의 위협에 노출됐다. 일본의 만주국 설립 이후 중국 내에서 전개되던 항일운동이 1937년 7월 7일 현재의 베이징 인근 루거우 다리에서 일본군의 자작극으로 벌어진 발포 사건으로 격화되었다. 이로써 중일전쟁이 발발했다. 베이징, 상하이, 난징 등 중국 동부 연안의 대도시 지역은 일본의 점령하에 들어갔다. 일본은 1940년 8월 '대동아공영권'이라는 일본 주도의 아시아 신질서를 선포했다.

히틀러, 다시 소련으로 관심을 돌리다

영국 침공이나 협상이 여의치 않게 되자, 히틀러는 러시아 점령이라는 자신의 2차대전 개전 본래 목적으로 관심을 돌렸다. 히틀러는 마지막으로 소련을 유인하기로 했다.

1940년 11월 10일 몰로토프Vyacheslav Molotov 소련 외무장관이 베를린을 방문했다. 몰로토프에게는 독일-이탈리아-일본 3국 주축동맹에 소련이 가담하고, 유라시아-아프리카를 그 네 나라의 세력권으로 분할하자는 제안이 주어졌다. 리벤트로프 독일 외무장관은 더 구체적으로 페르시아만과 아라비아해를 소련의 영향권으로 인정하겠다는 제안을 했다. 대양으로 나가는 부동항이라는 러시아의 오랜 열망을 자극한 것이다.

11월 13일 히틀러는 직접 몰로토프를 만났다. 그는 "정복 뒤 대영제국은 파산해버린 전 세계적인 재산이 되어 분할될 것이다… 이 파산한 재산에는 러시아에게 얼지 않는 공해로 나가는 통로가 있을 것이다" 하고 유혹했다. 독일과 소련이 손을 잡고 대영제국을 붕괴시킨 뒤 그 자산을 나누자는 제안이었다. 스탈린과 그 외교 대리인 몰로토프는 소련이 히틀러의 제안을 받지 않으면 나치 독일의 총이 먼저 소련으로 향할 테고, 그 제안을 받는다 해도 영국 붕괴 뒤에는 결국 나치 독일이 소련을 침공할 것임을 잘 알고 있었다.[25]

소련으로서는 가능한 한 나치 독일의 소련 침공을 늦추는 것이 최선
이었다. 몰로토프는 히틀러에게 불가리아 및 핀란드도 소련의 영역으
로 보장하라고 요구했다. 독일로서는 불가리아가 소련의 영역이 되면,
발칸반도로 팽창이 막히기 때문에 수용할 수 없는 조건이었다. 회의는
싸늘한 분위기에서 끝났다. 다음 날인 11월 14일 몰로토프가 베를린을
떠날 때 히틀러는 1941년 여름께 소련을 공격하도록 작전계획을 수립
하라고 지시했다.

스탈린은 3국 주축동맹에는 가입하지 않았으나, 그에 준하는 조처로
일본을 달래면서 소련의 안보를 보장하려 했다. 1941년 4월 13일 소련
과 일본은 불가침조약을 맺었다. 일본이 아시아로 진출하는 데 소련이
뒤에서 발목을 잡지 않겠다는 보장이었다. 이는 물론 소련이 독일과 전
쟁을 하게 되면, 아시아에서 일본이 소련의 발목을 잡지 않는다는 보장
이기도 했다.

스탈린은 독일이 1942년이나 돼야 소련 침공을 할 수 있을 것이라고
계산했다. 냉정한 계산이었다. 하지만 히틀러에게는 이미 주사위가 던
져졌고, 던져진 주사위를 거둬들이는 것은 그의 스타일이 아니었다. 스
탈린은 히틀러의 이성에 도박을 걸었고, 히틀러는 소련이 급속히 붕괴
될 것이라는 데 도박을 걸었다. 두 사람 모두 틀렸다. 그러나, 스탈린의
실수는 회복 가능했지만 히틀러의 실수는 그렇지 않았다.

히틀러가 소련 침공을 감행하자, 독일은 다시 두 전선에서의 전쟁이
라는 역사적인 지정적 딜레마에 처했다. 7,000만 명의 독일 인구가 이
번에는 미국까지 포함한 7억 명의 인구와 대적해야 했다. 히틀러 자신
도 공격 명령을 내리기 몇 시간 전에 "나는 문을 밀고서는, 전에 본 적
이 없고, 그 뒤에 무엇이 있는지 모른 채 어두운 방에 들어가는 느낌이

다"라고 토로했다. [26]

독일, 모스크바 함락 직전에 러시아의 겨울을 만나다

1940년 12월 18일 히틀러는 소련 공격에 대한 작전 입안을 최종 명령했다. 작전의 암호명은 '바르바로사'였다. 바로바로사 작전은 당초 예정됐던 5월 15일에서 38일이나 늦춰진 6월 22일에야 시작됐다. 소련 침공에 앞서 해결해야 할 발칸반도 점령이 늦어졌기 때문이다. 발칸을 안정화시키지 못하면, 소련과의 전쟁 전선이 배후에서 위협받을 수 있었다. 영국의 지원을 받는 유고의 요시프 티토Josip Tito를 위시한 사회주의 유격대들의 거친 저항 때문이었다. 발칸 작전은 성공했으나, 문제는 시간이었다. 시간이 지나치게 오래 걸렸다.

동맹국들의 지원을 등에 업고 소련으로 밀려들어간 독일군은 153개 보병 사단과 19개 기갑 사단을 포함한 300만여 명의 병력에 2,700여 대의 항공기, 3,400여 대의 전차를 보유한 엄청난 규모였다. 독일군의 공격은 레닌그라드(현재의 상트페테르부르크)와 모스크바, 그리고 키예프의 세 방향에서 이루어졌다. 바르바로사 작전은 초기에 대성공이었다. 9월이 되자 레닌그라드를 포위했다. 독일 육군 주력은 8월 5일 스몰렌스크를 점령하고는 모스크바를 위협하기 시작했다. 남부 키예프 방면에서는 흑해의 북부 연안지대를 따라서 우크라이나의 대부분을 점령하고 돈 지역의 철과 철광 자원을 획득했다.

바르바로사 작전이 시작될 때 독일의 목표는 북극해의 일부인 백해로 나가는 소련의 항구 아르한겔스크부터 흑해 연안의 아스트라한까지로 이어지는 선을 점령하는 것이었다. 러시아의 유럽 지역을 모두 점령하는 것이었다. 독일군은 이 선까지는 진공하지 못했으나, 러시아의 유럽 지역 대부분을 점령하고는, 1942년에는 작전을 종료할 입지를 굳히는 듯했다.

소련의 붉은군대는 패퇴를 거듭했으나, 완전히 붕괴되지는 않았다. 11월이 되자 스탈린은 일본이 동남아 공격에 나설 것을 알고는, 일본의 공격에 대비해 극동에 주둔했던 병력들을 모스크바 방위로 돌리라고 명령했다. 소련군의 극동 병력은 1938~1939년 소련-몽골 국경지대의 노몬한에서 일본의 침략을 격퇴한 정예 병력이었다. 노몬한 전투에서 나타난 소련군의 능력과 결의는 일본이 소련의 극동 지역 침공을 포기한 한 요인이 됐다. 노몬한 전투를 지휘한 게오르기 주코프Georgy Zhukov 장군은 곧 소련군 총사령관으로서 독일군을 구축하는 전쟁영웅이 된다.

11월이 되자, 소련에서는 혹한이 몰아치며 겨울이 시작됐다. 독일군은 시간과 연료를 병력과 장비를 데우는 데 소비했다. 12월이 되자, 극동에서 온 새로운 병력은 독일군을 모스크바에서 저지시켰다. 무엇보다도 독일군은 이미 보급선이 길어진 터라 병참에 큰 차질을 빚기 시작했다. 1941년 12월 초 소련의 붉은군대는 모스크바 도심의 정교회 대성당 종탑이 보이는 외곽까지 진격한 독일군을 저지했다. 러시아의 혹한을 견딜 동절기 장비를 갖추지 못한 독일군은 전열을 정비하기 시작한 붉은군대에 처음으로 밀리기 시작했다.

히틀러도 러시아의 '전략적 종심' 늪에 빠지다

독일의 지도부 내에서는 소련과의 전쟁을 둘러싼 전략회의가 열렸다. 장군들은 모스크바 전선에 집중해 결전을 치르자고 제안했다. 반면 히틀러는 우크라이나의 철광석과 곡물 등 자원, 그리고 캅카

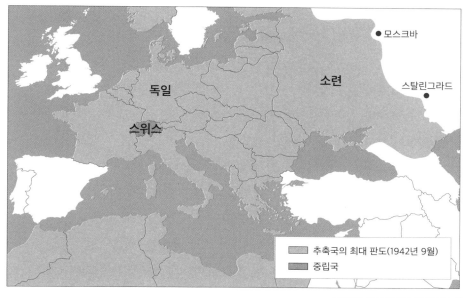

독일

스위스

소련

모스크바

스탈린그라드

추축국의 최대 판도(1942년 9월)
중립국

2차대전 당시 유럽의 최대 판도

스와 카스피해 지역의 석유 자원에 눈독을 들였다. 우크라이나 및 캅카스 전선으로도 전력을 분산해야 한다는 주장이었다.

역사적으로 유럽으로부터의 러시아 침공은 애초부터 병참과 보급에서 약점이 있었다. 러시아의 광대한 영토는 방어를 위한 최대의 자산인 깊은 전략적 종심을 갖추었다. 러시아의 전략적 종심은 침공군에게 전선과 후방이 길게 늘어지게 했다. 러시아를 침공한 나폴레옹이 패배한 것도 러시아 영내로 깊숙이 진군함으로써 길어진 보급로에 따른 병참 악화와 추운 날씨 때문이었다.

결국 히틀러는 전선을 발트해에서부터 흑해까지 넓혀버렸다. 영토와 자원 획득을 우선했던 히틀러의 고집 때문에 전선은 북으로는 레닌그라드부터 시작해, 모스크바, 우크라이나, 캅카스산맥, 볼가강, 그리고 스탈린그라드(현재의 볼고그라드)까지 남으로 길게 늘어졌다. 결국 소련 침공, 아니 2차대전의 향방은 1942~1943년의 겨울 스탈린그라드에서 결정된다.

만약 나치 독일이 모스크바 전선에 집중했다면 결과는 달라졌을까? 그것도 의문이다. 소련은 독일이 침공하자, 서부 지역의 공장 등 생산 시설들을 뜯어서 볼가 및 우랄 등 동부 지역으로 이동시켰다. 소련은 모스크바 공방전을 지켜내면서, 동부로 옮긴 생산시설을 가동하기 시작했다. 독일이 모스크바를 함락했다고 해도, 1942년부터 살아나기 시작한 소련의 항전 능력은 별로 달라질 것이 없었다.

그보다는 다른 가정이 유효하다. 독일이 좀 더 일찍 바르바로사 작전을 시작하고, 더 빠르게 진공하고, 겨울이 조금 더 늦게 왔다면, 2차대전의 결과는 달라졌을 수도 있다. 소련이 붕괴되거나, 독일이 유리한 조건에서 소련과 강화를 할 수도 있었을 것이다. 1941년 말 프리츠 토트Fritz Todt 군수장관은 히틀러에게 이 전쟁에서 이길 수 없다며 소련과 강화를 해야 한다고 조언했다.

독일이 소련 영토를 파죽지세로 진군하던 1941년 10월 스탈린은 독일과의 강화도 생각하고 있었다. 스탈린은 독일에 발트해와 우크라이나 일부를 떼어줄 타협안을 갖고 있었다. 만약 그때 스탈린과 히틀러 사이에 협상이 이뤄졌다면, 일본은 태평양전쟁을 개전하지 못했을 수도 있다. 독일과 강화한 소련은 일본을 아시아 전선에서 충분히 견제할 수 있었기 때문이다. 그랬다면 일본이 진주만 습격을 하지 못했을 테고, 미국은 2차대전에 참전하기가 쉽지 않았을 것이다. 미국이 2차대전에서 더 오래 국외자로 남아 있었다면, 독일은 북해에서부터 우크라이나, 캅카스까지 유럽 전역을 지배하는 확고한 패권국으로 올라섰을 것이다. 그 이후 미국이 참전한다 해도, 영국과 미국은 결코 유럽 대륙에 상륙하는 전면적인 침공을 꿈꾸기는 힘들었을 것이다.[27]

독일은 소련 침공 뒤 기대했던 자원을 얻어내지 못했다. 오히려 독–소 불가침조약 시절에 소련으로부터 더 많은 자원을 제공받았다. 영국에게는 다행스럽게도, 1941년 말 히틀러는 스탈린과 달리 타협을 결코 생각하지 않았다. 게다가 독일의 한계를 알고 강화를 주장하던 토트가 1942년 초 비행기 사고로 사망했다. 토트의 후임자 알베르트 슈페어Albert Speer는 히틀러의 독려에 따라 독일의 군수 생산을 늘렸다. 독일의 소련 침공은 세계의 지정 전략적 균형을 바꾸었다. 독일은 서부와 동부 전선 두 곳에서 다시 2개의 전쟁을 수행하게 됐다. 히틀러는 독일이 소련을 침공하면, 일본이 소련의 위협에서 벗어나 태평양에서 미국과 전쟁을 치를 수 있을 것이라고 기대했다. 그러면 미국은 영국을 도울 수 없을 것이라고 생각했다. 하지만 1941년 말이 되자 히틀러의 이런 예상은 크게 빗나갔다. 동부전선의 전쟁은 쉽게 끝나지 않았다. 히틀러의 예상과 달리 소련은 붕괴되지 않았다.

영국과 미국에서도 소련이 붕괴되지 않을 것이라는 확신이 생겼다. 독일의 잠수함 공격으로 봉쇄되었던 영국도 그 난국을 타개했다. 1941년 6월 수학자 앨런 튜링Alan Turing 등 영국의 암호 해독가들이 독일의 이니그마 암호 해독에 성공하자, 영국으로 가는 수송선을 위협하던 독일의 잠수함 작전 지역을 파악할 수 있게 됐다. 영국이 공군력으로 독일의 침공을 막아낸 데 이어 독일에 의한 봉쇄를 타개할 수 있게 되자, 패전의 우려가 잦아들었다.

유라시아 지정학의 응축지 스탈린그라드

2차대전의 승패는 유라시아 대륙의 추운 내륙, 스탈린그라드에서 결정됐다. 교전국의 그 누구도 생각하지 않은 곳이다. 하지만 스탈린그라드는 유라시아의 패권을 다툰 2차대전의 본질을 감안하면 숙명적인 대결 장소였다.

스탈린그라드 일대는 유라시아의 두 세계를 가르는 경계이다. 유라시아 대륙의 초원지대와 우크라이나의 곡창지대가 접한다. 초원과 농경 세계의 경계, 유목세력과 정주세력 세계의 경계, 유럽과 아시아의 경계, 기독교와 이슬람 세계의 경계이다.

그 일대는 인도유럽어족이 영국부터 인도까지 퍼져나간 시발점이기도 하다. 초원의 유목세력이 유럽이나 중동으로 침략하는 입구였다. 스키타이, 훈, 몽골 등 초원 유목세력들이 팽창할 때 거쳐 간 곳이다. 고대와 중세의 대륙세력인 이 초원 유목세력에게 스탈린그라드 일대는 유라시아 패권에서 핵심 지역 중 하나였다. 서쪽과 남쪽의 연안과 농경 세계로 나가는 출구였다.

전쟁의 주역 히틀러와 스탈린이 애초 승부처로 상정하지 않은 스탈린그라드가 2차대전을 가르는 분수령이 된 것은 전쟁의 진행에 따라 드러나는 역사적인 지정적 동력을 피할 수 없었기 때문이다.

1941년 겨울 모스크바에서 진공이 저지된 독일군이 봄을 맞아 전열을 정비한 뒤 전세를 결정지을 곳으로 상정한 곳은 다시 모스크바였다. 독일군 사령부는 물론, 스탈린 등 소련의 지도부도 그렇게 생각했다. 군사 작전의 관점에서만 본다면, 독일군에게 모스크바는 함락하기만 하면 소련과의 전쟁을 끝낼 수 있는 최적의 장소였다. 모스크바는 스탈린을 위시한 소련의 전쟁 지도부가 있는 상징적인 곳인데다, 전쟁물자를 생산하는 상당한 산업시설이 그 배후에 있었다. 모스크바 함락은 전쟁 지휘부의 와해로 이어지고, 이는 소련이 전쟁을 지속할 군수물자 조달 체계를 파괴할 수 있었다.

하지만 히틀러는 달리 생각했다. 그는 눈앞에서 비틀거리는 소련을 제거하는 데 그치지 않고, 더 나아가 이 전쟁을 1942년 여름에 완전히 끝내기를 원했다. 독일군은 1941년 12월 모스크바 진공이 저지됐지만, 소련과의 동부전선에서 여전히 우세를 보였다. 북쪽의 레닌그라드에서 남쪽의 로스토프까지 전선에서 독일군의 모든 전력은 양호하게 보존되어, 재공세를 준비중이었다. 북아프리카 전선에서 '사막의 여우' 에르빈 로멜Erwin Rommel은 1942년 5~6월 전략 요충지인 리비아의 투브루크를 재점령했다. 수에즈 운하와 중동의 석유 자원이 공격권에 들어왔다. 아시아태평양에서는 진주만 공습을 감행한 일본이 미국의 극동군 사령관 더글러스 맥아더Douglas MacArthur를 오스트레일리아까지 밀어냈다.

전 세계적인 전선에서 추축국 동맹들의 승리는 히틀러에게 더 큰 야망을 불어넣었다. 소련군을 남부 초원지대와 캅카스 지역에서 몰아내고, 추축군을 중동으로 연결시키려 했다. 유라시아의 초원 유목세력들이 캅카스 지역을 거쳐 중동으로 나아가는 전형적인 침략 양태를 히틀러도 재현하려 한 것이다.

캅카스 및 중동 장악은 영국을 인도 등 식민제국과 연결하는 사활적 생명선인 해로뿐만 아니라 필수 전쟁물자인 석유 자원 장악을 의미했다. 이는 영국 등 연합국의 전쟁 수행 능력을 근본적으로 박탈한다. 독일은 남부전선을 돌파해 캅카스 지역 장악 뒤 북쪽으로 올라가 소련군의 진지선 뒤에서 모스크바와 우랄산맥 지역에 최후의 일대 공세를 가해 소련을 근본적으로 붕괴시키려 했다.

히틀러, 석유와 생활공간을 찾아 스탈린그라드로 가다

1942년 4월 5일 히틀러는 암호명 '청색' 작전인 지령 41호를 내렸다. 청색 작전은 동쪽으로는 스탈린그라드까지, 남쪽으로는 캅카스산맥의 고산 통과로까지 나아간 다음 카스피해의 아스트라한과 그로즈니까지 점령하는 것이었다. 그 목적은 "소련에 남은 방어 잠재력을 모조리 쓸어내버리는 것"이었다.[28]

히틀러에게 소련 침공은 동쪽에서 독일을 위협하는 소련의 제거 이상이었다. 이는 게르만 민족이 새롭게 살아갈 영역 레벤스라움의 창출이었다. 그 첫 번째 목표가 러시아의 광대한 자원, 그중에서도 석유 자원을 점령해 소련의 전쟁 수행 능력을 끊어버리고 독일의 전쟁 수행 능력을 향상시키는 것이었다. 그가 군 수뇌부들의 의견을 물리치고, 캅카스로 공세의 방향을 정한 배경이다.

석유 자원 확보는 나치 독일에게는 갈수록 절박해지는 문제였다.

1939년 9월 2차대전이 발발했을 때 독일의 석유 비축량은 1,800만 배럴이었다. 소련 침공 전에 독일군 총사령부는 이 비축량이 1941년 8월이면 소진될 것이며, 매월 소비량의 26%인 200만 배럴가량이 부족할 것이라고 경고했다.[29] 전쟁 발발 후 영국이 해상봉쇄에 나서자, 독일은 미국과 중동 등으로부터의 석유 수입이 끊겨버렸다. 독일은 석유를 유럽의 추축국이나 점령국 유전에 의존해야 했다. 특히 소련 침공 전인 1940년에는 소련으로부터 500만 배럴을 수입했다. 그러나 소련 침공으로 소련에서의 석유 수입이 끊기자, 루마니아에게 석유의 상당 부분을 의존했다. 영국은 독일의 석유 약점을 간파하고는 1940년부터 독일의 정유시설에 대한 폭격에 집중하는 '석유 작전'을 전개했다. 1941년 말, 루마니아는 히틀러에게 자신들의 석유 비축분도 바닥나서 독일의 수요를 맞출 수 없다고 경고했다. 나치 독일에게 연 1,900만 배럴을 생산하는 마이코프, 3,200만 배럴의 그로즈니, 1,700만 배럴의 바쿠 등 캅카스 지역의 유전과 정유시설 확보는 전쟁의 승패를 좌우하는 변수로 떠올랐다. 이 유전들을 손에 넣지 못하면 독일은 석 달도 못 가서 전쟁에 진다고 히틀러는 말했다.[30]

나치 독일은 소련을 침공해 방대한 영토를 장악했지만, 원했던 전쟁 자원은 얻지 못했다. 발트해 연안 에스토니아에서 석유혈암 정도를 얻었을 뿐이다. 소련의 산업시설은 모스크바, 레닌그라드, 스몰렌스크, 키예프에 집중됐으나, 그 원자재는 동부와 남부에서 왔다. 비옥한 흑토의 우크라이나는 곡창지대이고, 우크라이나 동부의 돈강 유역은 석탄과 철광석 자원 지대였다. 돈강 계곡과 돈강이 흑해로 들어가는 하구 도시인 교통중심지 로스토프를 지나면, 약 400킬로미터 동쪽으로 볼가강이 흐른다. 러시아의 하천 중 가장 항행이 수월한 볼가강은 남쪽의 카스피해에서 북쪽의 우랄산맥 지역까지를 연결하는 하로였다.

스탈린그라드는 볼가강 서안 도시이다. 흑해로 흐르는 돈강과 카스피해로 흐르는 볼가강 사이를 연결하는 최단거리 병목지대에 자리 잡고 있다. 로스토프와 스탈린그라드를 점령하면, 흑해와 카스피해 사이에 있는 캅카스 지역을 러시아 본토와 차단하는 의미를 갖는다. 캅카스 지역의 석유 자원이 독일의 수중으로 떨어질뿐더러 독일은 중동으로 나가는 출구도 얻게 된다. 또한 볼가강 하상교통의 요충인 스탈린그라드는 중동과 카스피해 등 페르시아 회랑을 거쳐 미국의 무기대여법 Lend-Lease Act상 원조물자가 전달되는 곳이다.

1500년대 러시아 차르가 방어 요새로 처음 건설한 도시 차리친은 볼셰비키혁명 이후 러시아내전 때 스탈린 지휘하의 적군이 백군을 물리친 곳이다. 스탈린은 1925년 이 차리친을 자신의 이름을 따서 스탈린그라드라고 재명명했다. 소련의 지도자 이름으로 명명된 도시는 지도자의 운명을 따랐다.

소련, 스탈린그라드의 필사적 시가전으로 독일의 발목을 잡다

독일의 모든 전선이 교착 내지 한계에 봉착하자, 독일군 여름 공세의 주력으로 설정했던 남부전선에서 스탈린그라드가 갑자기 이 전쟁의 분수령으로 떠오르기 시작했다. 도시 이름이 갖는 상징성도 더해져, 히틀러와 스탈린 모두에게 물러설 수 없는 곳이 됐다. "지도자는 도시로 들어가자마자 남자는 모조리 없애라고 지시했다." 독일군 총사령부는 이렇게 기록했다. "스탈린그라드는 공산주의가 골수에 박힌 인구가 100만 명이나 되는 아주 위험한 곳"이기 때문이었다.[31]

프리드리히 파울루스Friedrich Paulus 대장이 지휘하는 독일 6군이 9월

3일 스탈린그라드 도심에 진입했다. 도시는 곧 함락될 것 같았지만, 그때부터 스탈린그라드는 독일군에게 지옥보다도 더한 곳으로 변해 갔다. 바실리 추이코프Vasily Chuikov 중장의 지휘 아래 새로 구성된 소련 62군이 도시 방어를 맡고 있었다. 추이코프는 어떻게 스탈린그라드를 방어할 것인가 하는 질문에 "우리는 그 도시를 지키거나, 아니면 죽을 것이다"라고 답했다.

소련군은 독일 공군이 이미 폭격으로 파괴한 도시의 폐허를 방어선으로 이용했다. 탱크를 앞세운 독일군의 기동력과 전격전은 도시의 폐허와 구조물에 막혀 힘을 못 썼다. 건물과 건물, 폐허와 폐허, 하수구와 하수구 사이를 오가는 백병전이 전개됐다. 100명이 죽으면 100명, 1,000명이 죽으면 1,000명, 1만 명이 죽으면 1만 명의 붉은군대가 보충됐다. 전선의 전투병으로 여군들이 등장하는 등 소련은 긁어모을 수 있는 모든 병력을 동원했다.

소련군이 스탈린그라드 도심에서 극렬히 저항한 최대 이유는 반격을 위해서였다. 독일군을 스탈린그라드에 가둬두고는 그 외곽에서 역포위해 소탕하려는 작전이었다. 반격 작전 지휘는 게오르기 주코프 원수가 맡았다. 독일군의 스탈린그라드 도심 공세가 시작된 9월 들어 주코프는 도시의 남쪽과 북쪽 초원지대에 병력을 집중하는 작전을 수립했다.

10월 들어 히틀러도 스탈린그라드 외곽에서 소련군의 증강이 이뤄진다는 참모들의 우려를 알았다. 참모들은 시가전을 계속하다가는 막대한 병력 손실을 입고 반격을 받게 될 거라고 조언했다. 그들은 생산 거점으로 중요성을 상실한 스탈린그라드에서 물러나 안전한 곳에서 겨울 진지를 구축하자고 제안했다. 볼가강의 수운 능력만 독일이 제어하면 이번 작전은 성공하리라고 조언했다.

그러나 히틀러는 일축했다. 그는 스탈린그라드전투는 그 도시의 점령뿐만 아니라 심리적 이유에서 더 중요하다고 말했다. 독일군이 여전히 막강하다는 것을 전 세계에 알릴 필요가 있다는 것이었다. 이제 스탈린그라드전투에서 후퇴는 있을 수 없었다. 히틀러는 스탈린그라드에서 스스로 묘지를 팠다.

스탈린그라드 내에서 독일군의 공세와 소련군의 필사적 방어로 기차역은 13차례나 주인이 바뀌었다. 도시의 가장 높은 지점인 마마예프 쿠르간 언덕은 8번이나 탈환과 재탈환이 반복됐다. 11월 초가 되자, 독일군은 도시의 90%를 차지했고, 소련군은 볼가 강변 두 곳의 좁은 귀퉁이로 밀려났다. 하지만 독일군의 공세는 거기까지였다. 병력과 장비가 떨어졌다. 독일군은 전력을 소진하며 스탈린그라드에 갇힌 것을 곧 알게 됐다.

소련군의 천왕성 작전이 스탈린그라드의 독일군을 포위하다

11월 7일 연합군은 아프리카에 상륙했다. 미국이 드디어 유럽전선에 직접 참전한 것이다. 나치 독일로서는 동부와 서부 두 전선에서의 전쟁이 어른거리기 시작했다. 연합군이 북아프리카에 상륙한 지 열흘이 지난 11월 19일 스탈린그라드에서 드디어 소련군의 반격 공세인 '천왕성' 작전이 시작됐다.

곧 도시 북서쪽과 서쪽에 있던 소련군은 루마니아 육군 3군이 지키던 가장 취약한 전선을 돌파했다. 22일에는 북쪽과 남쪽에서 진공한 소련군이 합류함으로써 스탈린그라드 내에 있던 독일 6군 등 27만 명의 병력이 포위됐다. 소련군의 두 병력이 합류하는 장면은 2차대전의 최대 분수령으로, 소련은 이 장면을 두고두고 선전에 이용했다.

새로 독일군 참모총장에 오른 쿠르트 차이츨러Kurt Zeitzler는 히틀러의 '예스맨'이었다. 하지만 그도 참모총장 임명 뒤 무언가 잘못되고 있다고 판단했다. 그는 6군의 스탈린그라드 퇴각을 히틀러에 요청했다. 이때까지만 해도 6군은 포위망을 뚫고 나올 가능성이 있었다.

그러나 히틀러는 끝까지 버티라고 명령했다. 참모들은 겨울 날씨로 비행기를 이용한 보급품 공수가 여의치 않다고 조언했다. 히틀러는 11월 23일 지원군을 보내는 동안 6군이 버틸 보급품을 공수해주겠다는 결정을 내렸다. 이를 철회해달라는 현지 사령관 파울루스와 참모부의 모든 의견을 일축했다. 다음해 2월 2일 스탈린그라드전투가 종식될 때까지 히틀러의 사수 명령은 요지부동이었고, 이는 결국 6군 전체뿐만 아니라 나치 독일의 몰락을 재촉했다.

새해 들어 1월 7일 소련군은 독일군에게 항복을 제안했다. 살육전을 면하기 위해 재량권을 달라는 파울루스의 요청을 히틀러는 또다시 일축했다. 23일 스탈린그라드 안에 있던 6군은 소련군에 의해 갈라졌다. 한쪽 6군은 29일 항복했다. 30일은 히틀러의 집권 10주년이었다. 그날 파울루스의 원수 승진 명령이 내려왔다. 항복하지 말고 끝까지 싸우다 자결하라는 의미였다. 하지만 그날 저녁 파울루스는 항복했다. 2월 2일 스탈린그라드의 모든 독일군이 항복하고 공식 전투는 종료됐다.

모두 220만 명의 병력이 전투에 참가했고, 민간인을 포함해 125만 ~180만 명이 숨졌다. 인류 역사상 최대의 전투이자, 가장 많은 희생자를 낸 전투였다. 이 전투의 규모가 말해주듯, 2차대전의 물줄기는 바뀌었다. 영국 제국총참모총장 앨런 브룩Alan Brooke이 스탈린그라드전투가 소련의 승리로 굳어지던 1943년 새해 첫날 일기에 쓴 감동은 이를 잘 보여준다.

날이 갈수록 대영제국 전체가 무너진다는 느낌이 내 머릿속에서 맴돌면서, 끔찍한 불안과 악몽이 점점 커져갔다. 둘러볼 때마다 난관만 보였다. 중동은 붕괴되기 시작했고, 이집트는 위협받았다. 나는 러시아가 결코 버틸 수 없다고 생각했다. 캅카스는 관통될 것이고, (우리의 아킬레스 건인) 아바단(페르시아만에 있는 이란의 유전지대)은 중동, 인도가 연속적으로 무너지며 함락될 것으로 생각했다. 러시아의 패배 뒤 우리가 어떻게 독일의 육군과 공군력에서 해방될 수 있을 것인가? 영국은 다시 폭격을 받을 것이고, 침략의 위협은 다시 살아날 것이다… 그런데 지금! 우리는 감히 꿈꾸지 못했던 상황에서 1943년을 시작한다. 러시아는 버텨냈다. 이집트는 현재 안전하다. 가까운 장래에 북아프리카에서 독일군을 쓸어버릴 희망이 있다. 지중해는 부분적으로 열렸고, 몰타는 이제 안전하다. 우리는 이탈리아를 상대로 자유롭게 활동할수 있고, 러시아는 러시아 남부에서 기막힌 승리를 얻어내고 있다… 하나님이 작년에 나에게 주셨던 도움을 계속 주시기를 기도한다.[32]

브룩 장군의 감탄과 지적처럼 스탈린그라드의 포연이 걷히자, 2차대전의 모든 전선에서는 연합국이 공세로 전환하고 있었다. 그렇지만 브룩의 소망과는 달리, 대영제국은 살아남지 못했다. 스탈린그라드의 전투는 독일의 패망뿐만 아니라, 영국을 포함한 유럽 전체가 세계사 무대의 주역에서 내려오는 것을 의미했다.

03

미국과 소련, 새로운 해양세력과 대륙세력의 등장

미국의 지정학은 구대륙인 유라시아 대륙과 대양으로 격리된 아메리카 대륙에 위치한 데서 시작하고 끝난다. 반면 소련의 지정학은 열강이 우글거리는 유라시아 대륙의 내부에 위치한 데서 시작하고 끝난다.

미국은 건국 이후 아무런 견제 없이 영토와 국력을 신장시켰다. 아메리카 대륙 내에서 미국을 견제할 세력도 없었고, 대양으로 격리된 지리 조건 덕분에 유라시아 대륙의 열강으로부터 외침의 위협도 받지 않았다. 특히 북미 대륙의 남반부는 인간이 거주하기 좋은 가장 양호한 기후와 지리 조건으로 미국을 '불가피한 제국'으로 부상시켰다.

내륙 깊숙이 항행이 가능한 강을 가진 중서부의 대평원, 풍부한 양항과 천혜의 뱃길을 내포한 연안지대 등은 미국의 국토 전체를 생산성 높고 유기적인 산업지대로 엮어놓았다. 태평양 연안까지 영토가 확장되고, 파나마 운하가 뚫렸다. 미국은 대서양과 태평양이라는 2개의 대양을 호수로 하는 미증유의 해양세력이 될 잠재력을 확보했고, 그 길로 나아갔다. 2차대전은 미국의 그 잠재력을 현실화하는 과정이었다.

미국과 달리, 소련은 주변의 막강한 세력과의 투쟁을 거쳐야 하는 지정적 운명이었다. 2차대전 뒤 소련은 유라시아 대륙에서 최강의 대륙세력으로 부상했으나, 주변 열강이 개입할 수 있는 지정적 상황은 바뀌지 않았다. 바다 등 자연적 방벽이 없는 유라시아 대륙 내부에 위치한 지리 조건으로 인해 외침에 대한 역사적인 악몽에 계속 시달려야 했다. 소련은 자연 방벽이나 지정적인 완충지대를 확보하려고, 서로는 유럽의 동독, 동으로는 사할린, 남으로는 캅카스산맥까지 영토를 팽창시켰다.

소련의 이런 팽창은 안보를 위한 것이었으나, 결국은 붕괴를 부르는 씨앗이었다. 확장된 판도는 제국의 유지 비용을 높였다. 이민족과 다른 나라를 집어삼켜 확대된 영토는 소련에 반발하는 불안의 근원지가 됐고, 이를 달래거나 진압하는 비용을 요구하게 된다.

더욱이 소련의 팽창 자체가 미국의 봉쇄를 불러, 소련이 치러야 할 비용을 더욱 높였다. 유라시아 심장지대에 위치한 러시아가 강력해지면, 인구와 부가 몰려 있는 유라시아 대륙 연안지대로 진출하게 마련이라는 우려는 서방 지정학의 요체였다. 소련의 팽창은 이런 우려를 증폭시켰고, 미국은 소련을 포위하는 봉쇄정책을 펼쳤다. 소련은 이를 돌파하는 봉쇄 뛰어넘기를 했다.

서방 해양세력과 유라시아 대륙세력의 두 번째 그레이트 게임은 총성 없는 전쟁, 냉전이었다.

9

미국,
초유의 해양세력

　미국의 초대 대통령 조지 워싱턴George Washington은 퇴임 연설에서 해외 문제에 연루되지 말라고 경고했다. 북미 대륙의 넓은 영토를 감안하면, 미국에게는 그럴 필요가 전혀 없다고 강조했다. 미국은 구대륙 국가들과의 비동맹이라는 워싱턴의 정책을 충실히 이행했다. 하지만 1917년 1차대전 참전을 결정할 때 미국은 워싱턴의 시대와는 전혀 다른 지정 질서에 직면하고 있었다.

　북미 대륙에서 대서양 연안부터 태평양 연안까지 영토를 확장한 미국은 두 대양 사이에 놓인 초유의 해양세력으로 부상하고 있었다.

미국, 주변 지리가 보장하는 안보

미국은 북미 대륙에서 인간의 거주에 편리하고 농경 등 경제활동이 가능한 대부분의 지역에 자리 잡고 있다. 미국과 접경하는 나라는 북으로는 캐나다, 남으로는 멕시코뿐이다. 동쪽과 서쪽으로는 대서양과 태평양과 접하고 있다. 이런 지리 조건 때문에 미국은 지구상 어느 나라보다도 지리적 차원에서 안보를 보장받고 있다.

접경한 두 나라인 캐나다와 멕시코는 미국에게 위협 세력이 될 수 없다. 그런 세력으로 성장할 지리 조건을 갖추지 못하고 있다. 오히려 미국에 의지하는 국가로 남아, 미국 안보의 완충지대가 되고 있다.

캐나다는 세계에서 국토 면적 2위이다. 하지만 그 대부분이 인간의 거주와 경제활동이 불가능한 캐나다 순상지와 험준한 로키산맥 지대로 이루어져 있다. 캐나다 순상지는 선캄브리아대의 암석지대인데다 빙하로 인해 침식됐다. 게다가 200만 개가 넘는 호수로 덮인 땅이다. 기후마저 혹한이어서 인간의 거주와 경제활동에 큰 비용이 든다.

캐나다의 거주 지역은 미국과의 국경을 따라 있다. 동서로 길게 늘어진 이 인구 거주 및 경제활동 지역은 유기적으로 연계된 하나의 경제권이 되기에는 지리적으로 분절됐다. 긴 수송로 등의 요인으로 물류 비용이 너무 크다. 오히려 남쪽의 미국과 더 경제적 연관성을 갖는다. 캐나다는 미국에 훌륭한 안보 장벽을 제공하는 배후지로서 미국에 의존하는 경제권이다.

남쪽의 멕시코는 국토의 대부분이 산악과 사막, 밀림으로 구성됐다. 미국과 국경을 맞댄 북쪽은 사막이다. 태평양을 접한 국토의 동쪽 절반은 로키산맥이 뻗어내리는 산악지대이다. 평지인 국토의 남서쪽과 남쪽은 밀림지대이다. 사막과 산악은 멕시코 국토를 분절시킨다. 서쪽의 태평양 연안과 동쪽의 카리브해 연안 사이를 산악과 사막이 가로막고 있다. 항행이 가능한 강도 없다. 북부는 사막 기후이고, 남부는 아열대와 열대 기후이다.

농경 등 경제활동이 수월한 지역은 수도 멕시코시티가 자리한 최소 해발 2,200미터의 중부 고산지대 정도이다. 고산지대에서의 농경 등 경제활동은 수송 등에서 비싼 비용을 요구한다. 멕시코가 바다를 통해 외국과 교류하는 창구는 카리브해 쪽이고, 양질의 항구는 베라크루스가 유일하다. 멕시코시티와 베라크루스는 약 400킬로미터 정도의 거리이나, 고산지대에서 해안을 잇는 데 드는 비싼 물류 비용은 멕시코 경제의 발전을 막는 장벽이었다. 멕시코시티−베라크루스를 잇는 410킬로미터의 철도는 1873년에야 완성됐다. 미국은 이때 벌써 대륙을 횡단하는 6만 킬로미터의 철도망을 갖추고 있었다.

멕시코의 이런 지형과 기후로 인해 멕시코 농업은 대규모 자본을 갖춘 소수의 엘리트 지주들에 의한 상업작물 재배로 굳어졌다. 이는 멕시코 각 지역의 봉건화로 지금까지 이어지고 있다. 독립농이 주도한 미국의 농업이 산업화로 이어진 것과 대비된다. 멕시코는 미국과 경쟁할 수 있는 중앙집권화된 산업국가로 발전할 역량을 아직도 갖추지 못하고 있다.

최근 들어 멕시코는 미국에 불법이민과 마약이라는 내부 안보 불안을 야기하는 근원이기는 하다. 그러나 멕시코로부터의 이민은 크게 보면 미국 경제에 저렴한 노동력을 제공하는 원동력으로 기여해왔다.

이처럼 인접국의 위협이 없는데다, 무엇보다도 미국을 사이에 둔 대양인 대서양과 태평양이 미국의 안보를 보장한다. 미국을 위협할 수 있는 구대륙의 열강과 제국들도 이 대양을 넘어서 미국에 군사력 등 세력을 투사하기란 불가능하다. 독립 직후 국력이 미약했던 시절인 1814년 영국 해군이 동부 연안을 공격했던 전쟁을 제외하고는 미국의 본토가 위협받은 적은 없다. 2차대전 때도 일본이 하와이 진주만 공습을 감행해 태평양과 그 지역 섬들이 전장이 됐을 뿐이다.

미국의 지리, 불가피한 제국을 탄생시키다

미국의 안보를 제공하는 주변 지리와 위치, 이웃 나라와의 관계는 미국의 국력에 의해 담보된다. 미국 국력의 원천은 무엇보다도 지리상의 축복이다. 인간의 거주와 경제활동을 촉진하는 사계절 변화가 뚜렷한 기후를 가진 광대한 국토, 세계 최고의 생산력을 가진 광활한 농경지대, 항행 거리가 가장 긴 강, 산업화의 최고 전략자원인 석유와 석탄 등 풍부한 지하자원, 양질의 항구와 항행에 적합한 연안 등이다. 이런 지리 조건을 갖춘 미국 본토가 하나의 정치경제권으로 통합된다는 것은 불가피한 제국의 탄생을 의미했다.

미국 본토는 크게 세 부분으로 나뉜다. 먼저 동부 연안 평원지대이다. 대서양 연안에서 애팔래치아산맥 사이 지대이다. 일찌감치 미국이 영국으로부터 독립한 당시부터 13개 식민지 주가 자리 잡은 곳으로, 미국이 시작된 곳이다. 1607년 5월 24일 현재의 버지니아 제임스타운에서 최초의 북미 식민지를 건설하기 시작한 유럽인들은 곧 비옥한 땅과 천연 항만, 그리고 내륙으로 항행할 수 있는 강들이 흐르는 신천지임을 알게 됐다. 이는 1775년 미국의 독립으로 이어졌다.

다음이 대미시시피 유역이다. 애팔래치아산맥에서부터 로키산맥까지 미국의 한가운데를 차지하는 광활한 지대이다. 중서부 대평원지대라고도 불린다. 세계에서 가장 넓고 생산력 높은 경작지가 펼쳐져 있다. 대부분의 지역이 미시시피 수계에 속한다. 항행 거리가 세계에서 가장 긴 미시시피 수계가 이 지역에서 나는 산물들을 동부 연안이나 외

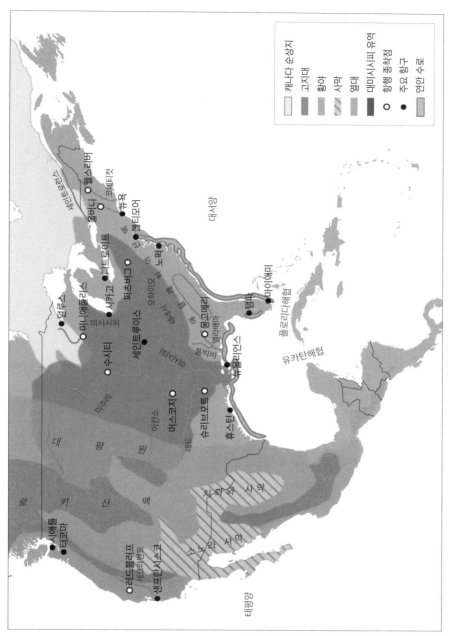

북미 대륙의 지형

국으로까지 수송할 수 있다.

마지막이 태평양 연안지대이다. 로키산맥에서부터 태평양 연안까지이다. 산악과 사막, 그리고 연안 평야지대로 구성된다. 태평양 연안도 양질의 항구와 항행이 수월한 조건을 갖추고 있다. 현재 미국 최대주인 캘리포니아가 있고, 20세기 이후 최근으로 올수록 그 경제력과 지위가 높아지고 있다.

미국 본토를 이루는 이 세 지역은 현재의 미국을 받치는 3개의 발이다. 한 지역이 없어도 현재의 미국은 성립될 수 없었다. 하지만, 건국 이후 미국을 초강대국으로 부상시킨 원동력이 시작된 곳은 대미시시피 유역이다. 대미시시피 유역은 북미 대륙 지리에서도 핵심이다.

대미시시피 유역이 갖는 지리상의 축복은 세계 최고 생산력, 가장 저렴하고 통합된 수송 체계이다. 세계에서 가장 넓은 농경지대, 그런 농경지에서 나온 농산물들을 저렴하고 빠르게 수송할 수 있게 하는 항행 거리가 가장 긴 강들이다.

미시시피 유역에서 전통적인 곡물 재배에 이용할 수 있는 농작지는 1억 3,900만 헥타르로 세계 최대이다. 그에 비하면 러시아 우크라이나의 유라시아 스텝지대는 1억 600만 헥타르, 북유럽평원이 6,500만 헥타르, 아르헨티나 라플라타강 유역이 6,200만 헥타르, 인도 갠지스강 유역이 4,500만 헥타르, 중국 황하 유역이 4,200만 헥타르, 중동의 '비옥한 초승달지대'가 2,800만 헥타르 순이다.[1]

미시시피 유역의 풍부한 농산물 생산력은 이 지역을 획득한 미국을 단숨에 세계 최대의 곡물 생산국이자 수출국으로 만들었다. 이는 미국의 산업화에 필요한 자본 축적을 가능케 했다. 미시시피 유역에서 농작물 등 생산력이 최대가 된 것은 단순히 땅이 넓고 기름지기 때문이 아니었다. 그보다는 곡물 등 생산물을 빠르고 효율적으로 처리할 수 있는 수송 체계가 가능했기 때문이다. 이는 미시시피 유역 강들을 이용한 하상 수송에 의존했다. 효율적인 수송 체계는 미시시피 유역 개발을 더욱 촉진해 농작지를 넓혔다.

미시시피 유역 강들의 항행 거리는 전 세계에서 항행이 가능한 나머지 하천들의 항행 거리보다도 길다. 본류인 미시시피강은 해안 하구에서 미니애폴리스 북쪽까지 내륙으로 약 3,000킬로미터나 항행이 가능하다. 미시시피 수계의 6개 강인 미주리, 아칸소, 레드, 오하이오, 테네시, 미시시피 모두가 내륙 깊숙이까지 항행이 가능하다. 미시시피 유역의 강들은 그 내륙 발원지와 하구 사이의 고도 차이가 극히 적다. 즉 급류와 폭포 등이 없는 평탄한 유속과 풍부한 유량으로 대형 화물선이 항행할 수 있다. 하안 항구는 연안 항구에 비해 일반적으로 그 경제적 효과가 2배이다. 연안 항구의 영향권은 한쪽으로 일방적인 데 비해, 하안 항구는 강 양쪽으로 효과가 미치기 때문이다. 미시시피 유역의 대부분 농경지들도 항행이 가능한 강의 200킬로미터 거리 안에 위치한다.[2]

게다가 배를 이용한 수송은 육상 수송에 비해 그 비용이 대략 10분의 1에서 30분의 1에 불과하다. 빠르고 대규모로 수송이 가능하다. 미시시피 유역의 생산물은 배를 통해 미국 동부 연안까지 바로 수송이 가능했다. 지도를 통해서 미국 동부 연안과 멕시코만을 자세히 살펴보면, 연안을 따라서 장벽처럼 늘어선 섬들을 볼 수 있다. 보초도Barrier Island라 불리는 이 섬들이 멕시코만 연안부터 동부 보스턴까지 연안을 따라 방파제 구실을 함으로써 안전한 바다 수로를 만들었다. 미시시피강의 내륙 깊숙이 들어가는 하상 운항 배들도 이 수로로 항행이 가능하다.

또한 미시시피 유역의 생산물은 연안 항구에서 한 차례 더 선적만 하면, 곧장 유럽 등 전 세계로 수출됐다.

미시시피 유역의 하상 교통은 이 지역 전체뿐만 아니라 동부 연안까지를 유기적으로 통합하는 구실을 했다. 19세기 후반이면 이미 완성되는 미국의 철도망과 결부되어, 미국의 정치경제적 통합을 완성시켜갔다. 독립 초기 13개 식민지 주가 있던 동부 연안의 분열을 극복하는 데도 결정적 역할을 했다.

동부 연안에도 있는 항행이 가능한 강들은 해당 지역에서 경제적 효과를 자아내기는 했으나, 북부와 남부의 통합에는 별 기여를 하지 못했다. 서로 연결되는 미시시피 유역의 강들과는 달리, 서쪽에서 동쪽 연안으로 흘러가는 별개의 강들은 남부와 북부의 차별적 지역화를 만들었다. 그러나 미시시피 유역이 동부 연안 전역과 유기적으로 통합되자, 남부의 분리주의 동력도 줄어들었다. 미국 경제에서 차지하는 남부의 상업작물 비중이 줄어들었기 때문이다.

무엇보다도 미시시피 유역의 하상 수송 체계는 미국의 해양력에 시너지 효과를 냈다. 대서양과 태평양에 산재한 양질의 항구와 연안 시설들이 미시시피 유역의 물동량과 결합됐다. 그 해운 능력과 연안의 산업 시설들은 더욱 번창해, 유럽의 항구들을 능가하게 됐다.

20세기 들어 오대호가 항행 가능한 호수로 변하고 파나마 운하가 개통되면서, 시너지 효과는 극대화됐다. 오대호는 겨울이면 얼음이 얼고, 나이아가라 폭포 등이 있어 자연적으로 항행이 가능한 호수가 아니었다. 하지만 캐나다가 내륙과의 연결을 위해 꾸준히 항행이 가능하게 개발했다. 특히 오대호를 세인트로런스만으로 연결해, 바다로 진출하는 수로를 개발했다. 이런 노력들로 항행 범위가 넓어진 오대호는 그 주변 중공업과 농작지대를 담당하면서, 미국과 캐나다의 경제적 통합을 촉진했다.

1914년 파나마 운하의 개통은 미국의 대서양과 태평양 연안, 그리고 미시시피 유역을 배로 연결시켰다. 이는 태평양을 미국의 호수로 만드는 첫걸음이기도 했다.

"대미시시피 유역은 북미 대륙의 핵심이다. 다른 세계와의 상호 연관이 없더라도, 이 핵심 지역을 통제하는 세력은 동부 연안과 오대호뿐만 아니라 농업, 수송, 무역, 정치적 통합 능력을 갖게 되어 세계적 열강이 되는 것이다."[3]

미국의 '명백한 운명', 영토 팽창을 정당화하다

미국의 문호 마크 트웨인Mark Twain은 "신은 전쟁을 창조해서, 미국인들이 지리를 배우게 됐다"는 유명한 말을 했다.

초기 13개 식민지 주들이 북미 대륙의 핵심 지역을 포함한 광대한 영토에서 통합된 연방을 형성하는 과정은 결코 자연스럽지 않았다. 무주공산 신대륙에 카우보이와 개척자들이 들어가서 말뚝을 박고 확장한 것이 아니었다. 그것은 영국으로부터 독립한 초기 13개 식민지 땅을 주로 이루어진 미국이 영국 등 구대륙 제국주의 열강의 위협에 맞서려는 공격적 확장이었다.

미국은 1845년 뉴욕의 언론인 존 오설리번John O'Sullivan이 말한 '명백한 운명Manifest Destiny'이라는 표현을 북미 대륙에서 자신들의 공격적 팽창을 정당화하는 메시아적 이데올로기로 승화했다. 북미 대륙 전역을 미국의 지배하에 개발하는 것이 신이 미국에 내린 명백한 운명이라는 것이다. 미국의 명백한 운명은 본토를 획정지은 뒤에도 여전히 작동해,

자신들의 세계 패권 추구를 자신들이 세계를 책임져야 한다는 도덕적 책무로 정당화하게 된다.

초기 13개 식민지 주가 독립한 미국은 결코 처음부터 통합된 확고한 국가적 실체가 아니었다. 13개 식민지 주는 연방으로의 구심력보다는 원심력이 더 강했다. 이는 결국 남북전쟁이라는 내전으로 귀결되기도 했다.

독립 초기 미국은 국제관계에서 호조건을 누렸다. 미국을 위협할 수 있는 유럽의 열강이 나폴레옹전쟁에 휩싸였다. 유럽 열강은 미국을 위협하거나 신대륙에 개입할 여력이 없었다. 나폴레옹전쟁이 아니어도, 영국을 제외한 유럽 열강은 북미 대륙의 식민지 정책에서 미국에 개입할 의도가 없었다.

영국과 패권을 다투던 프랑스는 미국의 독립을 지원했다. 프랑스는 캐나다 퀘벡부터 루이지애나 뉴올리언스까지의 북미 대륙 영역을 자국 사회의 골치 아픈 분자들을 처리하는 용도로만 이용했다. 스페인은 플로리다 등 남동부, 멕시코에서부터 캘리포니아 북부까지 서남부의 광활한 영토를 차지하고 있었지만, 식민지 총독들에게 큰 재량권을 줬다. 신대륙에서 캐는 금과 은만 원활히 본국으로 오면, 식민지 운영에는 별 관심이 없었다.

미국은 독립 초기 외부로부터의 군사적, 경제적 도전을 받지 않는 상대적으로 평화로운 시기를 보냈다. 군사력 양성 부담이 없었다. 신생 국가의 에너지는 지속가능한 통합 국가로 만드는 데 투여될 수 있었다. 하지만 미국은 식민본국 영국에 경제적으로 의지하고 있었다. 13개 식민지 주는 대영제국과 경제적으로 얽혀 있었다. 미국은 다른 유럽 열강과의 교역에 의존했는데, 이는 바다를 장악하고 있는 영국에 운명을 위탁하고 있음을 의미했다.

특히 양질의 항구와 자연 방벽 등을 갖춘 동부 연안의 해안 지형은 독자의 해군력이 없을 경우에는 오히려 상대국 해군력에 교두보를 제공하며 공격력을 배가시킨다. 독립 이후 미국의 안보에 최대 위협이던 영국과의 1812년 전쟁은 이를 잘 보여줬다. 나폴레옹전쟁 때인 당시 영국은 프랑스의 대륙봉쇄령에 맞서, 역으로 해상봉쇄를 했다. 영국의 해상봉쇄에 미국은 프랑스 등 유럽과의 교역이 제한됐다. 결국 미국과 영국의 전쟁으로 번졌다.

3년간 진행된 이 전쟁에서 미국은 수도 워싱턴이 약탈당하는 등 동부 연안이 심각하게 유린됐다. 당시 영국의 해군은 동부 연안의 해상권을 장악하고는 북미 대륙 식민지인 캐나다에 주둔중인 병력과 캐나다군, 아메리카 원주민 세력의 연합군을 지원했다. 영국은 이 전쟁을 나폴레옹전쟁의 일환으로 여겼을 뿐이었다. 미국은 총력 대응을 하지 않은 영국을 패퇴시키기는 했다. 하지만 이 전쟁은 미국에게 영국 등 유럽 열강의 해군력에 전복될 수 있는 안보 취약성과 유럽에 대한 경제적 의존을 절감하게 했다.

미국이 이를 극복하는 첫 방법은 해군력 양성이었다. 영국의 해군력에 맞서는 정도의 해군력 양성은 신생 미국으로서는 감당할 수 없는 지난한 일이었다. 더 근본적인 방법은 바다에 전적으로 의존하지 않는 미국 독자적인 경제권을 구축하는 것이었다. 독립 초기 미국은 인구 대부분이 동부 연안에 거주했다. 최대 도시 필라델피아 역시 강을 통해 바다로부터 접근이 가능했다. 완제품과 시장뿐만 아니라 석탄과 철광 등 비농산물 원자재도 대영제국의 시스템에 의존하고 있었다.

내륙으로의 영토 확장은 경제와 안보 두 측면에서도 필요했다. 내륙으로 확장해, 인구와 자산 등 국부의 연안 의존도를 줄여야 했다. 군사적인 측면에서 이는 전략적 종심의 확보를 의미했다. 연안이 공격받고 점령당해도, 버틸 수 있는 공간이 필요했다. 내륙으로 영토를 확장하면, 애팔래치아산맥에 묻힌 석탄 등 지하자원도 확보할 수 있었다.

유럽의 나폴레옹전쟁이 미국에게 미시시피를 넘겨주다

독립전쟁 승리 뒤인 1783년 영국으로부터 할양받은 애팔래치아산맥 서쪽 영토를 효율적으로 활용하려면 미시시피 유역 전역을 통합해야 했다. 1873년 할양받은 영토 안에 있던 오하이오강은 미시시피강으로 흘러들어갔고, 미시시피강의 하구는 당시 프랑스령 루이지애나의 뉴올리언스에 있었다.

유럽에서 벌어진 나폴레옹전쟁은 미국에게 기회를 줬다. 유럽에서 전쟁을 벌이던 나폴레옹은 돈이 필요했다. 또한 멀리 신대륙의 광활하지만 인구가 희박한 영토를 관리해야 하는 부담도 컸다. 프랑스는 1803년 미국에게 루이지애나를 1,500만 달러에 넘겼다. 미국의 영토는 단숨에 2배로 커졌다. 거기에는 경제적 가치가 세계에서 가장 커질 땅인 대미시시피 유역이 포함됐다.

미영전쟁의 1812년 종결은 미국에서 영국과 프랑스 등 유럽 열강의 완전한 철수로 이어졌다. 이는 미국에게 북쪽의 캐나다 위협도 아울러 종식시켰다. 영국령 캐나다는 1812년 전쟁에서 영국과 연합군을 구성해 워싱턴을 약탈한 주력군이었다. 미국에게 캐나다는 또 다른 위협이었다. 그러나 영국이 물러가고 미국이 미시시피 유역 전역을 차지하자, 상황은 역전됐다.

캐나다는 미국과의 국경을 따라서 동서로 길게 늘어진 인구 거주 지역을 가졌다. 미국의 루이지애나 획득으로 양국의 국경이 길어지자, 인구가 월등해진 미국의 압력이 커졌다. 캐나다로서는 북미 대륙에 관심이 시들해진 영국과의 관계를 축소하고, 미국과의 경제적 통합을 선택하는 방안밖에 없었다. 그 외의 다른 선택은 미국과의 전쟁으로 가는 길이었다.[4]

한편 나폴레옹전쟁은 북미 대륙의 또 다른 식민제국인 스페인의 몰락을 불렀다. 나폴레옹은 전쟁 과정에서 스페인 국왕을 생포하기도 했다. 미국은 불법 정착과 군사적 압력, 외교 등을 총동원해서 1819년 스페인으로부터 플로리다를 할양받았다. 대신 미국은 현재의 텍사스 지역에 대한 스페인의 영유권을 인정해줬다.

미국이 플로리다를 할양받을 때 스페인의 신대륙 식민제국은 이미 붕괴중이었다. 2년 뒤 1821년 멕시코가 독립했다. 아메리카 대륙에서 스페인과 포르투갈의 식민지들이 대부분 독립하자, 미국은 1823년 아메리카 대륙에 대한 유럽 열강의 개입을 반대하는 먼로 독트린을 선언했다.

제임스 먼로James Monroe 당시 대통령은 유럽 국가들이 아메리카 대륙의 독립국가들을 다시 장악하려는 시도는 "미국에 대한 비우호적인 처사의 선포"로 간주될 것이라고 밝혔다. 먼로 독트린은 동시에 미국은 유럽 국가들의 기존 식민지를 인정하고 간섭하지 않을 것이고, 유럽 국가들의 내정에도 개입하지 않을 것이라고 강조했다. 먼로 독트린은 미국 고립주의 외교 노선의 선언으로 평가받으나, 사실은 아메리카 대륙이 미국의 세력권이라는 선언이었다. 아메리카 대륙에 대한 미국의 적극적인 세력 투사의 시작이었다.

미국이 멕시코를 상대로 첫 제국주의 전쟁을 벌이다

독립 직후 멕시코가 그 첫 대상이었다. 독립한 멕시코는 캐나다보다 훨씬 더 위협적이었다. 당시 미국의 인구는 960만 명이었고, 멕시코는 620만 명이었다. 특히 멕시코는 미시시피 유역의 안보를 위협했다. 미시시피 유역의 생명줄인 내륙 수로망이 바다로 연결되는 하구에 뉴올리언스가 있다. 이 뉴올리언스가 독립한 멕시코와 150킬로미터 거리였다.

당시 뉴올리언스는 미국 입장에서 고립된 도시였다. 주변이 늪지대인 뉴올리언스는 미국의 여타 지역으로부터 배로 연결됐다. 뉴올리언스와 가까운 멕시코의 동부 텍사스 지역은 강우량이 충분한 평원과 언덕지대였다. 유사시에 멕시코가 군사력을 동원해서 동부 텍사스를 발판으로 뉴올리언스를 점령할 수 있는 가능성은 존재했다.

미시시피 유역과 뉴올리언스의 안보를 근본적으로 지키려면, 텍사스를 확보해야 했다. 당시는 테하스Tejas로 불렸던 텍사스는 거의 거주민이 없는 텅 빈 지역이었다. 멕시코가 독립하던 1821년, 스티븐 오스틴 Stephen Austin은 미국의 300여 가구를 이끌고 테하스에 정착했다. 그해 사망했던 그의 부친 모지스 오스틴Moses Austin이 이미 스페인 국왕으로부터 이 지역의 개발허가를 받은 상태였다. 스티븐이 이끈 미국의 식민 정착민들은 곧 이 지역을 장악해갔다. 미국 정부도 은밀히 자국민들의 테하스 이민을 장려했다. 현재 텍사스의 최대 도시 오스틴은 오스틴 집안의 성을 따서 명명한 것이다.

테하스의 주민들이 멕시코계보다는 미국계에 의해 채워지자, 멕시코시티 당국과 주민들 간의 갈등은 불가피해졌다. 이는 1835~1836년 텍사스 분리전쟁으로 번졌다. 미국의 은행들이 자금을 댔다. 전쟁 초기에 안토니오 로페즈 데 산타 아나Antonio Lpez de Santa Anna 장군이 이끄는 멕시코군은 알라모를 점령하고 텍사스 독립군들을 격파했다. 멕시코가 병력에서도 5 대 1로 우세했다.

텍사스 독립군들은 미국의 지원을 바탕으로 끈질기게 저항하다가, 샌하신토 전투에서 승리하고 산타 아나 장군까지 생포했다. 멕시코와 분리조약을 맺고, 텍사스공화국이 탄생했다. 신생 텍사스공화국은 희박한 인구로 재정난을 겪다가, 1845년 미국으로 합병됐다.

텍사스 독립과 미국으로의 합병은 캘리포니아 등 멕시코의 다른 지역에도 미국 국민들의 정착을 가속화했다. 텍사스 독립 이전부터 미국 정착민들은 '산타페 가도Santa fe Trail'를 통해서 현재의 뉴멕시코와 그 너머 캘리포니아까지 진출하고 있었다.

반면 멕시코 주민들이 캘리포니아 등 현재 미국 서부 지역으로 이주하는 것은 드물었다. 두 나라 사이의 국경지대는 치와와, 소노라, 모하비 사막이 가로막고 있었다. 미국의 압도적 경제력도 캘리포니아 등지를 미국의 제품으로 채웠다.

캘리포니아 등 태평양 연안 지역에 눈독을 들이던 미국은 결국 1846년 멕시코를 상대로 개전했다. 이 전쟁은 미국에게 제국주의 팽창정책의 시작이었다. 미국은 독립 이후 처음으로 해외 원정 전쟁을 벌였다. 3년간 계속된 이 전쟁에서 미군은 현재 두 나라의 국경지대에 멕시코 주력 병력을 묶어두고는 멕시코 최대 항구 베라크루스로 상륙해 수도 멕시코시티까지 점령했다.

멕시코 북부의 모든 영토가 미국 영토로 바뀌는 1848년 강화조약이 체결됐다. 현재의 캘리포니아, 애리조나, 유타, 뉴멕시코 서부, 콜로라도 서부가 미국 영토가 됐다. 미국은 1853년 '개즈던 구매Gadsden

Purchase'를 통해 현재 애리조나의 남부 국경지대도 멕시코로부터 사들였다. 멕시코는 기존 영토의 55%를 미국으로 넘긴 셈이었다.

미국은 영국과의 조약을 통해 1846년 이미 할양받은 현재의 워싱턴과 오리건 주를 합쳐서, 대서양에서부터 태평양까지 걸치는 현재 미국 본토의 원형을 완성했다.

영토가 태평양 연안까지 확장되자, 새로운 위협이 제기됐다. 이미 1821년 러시아는 베링해를 넘어서 북미 대륙의 북서 해안까지 진출해 영유권을 선포했다. 캐나다 밴쿠버 섬의 북단인 북위 51도까지 영유권을 선포하고는, 그 해안의 160킬로미터 영해에 항행을 금지했다. 러시아는 더 남하해, 샌프란시스코만에서 160킬로미터 북쪽에 보급기지 포트로스를 건설했다.

1867년 미국은 러시아로부터 알래스카를 720만 달러에 사들였다. 1에이커당 2센트에 불과했으나, 미국 조야는 이 거래를 성사시킨 윌리엄 수어드William Seward 국무장관의 이름을 빗대서 '수어드의 미친 짓'이라고 조롱했다. 하지만 곧 알래스카에서 금광이 발견되고, 나중에 석유도 발견됐다. 알래스카의 가치는 경제적 가치 이상이다. 미국은 알래스카 획득으로 북미 대륙을 완전히 자신의 성채로 만들 수 있었다. 북미 대륙 본토에서 미국에 맞설 수 있는 잠재적 세력들의 입지가 완전히 제거됐다.

미국이 알래스카를 획득한 뒤인 1869년, 첫 대륙 간 횡단철도가 완성됐다. 미국의 동서 연안 횡단에 걸리는 기간은 6개월에서 8일로 단축됐다. 비용은 90%나 감축됐다. 대서양 연안부터 태평양 연안까지 미국의 광대한 국토는 하나의 정치경제권으로 통합됐다. 미국이 프랑스로부터 루이지애나를 구입하며 시작된 팽창이 불과 70년 만에 완성된 것이다.

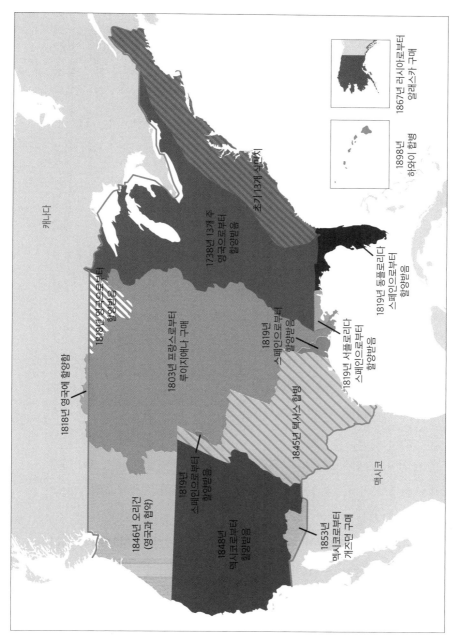

미국의 팽창

캐나다

1818년 영국으로부터
함양받음

1818년 영국에 함양함

1803년 프랑스로부터
루이지애나 구매

1846년 오리건
(영국과 함약)

1819년
스페인으로부터
함양받음

1848년
멕시코로부터
함양받음

1853년
멕시코로부터
개즈던 구매

멕시코

1738년 13개 주
영국으로부터
함양받음

초기 13개 주 (식민지)

1819년
스페인으로부터
함양받음

1845년 텍사스 합병

1819년 서플로리다
스페인으로부터
함양받음

1819년 동플로리다
스페인으로부터
함양받음

1867년 러시아로부터
알래스카 구매

1898년
하와이 합병

미국, 카리브해를 호수로 만들고 태평양으로 진출하다

미국 본토의 팽창 과정은 미국에 대한 안보위협을 제거하는 과정이기도 했다. 알래스카의 획득으로 북미 대륙에서 미국 본토의 팽창은 완성됐으나, 안보위협이 완전히 제거된 것은 아니었다. 북미 대륙 내에서 제기되는 안보위협은 잠재적 가능성이었지, 현존하는 위협은 아니었다. 미국에게 현존하는 위협은 여전히 북미 대륙 밖의 유럽 열강이었다.

유럽 열강이라는 역외 세력은 미국과 대서양을 사이에 두고 있었지만, 미국을 위협할 가능성이 완전히 없는 것은 아니었다. 미국 남쪽의 카리브해 제해권이 유럽 열강에게 장악될 경우, 미국 본토는 잠재적인 안보위협의 가능성에 노출된다. 역외 세력들이 카리브해의 도서를 장악해서 미국 본토를 공격하는 전진기지로 활용할 수 있다.

실제로 유럽 열강은 카리브해의 도서들을 식민지로 운영하고 있었다. 영국은 바하마군도에서부터 그레나다까지 대서양과 카리브해를 가르는 일련의 도서들을 식민지로 운영했다. 자메이카 역시 영국의 식민지였다. 스페인은 쿠바, 푸에르토리코, 히스파니올라(현재의 도미니카공화국) 등을, 프랑스는 아이티 등을 가지고 있었다. 카리브해의 도서들은 아메리카 신대륙 발견 이후 유럽 열강에게 가장 활발한 교역 중심지였다. 미국의 내전 남북전쟁 때에도 남부는 카리브해 연안의 도서들과 교역하며 경제활동을 이어갔다.

특히 쿠바는 미국에게 안보 이해관계의 사활이 걸린 지역이다. 카리브해의 최대 섬인 쿠바는 미국의 내해인 멕시코만과 카리브해를 잇는 통로의 가운데에 자리 잡고 있다. 미국 본토 플로리다와 겨우 200킬로미터 남짓 떨어져 있다. 미시시피 유역의 내륙 수로들이 바다로 연결되는 뉴올리언스에서 외해로 나가려면, 쿠바와 플로리다 사이의 플로리다해협을 통과해야 한다. 또한 쿠바는 멕시코의 유카탄반도와도 200킬로미터 남짓한 거리에 있다. 유카탄해협을 거치는 멕시코와의 교역도 봉쇄할 수 있는 위치이다.

쿠바는 그 자체로서 미국 본토에 위협이 되는 전진기지가 될 수 있다. 또한 미국의 사활이 걸린 핵심 지역인 미시시피 유역의 하상 및 해상 물류를 봉쇄할 수 있는 잠재력을 가지고 있다.[5]

19세기 들어 스페인제국이 몰락하면서, 쿠바 등 카리브해의 스페인 식민지들은 심각한 세력공백에 처했다. 다른 유럽의 열강이 카리브해의 스페인 식민지 자산들을 접수하면, 미국에 심각한 위협이 될 수 있었다. 이미 미국은 1853년 스페인에게 1억 5,000만 달러에 쿠바를 양도할 것을 제안했다가 거절당했다. 스페인도 쿠바의 전략적, 경제적 중요성을 중시했다. 다른 중남미 식민지들의 독립을 허용하면서도, 쿠바의 독립은 결코 허용하지 않았다. 스페인은 쿠바의 독립전쟁인 10년전쟁(1868~1878)에서 쿠바 독립군을 진압했다. 그러나 1895년 쿠바 독립전쟁이 다시 발발하고, 독립군들이 쿠바의 상당 부분을 점령했다.

1898년 1월 미국은 쿠바 거주 미국민의 안전을 이유로 전함 메인호를 쿠바 아바나로 파견했다. 아바나 항에서 메인호가 폭파되는 사건이 일어났다. 스페인의 책임을 묻던 미국은 4월 전쟁을 선포했다. 미국−스페인 전쟁의 시작이었다. 미국에게는 본격적인 제국주의 전쟁이었다. 멕시코와의 전쟁보다도 더 대규모인 본격적인 해외 원정 전쟁이었다. 미국의 해군과 해병대는 쿠바뿐만 아니라 푸에르토리코, 히스파니올라 등 카리브해의 모든 스페인 식민지를 점령했다.

1898년 쿠바는 독립했으나, 사실상 미국의 영토였다. 쿠바 외에 카리브해의 섬들을 미국이 직접 합병하지 않은 것은 이곳에 살고 있는 과거의 노예 출신 주민들 때문이었다. 노예 문제로 인한 남북전쟁으로 홍역을 치른 미국은 이 주민들의 수용이 부담스러웠다. 대신 쿠바는 1959년 피델 카스트로Fidel Castro의 혁명이 일어날 때까지 미국의 자본이 지배하는 경제식민지가 됐다.

혁명 뒤 카스트로 정권이 자신을 타도하려는 미국에 맞서 소련의 미사일 등 군사력을 들어오려다 쿠바 위기가 벌어지게 된다. 미국−소련의 냉전시대에서 최대 위기인 쿠바 위기는 쿠바가 미국에게 얼마나 중요한 전략적 의미를 갖는지를 보여주는 사건이기도 했다.

미국은 쿠바 등 카리브해의 스페인 식민지 자산들을 점령함으로써 카리브의 제해권을 장악했으나 이에 그치지 않았다. 태평양의 스페인 식민지인 필리핀 등도 점령했다. 일찍이 1854년 페리Matthew C. Perry 제독의 흑선을 보내 일본의 개항을 이뤘던 미국은 이미 태평양에서 중요한 세력으로 부상하고 있었다. 필리핀뿐만 아니라 괌도 미국의 식민지로 들어갔다.

미국은 1898년 하와이를 정식으로 합병했다. 하와이 동쪽인 동태평양이 미국의 배타적 영향권으로 들어갔고, 필리핀과 괌으로 이어지는 서태평양까지도 그 세력권의 최전선이 됐다. 1905년 일본과 맺은 가쓰라−태프트밀약은 서태평양에서 미국의 세력권을 획정하고 공인하는 계기가 됐다. 그 대가로 한반도는 일본의 세력권이 됐다.

머핸, 해양세력으로서 미국의 굴기를 주문하다

미국은 20세기로 들어오면서 대서양과 태평양을 자신의 호수로 하는 초유의 해양세력으로 떠올랐다. 미국 본토를 중심으로 캐나다와 멕시코, 카리브해 등 북미 대륙 전역과 주변, 그리고 하와이까지 동태평양을 배타적 세력권으로 확보했다. 더 나아가 남미 대륙을 포함한 아메리카 대륙 전역, 그리고 필리핀까지 이르는 서태평양을 영향권으로 확장하고 있었다.

미국 내에서는 미국이 국토를 대서양에서 태평양까지 확장해 '명백한 운명'을 실현했다는 여론이 일었다. 역사학자 프레드릭 잭슨 터너Frederick Jackson Turner는 미국 변경Frontier의 획정은 미국이 부단히 자신을 갱신하는 과정이며, 이제 그 시대는 끝나고 있다고 주장했다. 이는 이제 밖으로 시선을 돌려서 세계 문제에서 더 큰 역할을 해야 한다는 주장으로 이어졌다.

앨프리드 세이어 머핸Alfred Thayer Mahan 제독은 해양세력으로서 미국의 굴기를 주문한 전략가이다. 그의 저서 《역사에서 해양력의 영향The Influence of Seapower Upon History, 1660~1783》은 미국뿐만 아니라 독일 등 유럽 열강의 전략에도 영향을 줬다.

머핸 역시 근대 이후 지정학의 아버지인 매킨더와 유사한 관점을 가졌다. 머핸에게 북반구는 세계 세력권의 핵심이다. 북반구 내의 멀리 떨어진 지역들은 파나마와 수에즈 운하로 연결된다. 북반구 내에서 유라시아는 가장 중요하다. 머핸은 러시아를 아시아의 지배적인 대륙세력으로 봤다. 러시아의 위치는 난공불락이다. 하지만 머핸에게 내륙에 있는 러시아의 위치는 불리한 조건이었다. 해상 이동이 육상 이동보다도 유리하기 때문이다. 머핸은 핵심적인 분쟁지대가 아시아의 북위 30도와 40도 사이에 있고, 여기에서 러시아 대륙세력과 영국 해양세력이 충돌한다고 보았다. 그의 지적처럼 영국과 러시아는 유라시아 대륙 주변부인 그 지대에서 세계 식민지 패권을 놓고 그레이트 게임을

벌이고 있었다.[6]

머핸은 미국을 유럽 세력과 문명의 전초기지로 봤다. 미국의 태평양 연안과 섬들을 대서양-유럽 영역의 확장으로 간주했다. 따라서 필리핀, 괌, 푸에르토리코의 합병, 파나마 운하 장악, 쿠바의 보호령을 지지했다.

특히 그는 파나마 운하의 개통이 태평양과 대서양을 연결시켜, 카리브해를 종착점에서 주요 해로로 바꾸었다고 진단했다. 그는 "이 통로를 따라서 대규모 상업이 이뤄져, 다른 열강, 특히 유럽 국가들의 이해관계가 우리의 연안으로 밀착됐다"고 지적했다. 이제 미국의 해양 조건과 지위가 고립된 변방이 아니라 중심이 됐다는 의미이다. 따라서 미국은 멕시코만을 방어하기 위해 카리브해에서 해군력과 기지들이 필요해졌다. 나아가 미국이 세계 전역과 교역함에 따라, 세력을 투사할 수 있는 원거리 기지와 주력함들도 필요해졌다.[7]

세계 지배는 유라시아를 감싸는 주요기지들에 대한 영국-미국 동맹으로 가능할 것이라고 머핸은 주장했다. 그는 언젠가는 러시아와 중국에 맞서는 미국, 영국, 독일, 일본 사이의 동맹이 공통의 대의를 찾을 것이라고 예측했다. 머핸은 유럽과 아시아라는 2개의 구세계 및 2개의 대양 사이에 있는 미국은 세계 문제에서 주도적 역할을 할 지리적 운명이라고 진단했다.[8]

머핸은 세계가 세력권 조정 국면으로 진입하고 있고, 유럽의 세력 균형에 큰 변화가 일면 미국은 비켜서 있을 수 없을 것으로 봤다. 그의 이런 주장은 19세기 말과 20세기 초 미국의 대통령인 윌리엄 매킨리William McKinley와 시어도어 루스벨트Theodore Roosevelt의 대외정책에 큰 영향을 줬다. 미국은 고립주의에서 벗어나기 시작했다. 특히 루스벨트 대통령은 머핸의 해군력 증강과 그의 지정학 개념을 반영하는 대외정책을 펼쳤다.

1907년 12월 16일, 미국 버지니아 주 햄프턴 로드 항에서는 28대의 거대 함선들이 루스벨트 대통령의 전용 요트 메이플라워호에 사열하며 체서피크만을 빠져나갔다. 영국의 북해함대를 제외하면 단일 선단으로 세계 최대인 함대가 세계일주를 나섰다. '대백함대Great White Fleet'라고 불린 이 함대는 2년 동안 전 세계를 순양하며, 미국 국력과 해군력을 과시하는 함포외교를 펼쳤다.

필리핀의 수빅만은 대백함대 출항 이전에 이미 석탄 보급기지로 설정됐다. 하와이 진주만이 해군 군항으로 본격 개발된 것도 대백함대의 순항 이후다. 대양함대 운용에 보급기지가 필수라는 사실을 절감한 미국은 대백함대가 출항한 직후 진주만 해군 군항 개발을 위한 긴급예산 100만 달러를 편성했다.

바이워터, 태평양도 미국의 호수로 만들어라

1차대전이 끝난 뒤인 1920~1921년 미국 워싱턴에서 열린 워싱턴 해군회의는 각국의 해군력 감축을 도모했다. 이 회의를 취재한 미국의 저명한 언론인 헥터 바이워터Hector Bywater도 그런 노력을 지지했다. 하지만 태평양 섬 해군기지들의 추가적인 요새화를 막는 이 군축회의의 조항들을 보고는 마음을 바꿨다. 그는 이 조항으로 필리핀과 괌에서 미국의 입지가 일본의 공격에 취약해졌다고 간파했다. 그는 1921년《태평양의 해양력Sea Power in the Pacific》에서 미국이 직면한 태평양의 문제점을 지적했다.

바이워터는 미국이 필리핀을 획득함으로써 미국의 변경이 태평양을

미국과 소련, 새로운 해양세력과 대륙세력의 등장

가로질러 1만 킬로미터 이상이나 전진했다고 지적했다. 그러나 필리핀의 기지들은 요새화되지 않았고 함대의 수선, 유지, 보급 시설을 갖추지 못했다. 일본이 필리핀을 침공하기란 어렵지 않다. 하와이의 해군기지는 필리핀에서 무려 8,000킬로미터나 떨어져 있는 반면, 일본 내의 해군기지는 필리핀에서 2,000~2,800킬로미터 떨어져 있을 뿐이다. 일본이 필리핀을 공격해서 그 깃발을 마닐라에 휘날릴 즈음에야 미국 함대는 간신히 필리핀에 도착할 터였다. 바이워터는 일본이 경고 없이 태평양에서 미국을 공격할 것이라고 경계했다.

이런 상황을 타개할 열쇠로 그가 제안한 것이 괌이었다. 괌은 필리핀 동쪽으로 2,400킬로미터 거리에 있다. 괌이 기지로서 강화되면, 어떤 군대도 필리핀을 감히 공격하지 못할 것이다. 반면 일본이 무방비 상태의 괌을 선제적으로 공격해 성공한다면, 필리핀을 손에 넣는 것은 더 쉬워진다. 미군은 이런 상황에 개입할 수 없게 된다.

바이워터의 경계와 처방은 그대로 실행됐다. 일본은 1941년 하와이 진주만과 필리핀을 기습공격해 태평양전쟁을 일으켰다. 그리고 2차대전 이후 미국의 태평양 방위선의 최후방 기지이자 최대 기지는 괌이 되었다.

앞서 미국에게 해양력 강화를 주문한 머핸은 해양력 집중을 요구했다. 머핸에게 해군력은 전략적으로 강력한 지점들의 소유가 아니라, 기동성 있고 집중된 함대였다. 기지가 너무 많으면 그 보호를 위해 전함들을 분산시킨다고 봤다.

그에 비해 바이워터는 태평양의 엄청난 크기 때문에 "잘 방어된 연료기지들이 연쇄적으로 존재하지 않는다면, 미국 함대가 서태평양에서 일정 기간 이상 작전한다는 것은 불가능하다"고 지적했다. 이는 유라시아의 대륙세력으로부터 태평양을 방어할 수 있는 서태평양의 환태평양 열도들을 미국의 기지들로 만들어야 한다는 주장이다.

　이처럼 대서양뿐만 아니라 태평양에서도 패권을 추구할 수밖에 없던 미국에게 1차대전 참전은 필연적이었다. 그리고 2차대전은 그동안 미국이 미뤄온 서방 해양세력 패권을 공식적으로 접수하고 세계를 규율하는 패권국가로 나서게 했다.

10
영국에서 미국으로,
패권의 이동

　나치 독일이 유럽을 석권하는 2차대전이 발발하자 미국은 중립을 선 포했다. 미국의 대중과 여론은 대서양 건너편 유럽 대륙에서 벌어지는 상황에 무감했다.

　전쟁이 확전되자 사임한 체임벌린의 뒤를 이어 1940년 5월 영국 총 리에 오른 윈스턴 처칠Winston Churchill은 1940년 말 프랭클린 루스벨트 Franklin Roosevelt 미국 대통령에게 프랑스의 비시 괴뢰정권이 히틀러의 유럽 신질서에 동참할 수 있다는 우려를 전달했다. 프랑스가 완전히 독 일의 동맹국이 되고, 미국이 계속 전쟁에서 발을 빼고 좌시한다면, 영 국은 독일이 지배하는 유럽과 강화를 맺을 수밖에 없다고 말했다. 이럴 경우, 대서양을 두고 미국과 나치 독일이 장악을 다투게 될 것이라고 경고했다.

루스벨트, 영국으로부터 대서양 기지들을 넘겨받다

프랭클린 루스벨트 미국 대통령은 2차대전이 발발하자 처음부터 나치 독일 등 추축국들의 전쟁 도발이 미국의 국익을 위협하리라는 것을 직시했다. 1차대전을 전후해 전 세계에서 행한 미국의 이익 추구가 추축국들이 꿈꾸는 세계 질서와는 양립할 수 없음을 미국의 신흥 국제주의 엘리트들은 직감했다. 기존의 고립주의로는 더 이상 미국의 이익을 증진시킬 수 없었다.

그 후 루스벨트의 행보는 영국이 더 이상 감당할 수 없는 서방 해양세력의 패권을 실질적으로 미국으로 이양받는 조처였다. 미국은 사실상 대서양과 태평양의 해상권을 완전히 장악하고는 2차대전에 참전하게 된다.

루스벨트는 독일이 체코를 완전히 점령한 1939년 3월 31일 기자들과 만나 "세계가 지난 9월에 가졌던 희망들… 독일정책이 주변의 독일계 주민들을 과거 독일제국 영역에 끌어들이고 오직 독일 민족에게만 한정적으로 적용되리라는 희망들… 그런 희망들은 지난 몇 주간의 사건들로 사라졌다"고 말했다. 루스벨트는 새로운 독일정책은 독일의 지배가 유럽의 모든 소국가들뿐만 아니라 다른 대륙에서도 가능함을 의미할 수 있다고 말했다.

4월에 이탈리아가 알바니아를 점령하자, 루스벨트는 기자회견에서 추축국들의 팽창이 미국의 교역과 선박활동을 위축시킬 것이라고 경고했다. 9월에 독일이 폴란드를 침공해 2차대전이 발발하자, 루스벨트는 라디오를 통한 국민과의 대담인 '노변정담Fireside Chat'에서 미국의 중립을 거듭 확인하면서도, 이 사건들이 미국에 영향을 미칠 것이라고 우려했다.

1940년 5월 독일이 프랑스와 서유럽의 중립국마저 침공하자, 루스벨트는 상하원 합동 연설에서 독일이 미국에 가할 위험을 경고했다. 그는 독일이 유럽을 석권하고 그린란드, 아조레스제도, 버뮤다, 카보베르데제도 등 대서양의 섬들을 장악한다면, 독일 전폭기들이 미국 동부 연안 및 카리브해, 브라질을 폭격할 수 있을 것이라고 지적했다. 비판자들은 루스벨트가 대중의 공포를 부추기고 있다고 비난했다. 그러나 전쟁 뒤 밝혀진 나치 독일의 문서들은 독일이 이미 그때 적어도 대서양의 아프리카 연안에 있던 카나리아군도와 아조레스제도를 점령할 계획을 세우고 있었음을 보여줬다.

루스벨트는 1940년 9월 대서양 안보를 위한 조처를 은밀하게 취했다. 그는 영국에게 50대의 구축함을 제공하고는, 그 대가로 뉴펀들랜드부터 남아메리카 남단까지 대서양에 있는 8개의 영국령 지역에서 미군 기지를 구축할 권리를 얻어냈다. 영국 해군이 나치 독일에 맞서 싸울 수 있는 군비를 제공하면서, 미국은 자국 및 대서양 방위를 위한 지정적 요충지를 얻어낸 것이다. 이 조처는 해양세력의 패권이 영국에서 미국으로 완전히 넘어가는 사건이었다. 처칠이 나중에 이를 "결정적으로 비중립적인 조처"라고 표현한 것처럼, 미국은 사실상 독일과의 전쟁에 들어간 셈이었다.

1940년 11월에 미국은 대통령선거가 있었다. 루스벨트는 전례 없던 3선 출마를 준비하고 있었다. 자신이 연 진보적인 뉴딜 연대의 민주당 시대를 더 지속해야 한다는, 그리고 미국이 2차대전을 방관해서 고립되어서는 안 된다는 사명감이 있었다. 그는 미국 대중의 다수가 참전을 원하지 않는다는 것을 잘 알고 있었다. 그로서는 조심스러운 행보를 할 수밖에 없었다.

프랑스가 독일에 항복하자, 영국에서도 독일과 강화하자는 주장이 일었다. 영국에서 최후까지 남을 항전파인 처칠은 독일과의 강화는 결국 대영제국의 붕괴나 고사일 뿐이라고 생각했다. 만약 영국이 강화에 응했다면, 미국 역시 독일과 강화해야 했을 것이다. 그렇게 되면, 세계는 몇 개의 열강 블록에 기초한 폐쇄적 경제 체제로 굳어졌을 것이다. 이는 1차대전 이후 압도적인 생산력을 갖추게 된 미국 경제가 그 수요를 찾지 못하는 재앙에 계속 직면함을 의미했다. 미국에서 발발한 1930년대 대공황은 좋은 예이다. 이미 해외에 자산이 있는 영국이나 해외로 나가야 할 미국이나, 전 세계적인 단일한 교역 체계와 자유로운 항행은 필수조건이었다. 윈스턴 처칠과 루스벨트는 해양세력으로서 두 나라의 이해관계를 정확히 알았다.

선거에 당선된 뒤인 1940년 12월 29일 루스벨트는 노변정담에서 세계 지배를 노리는 독일, 이탈리아, 일본의 3국 추축국 성립 소식을 전했다. 그는 영국이 몰락하면 추축국들은 유럽, 아시아, 아프리카, 오스트레일리아를 점령하고, 미국으로 이어지는 해로까지 장악할 것이라고 경고했다. 그는 미국이 파시즘과 싸우는 사람들에게 군비를 제공할 수 있음을 내비쳤다.

미국, 대서양과 태평양을 자신의 영역으로 선언하다

미국에게 대서양은 영국에게 영국해협이 갖는 의미와 동일하다고 루스벨트는 생각했다. 나치 독일의 유럽 석권은 미국의 대서양 안보에 대한 위협이었다. 미국에게는 영국과 영국 해군의 존재가 필요했다. 1941년 1월 6일 연두교서 발표에서 그는 미국의 안보를 영국 해군의 존립과 연계시키며 이렇게 지적했다.

나는 최근 들어 현대 전쟁이 얼마나 빠른 속도로 우리에게 물리적 공격을 가할지를 지적해왔다. 독재 국가들이 전쟁에 이긴다면 우리는 그런 물리적 공격이 결국 올 것임을 인식해야 한다. 대양 건너편에서의 임박하고 직접적인 공격에서 우리는 면제되어 있다는 느슨한 주장들이 많다. 영국 해군이 그 힘을 유지하는 한 그런 위험은 존재하지 않는 것이 확실하다.[9]

선거가 끝나자마자 루스벨트는 전쟁에서 미국을 중립으로 옭아매는 중립법Neutrality Act을 우회하는 조처를 취했다. 미국의 전쟁물자는 오직 달러 현금을 받고서만 팔 수 있다는 중립법은 달러가 없는 영국이나 독일 모두에게 미국의 전쟁물자를 그림의 떡으로 만들고 있었다. 루스벨트는 무기대여법을 제정했다. "대통령이 미국의 방위에 사활적이라고 평가하는 나라의 방위"에 적절한 방위 장비는 대통령의 재량에 따라 필요한 조건으로 임대, 임차, 판매, 교환할 수 있게 됐다. 영국 등 연합국에 무기 등 전쟁물자를 제공할 수 있게 된 것이다.

1941년 4월 루스벨트는 워싱턴에 있던 덴마크의 정부 인사를 내세워 대서양에서 미국의 전략적 지위를 굳히는 중요한 걸음을 내딛었다. 나치 독일의 덴마크 점령 뒤 미국으로 망명했던 한 장관급 인사를 덴마크 대표로 인정하고는, 덴마크령인 그린란드를 미군이 점령하는 협정을 맺었다. 동시에 루스벨트는 처칠에게 미국 함정들이 대서양의 3분의 2 영역인 아이슬란드 서쪽의 바다를 정찰해서 "미국의 정찰 지역에 있는 침략자일 가능성이 있는 선박이나 비행기의 위치를 공포할 것"이라고 은밀히 전했다. 3개월 뒤 미군은 또 다른 덴마크령인 아이슬란드 지역정부의 초청을 받아 아이슬란드에 상륙했다. 그곳의 영국군을 대체하는 방위 병력으로서였다. 곧 루스벨트는 의회의 승인도 없이, 북미

대륙과 아이슬란드 사이의 전 해역이 미국의 방위영역 일부라고 선언했다.[10]

1941년 여름, 평화시에도 징병이 가능하도록 한 법이 의회에서 한 표 차이로 통과됐다. 1년에 걸쳐 루스벨트가 의회를 설득한 결과였다. 7월에는 일본의 인도차이나 점령에 대응해 일본과의 통상조약을 파기했다. 일본에 대한 고철 판매를 금지하고, 네덜란드 망명정부에 인도네시아 석유의 대일본 판매도 중단하라고 촉구했다. 이는 5개월 뒤 일본의 진주만 공습을 촉발하는 계기가 됐다. 미국은 참전하기 4~5개월 전 대서양와 태평양에서 자신의 패권을 선언하고 징병제를 실시하는 등 만반의 전쟁 준비를 갖춘 것이다.

미국의 해양패권을 선언한 대서양 헌장

8월 9일 캐나다 뉴펀들랜드 플라센티아만 연안에는 두 대의 전함이 정박했다. 영국의 '프린스 오브 웨일스'함에는 윈스턴 처칠 영국 총리가, 미국의 'USS 오거스타'함에는 프랭클린 루스벨트 미국 대통령이 탑승했다. 두 정상은 12일까지 나흘 동안 함정에서 나치 독일 등 추축국들의 패전 뒤 전후 세계 질서의 원칙을 논의하고는 이를 천명하는 '대서양 헌장Atlantic Charter'을 발표했다. 헌장은 "나치 폭정의 최종적인 파괴 뒤에" 세계는 자유와 자결의 원칙에 따른 평화적 질서를 추구해야 한다고 선언했다.

미국은 참전도 하지 않았고, 영국은 여전히 풍전등화의 운명인데다, 소련은 독일의 파죽지세 침공을 받고 있었다. 이런 상황에서 발표된 이 헌장은 이미 전후 세계에 대한 미국의 의지와 야망을 보여줬다. 헌장에는 해양세력의 패권국 지위를 승계하는 미국의 이해가 담겼다. 세계의 무역과 자원에 대한 공평한 접근(4항), 개선된 노동 기준, 경제적 진전 및 사회보장을 만들어내는 국가 사이의 경제적 협력(5항), 공해에서 항행의 자유(7항) 등이다. 나치 독일이 추구하던 폐쇄적 자립경제 체제와는 상반된다.

9월이 되자, 미국은 교전의 선을 넘기 시작했다. 9월 4일 미군 구축함 그리어호가 독일 잠수함의 위치를 영국 공군에게 알리는 교신을 하다가 어뢰를 맞았다. 루스벨트는 미국의 방위영역으로 선포한 아이슬란드 서쪽의 대서양에서 독일 및 이탈리아 잠수함은 발견되는 즉시 격침시키라고 명령했다.

10월에는 통상조약 재협상을 요구하는 일본에 만주 등 모든 점령지역의 원상회복을 요구했다. 일본이 받아들일 수 없는 조건이었다. 일본과의 전쟁을 불사한 조처였다. 10월에 미국은 중립법을 개정해, 미국 상선의 무장과 전쟁 지역 통과를 허락했다. 미국 선박들은 이제 영국으로 물자를 실어 날라서, 영국의 보급을 해결하기 시작했다.

12월이 되자, 미국의 여론은 참전 쪽으로 급속히 선회했다. 참전을 반대하는 여론은 32%에 불과했다. 18개월 전인 1940년 5월에는 64%였던 참전 반대 여론이 절반으로 줄어든 것이다.

며칠 뒤인 12월 7일 일본의 하와이 진주만 공습이 감행됐다. 나흘 뒤인 11일 히틀러는 미국에 선전포고를 했다. 미국의 참전을 막는 족쇄를 일본과 독일이 나서서 먼저 풀어준 것이다.

히틀러가 미국에 선전포고를 할 때 독일군은 모스크바 앞에서 소련군에 의해 저지되고 있었다. 나치 독일의 소련 침공에서 전세가 바뀌기 시작할 때였다. 히틀러가 소련과의 전쟁이 불리해질 수 있는데도 미국에까지 선전포고를 한 것은 아직까지도 잘 설명되지 않는 대목이다.

일본이 진주만을 공습한 것은 미국을 격퇴하지 않고는 동남아로의 일본제국 영역 확대가 불가능하다는 자체 논리가 있었다. 이는 또 미국의 전력을 태평양 전선으로 묶어두려는 독일—일본 추축국의 양해와 계산도 작용한 것으로 보인다. 히틀러는 주사위 하나를 더 던졌던 셈이다. 미국을 태평양뿐만 아니라 대서양에서도 전쟁에 끌어들여, 미국에게도 2개의 전선 전쟁을 강요한 것이다. 히틀러는 이 전략이 미국의 전쟁 능력을 약화시키리라고 봤을 것이다.

하지만 오판이었다. 히틀러의 선전포고는 미국의 전쟁 의지를 더욱 강화하고, 대공황으로 남아돌던 미국의 거대한 생산력을 전시 체제로 총가동하게 했다.

전후 질서 계산에 들어간 미국-소련-영국

2차대전의 전세를 바꾼 스탈린그라드전투가 시작될 때에야 미국은 유럽 전역에서 참전했다. 스탈린그라드 공방전이 가열되던 1942년 10월 23일 북아프리카 전선에서 버나드 로 몽고메리Bernard Law Montgomery 장군의 영국군 8군은 이집트 알렉산드리아 서쪽 약 100킬로미터 떨어진 알라메인에서 독일 기갑부대를 상대로 한 2차 알라메인전투 공세를 시작해, 11월 11일 독일군을 완전히 구축했다. 이집트, 수에즈 운하, 북아프리카를 거쳐 중동과 페르시아만으로 이어지는 유전지대에 대한 추축국의 위협이 제거됨을 의미했다.

알라메인전투가 종료되던 11월 8일 미군과 영국군의 연합군은 드디어 북아프리카의 프랑스령 영토에 상륙하는 '횃불 작전'을 발진했다. 모로코의 카사블랑카 일대, 알제리의 오랑 및 알제 일대 세 곳에 상륙한 미-영 연합군은 북아프리카에서 남부유럽으로 가는 교두보 확보에 나섰다. 나중에 미-영 연합군이 이탈리아 시칠리아에 상륙한 것은 1943년 6월의 일이다.

스탈린그라드전투가 종료된 직후인 1943년 2월 8일, 태평양 전역 전선의 남단 솔로몬군도 과달카날전투도 미군의 승리로 끝났다. 1942년 8월 7일 시작되어 6개월간 진행된 과달카날전투는 미드웨이해전과 함께 태평양전쟁의 조류를 바꾸었다. 미드웨이해전이 태평양전쟁 전선의 동단에서 일본 해군을 봉쇄해 격퇴했다면, 과달카날전투는 남단에서 일본 육군 남방군을 봉쇄해 격퇴했다. 미드웨이해전 승리로 니미츠 Chester Nimitz 제독 휘하 미 해군은 태평양 제해권의 고삐를 쥐고 서진했다. 과달카날전투 승리를 기점으로 더글러스 맥아더 사령관이 지휘하는 미 극동군 주도의 연합군도 공세로 전환해, 그 후 뉴기니 등을 거치며 북상하기 시작했다.

1943년 새해 들어 2차대전의 전황이 완전히 바뀌자, 연합국은 이제 전후 세계를 본격적으로 생각하기 시작했다. 특히 2차대전의 최대 전장인 유럽 전역을 스탈린그라드전투를 계기로 소련이 극적으로 틀어쥐게 되자, 연합국들의 계산은 갑자기 복잡해지기 시작했다. 전후 질서를 겨냥한 샅바싸움이 시작됐다.

스탈린그라드전투가 소련 쪽의 승리로 기울어 진행되던 1943년 1월 14일~24일 모로코 카사블랑카에서 루스벨트 미국 대통령과 처칠 영국 총리가 회담을 가졌다. 소련의 스탈린도 초청됐으나, 그는 스탈린그라드전투를 이유로 불참했다. 연합국의 두 정상은 추축국의 '무조건적인 항복'을 요구하는 카사블랑카 선언을 발표했다. 전후 질서나 외교를 다루는 역대 정상회담 중 타협의 여지가 없는 무조건적인 항복이라는 원칙은 전례가 없었다. 루스벨트가 주도하고, 처칠은 마지못해 동의했다.

스탈린도 나중에 동의했다.

세 정상이 바라보던 전후 세계 질서를 키신저는 이렇게 표현했다.

> 처칠은 유럽에서 전통적인 세력균형을 복원하기를 원했다. 이는 영국, 프랑스, 그리고 패전한 독일도 복원해서, 이 나라들이 미국과 함께 동쪽의 소련이라는 거인과 균형을 맞추는 것을 의미했다. 루스벨트는 중국과 함께 3대 승전국이 세계의 이사회로서 어떠한 잠재적인 범죄자에 맞서 평화를 강제하는 전후 질서를 구상했다. 루스벨트가 생각하기에 잠재적 범죄자는 독일이었고, 이런 비전은 '4개의 경찰국Four Policemen'으로 알려지게 된다. 스탈린의 접근은 그의 공산주의 이데올로기와 전통적인 러시아 외교정책을 반영했다. 그는 소련의 승리를 이용해, 러시아의 영향력을 중부유럽으로 확장하려 했다. 그리고 그는 소련군이 점령한 나라들을 완충지대로 바꾸어 미래의 독일 침략에 대해 러시아를 보호하려고 했다.[11]

미국, 카사블랑카 선언으로 소련과 영국을 견제하다

카사블랑카 선언에서 무조건적인 항복 요구는 세 정상의 이런 전후 질서 구상과 그들 사이의 역관계가 규정한 결과였다.

루스벨트는 무엇보다도 1차대전의 우를 반복하려 하지 않았다. 1차대전의 종결 때처럼 독일 등 추축국들과의 강화와 타협에 의한 전쟁 종식은 2차대전을 부른 베르사유 체제를 되풀이할 수 있다고 우려했다. 무엇보다도 대서양 헌장에서 밝힌 미국의 이상주의에 기초한 새로운 세계 질서를 위해서는 유럽 제국주의 열강의 전통적인 식민주의 질서, 세력균형에 바탕한 지정 질서 원칙을 폐기해야 했다.

루스벨트는 카사블랑카 회담 뒤 귀국해 라디오 연설에서 무조건적인 항복이 의미하는 바를 설명했다. "우리는 추축국들의 일반 국민들에게 해를 가하려 하지 않는다. 그러나, 우리는 그 책임 있는 야만적 지도자들에게 징벌과 응징을 가하려 한다." 전쟁을 도발한 독일과 일본 등 추축국 내 주도 세력들의 완전한 응징과 해체가 선결 조건이었다. 이를 통해 루스벨트는 베르사유 체제에서 실패했던 윌슨의 이상주의에 다시 기초한 집단안보 체제를 확실히 구현하려고 했다. 미국, 소련, 영국, 중국이 세계 평화를 지키는 집단안보 체제의 버팀목 관계를 만들려 했다.

추축국의 무조건적인 항복은 루스벨트의 이런 의도를 반영한다. 또한 영국과 소련에 대해 신뢰와 불신, 애증이 교차한 결과이다. 미국은 영국을 견제했고, 소련을 배려하면서도 견제했다.

카사블랑카 회담이 이뤄지게 한 미-영 연합군의 북아프리카 상륙작전은 미국이 원한 작전이 아니었다. 미국은 독일에 맞서 고군분투하던 소련이 연합국에서 서부에 제2전선을 열어 자신들을 도와달라고 요구하자 긍정적으로 검토했다. 서유럽에서 제2전선을 개전하는 것이 나치 독일을 빨리 붕괴시키는 길이자, 연합국 동맹 체제의 의무라고 봤다.

그러나 처칠은 이를 반대했다. 미국이 참전하자마자, 처칠은 추축국의 취약한 남부유럽을 공격하자고 제안했다. 처칠은 2차대전 말기에는 미군 사령관 드와이트 아이젠하워Dwight Eisenhower에게 베를린, 프라하, 빈을 소련군에 앞서 점령하라고 채근했다. 남부유럽의 발칸이나 중부유럽의 도시들이 점령하기 쉽거나 군사적인 유용성이 있어서가 아니었다.

처칠에게 그 지역은 전후에 소련의 영향력을 제한하는 데 필요했다. 어차피 소련의 영향력이 미치지 못할 서유럽의 전선에서 미-영의 전력이 묶인다면, 발칸 등 남부유럽과 중부유럽이 소련의 점령하에 들어갈 것이라고 봤다. 특히 대영제국의 사활적 해로가 있는 지중해에서 영향력을 확보하려면 발칸 지역 장악은 필수였다. 처칠은 전후에도 대영제국의 존속을 기대했다.

미국의 전쟁 지도부들은 처칠의 이런 제안이 영국의 국익을 이기적으로 노린 것이라고 분노했다. 1942년 3월 조지 마셜George Marshall 미육군참모총장은 서유럽에 제2전선을 열려는 자신의 계획에 저항하는 영국에 분통을 터뜨렸다.

그는 유럽 전역에서 먼저 전쟁을 치르고 나중에 태평양으로 전력을 돌린다는 1년 전의 이른바 'ABC-1' 계획을 되돌리겠다고 위협하기도 했다.

추축국에 대한 무조건적인 항복 요구도 영국에 대한 견제였다. 영국 쪽에서는, 독일과 강화를 한다면 독일군이 소련의 동유럽 접수를 막는 데 도움이 될 것이라고 생각하는 분위기가 있었다. 당시 영국의 대외정보기관 MI-6는 독일 내의 반나치 세력과 협력해 히틀러를 제거하고 독일과 강화를 하려는 공작도 진행하고 있었다. 루스벨트는 당시 스탈린그라드전투에서 사투하던 스탈린에게 개별적인 강화는 없을 것임을 재확인시키려 했다.

무조건적인 항복은 물론 스탈린에 대한 견제이기도 했다. 당시 모스크바 주재 미국 대사 찰스 볼런Charles Bohlen에 따르면, 루스벨트는 소련군을 러시아 전선의 독일군에 확실히 묶어두어 독일의 군비와 병력을 소진시키고, 스탈린이 나치 정권과 개별적인 강화협상을 하지 못하도록 그 선언을 했다는 것이다.[12]

서유럽에서의 제2전선 지연이 냉전의 첫 씨앗을 뿌리다
애초 미군과 소련군 지도부는 독일에 점령된 유럽에 가능한 한 빨리 상륙하는 '대형망치 작전'을 수립하고 1942년 가을에 실시하려고 했다. 대형망치 작전은 영국해협을 건너 프랑스에 상륙해 제2전선을 열려고 했다. 소련군에 가해지는 압력을 덜어주려는 작전이었다. 하지만 영국의 반대로 감행하지 못했다. 발진지인 영국의 협조가 없으면 불가능한데다, 나치 독일의 극렬한 저항에 따른 피해도 우려됐다.

영국은 1942년 8월 연합군 공수병력의 프랑스 디에프 습격이 참사로 끝나자, 이를 근거로 서유럽에서의 제2전선 개전을 극렬히 반대했다. 대신에 북아프리카 상륙 작전인 횃불 작전을 제안해 관철시켰다. 지중해의 해상통제권을 강화하고, 남부유럽으로의 침공을 준비하는 것이 목적이었다. 모두가 영국의 직접적 이해가 걸린 사안이었다.

루스벨트는 북아프리카 상륙 작전이 1943년으로 계획된 유럽 상륙 작전에 차질을 빚게 할 수 있다고 의심했으나, 이를 주장하는 처칠에 동의하지 않을 수 없었다. 대신에 그는 발칸반도로의 침공 작전은 반대하고, 이탈리아로의 침공을 관철했다. 미−영 연합군은 1943년 6월이 되어서야 이탈리아 시칠리아에 상륙한다.

2차대전 뒤 냉전은 미−영이 유럽에서 제2전선을 서둘러 구축해달라는 소련의 요구를 의도적으로 무시해 스탈린의 비타협적인 태도를 야기한 데서 시작됐다는 주장도 크다. 나치 독일이 소련에 의해 사실상 궁지에 몰린 1944년 6월에야 미−영이 노르망디 상륙 작전을 통해 뒤늦게 제2전선을 만든 것은 분명 소련의 분노와 불신, 냉소를 키웠다.

전후 질서에서 스탈린과 처칠은 구체적이었다. 처칠은 스탈린의 소련을 견제하려고 했으나 타협할 준비가 되어 있었다. 스탈린 역시 마찬가지였다. 루스벨트는 그렇지 않았다. 루스벨트의 미국은 소련이나 영국에 대해 과거와 같은 세력균형에 입각한 지정적 거래를 할 의사가 없었다. 연합국의 역량을 전쟁에 집중해 나치 독일을 붕괴시킨 뒤 원점에서 새로운 세계 질서를 논하려 했다.

이는 유럽의 세력균형 원칙에 입각한 지정적 거래에 냉소를 보이는 미국의 세계관이기도 했고, 과거의 식민지 체제에 바탕하지 않은 새로운 해양세력으로 부상한 미국의 국익이 본능적으로 작용하기도 했다. 아무튼 유럽에서 제2전선 구축이 지연되는데다, 구체적인 전후 보상 논의를 회피하는 미국의 태도는 스탈린으로 하여금 동유럽에 대한 타협을 배제했다.

인류 역사상 미증유의 대전쟁이 끝나가고 있었으나, 전혀 새로운 전쟁이 그 안에 똬리를 틀고 있었다. 미국의 자본주의 진영과 소련의 사회주의 진영 사이의 냉전, 새로운 해양세력과 대륙세력의 충돌이 시작되고 있었다. 두 번째 그레이트 게임이었다.

11
러시아의 지정학과
소련제국의 탄생

"역사적으로 폴란드는 러시아를 침략하는 세력들의 회랑지대였다."

2차대전의 전세가 연합국 쪽으로 완전히 기울어진 1945년 2월 3일 ~11일, 소련 영토인 크림반도의 휴양도시 얄타에 있는 러시아제국 황제의 여름 궁전인 리바디아 궁전 회담장에는 이오시프 스탈린 소련 공산당 서기장의 이 말이 8일 동안 울려퍼졌다. 전후 질서 설계를 본격적으로 논의하는 미-소-영 3국 정상의 얄타 회담에서 스탈린의 이 말은 안보 우려에 대한 러시아의 강박, 그리고 이를 타개하려는 러시아의 전통적인 팽창주의를 상징했다.

소련, 안보를 위해 동유럽과 독일 해체를 요구하다

전후 질서 설계에서 스탈린과 소련이 요구하는 것은 당연하면서도 간단했다. 소련 안보의 보장이었다. 하지만 그 요구를 충족하는 것은 간단하지가 않았다. 소련군이 진주하는 동유럽을 소련의 영향권으로 만들고, 소련의 안보를 위협해온 독일을 완전히 해체해야 했다. 2차대전 직전에 스탈린이 히틀러와 불가침조약을 맺고 폴란드 등 동유럽을 분할한 전력에서 보듯, 동유럽에 대한 소련의 집착은 거의 원초적이었다. 이는 나폴레옹전쟁 이후 러시아를 몇 차례나 존망의 위기로 몰고 간 서유럽세력들의 침공에 대한 소련의 반작용이기도 했다.

스탈린은 나치 독일군에 의해 소련이 패망 일보직전에 몰렸던 1941년 겨울에 이미 동유럽에 대한 계산을 세워두고 있었다. 모스크바를 놓고 소련군과 독일군의 공방전이 절정에 오르던 1941년 12월 앤서니 이든 Anthony Eden 영국 외무장관이 모스크바를 방문하자, 스탈린은 독일과의 전쟁 뒤 연합국들이 주고받아야 할 거래를 명확히 했다.

스탈린의 흉중에 있는 것은 오래되고 단순한 지정적 거래였다. 독일은 해체돼야 하고, 폴란드는 서쪽으로 국경선을 옮겨야 하며, 소련은 1941년의 국경선 즉 스탈린과 히틀러가 합의해 분할했던 동유럽 국경선으로 복귀해야 한다는 것이었다.

전황이 개선됨에 따라 스탈린의 요구는 커져갔다. 그 후 1943년 11월 28일~12월 1일 열린 연합국 정상들의 테헤란 회담에서 소련은 2차대전의 물줄기를 틀어쥔 전승국 입장에서 자신의 몫을 늘리려고 했다.

스탈린그라드전투에 이어 1943년 8월 말에 종료된 쿠르스크전투에서도 소련군이 승리하자, 동부전선에서 독일군의 우위는 완전히 증발했다. 전세는 소련군의 서진과 독일군의 패주였다. 미국으로서는 이제 영국보다는 소련과의 협력이 더 절실해졌다. 미국이 생각하는 전후 질서뿐만 아니라 2차대전의 완전하고도 조속한 종료를 위해서는 소련의 협력이 불가피했다. 미국은 태평양전쟁에서 여전히 극렬하게 저항하는 일본을 제압하기 위해서도 소련의 참전이 필요했다.

테헤란 회담은 세 연합국의 달라진 역관계를 보여준다. 소련의 국경에 인접한 테헤란으로 회담 장소를 정한 것은 스탈린이었다. 쇠약해져 가는 루스벨트는 추축국의 공격 위험을 무릅쓰고 테헤란으로 왔고, 소련이 제공하는 숙소를 이용하기도 했다.

스탈린은 유럽에서의 제2전선 구축이 지연되는 점을 들어 루스벨트와 처칠을 공격했다. 이제 스탈린에게 유럽의 제2전선 구축 요구는 미-영의 양보를 더 끌어내기 위한 카드이기도 했다. 루스벨트는 1944년 봄에 프랑스에서 제2전선을 구축하겠다는 공식적인 약속을 했다. 그리고 독일의 완전한 무장해제와 각자의 점령 지역을 확인했다.

루스벨트와 처칠은 소련-폴란드 국경을 스탈린의 요구대로 인정했다. 루스벨트는 발트해 3국 문제에 대해서도 소련을 압박하지 않겠다고 시사했다. 소련군이 발트해 3국을 점령하면, 미국이나 영국은 자유 총선을 권고하겠지만, 소련의 철수를 요구하지 않겠다는 것이다. 스탈린은 폴란드 문제에서 자기 몫을 더 늘렸다. 런던의 폴란드 망명정부가 아닌, 공산주의 세력이 우세한 루블린 위원회가 주도하는 폴란드 임시정부 수립을 제안했다.

1944년 6월 미-영 연합군이 드디어 프랑스 노르망디에 상륙해 제2전선을 구축했을 때 소련군은 이미 1941년의 국경선을 넘어서 동유럽 전체로 진주하고 있었다. 붉은군대는 독일을 패퇴시키기 위해서는 폴란드와 발트해 3국 정복에 집중해야 했다. 그렇지만 독일군 패퇴에 본질적이지도 않고, 오히려 최종적인 승리를 늦출 수도 있는 불가리아, 헝가리, 루마니아로도 주요한 군사 작전을 전개하고 있었다.

미국과 소련, 전후 세계를 분할하다

처칠은 10월에 모스크바를 방문해 스탈린과 담판을 통해 동유럽과 지중해에서 영국의 지위를 보장받으려 했다. 그는 동유럽에 대한 영국과 소련의 영향권 분할을 제안했다. 영국은 그리스에서 90%, 소련은 루마니아에서 90%, 불가리아에서 75%, 헝가리와 유고슬라비아는 50 대 50으로 영향권을 나누자고 제안했다. 양국 외무장관 회담에서 동유럽에 대해 소련에 분배된 영향권은 헝가리를 제외하고는 모두 높아졌다. 하지만 그 합의마저 소용이 없었다. 소련군이 진주하는 동유럽에서 영국의 몫은 있을 수 없었고, 영국군이 진주하는 그리스에서도 영국은 자신의 몫을 챙길 수 없었다.

테헤란 회담 뒤 1년이 지나 열린 얄타 회담 때, 소련 붉은군대의 게오르기 주코프 원수의 최전방 부대는 히틀러가 있는 베를린이 시야에 들어오는 오데르 강변까지 진군해 있었다. 베를린과 불과 65킬로미터 거리였다. 미국과 영국은 회의를 지중해 몰타나 스코틀랜드에서 갖자고 제안했지만, 스탈린은 주치의가 장거리 여행을 반대한다는 이유를 들어 이곳을 고집했다. 병색이 완연한 루스벨트는 노구를 이끌고 배와 비행기를 갈아타고 소련의 영내 얄타로 찾아왔다.

루스벨트는 미국이 구상하는 전후 질서의 기제인 유엔 및 태평양전쟁에서 소련의 협조를 구했다. 스탈린은 이 두 문제의 논의를 기꺼이 받아들였다. 이로써 소련군이 진주한 동유럽 문제에 대한 미-영의 논의를 막을 수 있었다. 소련의 태평양전쟁 참전 역시 스탈린이 바라던 바이기도 했다. 극동에서의 전통적인 러시아의 이해를 챙길 수 있기 때문이었다.

스탈린은 독일이 항복하고 유럽에서 전쟁이 종결되면 2~3개월 뒤에 일본과의 전쟁에 참전하겠다고 동의했다. 그 대가로 일본이 러일전쟁 승리로 넘겨받은 사할린섬 남부와 쿠릴열도를 요구했다. 중국 만주 다롄의 국제 자유항, 소련의 뤼순항 조차권 회복, 만주 철도의 운영권을 요구했다. 루스벨트는 소련의 이런 요구들을 러일전쟁 때 상실한 만주에서의 러시아의 지위를 복원한다는 비밀합의 형식으로 인정해줬다.

얄타 회담은 전후 질서의 개요를 설계하기는 했으나, 냉전으로 가는 수많은 불씨도 남겼다. 냉전의 핫스팟이 되는 한반도 문제가 대표적이다. 얄타 회담에서 한반도는 잠깐 언급됐다. 루스벨트는 미국, 소련, 중국이 한반도를 20~30년간 신탁통치하자고 제안했다. 스탈린은 "짧을수록 좋다"고 응답했다. 앞서 1943년 11월 미-영-중의 지도자가 만난 카이로 회담에서는 "적절한 과정을 거쳐서 한국은 자유롭게 독립될 것"이라고 선언됐다. 얄타 회담에서도 루스벨트는 한반도 신탁통치를 선호했다. 한국이 자신의 문제를 감당할 수 있을 때까지 미국, 영국, 중국, 소련이 잠정 통치하자는 안이었다. 루스벨트는 한반도 신탁통치안으로 소련의 태평양전쟁 참전과 미국과의 협력을 유인하려고 했다. 한반도를 사이에 둔 루스벨트와 스탈린의 이런 일반적이고 모호한 합의는 결국 한반도의 분단으로 이어졌다.

1945년 4월 25일 미군과 소련군은 엘베강에서 만났다. 소련군은 베를린으로 진입해 전투를 벌였고, 29일 독일군은 항복했다. 다음 날 히틀러는 자신의 베를린 벙커에서 자살했고, 카를 되니츠Karl Dönitz 대원수가 국가원수직을 승계했다. 독일의 전면적이고 무조건적인 항복이 5월 7일 조인되고, 8일부터 발효됐다. 나치 독일은 완전히 패망했다. 유럽에서 전쟁은 종식됐다.

미국이 소련에 핵 개발을 알리다

독일이 항복한 뒤 1945년 7월 17일~8월 2일에 베를린 인근 포츠담에서 열린 세 연합국의 지도자회의는 참석자들의 면면부터 전쟁 종료 뒤 극적으로 달라진 정세를 상징했다.

미국의 2차대전 참전을 이끌었던 프랭클린 루스벨트 대통령은 4월 12일 타개해, 해리 트루먼Harry Truman 부통령이 대통령직을 승계했다. 영국의 항전을 이끈 윈스턴 처칠 총리는 회의 도중에 본국으로 돌아갔다. 포츠담 회의 직전에 실시된 총선에서 보수당이 대패하고, 노동당이 승리한 결과가 나왔기 때문이다. 노동당 대표인 클레먼트 애틀리Clement Attlee 신임 총리가 포츠담으로 와서 처칠의 자리를 대신했다. 2차대전을 지휘한 연합국의 세 지도자 중 두 명이 사라지고, 이오시프 스탈린 소련 공산당 서기장만이 남았다.

아시아태평양에서 일본의 저항이 계속되고 있었지만, 전쟁 종료는 시간문제였다. 전쟁이 벌어질 때와 끝날 때가 완전히 다른 상황인 것처럼, 포츠담 회의는 전쟁 도중에 열린 기존 회의와 그 풍경과 분위기가 완전히 달랐다.

연합국의 새로운 지도자들이 만난 포츠담 회의는 실질적으로 합의한 것이 별로 없었다. 전후 독일에 대한 처리, 폴란드 국경 재조정 등이 합의됐으나, 이는 얄타 회담 등에서 합의한 본질에서 크게 벗어나지 않았다. 스탈린의 요구 중 많은 것이 거부됐다. 터키 보스포루스해협의 소련 기지, 이탈리아의 아프리카 식민 영토에 대한 소련의 신탁통치, 독일 서부의 석탄철광 지대인 루르 지역에 대한 4개 연합국 공동관리, 루마니아와 불가리아에서 친소련 정부에 대한 서방의 인정 등이 거절됐다. 트루먼이 제안한 도다우강의 국제화 역시 무산됐다.

독일의 전쟁배상금 문제, 폴란드 국경에 대한 합의는 성과였다. 스탈린은 독일에 200억 달러의 배상금을 물려야 하고, 그중 절반은 소련이 가져야 한다고 주장했다. 트루먼은 스탈린을 설득해, 소련이 점령한 동독 지역에서만 배상을 받도록 했다. 독일 쪽으로 서진하는 폴란드 국경의 기준인 오데르−나이세 선은 스탈린이 주장하는 대로 정의됐다.

하지만 가장 중요한 문제가 남았다. 소련이 점령한 동유럽 국가들의 장래였다. 서방은 자유총선을 통한 정부 수립을 일관되게 주장했다. 소련은 들은 척을 하지 않았다. 소련이 동유럽 국가 중 자신의 안보와 관련해 가장 중시한 폴란드 정부에 대한 포츠담 회의의 합의는 동유럽의 장래를 상징했다. 3대 연합국이 인정한 민족연합임시정부는 사실상 친소 루블린 정부였다. 미국과 영국은 런던에 망명한 친서방 임시정부에 대한 인정을 지지했으나 무산됐다. 서방과 소련은 그 후 동유럽 국가들의 문제를 놓고 밀고 당기기를 계속했으나, 그곳을 실질적으로 점령한 소련의 영향력이 모든 것을 결정했다.

포츠담 회의에서는 연합국 사이의 합의보다 더 중요한 사건이 있었다. 트루먼은 포츠담에 도착할 때 본국으로부터 맨해튼 프로젝트의 완성을 전해 들었다. 원자폭탄이 완성된 것이다. 그는 회담 도중 스탈린에게 "강력한 새로운 무기"를 개발했다고 귀띔해줬다. 사실 스탈린은 미국의 핵무기 개발 진전 상황을 트루먼보다도 더 일찍 소련 스파이망을 통해 알고 있었다. 스탈린은 이를 협박으로 받아들였다. 스탈린은 세계의 전략 균형을 바꿀 이 새로운 무기에 대해 특별한 관심이 없는 척했다. 트루먼은 "러시아 원수는 특별한 관심을 보이지 않았다. 그가 말한 것은 그 소식을 듣게 되어 반갑고, 우리가 그것을 일본을 상대로 유용하게 쓰기를 희망한다는 게 전부였다"라고 회고했다.[13] 이는 소련이 자국의 핵무기를 개발할 때까지 구사한 전술이었다.

　미국의 핵무기 개발은 분명 소련에게 위협을 가했다. 스탈린이 미국에게 약속했던 태평양전쟁 참전에도 영향을 미쳤다. 나중에 트루먼은 포츠담 회의에서 핵무기 개발을 밝힌 이유 중에는 미국에게 소련의 태평양전쟁 참전이 이전처럼 절실하지 않게 되자, 소련군이 일본 본토까지 진공하지 못하게 막으려는 목적도 있었다고 밝혔다.[14]

일본, 원폭보다 소련의 참전을 더 두려워하다

스탈린 역시 일본에 대한 미국의 원폭 사용이 루스벨트와 약속했던 소련의 태평양전쟁 참전 대가를 심각하게 제한할 수 있다고 판단했다. 스탈린은 소련군의 태평양전쟁 참전을 당초 작전 예정보다 48시간 앞당겨 시작했다. 미국이 1945년 8월 6일 히로시마에 원폭을 투하하자, 소련은 8일 만주 침공을 개시했다. 이날은 독일군이 항복한 5월 9일에서 정확히 3개월이 지난 날이었다. 소련은 정확히 약속을 지킨 것이나, 다음 날인 9일에 나가사키 원폭 투하가 있을 것임을 의식한 조처였다.

　이러한 소련의 태평양전쟁 참전은 아시아태평양 지역에서 자신들의 몫을 챙기려는 기회주의 책략이었고, 일본은 소련과 상관없이 미국의 원폭 사용 때문에 항복했다는 것이 전통주의 시각이다. 소련은 분명 자신들의 몫을 극대화하려고 했다. 그렇다고 해서 소련의 참전이 7일 뒤에 나온 일본의 무조건적 항복에 아무런 영향을 미치지 못한 것은 아니다. 오히려 소련의 참전이 일본의 무조건적 항복에 주요 요인이라는 주장도 있다.

　당시 일본은 본토 방위를 미군이 침공할 남부에 집중하고 있었다. 북부는 사실상 방어 전력이 없었다. 또한 일본은 불가침협정을 맺은 소련을 통해서 연합국과 강화도 추진하고 있었다. 스탈린은 일본의 강화 중재 요청을 들어주는 척하는 이중플레이를 하다가 전격적인 침공을 단행했다. 유럽에서 독일군과의 전투로 단련된 소련 지상군의 가공할 전력과 기동력은 일본 최강이라는 만주 관동군을 변변히 저항도 못하게하고 와해시켰다. 또한 소련군은 일본의 영토이던 사할린 남부에서 일본군의 격렬한 저항을 간단히 제압하고 점령했다. 이는 일본에게 '전략적 파산'으로 이어졌고, 일주일 만에 무조건적 항복을 한 요인으로 작용했다는 주장이다.[15]

일본이 더 저항했다면, 소련군이 일본 본토로 진공하는 것도 배제할 수 없는 상황이었다. 일본으로서는 상상하기도 싫은 시나리오이다. 해·공군에 의지하는 미군에 비해, 소련은 당시 세계 최강의 지상군 전력을 갖추고 있었다. 일본의 저항은 소련군 특유의 초토화 등 무자비한 전술을 불렀을 것이다. 무엇보다도, 소련의 일본 진공은 당시 동유럽에서 진행되던 친소 공산주의 국가화, 천황제 폐지라는 당시 일본 엘리트층이 가장 우려한 시나리오로 이어졌을 수도 있다.

사실 소련은 태평양전쟁에 참전하면서 미국과의 약속을 충실히 지켰다. 소련의 참전 이튿날인 10일 미국은 소련에게 38선을 기준으로 한 한반도의 분할 점령을 제안했다. 소련이 이를 수락하자 미국은 놀랐다. 소련은 한반도 전역을 점령할 수도 있었는데, 정확히 38선까지만 점령했다. 미국은 9월 8일이 되어서야 인천에 상륙했다.

스탈린은 동북아에서 소련군의 지나친 전개는 미국을 자극해 당시 자신들에게 더 중요한 동유럽 문제에서 양보를 얻어내는 데 불리하게 작용할 것으로 봤다. 한반도가 미국과 소련에 의해 분할 점령된 것은 당시까지 두 나라에게 한반도의 전략적 가치가 부상하지 않았기 때문이다. 미군과 소련군이 진주한 한반도의 남부와 북부도 어떤 연합국의 군대가 진주했느냐에 따라 운명이 갈리고 있던 유럽의 운명과 다르지 않게 되었다.

유럽의 엘베강에서 태평양의 사할린까지 소련제국이 출현하다

스탈린은 폴란드의 자유선거 등을 약속하며, 자신의 요구를 대부분 관철했다. 전쟁이 끝난 뒤 폴란드에서는 서구가 생각하던 자유선거나 민주정부는 생겨나지 않았다. 중·동부유럽 국가 대부분은 소련의 위성국이 됐다. 얄타 회담에서 서구가 소련에게 속았다는 주장이 나왔다. 하지만 "스탈린이 서구를 속인 것이 아니라, 서구가 스스로를 속인 것이다. 스탈린의 기록에 담긴 그 어떤 것도 그가 정치적 기회주의와 국가 이기주의를 오랫동안 포기할 것이라고 시사하지 않았기" 때문이다.[16]

2차대전에서 승리하고 미국과 나란히 초강대국으로 떠오른 소련이 러시아의 전통적 안보책인 팽창주의를 극단적으로 밀고 나간 것은 역사적 결과였다. 소련은 동유럽 국가들을 위성국으로 만들면서 이 지역 전체를 사실상 점령했다. 폴란드를 넘어 동독을 영향권에 두어 서쪽 경계를 사실상 엘베강으로까지 확장하고, 남쪽으로는 캅카스산맥 남쪽 기슭으로까지 넓혔다. 동쪽으로는 일본이 지배하던 사할린섬 남부뿐만 아니라 주변 4개 북방 도서를 확보해, 유라시아 대륙의 동쪽 도서까지 나아갔다.

2차대전 직후 소련 팽창의 주요 네 지역은 동유럽, 이란, 터키, 동북아였다. 특히 동유럽은 소련이 직접 점령한 지역인데다, 소련의 안보에서 가장 결정적인 지역이었다.

발트해 3국인 에스토니아, 라트비아, 리투아니아는 다시 소련에 합병됐다. 1차대전 뒤 독립한 세 국가는 1941년 나치 독일과 소련의 불가침조약 뒤 소련에 강제합병됐다. 그리고 2차대전에서 독일의 침공 뒤에는 독일에 점령되었다가 다시 소련에 점령됐다. 소련은 2차대전 뒤에 발트해 3국의 합병을 연합국으로부터 인정받았다.

독일을 통일한 주역인 프로이센의 본향인 동프로이센의 동쪽도 소련의 영토로 바뀌었다. 동부 프로이센은 소련과 폴란드에게 분할됐고, 그 동쪽의 부동항 쾨니히스베르크와 주변 일대가 소련에게 넘어갔다. 이 지역은 현재 칼리닌그라드로, 소련이 붕괴된 뒤에도 러시아의 역외 영토로 남아있다.

폴란드 영토의 약 3분의 1에 해당하는 동쪽 지역도 소련에 넘어갔다. 이 지역은 1941년 나치 독일과 소련의 폴란드 분할 때 소련에 점령된 지역이다. 대신 폴란드는 독일계 주민들이 거주하던 포메라니아와 슐레지엔을 할양받았다. 폴란드가 이 독일 지역을 할양받은 것은 독일의 국경선을 더 서쪽으로 이동시키려는 소련의 의도 때문이었다. 완충지대를 더 확보하려는 것이었다.

소련에게 점령된 체코슬로바키아는 1945년 조약을 맺어 국토의 최동단 지역인 카르파티아 루테니아(현재 우크라이나의 자카르파티아)를 넘겨줬다. 루테니아에는 슬라브족이 일부 살고 있었으나, 역사상 러시아의 영토였던 적은 한 번도 없었다. 루테니아는 카르파티아산맥에 걸쳐 있는 지역이다. 소련은 이 지역을 확보함으로써, 카르파티아산맥을 이용한 자연 방벽을 더 굳힐 수 있게 됐다.

루마니아로부터 넘겨받은 북부 부코비나와 베사라비아 역시 카르파

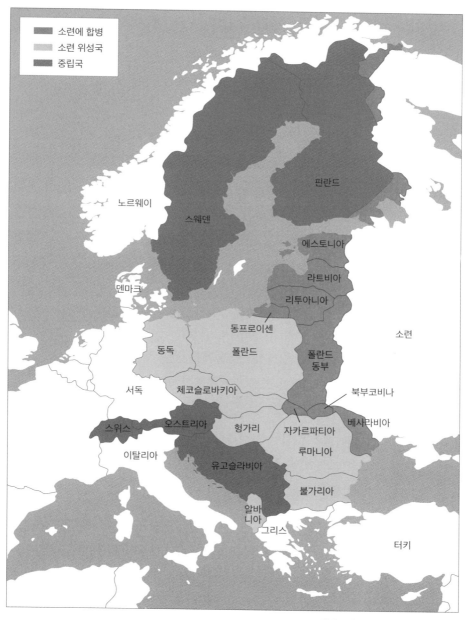

소련에 합병
소련 위성국
중립국

노르웨이

핀란드

스웨덴

에스토니아

라트비아

리투아니아

덴마크

동프로이센

폴란드

폴란드
동부

소련

동독

서독

체코슬로바키아

북부코비나

스위스

오스트리아

헝가리

자카르파티아

베사라비아

이탈리아

유고슬라비아

루마니아

불가리아

알바
니아

그리스

터키

냉전 초기 동유럽에서의 소련 팽창 █

티아산맥에 접한 지역이다. 소련은 러시아제국 시대 이래 안보 목적 때문에 이 지역의 영유권을 놓고 오스트리아 및 터키와 다퉈왔다. 부코비나는 소련의 우크라이나공화국에 편입됐고, 베사라비아는 몰도바공화국으로 편입됐다. 소련은 베사라비아의 획득으로 흑해 연안 영토를 확장하는 한편 도나우 하구 지역에 접근하게 된 것도 성과였다. 흑해의 이즈마일항을 얻게 됐다. 루마니아로부터 획득한 영토들은 러시아에 비해 상대적으로 온화한 기후로 농업생산성이 높은 곳이다. 소련에게는 곧 포도, 담배, 해바라기 등의 주요 산지가 됐다.

소련의 안보 확보가 주된 목적이던 2차대전 뒤 동유럽의 국경 변경으로 소련은 리투아니아, 헝가리, 체코슬로바키아와 직접 국경을 맞대게 됐다. 이는 이 국가를 비롯한 동유럽 국가에 대한 소련의 영향력 확보도 용이하게 했다.

폴란드, 헝가리, 체코슬로바키아, 루마니아, 불가리아, 그리고 나중에 분단되는 동독은 소련의 직접적인 통제를 받는 위성국이 됐다.

핀란드와 유고슬라비아는 소련의 위성국이 되는 것을 피할 수 있었다. 두 나라는 2차대전 때 침략군인 독일군이나 소련군에게 거센 저항을 했다. 자국을 정복해 장기간 점령하려면 어렵고 큰 대가를 지불해야 한다는 것을 보여줬다. 소련이 다시 이 두 나라를 완전히 위성국으로 만들려면, 거센 저항을 분쇄하기 위한 비싼 군사 작전을 피할 수 없었다. 그런데 핀란드와 유고슬라비아가 확고한 중립국으로 남은 것도 소련의 안보 불안을 달래줬다. 만약 두 나라가 서방에 치우치고 나중에 결성되는 서방의 북대서양조약기구(NATO)에 가입했다면, 아마 소련군은 침공했을 것이다.

소련은 동북아에서도 영토 및 영향력 팽창을 시도했다. 소련군은 만주 지역을 휩쓸고, 한반도 북부까지 진주했다. 얄타 회담에서 한 약속대로 사할린섬 남부와 쿠릴열도는 소련의 영토가 됐다. 한반도 북부는 소련의 신탁통치에 들어가, 결국 사회주의 정권이 들어섰다. 몽골은 위성국이 됐다. 만주 철도 운영권과 뤼순항 조차 등 만주 지역에서의 이권은 중국에서 1949년 사회주의 정권이 들어서면서 반환됐다.

이란과 터키로의 팽창 시도는 실패했다. 2차대전 때 이란은 북부는 소련군이, 남부는 미국과 영국이 진주했다. 세 연합국은 일본과의 전쟁이 끝나면 동시에 철군하기로 했다. 미국과 영국은 1946년 1~3월에 철수했으나, 소련은 한동안 떠나지 않았다. 소련은 북부의 아제르바이잔과 쿠르드 민족 분리주의운동뿐만 아니라 이란 사회주의당 투데당을 지원했다. 그러나 미국과 영국의 압력이 거세지자, 결국 소련은 1946년 봄 철수했다.

터키로의 팽창은 더욱 구체적이었다. 포츠담 회담에서 스탈린은 터키의 아르다한 및 카르스 지역을 돌려달라고 요구했다. 두 지역은 1878~1918년까지 러시아의 영토였다. 그는 또 터키에 소련군 군사기지 설치도 요구했다. 흑해에서 지중해로 빠져나가는 다르다넬스해협 등 터키 해협들에 대한 통제권을 갖기 위해서였다. 터키 해협에 대한 통제권은 러시아의 오랜 숙원이었다.

이는 결코 서방이 양보할 수 없는 사안이었다. 스탈린은 소련의 요구를 관철하려고 1946년 소련-터키 국경에 군사력을 동원하기도 했다. 미국은 지중해로의 소련의 팽창에 단호히 대응하기 위해, 트루먼독트린을 발표하며 소련의 요구를 꺾었다. 터키 사태는 그리스에서 공산주의 게릴라운동과 함께 냉전으로 가는 직접적 계기였다.

1949년 중국 사회주의 정권의 수립은 소련이 주도하는 유라시아 대

륙세력의 거대 블록을 짧은 기간이나마 형성시켰다. 중소 유라시아 대
륙세력 블록은 과거 칭기즈칸의 제국에 비견됐다.

| 부메랑이 된 소련의 팽창

이런 영토 팽창은 소련을 미국과 겨루는 유라시아의 거대 국
가로 성립시켰다. 하지만 이는 소련에게 안과 밖에서 야기되는 체제 및
안보 비용을 막대하게 요구했다. 이는 결국 제국을 붕괴로 몰고 갔다.

구체적으로 살펴보면, 첫째, 무엇보다도 과잉 확장 그 자체가 요인이
었다. 소련은 독일의 엘베강까지 영역을 넓히며 중부유럽 전체로 영토
를 확장했다. 전통적으로 서유럽 열강의 몫이었던 영역 일부까지 나아
간 것이다. 경제적인 이득이 없지 않았으나, 대차대조표상으로 보면 손
실이었다. 무엇보다도 이 지역에서 소련의 군사력 주둔 비용이 막대했
다. 특히 병참 비용이 컸다.

유라시아 대륙의 절반을 차지한 소련의 광대함. 그 지리와 지형은
물류를 포함한 소련의 체제 운영에 극심한 부담을 줬다. 유럽의 엘베
강에서부터 태평양의 사할린섬까지 걸친 영역에서 동독부터 몽골까지
7개의 위성국, 소련 내 러시아공화국 등 15개의 공화국, 이 공화국 내
에 점점이 박힌 수많은 자치공화국과 자치구 등으로 소련은 구성됐다.
이 연방을 중앙집권 체제로 유지하려면 효율적인 수송망이 필요했다.
소련 영토의 양끝을 연결하는 거리라면 해운을 통한 물류가 효율적이
었다. 하지만 소련은 사실상 내륙 국가였다. 바다로 나가는 자유로운
출구가 없었다.

둘째, 소련의 팽창은 서방의 대응을 불렀다. 미국은 유럽에 대규모
군사력을 배치했고, 독일을 재무장시켰다. 이는 소련으로 하여금 대규

모 군사력 구축을 강요했다. 미국 경제보다도 효율이 훨씬 떨어지는 소련 경제의 최대 부담이었다. 육로보다도 비용이 싸고 국제시장에 접근할 수 있는 해로의 부재는 소련 경제를 곧 서유럽과 동아시아의 국가들보다도 경쟁력을 잃게 했다.

셋째, 미국과의 군비 경쟁은 소련의 자원 배분을 극도로 왜곡시켰다. 민수용 산업이 위축됐을 뿐만 아니라, 최고의 인적 자원들이 모두 군수 산업으로 할당됐다. 소련은 미국과 경쟁하는 최고의 과학기술을 개발했음에도 국부나 민생에 도움은커녕 부담으로만 작용했다.

결국 소련 체제는 과잉 확장으로 이미 1960년대 초반부터 동맥경화 현상이 나타났다. 경제는 성장을 멈추고 만성 정체상태로 빠지기 시작했다. 이는 1989년 베를린장벽의 붕괴로 시작해, 동구권의 상실로 귀결됐다. 1992년 소련은 마침내 붕괴됐다.

04

냉전,
미국과 소련의
2차
그레이트 게임

2차대전 뒤 소련의 동유럽 점령이 굳어지자, 미국은 소련의 팽창을 막고 전면적인 대결을 펼치는 봉쇄정책으로 들어갔다. 미국의 대소련 봉쇄는 매킨더의 후예인 조지 케넌과 니컬러스 스파이크먼 등 서방 지정학자들의 이론에 기초했다.

케넌은 소련의 팽창은 안보 불안을 불식하려는 내재적인 본능이라고 주장했다. 소련을 장기적으로 봉쇄해야만, 소련이 내부의 취약성으로 붕괴될 것이라고 주장했다. 스파이크먼은 소련을 감싸는 유라시아 대륙의 주변부인 환형지대를 소련을 포위하는 봉쇄망으로 설정해야 한다고 주장했다. 이들의 이론에 기초한 미국의 봉쇄정책은 서유럽과의 대서양 양안동맹을 주축으로 소련을 포위하는 반소련 동맹 체제에 의해 수행됐다.

소련은 이 봉쇄망을 건너뛰어 해양과 제3세계로 진출하는 '봉쇄 뛰어넘기'로 대응했다. 소련은 핵 개발, 인공위성 선제 발사, 대륙간탄도미사일(ICBM) 개발 등으로 미국에 필적하는 군사력을 쌓아서 '공포의 균형'을 구축했다. 또 1960년대 이후 제3세계에서 식민지해방투쟁의 고양은 소련의 제3세계 진출을 가속화시켰다.

반면 미국은 베트남전쟁의 수렁에 빠지고, 유럽과 일본의 경제력 부상에 따른 상대적인 국력 저하에 시달렸다. 그러나 1970년대 초 리처드 닉슨 미국 행정부는 중국과 손을 잡는 지정 전략의 대전환을 감행했다. 닉슨은 중·소 분쟁의 틈을 파고들어서, 반소 미-중 연대를 구축했다. 이는 미·중·소 삼각관계에서 미국의 주도권을 확보하는 동시에 소련을 고립시키는 전략이었다. 소련 붕괴로 가는 첫걸음이었다.

1970년대 오일쇼크는 소련 국력의 과잉 전개를 촉진했다. 오일쇼크로 인한 석유가격 앙등으로 미국 등 서방 자본주의 진영은 공황에 준하는 경기침체를 겪었다. 반면 세계 최대 석유생산국인 소련은 갑자기 주머니가 두둑해졌으며, 1960년대 초부터 심각했던 경제 정체가 오일쇼크에 가려졌다. 미국 등 서방이 오일쇼크를 극복하기 위해 혁신에 나서는 동안, 소련은 노후화된 중공업 체제를 방치했다.

소련은 더 나아가 제3세계로의 진출에 국력을 소모했다. 이는 1979년 아프가니스탄 침공으로 절정에 올랐다. 1980년대 들어서면서 소련은 아프간전쟁 수렁에 빠지고 동유럽에서는 반체제운동에 직면했다. 전 세계로 국력이 과잉 전개된 상태에서 석유가가 다시 하락하자, 소련의 체제는 본격적으로 흔들리기 시작했다.

게다가 소련 지도부는 고령화로 인해 1970년대 말부터 5년 이상 식물상태였다.

1985년 등장한 젊은 지도자 미하일 고르바초프는Mikhail Gorbachev 소련 체제의 개방과 개혁이라는 대대적인 수술에 나섰다. 하지만 수술은 실기했고, 고르바초프의 진단과 처방조차 신통치 않았다.

1980년대 말 동유럽의 위성국가들에서 소련 체제 이탈의 움직임이 본격화됐고, 1989년 베를린장벽 붕괴에 이은 독일 통일로 소련은 붕괴를 시작했다. 소련은 17세기 러시아 시절의 영역으로 돌아가는 붕괴를 피할 수 없었다.

12
냉전의 시작과
봉쇄정책

    포츠담 회의는 2차대전 연합국 지도자들의 마지막 회의였다. 동유럽 문제를 논의하기 위한 외무장관 회담들이 성과 없이 반복되던 1945년 10월 19일 영국 작가 조지 오웰George Orwell은 영국 신문 〈트리뷴Tribune〉에 핵전쟁의 위험이 상존하는 전후 세계의 공포를 '냉전Cold War'이라는 말로 처음 묘사했다. 냉전이라는 용어는 나중에 미국 언론인 월터 리프먼Walter Lippmann에 의해 미국과 소련이 주도하는 자본주의 진영과 사회주의 진영의 대결을 지칭하는 용어로 정착된다.

    냉전은 결국 새로운 해양세력의 패자 미국과 새롭게 거듭난 대륙세력의 패자 소련의 새로운 그레이트 게임으로 흘러갔다. 해퍼드 매킨더가 예견했던 서방 해양세력에 도전하는 유라시아 대륙세력의 굴기와 도전이기도 했다.

스파이크먼의 환형지대론, 대소련 봉쇄정책의 기초

2차대전이 진행되던 미국에도 매킨더의 후예가 이미 있었다. 니컬러스 스파이크먼 예일대 교수는 소련이 전쟁에 승리한다면, 유라시아에서 압도적인 대륙세력이 될 것이라고 예견했다. 일찍이 머핸이 러시아의 팽창을 막기 위해 영국을 비롯한 독일과 일본의 공조가 필요하다고 봤던 것처럼, 스파이크먼은 추축국의 패배가 소련의 잠재력을 신장시킬 것이라고 주장했다.

스파이크먼은 미국이 참전한 직후인 1941년 12월 31일 뉴욕에서 열린 미국지리학자협회와 정치학회 공동회의에서 독일과 일본의 파괴는 소련의 전략적 야망을 진전시킬 것이라고 시사했다. 당시 일본의 진주만 공습과 나치 독일의 침공에 경악하던 미국인들에게는 소련과 스탈린에 대한 호불호를 떠나 이런 주장은 쉽게 수긍되지 않았다.

스파이크먼은 매킨더─머핸의 충실한 제자였다. 어떤 세력도 유라시아를 지배하게 해서는 안 된다고 주장했다. 이에 따라 미국이 2차대전에 참전한 직후에 스파이크먼은 전후 세계의 형태를 세력균형과 세력권, 권역에 입각해 분석했다. 세력균형과 세력권은 전후 설계 회담에서 미국이 거부감을 보이던 지정학적 게임의 법칙들이었다. 당시 윌슨주의적 이상주의에 집착하던 미국에서는 지배적 의견이 아니었다.

스파이크먼 주장의 핵심에는 미국이 전후 세계에서 세력균형을 유지해야만 한다는 개념이 있다. 그는 1942년 발간한 《세계 정치에서 미국의 전략*America's Strategy in the World Politics*》에서 향후 전개될 미국의 냉전 전략인 봉쇄정책과 관련한 첫 시사점을 제시했다.

전쟁이 끝나면 미국에게 유리할 세력균형을 만들어야 한다. 미국은 독일과 싸우며 소련을 도울 것이다. 그러나 독일의 파괴를 좋은 일이라고 생각하는 것은 잘못됐다. 러시아에게 유리하게 유라시아의 세력균형이 옮겨가지 않도록 신경 써야만 한다. 우랄에서부터 북해까지의 러시아는 북해에서 우랄까지의 독일보다 나은 사태 진전일 수 없다. 유사하게 극동에서 일본을 파괴시키면서 서태평양을 중국이나 러시아에게 넘겨주는 것은 권할 만하지 못하다.[1]

미국이 독일과 일본과 싸우는 것은 어쩔 수 없으나 전쟁 뒤에는 두 나라를 복원해 소련의 팽창을 막아야 한다는 논리였다.

스파이크먼은 철저한 현실주의자였다. 그는 "정의는 거의 균등한 힘을 가진 국가들 사이에서 가장 잘 실현되고, 민주주의는 불균형한 세력의 성장이 효과적으로 저지되는 세계에서 안전할 수 있다"며 자신의 주장이 비윤리적이고 부정의하다는 지적을 반박했다.[2]

스파이크먼은 1942년 7월 8일 버지니아 대학교 연설에서 '미국이 역외 회원으로 참가하는 유럽 세력지대 기구' 창설을 제안해, 일찌감치 나토 같은 미국의 동맹기구를 주장했다. 스파이크먼이 보기에 미국의 안보는 "해양에 있다기보다는 유럽의 세력균형 보존에 있었다."[3]

스파이크먼의 가장 큰 공헌은 전후에 곧 전개되는 냉전에서 미국의 대소련 봉쇄정책의 주요 거점이 되는 환형지대 개념의 제시이다. 그의 '환형지대'는 매킨더가 유라시아 대륙세력이 본거지인 심장부지대를 에워싸는 지대로 설정한 '주변 초승달지대'와 동의어이다. 스파이크먼은 유라시아 대륙의 주변지대를 대륙세력의 팽창과 해양 진출을 막는 결정적 지역으로 설정했다.

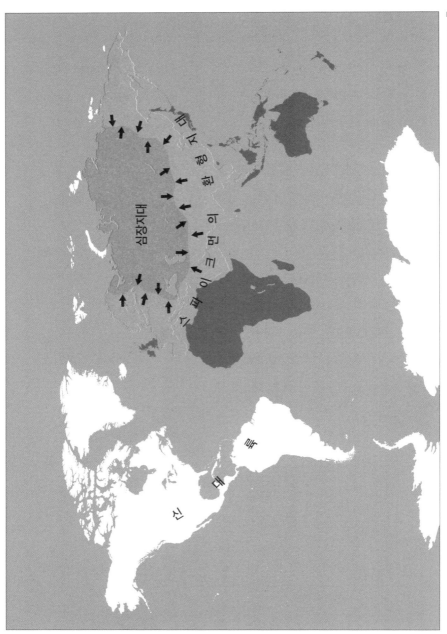

유라시아 대륙의 환형지대는 심장부지대와 연안 사이에 위치한 중간 지역으로 봐야만 한다. 환형지대는 해양세력과 대륙세력 사이의 분쟁의 광대한 완충지대로 기능한다. 양쪽 방향에서 보면, 환형지대는 바다와 대륙 양쪽으로 기능해, 바다와 대륙에서 자체를 방어해야 한다. 과거에, 이 지대는 심장부의 대륙세력에 맞서, 그리고 영국과 일본이라는 연안 섬 국가의 해양세력에 맞서 싸우는 곳이었다. 환형지대의 수륙양용 본질은 그 안보 문제의 토대에 있다.[4]

스파이크먼은 2차대전의 종전을 보지 못했다. 1943년에 49세의 나이로 요절했다. 그의 사후에 나온 유작 《평화의 지리학*The Geography of the Peace*》에서 진전된 환형지대이론은 2차대전 뒤 미국의 봉쇄정책에서 소련의 팽창을 막는 주요 거점 전략의 토대가 됐다.

'미스터 X' 조지 케넌, 미국 봉쇄정책의 철학적 기반을 제공하다

2차대전이 종전된 1945년이 지나고 1946년으로 넘어가면서, 미국과 소련의 갈등은 깊어져갔다. 동유럽 국가 문제에서 소련은 비타협적 자세를 강화했다. 해당 국가들을 실질적으로 장악해갔다. 특히 1946년 들어 미국과 영국은 이란에서 철수했으나, 소련군은 약속대로 북부에서 철군하지 않았다. 미국의 강경한 압력을 받고서 봄에야 철군했다.

소련과의 협상에 회의를 느끼기 시작하던 미국의 트루먼 정부는 소련에 대해 새로이 대응할 필요성을 느꼈다. 2월 22일 미국 국무부에는 모스크바 주재 미국대사관에서 타전된 이례적으로 긴 외교전문이 도착했다. 조지 케넌이라는 젊은 외교관이 보낸 이 외교전문은 미국의 대소련 봉쇄 전략의 철학적 기반을 마련했다. 전문은 '롱 텔레그램Long Telegram'이라는 고유명사까지 부여받을 정도로 전후 미국 외교정책에 큰 영향을 끼쳤다.

케넌은 소련의 팽창주의를 소련의 역사적, 국가적 본질의 산물로 봤다. 즉 러시아 역사 내내 가져왔던 안보 불안과 소련의 공산주의 이데올로기 열정의 합성물로 봤다. 이런 소련의 팽창은 반드시 봉쇄돼야 한다고 케넌은 주장했다. 봉쇄가 지속되면, 소련에 내재된 불안과 모순은 커지고, 소련은 붕괴될 것이라고 진단했다.

미국은 소련의 비타협성에 대해 스스로 자책해서는 안 된다고 케넌은 주장했다. 소련 외교정책의 근원은 외부 상황이 아니라 소련 체제의 본질과 연관이 있기 때문이다. 미국과 소련의 알력은 워싱턴과 모스크바 사이의 오해나 잘못된 의사소통의 산물이 아니라, 외부 세계에 대한 소련의 인식에 내재한다는 것이다.[5]

세계 문제에 대한 크렘린의 신경강박적인 견해의 근저에는 러시아의 전통적이고 본능적인 안보 불안감이 있다. 애초에 이는 사나운 유목민족들이 이웃에 있는 노출된 광대한 평원에서 살아가려는 평화로운 농경민족의 불안이었다. 러시아가 경제적으로 선진화된 서방과 접촉하면서, 더 경쟁력이 있고, 더 강력하고, 더 고도로 조직화된 사회들에 대한 공포가 더해졌다. 이런 불안은 러시아 인민들보다는 러시아 통치자들을 괴롭혔다. 왜냐하면 러시아 통치자들은 자신들의 통치가 상대적으로 형식에서 취약해 시대에 뒤떨어진데다 심리적 기반에서도 인위적이어서, 서방 국가들의 정치 체제와 비교될 수 없고 접촉할 수 없음을 언제나 느껴왔기 때문이다. 이 때문에 러시아 통치자들은 외국의 침입, 서방 세계와 자신들의 세계의 직접적 접촉을 언제나 두려워해왔다. 또한 러시아인들이 바깥 세계에 대한 진실을 알거나, 외국인들이 러시아 내부 세계의 진실을 알게 되면 무슨 일이 일어날지 우려해왔다. 그래서 그들은 오로지 끈질기게 안보를 추구하나 경쟁세력의 완전한 파괴를 위해 싸우며 결코 협약이나 타협을 하지 않는다.[6]

러시아와 그 지배자들의 역사적인 안보 불안감은 마르크스주의 교리를 만나서 정당성을 확보하고, 더욱 공격성을 보인다.

서구 유럽에서 반세기 동안 비효율적으로 연기만 피우던 마르크스주의가 러시아에서 처음으로 터전을 잡고 타오른 것은 우연이 아니다. 우호적인 이웃이 없고, 내부적으로 혹은 국제적으로 별개의 각 세력의 관용적인 평형상태를 알지 못하는 이 땅에서만, 사회의 경제적 분쟁들을 평화로운 방법으로는 해결할 수 없다고 보는 교리가 번성할 수 있다. 볼셰비키 정권의 수립 뒤, 레닌의 해석으로 더 공격적이고 무관용적이게 된 마르크스주의 교리는 과거 러시아 통치자들보다도 볼셰비키를 더 괴롭히는 안보 불안감을 대처하는 완벽한 도구가 됐다. 이타주의라는 기본적 목적을 가진 이 교리 속에서 그들은 외부 세계에 대한 자신들의 본능적 공포, 자신들의 통치에 불가결한 독재, 주저 없이 가하는 잔인성에 대한 정당성을 발견했다. 마르크스주의의 이름으로 그들은 자신들의 방법과 전술에서 모든 윤리 가치들을 희생시켰다. 이제 그들에게 마르크스주의는 필수불가결하다. 그것은 그들의 도덕적, 지적 훌륭함을 보이는 무화과잎이다. 마르크스주의가 없다면, 그들은 기껏해야 잔인하고 방탕한 러시아 통치자들의 긴 대열에 있는 마지막 통치자들로서만 역사 앞에 설 것이다. 그 러시아 통치자들은 내부적으로 허약한 정권의 대외적 안보를 확보하기 위해서 국가를 언제나 최고의 군사력으로 무장시키려고 가차 없이 몰고 갔다… 이런 논지는 러시아 국가의 군사력과 경찰력 증가, 외부 세계로부터 러시아 주민의 고립, 러시아 경찰력 한계를 확장하려는 유동적이고 꾸준한 압력에 대한 정당성을 제공했다. 이런 모든 것을 러시아 통치자들은 자연스럽게 본능적으로 촉구한다. 기본적으로 이것은 공격과 방어 개념들이 구분될 수 없이 혼란스럽게 몇 세기에 걸쳐 진행된 운동인 불안한 러시아 민족주의의 지속적인 전진이었을 뿐이다. 그러나 러시아는 전쟁에 찢기고 절박한 외부 세계에 대해 꿀 같은 약속을 하고 있는 국제 마르크스주의라는 새로운 가면을 쓰고는 이전보다도 더 위험스럽게 은밀히 퍼지고 있다.[7]

케넌은 소련의 목적은 자신의 안보불안을 타개하기 위해 상대방을 완전히 파괴하는 것이라 주장했다. 미국의 어떠한 회유도 그들을 변화시키지 못한다는 것이다. 그는 미국이 긴 투쟁을 고수해야 한다고 촉구했다. 미국과 소련의 목적과 철학은 양립할 수 없기 때문이다.

케넌은 1947년 7월 발간된 《포린 어페어스 *Foreign Affairs*》에 '엑스X'라는 가명으로 〈소련 행동의 근원들 The Sources of Soviet Conduct〉을 기고해, 큰 논란을 불렀다. 이 글은 '롱 텔레그램'을 기고문 형태로 다듬은 것이었다. 그에 더해, 대소련 봉쇄정책에 대한 구체적인 조언을 했다.

그는 소련을 패퇴시키는 방법은 "러시아가 평화롭고 안정된 세계의 이익들을 침해할 징후를 보이는 모든 지점에서 불변의 대항력으로 러시아와 대결하도록 설계된 견고한 봉쇄정책"이라고 제안했다. 이는 아시아, 중동, 유럽의 문화권을 포괄하는 광대한 주변 지역을 따라서 소련의 압력과 싸우는 임무를 미국에 부여한 것이다.

케넌의 기여는 소련의 팽창주의와 비타협이 러시아의 역사와 체제에 내재된 것임을 주지시킨 점이다. 이는 미국을 소련과의 대결이 불가피하다는 인식으로 이끌었다. 이는 소련의 도전과 그에 대한 대처를 역사 철학적 과제로까지 만들었다. 소련의 팽창주의가 소련의 내재적 속성이라는 그의 주장은 소련이라는 악에 맞서 선을 지켜야 한다는 이분법적 선악관으로 귀결된다. 냉전은 선과 악의 대결이 되고, 그 종식은 타협이나 협상이 아니라 악의 붕괴일 뿐이다.

케넌의 주장이 미국에서 반향을 일으킨 것은 바로 이 때문이었다. 선과 악의 가치관에 기초한 이상주의를 갖고 있는 미국은 케넌의 분석과 주장에 따라 기꺼이 냉전의 수행에 나서게 된다. 케넌은 명확한 외교 목표의 정교화를 경멸했다. 그가 그린 것은 적을 전향시켜 평화를 이루는 미국의 오래된 꿈이었다. 실제로 미국은 냉전을 소련이라는 악과의 대결로 봤다. 이 때문에 서로의 이해를 조정하고 맞춰보는 타협이나 협상으로는 문제가 해결될 수 없었다. 냉전은 악이 붕괴해야 끝나는 것이다. 실제로 미국은 냉전을 그렇게 수행한다.

미국은 처칠로부터 '철의 장막'이라는 표현만 받아들이다

케넌의 전문이 미국 정부 내에서 반향을 일으키던 3월 5일 윈스턴 처칠은 미국 미주리 주 풀턴의 웨스트민스터 대학에서 '평화의 힘줄'이라는 연설을 통해 '철의 장막'이라는 유명한 표현을 하며 냉전의 엄습을 경고했다.

발트해의 슈테틴에서부터 아드리아해의 트리에스테까지 유럽 대륙을 가로질러 철의 장막이 내려지고 있다. 그 선 뒤로 중부와 동부유럽 고대 국가들의 모든 수도들인 바르샤바, 베를린, 프라하, 빈, 부다페스트, 베오그라드, 부쿠레슈티, 소피아가 있다. 내가 소련권이라고 불러야만 하는 곳에 이 유명한 도시들과 도시 주변의 모든 주민들이 있다. 이 모두는 이런저런 형태로 소련의 영향뿐만 아니라 모스크바로부터의 고도의 혹은 점증하는 통제에 종속되어 있다.[8]

처칠은 임박한 위험을 막으려면 미국과 영국의 동맹이 필요하다고 지적했다. 그러나 처칠 연설의 논지는 사실 소련과의 합의였다. 시간은 서방의 편이 아니므로, 전반적인 합의를 시급히 취해야 한다는 것이었다. "나는 소련이 전쟁을 바란다고 믿지 않는다. 소련이 바라는 것은 전쟁의 결실이고 그들 세력과 교리의 무한정한 팽창이다… 필요한 것은 합의이다. 그리고 합의가 지연되면 될수록 더 어려워지고 우리의 위험도 커질 것이다"[9]

처칠은 소련이 원하는 것이 자신들의 안보를 보장할 세력권 확보라고 간파했다. 그래서 이를 놓고 합의를 해서, 더 이상의 소련의 확장을 막는 것이 시급하다고 봤다. 그가 2차대전 때 남부유럽으로의 침공, 독일과의 강화, 미-영 연합군의 베를린과 빈 선제 점령 등을 주장한 것도 같은 맥락이었다. 소련의 세력범위 확장을 선제적으로 차단하고, 전후 협상에서 유리한 입지에 서려는 의도였다. 그는 미국과 영국이 굳건히 손을 잡고, 이런 세력균형에 입각한 지정적 타협을 해야 한다고 믿는 현실주의자였다.

하지만 미국은 처칠의 연설에서 철의 장막이라는 표현만 받아들였다. 미국은 각자의 현실적 이익을 주고받는 유럽식 세력균형과 세력권 원칙에 따른 해법에 익숙하지 않은데다, 심지어 그것을 경멸했다. 루스벨트가 구상했던 4개의 경찰국(미국·소련·영국·중국) 체제에 입각한 집단안보 체제 등 인류와 세계에 보편적으로 적용될 전후 세계 질서의 원칙이 불가능해지자, 트루먼 등 미국 지도부들은 드러나는 소련과의 투쟁을 정치적 세력권과 관련된 것이 아니라 선과 악의 경쟁으로 보게 된다.

곧 미국 정부 내에서도 소련과의 분쟁을 소련 체제의 고질적 양상으로 보는 접근법이 채택되기 시작했다. 1946년 4월 1일 국무부의 관리 프리먼 매슈스Freeman Matthews는 케넌의 철학적인 관찰을 기능적인 외교 정책으로 전환시킨 국무부 보고서를 제출했다.

"현재 소련의 대외정책 도정은 소련의 재앙으로만 귀결될 것임을 처음에는 외교적 수단으로, 마지막 분석에서는 필요하다면 군사력으로라도 모스크바를 납득시켜야만 한다"고 매슈스는 과감히 주장했다. 그에 따르면, 미국은 바다와 하늘을 장악하고 있고, 소련은 지상에서 최고였다. 따라서 "유라시아 대륙 내에서 우리의 군사적 비효용"에 대해 주의를 기울여야 한다는 것이었다. 소련 지상군 전력의 전개는 미국과 그 잠재적 동맹국들의 해군, 해병, 공군력으로 방어적 반격을 할 수 있는 지역들로 국한되도록 해야 했다. 매슈스 보고서는 그럴 필요성이 있는 위기에 처한 지역들로 핀란드, 스칸디나비아, 동부·중부·남부 유럽, 이란, 이라크, 터키, 아프간, 신장, 만주를 들었다.[10]

1946년 9월 24일 최고기밀보고에서 백악관 고문 클라크 클리퍼드 Clark Clifford는 소련의 세력이 상쇄돼야만 크렘린의 정책들이 바뀔 수 있다는 견해를 보였다. "미국이나, 미국의 안보에 사활적인 세계의 여러 지역들에 대한 소련의 공격을 막는 제일의 억지력은 미국의 군사력이다." 트루먼 대통령의 최측근 외교안보 참모이자, 1960년대 말 린든 존슨Lyndon Johnson 대통령 정부에서 국방장관이 되는 클리퍼드는 미-소 갈등을 충돌하는 국익 때문에 일어나는 것으로 보지 않았다. 그렇다면 타협이 가능했다. 미−소 갈등의 원인은 소련 지도부의 도덕성 부재였다. 그래서 미국의 목적은 세력균형을 복원하는 것이 아니라 소련 사회를 변형시키는 것이 되었다. 따라서 클리퍼드는 "소련에 의해 어떤 방식으로든지 위협받거나 위험에 처한 모든 민주 국가들"을 포용하는 전 세계적인 미국의 안보 사명을 선포했다.[11]

트루먼 독트린, 전체주의 정권과의 투쟁을 천명하다

냉전은 결정적으로 그리스와 터키에서 시작됐다. 소련에 점령된 동유럽 국가가 친소 공산주의 일당 국가로 변하는 가운데, 영국의 세력권인 그리스와 터키 등 남부유럽과 지중해도 소련의 위협에 노출됐다. 종전 이후 영국은 그리스와 터키를 경제적, 군사적으로 지원해왔다. 그러나 1946년 겨울 영국의 애틀리 노동당 정부는 자신들의 경제 상황이 악화되었으므로 더 이상 그런 부담을 감당할 수 없다고 워싱턴에 통보했다.

종전 이후 소련은 흑해에서 지중해로 나가는 터키 해협들에서 자유로운 통행을 원했다. 이를 보장하도록 해협에 소련 군사기지 설치를 터키에 요구했다. 터키가 거절하자, 소련은 터키의 흑해 연안에서 해군력을 과시하는 등 군사적 압력을 가중했다.

그리스에서는 공산 게릴라와의 내전이 격화됐다. 영국은 종전 뒤 그리스 공산당(KKE)이 주도하는 민족해방전선(EAM)이 아테네를 장악하는 것을 막았다. 이에 그리스 공산당은 1946년 총선을 보이콧했다. 이후 그리스 공산당과 연계된 게릴라세력들은 그리스 정부를 상대로 내전을 벌여왔다. 그리스 공산당과 게릴라세력은 소련이 아니라 인근 유고슬라비아의 요시프 티토 사회주의 정권으로부터 피신처 정도의 지원을 받았다. 유고의 티토 정권은 이미 소련의 영향력을 거부하고 있었으나, 영국 등 서방에게 그런 차이는 별로 의미가 없었다. 결국 영국은 미국에 손을 내밀고, 남부유럽과 지중해를 맡아줄 것을 요구했다.

이란에서 철군 문제 이후 대소련 강경책을 고민하던 트루먼 대통령은 지중해로 진출하는 러시아를 봉쇄하는 영국의 전통적 역할을 떠맡을 준비가 되어 있었다.

루스벨트의 타개로 대통령직을 승계한 트루먼은 사실 루스벨트를 계승할 적자는 아니었다. 애초 그는 부통령 후보도 아니었다. 루스벨트가 선택한 제임스 번스James Burns가 미국 노동운동계로부터 거부당하자, 민주당 실력자들에 의해 대타로 급박히 지명됐다. 전쟁 동안 그는 전쟁 지도부 최고회의에 끼지도 못했다. 중서부 농업지대 캔자스시티 출신에다가 고등학교만 졸업했다. 트루먼은 외교 경험이나 워싱턴 정치에 익숙하지 않았다. 하지만 그는 2차대전 뒤 달라진 세계정세에 맞춰 미국의 대외정책을 가장 혁명적으로 바꾼 지도자로 자리매김했다.

트루먼은 루스벨트의 충실한 승계자로 출발하려 했다. 연합국 동맹관계를 전후에도 유지하고, 특히 소련과의 협력 속에서 전후 질서를 유지하려 했다. 하지만 그는 고립주의 성향인 중서부의 아들이었고, 루스벨트처럼 이상주의자가 아니었다. 그는 루스벨트처럼 전쟁 동안 스탈린 등 다른 연합국의 지도자와 쌓은 교류도 없었다. 그에게 히틀러나 스탈린은 별 차이가 없는 독재자였다.

상원의원 시절 트루먼은 나치 독일이 소련을 침공하자, 그 두 나라를 죽을 때까지 싸우게 해야 한다고 말했다. "독일이 이긴다면 우리는 러시아를 도와야 한다. 러시아가 이긴다면, 우리는 독일을 도와야 한다. 나는 히틀러가 어떤 상황에서도 이기는 것을 보길 원하지 않지만, 그런

식으로 가능한 한 그들이 서로를 많이 죽이도록 해야 한다."[12]

1947년 2월 27일 트루먼 대통령은 조지 마셜 국무장관, 딘 애치슨 Dean Acheson 국무차관을 대동하고는 백악관 집무실에서 미 정가의 대표적 고립주의자 아서 밴던버그Arthur Vandenberg 상원의원이 이끄는 의회 대표단을 만났다. 그리스·터키 원조안의 의회 통과를 부탁하기 위해서였다. 원조금액이 4억 달러에 달해 당시로서는 파격적이었다. 2차대전이 끝난 지 고작 1년이 지난 시점에 미국이 또 먼 외국의 내전에 개입하려고 거액의 달러를 쓰겠다는 것은 의회나 국민이나 동의하기 힘들었다.

그러나 애치슨은 공산주의 세력이 우위에 서는 음울한 미래상을 암시하며 의원들을 격동시켰다.

오직 두 열강만이 세계에 남았습니다… 미국과 소련. 우리는 고대 이후 한 번도 겪어보지 못한 상황에 봉착했습니다. 로마와 카르타고 이후 지구상에서 이런 힘의 양극화는 없었습니다… 소련의 침략이나 공산주의 전복으로 위협받는 나라들을 강화하는 조처를 취하는 것은 미국에게… 미국의 안보를 지키는 것입니다. 자유 그 자체를 지키는 것입니다.[13]

그리스·터키 원조법은 민주주의와 독재 사이의 전 세계적 투쟁의 일환으로 묘사됐다. 트루먼은 3월 12일 상하원 합동회의 연설에서 이 법안을 발표하며 2차대전 이후 미국 대외정책에서 가장 단단한 기반이 되는 트루먼 독트린을 천명했다. 그는 그리스 내전을 자유 국민과 전체주의 정권 사이의 투쟁이라고 틀을 지었다. 미국은 전체주의의 위협에 시달리는 자유 국가의 국민들을 도울 것이라고 선언했다.

나는 무장한 소수나 외부 압력이 기도하는 정복에 저항하는 자유 국민들을 지지하는 것이 미국의 정책이어야 한다고 믿습니다. 나는 우리가 자신들의 방법으로 자신들의 운명을 개척하는 자유 국민들을 원조해야만 한다고 믿습니다. 나는 우리의 도움이 경제안정과 질서 있는 정치 과정들에 필수적인 경제 및 재정 원조로 우선 진행돼야만 한다고 믿습니다.[14]

트루먼은 "한 삶의 길은 다수의 의지에 기초하고, 자유로운 제도, 대의정부, 자유선거, 개인 자유의 보장, 표현과 종교의 자유, 정치적 억압으로부터의 자유에 의해 구별되는" 반면에 "다른 삶의 길은 소수가 강제적으로 다수에 가하는 의지에 기초하고, 이는 공포와 억압, 통제된 언론과 라디오, 조작선거, 개인적 자유의 억압에 의존한다"고 말했다. 미국이 대표하는 자본주의 진영과 소련이 주도하는 사회주의 진영을 선과 악으로 대비했다.

트루먼 독트린은 미국 건국 이후 가장 혁명적인 대외정책의 전환이었다. 2차대전 참전에도 불구하고 여전히 미국 내에 의연하던 고립주의를 무력화했다. 미국은 곧 영국제도에서부터 유럽 대륙을 거쳐 중동의 사막, 동남아의 밀림과 일본열도에 이르기까지 유라시아 대륙 연안 지역에 돈과 무기, 그리고 군인들을 보내며 개입한다. 대서양과 인도양, 태평양, 그리고 극지의 바다와 하늘도 미국의 함정과 전투기의 무대가 된다. 트루먼 독트린을 계기로 이제 미국은 아메리카 대륙에 은거하던 거인에서 전 지구를 상대하는 거인으로 공식적으로 데뷔했다.

마셜 플랜, 경제 원조로 서방 자본주의 진영을 구축하다
트루먼 독트린이 발표된 지 3개월이 지나지 않은 6월 5일 조지 마셜 국무장관은 하버드대 졸업식 초청 연설에서 전 세계에서 전체주의의 침략을 유혹하는 사회경제적 조건을 박멸할 책임이 미국에 있다고 선언했다. 미국은 전쟁으로 폐허가 된 유럽의 재건을 도와서 정치적 혼란과 절망을 막고, 더 나아가 세계 경제를 재건할 것이라고 구체적으로 밝혔다. 전후 유럽의 경제재건을 도운 '마셜 플랜'의 발표였다.

트루먼 독트린에서 발표한 "경제안정과 질서 있는 정치과정들에 필수적인 경제 및 재정 원조"가 마셜 플랜으로 구체화된 것이다. 1946~1947년 겨울 영국은 경제적으로 붕괴 일보직전이었고, 패전한 독일은 기근에 시달리는 실정이었다. 유럽의 경제가 재건되지 않는다면, 공산주의가 서유럽마저 집어삼킬 것이라는 공포가 퍼지는 시점이었다.

트루먼 독트린이 소련과의 대결을 선언했다면, 마셜 플랜은 그 대결을 위한 서방 자본주의 진영을 구축하는 조처였다. 마셜은 "재건 임무에 기꺼이 동참할 어떤 정부라도 미국으로부터 전폭적인 협조를 얻게 될 것으로 나는 확신한다"고 말했다. 서유럽 국가뿐만 아니라 소련이 점령한 동유럽 국가도 원한다면 미국의 원조를 받을 수 있다는 의미였다. 소련도 동유럽 국가들에 대한 미국의 원조를 원했지만, 미국의 경제적 영향력에 들어가기를 원하지는 않았다. 마셜 플랜 참여를 놓고 논의가 진행되자, 어니스트 버빈Ernest Bevin 당시 영국 외무장관은 "서방 블록의 탄생"을 목격하고 있다고 참모들에게 말했다.[15]

7월 12일 파리에서 열린 유럽부흥회의에는 소련이 점령했거나 영향력이 미친 불가리아, 폴란드, 체코슬로바키아, 핀란드, 헝가리, 루마니아, 유고슬라비아는 참가하지 못했다. 회의에 참가한 22개 국가는 나중에 모두 서방 진영에 속하게 된다. 이날 파리 회의에 초청됐던 몰로토프 소련 외무장관은 회의장에서 퇴장하면서 마셜 플랜은 "유럽을 2개의 국가 그룹으로 나눌 것"이라는 강경한 경고를 했다.[16]

트루먼 대통령이 1948년 4월 3일 서명한 마셜 플랜법에 따라 미국은 1951년까지 서유럽 부흥에 130억 달러의 지원을 하게 된다. 당시 전 세계 부의 절반 이상을 차지하던 1948년 미국의 국내총생산GDP 2,580억 달러의 5% 규모이다. 당시 전 세계 부의 2.5% 정도가 서유럽 부흥에 투입된 것이다. 전례 없던 관대한 원조였다. 이는 서유럽 경제부흥뿐만 아니라 미국이 주도하는 자본주의 경제권의 확립에 기초가 됐다.

미국에서 반대가 없지 않던 마셜 플랜이 통과된 결정적 계기는 체코슬로바키아 쿠데타였다. 마셜 플랜이 발표되자, 스탈린은 동유럽 국가에 대한 통제를 가속화했다. 소련군의 점령 뒤 동유럽 국가에서는 좌파연정 정부가 들어섰다. 그러나 시간이 지나면서 친소 공산주의 세력이 주도권을 잡는 정부로 변해갔다. 1947년 이후에는 공산당 일당 국가로 바뀌었다. 체코슬로바키아에서도 1945년 좌파연정이 세워진 뒤 1946년에는 공산당이 최대 정당인 연정이 됐다. 그런데 체코슬로바키아는 1948년에 들어서도 동유럽 국가 중 유일하게 연정을 유지했다. 스탈린은 이에 만족하지 못했다. 1948년 2월 공산주의 세력이 주도한 쿠데타로 연정은 무너지고, 공산당 일당 국가로 바뀌었다.

체코슬로바키아는 또다시 서방의 마지노선이 됐다. 1939년 나치 독일의 체코슬로바키아 점령이 서방의 유화정책을 끝내는 계기가 됐다면, 1948년 체코슬로바키아의 쿠데타는 공산주의 확산에 대한 서방의 공포를 극적으로 고조시켰다. 미국 내에서 마셜 플랜법에 대한 반대를 잠재우는 한편, 서유럽에서는 제2의 체코슬로바키아를 막기 위해서는 서방의 공동 군사전략이 필요하다는 움직임을 촉발시켰다.

3월 29일 영국, 프랑스, 벨기에, 네덜란드, 룩셈부르크 5개국은 브뤼셀에서 상호방위를 확인하는 브뤼셀조약을 체결했다. 이는 1949년 4월 4일 미국, 영국, 프랑스, 벨기에, 네덜란드, 룩셈부르크, 캐나다, 이탈리아, 덴마크, 아이슬란드, 노르웨이, 포르투갈이 참가하는 서방의 최대 군사동맹인 나토로 발전한다.

독일을 다시 살려라

전후 질서의 가장 큰 문제는 여전히 미뤄지고 있었다. 2차대전을 일으킨 독일을 어떻게 하느냐였다.

전쟁이 끝나기 직전까지 연합국 모두 독일의 전쟁 능력을 완전히 박탈하는 데에는 이견이 없었다. 포츠담 회의에서는 우선 독일의 동부 및 서부 영토를 폴란드와 소련, 프랑스에 넘기고, 미-소-영-프 4개 연합국이 독일을 분할점령했다.

특히 프랑스가 독일의 분할을 강력히 요구했다. 미국 역시 이를 지지했다. 헨리 모겐소Henry Mogenthau 미국 재무장관이 만든 전후 독일 구상인 모겐소 플랜이 대표적이다. 모겐소 플랜은 독일의 산업 능력을 박탈하고 3개의 나라로 분할하고자 했다. 북부 독일, 오스트리아와 관세동맹을 맺는 남부 독일, 그리고 마인츠에서부터 북해까지 라인강 지대는 영국, 프랑스, 벨기에, 룩셈부르크가 공동관리해 국제지대화하는 것이었다.

모겐소 플랜의 원형은 프랑스로부터 나왔다. 프랑스의 유력한 경제학자로 정부의 외교·경제 정책에 영향력이 컸던 장 모네Jean Monnet가 1944년 헨리 스팀슨Henry Stimson 미국 국무장관에게 이런 구상을 전했다. 스팀슨은 이를 선호하지 않았으나, 유대인 출신인 모겐소는 독일에 대한 반감 때문인지 그 구상을 적극적으로 추진했다.

프랑스는 특히 루르 지역을 포함한 독일 서부의 라인강 일대를 국제지대화하는 구상을 적극 주장했다. 이는 프랑스에게는 안보 완충지대였다. 1차대전 뒤에도 이 일대는 독일의 비무장지대로 규정됐으나, 히틀러가 이를 무력화한 터였다. 또한 루르 지역의 철광 및 석탄 자원은 독일뿐만 아니라 서유럽 전체의 산업 능력을 좌우했다. 프랑스는 이 지역을 국제지대화하여, 독일의 산업 능력, 즉 전쟁 능력을 무력화하는 한편 자국을 포함한 서유럽 전체에 자원을 조달하려는 의도였다.

모겐소 플랜은 전쟁중 1944년 캐나다 퀘벡에서 열린 미-영 정상회의에서 루스벨트와 처칠의 승인을 받았으나, 처음부터 반대에 부딪혔다. 독일을 쪼개는 것은 독일이 받아들이지 않을뿐더러, 주변 국가들이 이를 장기적으로 강제할 수 없다는 지적이었다.

독일의 산업 능력 박탈에서 더 나아가 분할하자는 의견은 종전 뒤 미-소의 대립이 점증하면서 잦아들었다. 오히려 서방에서는 독일을 재건해 소련의 동진을 막는 보루로 만들어야 한다는 의견이 고개를 들기 시작했다. 특히 영국은 프랑스는 물론 독일도 재건해 유럽의 세력균형을 복원하는 것이 유럽 안보의 관건이라는 전통적 노선을 견지했다. 독일을 무력화하고 분할하는 것은 유럽 대륙의 세력균형을 파괴한다고 봤다.

1946년 9월 6일 제임스 번스 미국 국무장관은 독일 슈투트가르트에서 '독일정책 재선언'이라는 연설을 통해 독일의 재건을 시사했다. 1947년 새해 들어 미국과 영국은 자신들의 독일 점령 지역을 통합하는 조처를 취했다. 이는 서독, 즉 독일연방공화국(FRG) 출범, 그리고 동·서독 분단으로 가는 첫걸음이었다.

트루먼 독트린에 이어 마셜 플랜을 발표하고 석 달 뒤인 1947년 9월 트루먼 대통령은 '독일의 경제적 재건을 위한 어떠한 조처도 취하지 말라'는 징벌적 점령 명령인 JCS 1067을 취소했다. 트루먼은 대신에 '질서 있고 번영하는 유럽은 안정되고 생산력 있는 독일의 경제적 기여가 필요하다'는 JCS 1779를 내렸다.

미국은 유럽 경제를 재건하려는 마셜 플랜 성공의 관건이 독일임을 잘 알고 있었다. 서방 연합국의 독일 점령 지역을 통합하고, 그 지역들을 마셜 플랜에 참여시키는 것은 경제적으로 번영하는 강력한 독일의 재건을 의미했다. 미국 등 서방은 독일을 놓고 벌이는 소련과의 협상에 더 이상 연연하지 않고 제 갈 길을 가기 시작했다.

연합국 외무장관 회의는 결국 1947년 11월 독일 문제를 놓고 결렬됐다. 조지 마셜 국무장관이 마셜 플랜에 따른 유럽부흥계획European Recovery Program의 독일 참여를 강력히 주장한 데 대해 이견이 있었다. 이 회담에 참석한 미국 고위 외교관은 "우리는 러시아가 동의할 수 있는 조건의 독일 통일을 원하지도 않았고, 의도하지도 않았다"고 나중에 개인적으로 인정했다. 소련과 동맹을 맺을 수 있거나 중립을 취하는 통일 독일의 위험을 감수하기보다는 서방 편에 확고히 자리 잡는 반쪽짜리 독일을 원한 것이다. 당시 아치볼드 클라크 커Archibald Clark Kerr 주소련 영국대사는 미국은 "독일이 두 지역으로 분단되어 동서 진영으로 나뉘어 흡수되는 것이 팽창하는 소련 헤게모니의 접경에 있는 주인 없는 땅의 창설보다는 낫다"고 믿고 있다고 관측했고, 그의 관측은 옳았다.[17]

1948년 새해 들어 미국 등 서방은 자신들의 점령 지역인 독일 서부의 통합을 진행한다는 협정을 발표했다. 서독 지역에 통용되는 새로운 화폐 도이치 마르크도 도입해, 서독 지역의 독자적 경제권을 추진했다.

가속화되는 서독의 분리, 그리고 브뤼셀조약에 따라 어른거리는 서방 군사동맹의 탄생 가능성은 소련의 대응과 바야흐로 냉전의 시작을 이끌어냈다.

1948년 6월 24일 소련은 베를린 봉쇄를 시작했다. 베를린은 소련의 점령지인 동독 지역 안에 있지만 연합국이 공동관리했고, 베를린 서쪽은 서방 연합국의 관리 지역이었다. 소련은 서베를린으로 가는 모든 물자를 봉쇄했다. 다음해인 1949년 5월 12일까지 1년 가까이 지속된 베를린 위기로 미국과 소련, 자본주의 진영과 사회주의 진영의 사이의 본격적인 냉전이 시작됐다. 냉전은 분명 전쟁이었다. 하지만 이는 과거와는 달리 군대와 포격을 동원하지 않은 전혀 다른 전쟁이었다.

13
미국의 봉쇄와
소련의 봉쇄 뛰어넘기

베를린 위기는 냉전의 양태를 극명하게 보여줬다. 상대의 세력권 확장을 막기 위한 봉쇄, 이를 돌파하려는 뛰어넘기와 역봉쇄는 냉전을 관통한 양 진영의 투쟁이었다.

먼저 베를린을 봉쇄한 것은 소련이었으나, 냉전 내내 주된 봉쇄의 대상은 소련이었다. 소련은 베를린이라는 특정 도시를 봉쇄하는 데 그쳤으나, 미국은 소련 등 사회주의 블록을 감싸는 유라시아 대륙의 연안지대 전역을 봉쇄했다.

봉쇄의 3단계
냉전 시기는 봉쇄에 대한 미국−소련의 대응에 따라 3단계로 나뉜다.

1단계(1945~1956)가 미국의 대소련 봉쇄망 설정이다. 미국이 주도하는 자본주의 진영인 서방 해양세력은 소련이 주도하는 사회주의 진영인 유라시아 대륙세력 영역의 주변부인 유라시아 대륙의 연안지대를 따라 봉쇄망을 설정했다.

2단계(1957~1979)는 이 봉쇄망에 대한 소련의 돌파였다. 유라시아 대륙세력은 자신에 대한 봉쇄망을 건너뛰어, 서방 해양세력의 영역으로 침투를 시도했다.

3단계(1980~1991)는 소련의 퇴각과 소련 및 사회주의 진영의 붕괴이다. 서방 해양세력의 영역으로 진출했던 유라시아 대륙세력은 급속히 퇴조했다. 결국 그 주도세력 소련은 붕괴됐고, 유라시아 대륙세력의 주도세력 교체로 이어진다.[18]

베를린 위기를 계기로 세계는 두 곳의 지정적 영역으로 분할되기 시작했다. 소련이 주도하는 자급 경제적인 유라시아 대륙세력 영역, 미국이 주도하는 교역 의존의 서방 해양세력 영역이다.

유라시아 대륙세력 영역은 다시 두 곳의 지정적 지역으로 구성됐다. 동유럽이라는 전략적 완충지대를 덧붙인 소련 내부의 유라시아 심장부 지역, 그리고 동아시아의 중국이다. 1949년 중국 내전에서 마오쩌둥毛澤東이 이끄는 중국 공산당의 승리로 중화인민공화국이 수립돼, 유라시아 대륙 80%를 차지하는 사회주의 블록이 형성됐다.

서방 해양세력의 지정적 영역은 대서양과 태평양 해역, 그리고 카리브해와 지중해권에 해당한다. 구체적으로는 앵글로아메리카인 북미, 서유럽, 아시아 연안지대 및 오세아니아, 남미이다. 마그레브 등 북아프리카, 사하라 사막 이남의 블랙아프리카, 중동 역시 서방 해양세력의 영역이다.

냉전부터 현재까지 세력권

범례	
●	열강
---	지정학적 지역 권역
— —	지정전략 영역권
(밝은색)	분쟁지대
(어두운색)	관문지역

북극해

일본

중국

유라시아 대륙
세력권

동아시아 분쟁지대

남아시아

인도

러시아

몽골

중동·북 분쟁지대

동유럽
EU

유럽 및 마그레브
해양 분쟁지대

블랙아프리카
분쟁지대

중·남 아메리카

북아메리카

미국

중앙 세계 대양

환 태평양 아시아

태 평 양

세계 대양

남극 세계 대양

아프리카와 중동 등지는 동남아의 인도차이나반도와 함께 영국과 프랑스 등 서유럽 국가들의 과거 식민주의 패권 잔재에 기초해 서방 해양세력의 영역으로 편입됐다. 곧 이 지역들은 봉쇄망을 뛰어넘는 유라시아 대륙세력과 이를 막으려는 서방 해양세력의 각축장이 됐다.

두 진영의 지정적 영역에서 비교적 독립된 곳이 하나 있었다. 인도를 중심으로 한 남아시아이다. 인도아대륙 국가들과 미얀마(버마)는 냉전 내내 미−소 영향권에서 상대적으로 독립적인 지위를 유지하며 제3세계 비동맹운동의 중심이 되기도 했다. 그러나 이 지역 역시 냉전 내내 미−소 두 진영의 압력에서 자유롭지 못해 줄타기 행보를 해야만 했다.

미국은 봉쇄망, 소련은 방역선

베를린 위기를 전후한 냉전 초기 일련의 사건은 미국과 소련 두 강대국의 상호 불신과 공포를 증폭했다. 소련은 방역선Cordon Sanitaire, 즉 완충지대 국가군 수립에 나섰고, 미국은 대소련 봉쇄망Ring of Containment 설정을 추동했다.

모스크바 입장에서는 트루먼 독트린과 마셜 플랜(1947), 나토 출범(1949), 서독, 즉 독일연방공화국 수립(1949), 미국의 한국전쟁 파병(1950), 미국의 수소폭탄 개발(1952) 등을 자신의 안보에 대한 심각한 위협으로 받아들였다. 워싱턴 입장에서는 그리스 내전과 터키에 대한 소련의 개입(1947), 베를린 봉쇄(1948), 소련의 원자폭탄 개발(1949), 북한의 남한 침공(1950), 소련의 수소폭탄 개발(1953), 바르샤바조약기구 결성(1955) 등으로 소련과 공산주의의 전 세계적인 진출을 우려했다.

2차대전 직후 유라시아 대륙세력은 소련이 과거 러시아제국의 모든 영역을 넘어 팽창하는 가운데 1949년 중국에서 중화인민공화국이 수립되며, 가장 공세적인 확장을 이뤘다. 경제력과 군사력에서 여전히 미국 주도의 서방 해양세력에게 뒤지는 소련과 중국은 유라시아 대륙의 중심부에서 대양으로 나가는 주변 내해와 통로로 확장을 시도하며, 방역선을 설정하려 했다.

이미 전술한 대로 소련의 동유럽 진출은 그 대표적인 시도였다. 동유럽은 매킨더가 독일과 러시아 사이의 '중간층 국가'로 규정한 완충지대 국가군이다. 주로 슬라브, 남슬라브, 보헤미안, 마자르족들이 거주하는 이 지역은 소련이 있는 유라시아 대륙의 심장지대에게 서방 해양세력의 진출을 막는 전략적 종심을 제공했다.

소련의 진출과 중국의 공산화는 미국으로 하여금 이를 막는 적극적인 봉쇄망 설정을 추동했다. 미국의 대소련 봉쇄망 설정 주축은 나토의 결성으로 시작된 각 지역의 집단안보기구와 각 동맹국들과의 상호방위조약, 즉 군사동맹이었다. 미국은 나토의 결성으로 냉전 초기 미-소의 최대 각축장이던 유럽에 대한 안보장치를 마련하면서, 다른 지역으로 확산되는 집단안보기구와 군사동맹의 선례를 마련했다.

동북아 지역에서 1949년 중화인민공화국이 수립되고 1950년 한국전쟁이 발발하자, 중-소 공산주의 진영의 아시아태평양 진출 위협이 가중됐다. 이를 막는 방패로 일본이 나섰다. 미국은 소련과 중국을 배제한 채 일본과의 샌프란시스코 강화조약(1951)을 맺으면서 동시에 안전보장조약을 체결했다. 사실상 일본을 재무장시키는 군사동맹이었다.

미일안보조약은 동아시아에서 미국과 이 지역 동맹국들과의 양자군사동맹 체제인 '샌프란시스코 체제' 혹은 '허브앤스포크Hub & Spoke' 체제로 이어졌다. 즉 유럽이 속한 나토처럼 다자간 집단안보 체제가 아니라, 미국이 허브가 되어 이 지역의 일본, 한국, 대만(중화민국)과 양자 군사동맹을 맺고 이 지역의 안보를 종합적으로 조정했다.

이는 소련의 위협을 공통 안보사안으로 공유하는 서유럽 국가와는 달리, 동아시아 각국의 안보 이해가 서로 상이했기 때문이다. 한국전쟁 뒤 1953년, 미국은 한국과 한미상호방위조약을 맺었다. 1954년 중국이 대만이 실효지배하는 진먼섬을 포격한 사건인 1차 대만해협 위기 와중에는 중미공동방어조약을 맺고, 동아시아 방위 체제를 완성했다.

한국전쟁의 발발은 유럽에서도 나토의 강화와 확대로 이어졌다. 기존 12개국에 이어 그리스와 터키가 1952년 나토에 추가 가입했다. 이로써 나토는 제정러시아 시대 이래 러시아의 전통적인 팽창 출구들을 모두 망라하게 됐다.

그런가 하면 미국은 1954년 이란에서 민족주의 정권인 모하마드 모사데크Mohammad Mosaddegh 정부를 전복시켰다. 이란 국왕인 샤 체제를 복원하고, 확고한 친서방 정권을 수립했다. 이는 유라시아 대륙 서반부에서 대소련 봉쇄망의 완성이었다. 모사데크 정권 전복은 영국과 프랑스의 영향권에 남아 있던 중동이 미국의 헤게모니 속으로 편입되는 계기가 됐다. 이란은 1979년 이슬람혁명 때까지 중동에서 미국의 최대 맹방으로 자리 잡았다.

이란에서 모사데크 정권 전복을 계기로 중동에서도 소련의 팽창을 저지하는 집단안보기구가 결성됐다. 1955년 미국이 후원하고 준회원국으로 참가하는 가운데 영국, 터키, 이라크, 이란, 파키스탄이 바그다드조약을 맺고, 중동판 나토인 중앙조약기구(CENTO)를 결성했다.

동남아에서도 나토를 모델로 한 집단안보기구가 결성됐다. 베트남에서 식민지배를 연장하려는 프랑스와 호치민Ho Chi Minh이 이끄는 사회주의 성향의 민족주의 세력인 베트민이 전쟁을 벌었다. 이 1차 인도차이나전쟁에서 1954년 5월 프랑스가 디엔비엔푸전투에서 참패했다. 서방 세계는 베트남을 계기로 동남아 전역이 차례로 공산화될 수 있다는 도미노 이론에 휩싸였다. 1954년 필리핀 마닐라에서 미국, 영국, 프랑스, 오스트레일리아, 뉴질랜드, 필리핀, 파키스탄, 태국 8개국이 동남아집단방위조약을 맺고는 동남아조약기구(SEATO)를 결성했다.

1955년이 되면, 유라시아 대륙의 연안지대에서는 나토를 시작으로 동진하며 중앙조약기구, 동남아조약기구, 동아시아의 미일안보조약 등 양자군사동맹으로 대소련 봉쇄망이 완성된다. 매킨더의 논의에서 유라시아 대륙세력의 본거지인 심장부 지역을 감싸는 초승달지대, 스파이크먼이 지적했던 환형지대에 봉쇄망이 완성된 것이다.

미국은 유라시아 대륙 연안지대에서뿐만 아니라 태평양과 아메리카 대륙에서도 군사동맹을 결성했다. 2차대전 당시 연합국의 일원이던 오스트레일리아, 뉴질랜드와는 1951년 일찌감치 오스트레일리아-뉴질랜드미국안보조약(ANZUS)을 맺었다. 미국의 호수인 태평양의 방위를 위한 제2선의 집단안보장치였다.

중남미 국가와는 2차대전이 종전된 후 1947년 리우데자네이루조약을 통해서 미주상호 원조조약을 맺었다. 결성 당시 중남미의 모든 국가들이 참가해, 한 회원국에 대한 침략은 모든 회원국에 대한 침략으로 간주한다는 집단군사동맹을 분명히 했다.

1947년부터 1960년까지, 미국이 군사동맹을 맺은 국가는 46개국이나 된다. 그 대부분이 유럽-중동-동남아-동아시아로 이어지는 유라시아 대륙의 연안지대 국가이거나, 미국의 전통적인 영향권에 있던 중남미 국가이다.

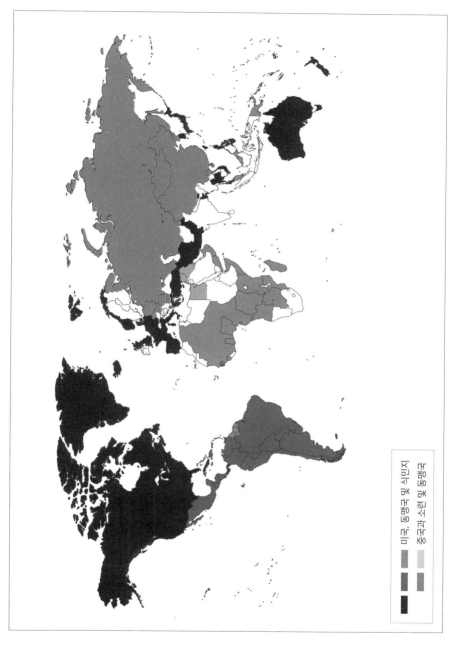

1950년대 미국과 소련 세력권

미국, 동맹국 및 식민지

중국과 소련 및 동맹국

미국, 군사력을 세계적으로 전개하고 핵 선제공격력을 강화하다

미국은 군사동맹 결성뿐만 아니라 자국 군사력을 전 세계로 전개해, 대소련 봉쇄망의 주축이 되게 했다. 미국은 2차대전 뒤 유럽에서 병력을 철수해, 1950년에는 약 8만 명만 잔류시켰다. 그 병력 대부분은 독일 점령에 관여했다. 하지만 나토가 결성되고, 독일을 포함한 서유럽 국가들의 방위력 증가를 위해 미군은 다시 증파됐다. 1953년 미국은 유럽에 무려 42만 7,000명의 병력을 주둔시켰다. 미국은 냉전 내내 유럽 주둔 미군 병력을 30만 명 이상으로 유지했다.

1950년 한국전쟁 발발은 동북아에서도 미군의 대대적인 전개와 주둔을 불렀다. 미국은 한국전쟁 종전 무렵인 1953년 한국에 최고 32만 6,000여 명의 병력을 파견했다. 한국전쟁 발발 이후 미국은 일본에 지원인력을 포함해 5만 명 이상의 병력을 항상 유지했다.

1950년 이후로 미국이 적어도 1,000명 이상의 미군을 주둔시킨 나라는 54개국에 달한다. 1950년부터 2000년까지 50년 동안 계속 미군 1,000명 이상이 주둔한 나라는 20개국이다.[19]

냉전 초기 소련 봉쇄에서 소련을 가장 위협한 것은 미국의 핵무기였다. 소련은 1949년 8월 원자폭탄 개발에 성공했으나, 핵무기의 질과 양에서 미국에 미치지 못했다. 미국은 1950년대와 1960년대 초까지 유럽에서만 모두 7,000개의 핵무기를 배치했다.

냉전 초기 미국 전략가들의 주요 관심사는 서유럽을 유린할 수 있는 소련군의 저지였다. 소련 위협에 대처하는 최선의 방법은 소련의 산업 기지들에 대한 핵 폭격이었다. 본질적으로 이런 전략은 2차대전 때 독일에 대한 미국의 전략적 폭격 작전의 연장선에 있었다. 핵무기를 사용함으로써, 2차대전 시기에 비해 시간은 단축되고 효과는 증대되고 비

용은 감소됐다.[20]

소련도 핵무기를 개발하자, 미국은 '선제공격 능력First Strike Capability', 즉 소련의 핵 능력 전체를 일거에 예방적으로 파괴하는 능력을 개발하고자 했다. 1950년대 미국의 이런 핵정책은 '대량 보복Mass Retaliation' 정책으로 불렸다. 미국은 양과 질에서 보잘것없던 소련의 핵무기가 발사되기 전에 그 전부를 파괴하려 했다. 1950년대 중반 미국의 전략공군사령부 사령관인 커티스 리메이Curtis Lemay는 "러시아가 공격을 하려고 비행기를 불러 모으는 것을 보게 되면, 그들의 비행기가 뜨기 전에 박살을 낼 것이다"라고 말했다. 정확히 말하자면, 미국의 이런 핵정책은 '대량 보복'이라기보다는 '대량 선제공격Mass Preemption'이라고 할 수 있겠다.

냉전 초기 미국은 소련의 핵전력을 무력화할 수 있는 선제공격 능력을 거의 확보했었다. 이를 위해 미국은 소련 인구의 30%, 산업의 70%를 파괴해야 한다고 상정했다. 그 결과, 1960년 12월이 되면 핵무기를 사용하는 첫 실질적 군사작전계획인 단일통합작전계획(SIOP)−62에서 소련의 200개 대도시를 파괴하는 수준의 공격을 상정했다. 소련에 대한 미국의 핵공격 파괴 목표는 시간이 갈수록 훨씬 커졌다. 1976년 1월 1일에 발효된 SIOP−5에서는 소련 내의 2만 5,000개 잠재적 목표물을 상정했다. 1983년 10월 1일 발효된 SIOP−6에서는 무려 5만 개의 목표물을 설정했다.[21]

미국, 통일 독일보다 분단된 독일이 좋다

서독 정부 수립과 재무장, 나토 결성, 한국전쟁에서 미국의 단호한 개입, 일본의 재무장 등 미국의 공격적인 봉쇄망 구축은 소련과 스탈린으로부터 최대의 외교 도박을 이끌어냈다. 스탈린은 1952년 3월 10일 '독일 평화계획Peace Note on Germany'을 제안했다.

스탈린은 자유선거를 통해 중립화 통일 독일 국가 수립을 제안했다. 스탈린은 모든 외국군이 1년 안에 철수하는 조건으로 통일 독일이 자체의 무장력을 보유하는 것도 제안했다. 이는 분명 서독이 서방 해양세력의 방어벽이 되는 것을 막고, 나토를 무력화시키려는 의도였다. 하지만 통일 독일과 그 재무장은 궁극적으로는 소련을 가장 위협하는 잠재적 위험이었다. 스탈린은 조여드는 서방의 봉쇄망을 교란하려고, 미래의 소련 안보를 건 도박을 했다.

스탈린의 제안은 너무 늦었다. 미국, 영국, 프랑스가 3월 25일 보낸 응답은 사실상 독일 문제에 대한 협상 개시가 아니라 종료를 알렸다. 서방 3국은 독일 통일이라는 원칙은 받아들였으나, 중립화는 거부했다. 통일된 독일은 "자유롭게 유엔의 원칙과 목적에 양립하는 관계를 맺을 수 있어야만 한다"고 서방 3국은 선언했다. 즉 독일이 나토에 남아야 한다는 것이었다. 서방은 자유선거를 위해서는 표현과 집회의 자유를 즉각 보장해야만 한다고 조건을 달았다. 소련의 점령하에 있던 동독을 겨냥한 단서였다. 서방의 응답은 협상을 하자는 것이 아니라 단지 자신들의 의지를 기록으로 남기기 위한 것이었다.[22]

그리고 독일의 통일보다는 독일의 서방화가 패전된 독일을 살리는 길이라고 굳게 믿는 콘라트 아데나워Konrad Adenauer 서독 총리가 있었다. 그는 소련이 제안한 독일 통일 '실험'을 일축했다. 서방이 요구하는 모든 조건을 받아들이며 '서방으로의 통합Westintegration'을 밀고 나갔다.

유라시아 대륙 서쪽에서는 독일의 중립화 통일안이 일축되고, 동쪽에서는 한국전쟁이 남북한의 원래 경계 지역에서 고착화되면서, 동서양 진영의 구축은 완성되어갔다. 독일 중립화 통일안을 내면서 서방을 상대로 마지막 지정적 거래를 시도했던 스탈린도 1953년 3월 5일 74세의 나이로 사망했다.

스탈린은 분명 러시아 역사에서 가장 공세적인 팽창정책을 폈고, 이를 실현한 지도자였다. 또 한편으로는 국가의 안보와 이익을 위해서는 그 누구와도 손을 잡고 타협하는 현실주의자였다. 스탈린이 남긴 유산에는 국가 안보를 위한 소련의 유례없는 팽창뿐만 아니라 중공업 우선의 급속한 산업화, 이에 바탕한 소련의 군비 강화도 있었다. 여기에는 미국을 추격하는 소련 핵 능력의 신장도 포함됐다.

소련은 독일 문제가 동·서독의 양립으로 고착되자, 1955년 동독을 포함한 동유럽 국가들을 회원국으로 하는 바르샤바조약기구를 창설해 군사적으로 나토에 대항했다. 1956년을 지나며 소련의 핵 능력은 미국에 여전히 뒤졌지만 미국을 위협할 수 있는 수준으로 신장됐다. 소련은 곧 미국의 봉쇄망을 뛰어넘어 서방 해양세력의 영역으로 세력을 확장하는 공세적 국면으로 접어들게 된다.

이는 모두 스탈린이 남긴 유산 위에서 이뤄졌다. 하지만 스탈린의 유산은 소련과 유라시아 대륙세력 균열의 씨앗이기도 했다. 그가 레온 트로츠키Leon Trotsky와의 권력투쟁에서 내세운 '일국 사회주의'는 마르크스-레닌주의로 포장한 러시아 민족주의와 팽창주의의 결합물에 다름 아니었다. 이는 곧 유라시아 대륙세력을 구성하던 중-소 사회주의 블록을 균열과 해체로 내몰았다.

소련, 미국의 봉쇄를 뛰어넘다

1950년대 후반을 지나면서 세계의 지정 지도에는 변화가 일었다. 냉전의 무대는 유라시아 대륙의 연안지대를 뛰어넘어 서방 해양세력의 영역 안으로 번져갔다. 소련은 봉쇄망 뛰어넘기를 통해 중동과 아프리카, 동남아시아, 심지어 미국의 마당인 중남미까지 세력 진출을 시도했다.

미국과 소련 두 초강대국의 대결과 경쟁은 1957년 소련이 최초의 인공위성 스푸트니크호를 쏘아 올리면서 격화됐다. 냉전이라는 두 번째 그레이트 게임의 새로운 국면을 연 것이다. 소련은 같은 해 대륙간탄도미사일 개발에도 성공했다. 소련은 1958년 미국과 조인했던 자발적인 핵실험 유예도 깨고, 1961년에 핵실험을 재개했다. 소련의 핵 능력은 여전히 미국에 뒤졌지만, 미국을 위협할 수 있는 '공포의 균형Balance of Terror'을 이루고 미국의 핵공격을 억지할 수 있는 능력을 확보했다.

전후 소련 경제의 복원과 과학기술 능력의 향상은 소련으로 하여금 서방 해양세력의 영역에 있던 제3세계로의 진출을 추동했다. 영국과 프랑스는 2차대전 뒤에도 중동과 동남아, 아프리카에서 식민지 질서를 유지하려다, 현지 민족주의 세력들의 민족해방투쟁을 불렀다. 제3세계 민족주의 세력들은 투쟁의 도구로 사회주의 이념을 차용했다. 소련은 제3세계 민족주의 세력들의 민족해방투쟁을 지원하며 해양세력 영역으로 진출을 시도했다.

스탈린 사후 집권한 니키타 흐루쇼프Nikita Khrushchyov는 1956년 20차 소련 공산당 당대회에서 스탈린 격하와 소련 경제의 탈집중화를 알리는 노선 전환을 발표했다. 흐루쇼프는 또 같은 해 국제공산주의 지도기관인 코민포름을 해체하고, 제3세계 민족해방투쟁 세력에 대한 지원과 제휴로 노선을 바꾸었다. 소련은 '서방 제국주의'에 반대하는 모든 세력과의 연대를 표방하며, 공산주의에 적대적인 민족주의운동 세력도 지원에 나섰다. '세계 공산주의혁명'이라는 깃발은 내리고, '자본주의·제국주의와의 전쟁'이라는 새로운 깃발을 올렸다.

이는 미국으로 하여금 공산주의 도미노에 대한 공포를 자아냈다. 미국은 힘이 빠진 영국과 프랑스를 대신해 제3세계에서 사회주의 성향 민족주의 세력의 득세를 저지하는 다양한 개입에 나섰다. 중동과 아프리카, 동남아 각국은 미국과 소련의 치열한 세력 경쟁 무대로 바뀌었다.

소련의 서방 해양세력 영역 진출은 주로 제3세계 국가나 민족주의운동 세력에 대한 무기 지원 형태로 이뤄졌다. 소련은 2차대전 때 가동한 군수산업의 규모를 더욱 키워서, 세계 2위의 무기 공급국으로 떠올랐다. 냉전 초기 소련의 무기 지원은 주로 동유럽의 바르샤바조약기구 회원국에 한정됐다. 1950년대 후반 들어서는 제3세계 국가와 인도로 흘러갔다. 소련은 판매나 증여 형태로 관대한 군수지원을 베풀었다. 또한 간접적인 군사개입도 했다. 쿠바군을 동원해 앙골라와 에티오피아 내전에 개입했다. 소련의 향상된 병참 능력으로 바다와 하늘을 통해 미국의 봉쇄망을 뛰어넘어 대량의 군수물자를 실어 날랐다.

1960년대 들어 미국이 베트남전쟁의 수렁에 빠지자, 소련의 해양세력 영역 진출은 그 동력을 배가했다. 소련은 특히 서방 해양세력의 핵심 해로들을 따라서 정치적, 군사적 입지를 구축하려 했다.

소련은 크게 세 지역으로 진출을 시도했다. 첫째, 중동과 아프리카 북동부인 아프리카곶으로 진출해 동부 지중해, 수에즈 운하, 홍해, 아덴만으로 연결되는 해로를 위협했다. 이집트, 시리아, 예멘, 소말리아 등이 주요 대상 국가였다. 둘째, 동남아와 아시아 연안 지역으로 침투해, 말라카해협과 남중국해에서 영향력을 확보하려 했다. 베트남과 인근 국가들이 대상이었다. 셋째, 카리브해 지역이다. 쿠바에 1959년 피

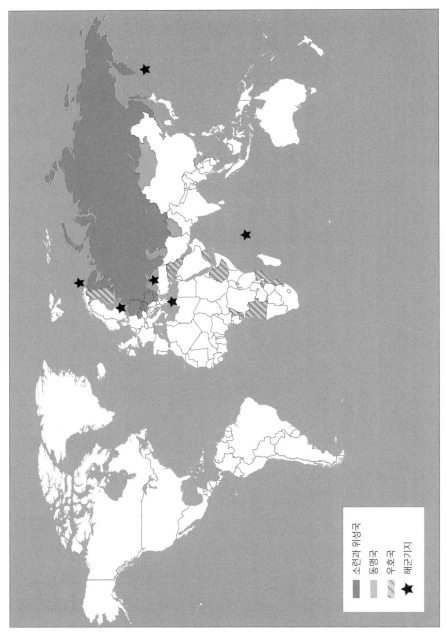

1970년대 말 소련 세력권 및 해군력 배치

소련과 위성국
동맹국
우호국
★ 해군기지

델 카스트로 사회주의 정권이 들어서면서, 플로리다해협과 유카탄해협
도 진출 대상이 됐다. 이는 미국을 직접적으로 겨냥하는 위협이었다.[23]

소련은 해양세력 영역 진출에 필수적인 해군력을 대대적으로 증강했
다. 소련의 새로운 대양 해군력의 핵심은 미사일 탑재 핵추진잠수함,
유도미사일 순양함, 초계함들이었다. 소련 함대들은 원거리 수송 항공
모함으로 뒷받침됐다. 군사적 능력을 갖춘 선박을 포함해 최대 규모의
상업용 선박도 제작했다. 소련은 북해, 태평양, 발트해, 흑해 함대에 더
해, 지중해와 인도양에도 상시 해군력을 유지했다.[24]

소련 해군력 진출의 허장성세

미군 해군력이 감축되는 상황에서 소련 해군력의 증강은 미
국 등 서방 세계에서 더욱 심각한 위협으로 간주됐다. 하지만 서방 해
양세력의 해양 지배력에 대한 소련의 위협은 과장된 측면이 있다. 소련
의 해군력 증강은 서방 해양세력 영역으로의 추가적 팽창을 위해서라
기보다는 1950년대 후반 이후 소련이 해양세력 영역에서 확보했던 근
거지들을 방어하려는 목적으로 보는 것이 타당하다.

소련 함대의 또 다른 문제점은 공해 작전에 필수적인 해외기지들의
신뢰성이 없다는 점이었다. 소련은 지중해에 있는 이집트의 알렉산드
리아, 아덴만을 마주보는 소말리아의 베르베라와 예멘의 아덴, 홍해에
있는 당시 에티오피아의 아세브와 마사와(현재 독립한 에리트레아의 항구들)
를 확보했다가 상실했다. 쿠바에서 확보한 시엔푸에고스는 미국이 여
전히 쿠바에서 유지중인 관타나모 기지, 플로리다로 이어지는 키웨스
트열도에 의해 그 작전 능력이 상쇄됐다. 남중국해에 있는 베트남의
깜라인만 기지 역시 괌, 오키나와, 필리핀에 있는 미국 해·공군기지

에 의해 상쇄됐다. 대서양에 면한 아프리카 기니의 코나크리도 대서양 한가운데 있는 아센시온섬과 아조레스제도의 미군 기지들에 의해 견제받았다.[25]

무엇보다 소련의 해군력은 소련이 가진 지리적 취약점으로 인해 유사시에는 거의 힘을 발휘하기 힘들었다. 소련 해군력이 본토와 연결되는 통로들인 발트해, 북해, 흑해, 그리고 극동의 블라디보스토크는 유사시에 서방의 해군력에 의해 간단히 봉쇄될 수 있는 곳이다. 유사시에 소련의 해군력은 대양으로 진출하기도 힘들고, 대양으로 진출한다고 해도 본토로부터 고립되는 상황에 처하게 된다. 지중해와 인도양의 소련 해군력은 사실상 서방 세계 해군력의 손아귀에 있었던 것이다.

14
미국과 중국,
협력과 데탕트

　1969년 3월 2일부터 21일까지 소련과 중국의 동부 국경 우수리강에 있는 전바오섬에서 두 나라 국경수비대의 무력충돌이 이어졌다. 첫날 충돌에서 소련군 59명, 중국군 71명이 전사했다. 15일에는 소련군이 포격과 탱크까지 동원하는 등 정규전 수준의 전투가 벌어졌다.

　미국은 처음에 이 분쟁이 광신적인 중국 지도자들에 의해 자극된 것으로 생각했다. 지난 20여 년간 중국이 보여준 이데올로기적 경화를 기초로 한 판단으로, 큰 관심을 두지 않았다. 그러나 소련 쪽이 이 사태에 대해 미국에 보여준 적극적인 외교활동과 해명은 그 평가를 다른 차원으로 바꾸게 했다.

　소련 외교관들은 이 사태에 대한 자세한 설명을 제공하며, 만약 이 충돌이 격화되면 미국은 어떠한 태도를 취할 것인지를 은근히 탐색했다. 이는 소련이 중국을 공격하려는 근거를 준비중일지도 모른다는 의문을 자아냈다. 이런 의혹은 이 충돌에서 소련이 사실상 침략자 역할을 했다는 정보 보고로 증폭됐다. 소련이 양국의 6,000킬로미터가 넘는 국경에서 그즈음 병력을 증강해 40개 사단 규모로 늘린 것도 그런 해석을 보강했다.[26]

닉슨, 지정학으로 미국 대외정책을 무장하다

중국과 소련의 국경분쟁이 격발하기 2개월 전인 1969년 1월 미국에는 리처드 닉슨 공화당 행정부가 새로 들어섰다. 닉슨은 1950년대 미국의 광신적 반공몰이였던 매카시즘을 의회에서 실질적으로 추동한 대표적 반공 매파였다. 그는 1950년 상원의원 선거에서 영화배우 출신의 민주당 여성후보 헬런 거헤이건 더글러스Helen Gahagan Douglas를 '속옷까지 빨간 빨갱이'라고 몰아붙인 바 있었다. 그는 '교활한 놈Tricky Dick'이라는 별명의 소유자였다.

하지만 여성의 속옷까지 권력 추구에 이용하는 닉슨에게 이데올로기란 수단에 불과했다. 자신의 권력과 국가 이익을 추구하는 데 이데올로기나 이상, 가치는 종속물일 뿐이었다. 닉슨은 반공 매파였지만, 대통령이 되자 약자를 위한 사회복지를 확충하고 오일쇼크 와중에 좌파 경제정책인 가격통제도 도입하는 등 이데올로기에 얽매이지 않는 실용주의로 일관했다. 그러나 국내 정치를 공작과 음모로 점철하던 닉슨은 결국 워터게이트 사건으로 치욕적인 사임을 해야만 했다. 훗날 닉슨의 장례식에서 그의 최대 정적이던 민주당의 에드워드 케네디Edward Kennedy 상원의원은 "미국의 마지막 사회주의자가 사라졌다"는 헌사를 하기도 했다.

닉슨은 대외정책에 한해서는 강력한 분석 능력과 비상한 지정학적 통찰로 미국의 국익에 집중했다. 닉슨은 20세기 이후 미국 대외정책 철학의 주축이던 이상주의적 윌슨주의를 수용하지 않았다. 우드로 윌슨 전 대통령은 세계가 평화와 민주주의를 향해 진보한다고 봤다. 이를 돕는 것이 미국의 사명이었다. 그에 비해 닉슨에게 세계는 친구와 적으로 나뉘었다. 협력의 무대, 이익이 충돌하는 무대로 나뉘었다. 닉슨의 인식에서, 평화와 조화는 사물의 본질적 질서가 아니었다. 위태로운 세계에 있는 한때의 오아시스였다. 그 세계에서 안정은 각고의 노력으로만 보전될 수 있다. 닉슨은 대외정책에서 미국 국익이라는 개념에 따라 항로를 잡았다. 그는 미국을 포함한 주요 열강들이 자기 이익을 이성적이고 예측 가능하게 추구한다면, 이익의 충돌로 각축을 벌이는 가운데서도 세계의 평정상태가 이루어질 것이라 믿었다.[27]

우리는 세력균형이 있었을 때 평화의 시기가 지속됐던 세계의 역사를 기억해야만 한다. 한 나라가 잠재적 경쟁 국가에 비해 제어할 수 없을 정도로 힘이 세질 때 전쟁의 위험이 고조됐다… 강력하고 건강한 미국, 유럽, 소련, 중국, 일본이 각자 상대와 균형을 이루고, 상대를 해치지 않고, 대등한 평형을 이루게 하는 것이 안전하고 더 나은 세계가 되리라 생각한다.[28]

그는 안정을 만들어내는 세력균형을 믿었지만, 강력한 미국이 세계적인 평정에 필수라고 확신했다. 세계무대에서 미국의 우월성과 사명은 도덕과 이념이 아니라, 힘의 관계에 기초해야 구현될 수 있었다.

현직 대통령 린든 존슨이 베트남전 수령으로 출마를 포기한 1968년 대선을 거치며, 닉슨의 현실주의 성향은 더욱 구체화됐다. 그는 선거 과정에서 베트남의 "명예로운 평화"라는 말로, 사실상 베트남전 종전을 공약으로 내걸었다. 그의 대통령직 앞에는 수렁에 빠진 베트남전, 미국의 재정적자 증폭 및 달러화 가치 하락, 유럽의 부상, 소련의 세계 진출이 있었다. 그는 미국의 국력이 전 세계적으로 과잉 전개됐고, 미국 자원이 위험스러운 수준으로 증발되고 있다고 직시했다.

닉슨이 국가안보보좌관으로 파격 발탁한 헨리 키신저 하버드대 교수는 미국 대외정책의 혁명적 전환을 예고했다. 미국의 이상주의 외교 노선에 비판적인 키신저는 미국 외교계와 정치학계가 경원시하는 세력균형 원칙에 입각한 철저한 현실주의 국제정치학자였다.

키신저에 따르면 "베트남은 우리 어려움들의 원인이 아니라 징후"였다. 그는 당시 미국이 처한 국가적 난관의 가장 깊은 원인이 미국이라는 나라에도 한계가 있다는 것을 비로소 깨달으면서 발생하는 혼란이라고 진단했다. 즉 미국 역시 국제정치의 보편 원칙에서 자유로울 수 없다는 것이었다. 그는 이렇게 회고했다. "우리는 다른 나라들처럼, 우리의 힘이 방대하다 해도 한계가 있다는 것을 깨달아야 한다. 우리의 자원은 우리의 문제와 비교해 더 이상 무한하지 않다. 대신에 우리는 지적이고 물질적인 양 측면에서 우선순위를 정해야만 한다."[29]

닉슨과 키신저에게 최우선 사안은 미국의 국가 안보를 위협하기에 충분한 힘을 가진 국가인 소련에 대한 봉쇄를 유지하는 것이었으나, 과거의 방법으로는 더 이상 불가능했다. 2차대전 뒤 미국의 봉쇄정책은 미국을 모든 세계적 위기의 최전선에 밀어넣었다. 승리에 대한 전망도 없이 50만 명의 미국인을 인도차이나에 배치하는 고삐 풀린 개입주의는 더 이상 지속할 수 없었다. 닉슨은 공산주의의 이데올로기적 호소를 더 이상 위협으로 간주하지 않았다. 그가 우려한 것은 소련의 물리적 힘이었다. 키신저는 "우리 시대의 문제는 초강대국으로서의 소련의 부상을 관리하는 것이다"라고 지적했다.

미국의 봉쇄정책이 본질적으로는 소련의 팽창을 막는 지정적인 전략이었으나, 미국과 그 지도부는 이를 도덕적 가치로 포장한 탓에 스스로 그 가치에 사로잡혔다. 그 결과는 반공 도그마였다. 이는 베트남의 반식민지 민족주의 세력을 공산주의의 확장으로 낙인찍고는, 베트남전이라는 수렁을 초래한 터였다. 그러나 닉슨과 키신저 앞에서 지정학은 이데올로기를 누르고 미국 대외정책의 철학으로 부상했다. 이제 지정학은 미국에게 국제 문제를 대처하는 실탄이 됐다.

브레즈네프 독트린, 세력균형을 위협하다

중-소 분쟁이 격발하기 1년 전인 1968년 8월 소련은 체코슬로바키아를 무력 침공해서, 알렉산데르 둡체크Alexander Dubček 정부가 추진하던 탈소련화 자유화 개혁인 '프라하의 봄'을 진압했다. 소련은 그 뒤 이를 정당화하는 브레즈네프 독트린을 선언했다.

레오니트 브레즈네프Leonid Brezhnev 당시 소련 공산당 서기장은 그해 11월 13일 폴란드 공산당 5차 당대회 연설에서 "사회주의에 적대적인 세력들이 사회주의 국가의 방향을 자본주의로 돌리려 한다면, 그것은 그 나라의 문제만이 아니라 모든 사회주의 국가의 공통된 문제이자 관심사이다"라고 천명했다. 한 사회주의 국가가 사회주의 노선을 포기하면, 다른 사회주의 국가가 개입해 저지할 수 있다는 의미였다. 사회주의 국가에 대한 소련의 종주권을 선언한 브레즈네프 독트린은 스탈린 사후 이데올로기 논쟁을 벌이며 소련과 사이가 벌어진 중국에 심각한 위협이었다.

지정학으로 무장한 닉슨 행정부에게 중-소 분쟁은 공산 진영의 분열이 아니라 세계 세력균형에 대한 심각한 위협이었다. 닉슨 행정부는 소련이 브레즈네프 독트린을 중국에도 적용해 냉전 초기 소련이 압도적 우위에 있는 중-소 블록을 복원하려 한다고 우려했다. 소련이 이를 실현할 수 있을지는 불확실했다. 하지만 지정학적 개념에 대외정책을 기초한 닉슨 행정부로서는 그런 위험을 내버려둘 수 없었다. 세력균형을 진지하게 고려한다면, 지정적인 격변은 저지돼야만 한다. 지정적 대변동이 일어날 때쯤이면 이를 막기에는 너무 늦는다는 것이 역사가 보여준 교훈이었다. 나치 독일의 부상이 대표적이다. 그런데 만약 소련과 중국이 미국보다 서로를 더 두려워한다는 것이 확인된다면, 미국 외교에 전례 없는 기회였다. 이런 판단은 닉슨 행정부로 하여금 1969년 여름 두 가지 비상한 조처를 취하게 했다.[30]

닉슨은 미수교 관계인 미국과 중국의 접촉 창구인 폴란드 바르샤바에서의 양국 실무급 대화에서 발목을 잡던 모든 사안을 보류하라고 지시했다. 대만 문제, 미국 내에 동결된 중국 자산 등의 사안이었다. 또한 7월 21일에는 중국에 대한 제재를 완화하는 일방적인 조처를 취했다. 미국 시민들의 중화인민공화국 여행 금지 해제, 100달러 이상 중국 제품의 미국 반입 허용, 미국 곡물의 중국행 선적 부분 허용 등이었다. 사흘 만에 중국은 중국 영해에서 나포했던 요트의 미국인 두 명을 석방하며, 화답을 시사했다.

닉슨은 나흘 뒤인 7월 25일 태평양의 괌에서 전후 미국 대외정책의 분수령이 되는 닉슨 독트린을 발표했다. 트루먼 독트린이 전 세계적인 차원에서 미국의 냉전 수행을 천명했다면, 닉슨 독트린은 그런 냉전 구도에서 철수를 의미했다. 닉슨은 해외순방중 괌에 기착해, 새로운 대외정책의 철학을 발표했다. "우리는 우리의 조약 의무를 지킬 것이다… 하지만 핵무기를 가진 열강의 위협을 제외한 군사방위 문제인 한에 는… 그 문제는 아시아 국가 자신들이 책임을 도맡아 대처해가기를 권 장하고 기대할 권리를 미국은 갖는다."

닉슨 독트린, 대중국 봉쇄 해제를 알리다

미국은 중국과의 관계정상화를 위한 직접적인 신호도 보냈 다. 윌리엄 로저스William Rogers 국무장관은 1969년 8월 8일 오스트레일 리아 방문 도중에 중국과의 관계정상화를 시사했다. 그는 미국은 아시 아태평양 문제에서 공산 중국의 중요한 역할을 환영한다고 말했다. 중 국 지도자들이 그들의 내향적 세계관을 포기한다면, 미국은 "대화 통 로를 열 것"이라고 말했다. 그는 경제 분야에서 미국이 일방적으로 취 한 대중국 우호조처들은 "중국 본토의 사람들에게 그들에 대한 우리의 역사적 우호관계를 상기시키는 것"이라며 관심을 촉구했다. 20년 만에 나온 미국 국무장관의 대중국 우호발언이었다.

닉슨은 세계에서 엄연한 실체를 가진 중국을 없는 나라처럼 계속 취 급할 수 없다는 견해를 일찌감치 보였다. 그는 1967년 《포린 어페어스》 기고에서 "장기적 관점에서 우리는 중국을 국제사회 국가군의 밖에 영 원히 내버려둬서, 중국이 자신의 환상을 키우고 증오를 품고 주변국을 위협하게 할 수는 없다. 잠재적으로 능력이 있는 10억 명이나 되는 사 람들이 그런 분노의 고립 속에서 사는 공간은 이 작은 행성에는 없다" 고 말했다.[31] 닉슨은 대통령 후보 지명 뒤 이 문제에 대해 더 구체적으 로 말했다. "우리는 중국을 잊어서는 안 된다. 우리는 소련에 대해서처 럼 언제나 중국과의 대화 기회를 찾아야 한다… 우리는 변화를 관찰해서만은 안 된다. 우리는 변화를 만들어야 한다."[32]

키신저는 더 나아가 미-중-소 삼각관계에서 미국이 주도권을 쥐는 레알폴리틱을 주장했다. 닉슨의 국가안보좌관이 되기 전 그는 1968년 공화당 대통령 후보 경선 때는 닉슨과 맞붙은 넬슨 록펠러Nelson Rockefeller 진영에서 대외정책을 입안하며 이렇게 밝혔다. "나는 공산 중국과 대화를 시작할 것이다. 워싱턴, 베이징, 모스크바 사이의 정교한 삼각관계에서 우리는 양쪽에 대한 우리의 선택지들을 넓히면서 합의의 가능성들을 개선할 수 있다."[33]

이러한 분위기 속에서 당선된 닉슨은 대통령직 수행중 가장 대담한 조처 하나를 취했다. 미국은 소련이 중국을 공격한다면 좌시하지 않을 것이라는 경고였다. 닉슨의 승인 아래 1969년 9월 5일 엘리엇 리처드슨Elliot Richardson 국무부 차관이 중-소 전쟁에 대해 미국은 "깊이 우려한다"는 강력한 입장을 보여줬다. 리처드슨 차관은 "우리는 소련과 중국 사이의 적대관계를 이용하려 하지 않겠다"면서 "그 분쟁의 격화가 국제평화와 안보에 대한 큰 균열로 격화되는 것을 우려하지 않을 수 없다"고 강조했다.

군사적 사태에 '깊은 우려'를 표하는 것은 침략의 희생자를 돕겠다는 의사를 전달하는 외교가의 용어이다. 미국은 외교관계도 없는데다, 자신을 '제국주의'라고 비난하는 나라에 대해 침략당하면 돕겠다는 메시지를 표방한 것이다. 미국이 레알폴리틱의 세계로 본격적으로 진입했다.

닉슨은 1970년 2월 대통령 연두교서에서 중국과의 실용적인 협상을 촉구하며 미국은 소련과 공모해 중국을 해하지 않겠다고 강조했다. 이는 소련에 대한 경고이기도 했다. 닉슨 독트린은 이 연두교서에서 더 구체화되고, 아시아뿐 아니라 전 세계의 미국 동맹국에게로 확장했다.

– 미국은 동맹국과의 조약의무를 지킨다.

– 미국과 동맹을 맺은 나라나, 미국의 안보에 사활적인 나라의 자유가 핵전력에 의해 위협받으면, 미국은 그 방어를 제공할 것이다.

– 비핵 공격의 경우에는, 미국은 직접적으로 위협받는 나라가 방위를 위해 병력을 제공하는 우선적 책임을 질 것으로 기대한다.

닉슨 독트린의 핵심은 '아시아의 방위는 아시아에 맡긴다'는 것이었다. 당장의 의미는 베트남전쟁은 남베트남에 맡기고 미국은 철수한다는 것이고, 장기적으로는 미국이 아시아에서 개입을 줄이겠다는 의미였다. 이는 중국에 대한 봉쇄망의 완화, 후퇴로 이어진다.

1971년 2월 연두교서에서도 닉슨은 "우리는 베이징과 대화를 수립할 준비가 됐다"며 "우리는 중국의 합법적 국가이익을 부정하는 국제적 입장을 중국에 가하기를 원치 않는다"고 말했다. 실제로 닉슨 행정부는 미-중 화해가 본격화되기 전인 1971년 6월, 6만여 명의 주한미군 병력 중 2만 명을 감축해 철수시켰다.

마오쩌둥, 대미 화해를 추진하다

미국과의 관계 개선이 절실한 중국은 더 적극적인 신호를 보내고 있었다. 중-소 국경분쟁이 발발한 직후인 1969년 4월 1일 열린 중국 공산당 9차 당대회에서 마오쩌둥 주석의 후계자로 부상했던 린바오林彪 국방장관은 미국이 중국의 제일 주적이라는 통상적인 규정을 철회했다. 린바오는 또 마오쩌둥이 1965년 미국 언론인 에드거 스노Edgar Snow를 초청해서 밝힌 내용을 재확인했다. 당시 마오쩌둥은 "중국은 국경선 밖으로 군대를 주둔하지 않고 영토가 침략당하지 않는다면 어떤 누구와도 싸울 의사가 없다"고 언명한 터였다.

중국은 1960년대 중반을 지나며 존슨 미국 행정부가 베트남 수렁에서 빠져나오려고 애쓰는 것을 보면서, 미국이 더 이상 아시아에서 세력을 확장하지 않을 것이라는 분석을 했다. 미국보다는 소련을 더 심각한 위협으로 봤다. 소련의 체코슬로바키아 침공과 이를 정당화하는 브레즈네프 독트린은 소련이 중국에 무력으로 개입할 수도 있다는 위기의식을 불렀다.

마오쩌둥은 1970년 10월 중국 건국절에 에드거 스노를 다시 초청했다. 군사퍼레이드 때 자신의 옆 좌석에 앉히고는 다시 한번 미국에 상징적인 메시지를 보냈다. 스노는 그해 12월 마오쩌둥과 직접 인터뷰를 했다. 마오쩌둥은 닉슨에게 관광객으로서든 미국 대통령으로서든 다 좋으니 중국을 방문하라고 초청했다. 마오는 통역사에게 통역 노트를 스노에게 주라고 지시해, 스노 인터뷰의 신뢰성을 높여주려고도 했다.

워싱턴은 스노를 통한 마오쩌둥의 메시지를 파악하지 못했다. 친공 언론인으로 낙인찍힌 스노는 미국에서 영향력이 없었다. 미국 외교당국은 그의 행적과 기사를 주목하지 않았다. 미국은 대신에 기존의 바르샤바 회담을 대사급으로 격상시켰다. 하지만 바르샤바 회담은 진척이 없었다. 중국이 적극적이지 않았다. 심지어 미국의 캄보디아 폭격에 항의하며 그 회담을 중단시켰다. 중국은 소련의 위성국인 폴란드에서 회담하고 폴란드를 중재자로 삼는 것을 달가워하지 않았다.

그러자 소련의 영향력이 미치지 못하는 파키스탄이 중재자로 나섰다. 파키스탄 채널은 곧 최고위급 접촉을 낳았다. 1971년 미-중의 핑퐁외교는 그 전조였다. 미국과 중국의 탁구대표단이 일본에서 만난 데 이어 미국 대표단이 중국에 입국했다. 마오쩌둥이 직접 승인했다. 그해

7월 9일 병환을 이유로 백악관에 출근하지 않은 키신저는 파키스탄에 은밀히 모습을 드러냈다. 그는 파키스탄을 거쳐 접경한 중국으로 들어갔다. 양국 정상회담을 추진하기 위해서였다.

키신저를 만난 저우언라이周恩來 총리는 양국 관계의 개선에 대한 희망을 적극 피력했다. 그는 미국이 중국을 고립시키려 했으나, 중국은 미국에 그러지 않았다고 지적했다. 때문에 양국 관계 회복 움직임은 미국 쪽에서 먼저 나와야 한다고 강조했다. 중국과 관계 개선을 계획했던 케네디 전 대통령을 언급한 저우언라이 총리는 "우리는 우리가 필요한 한 적극 기다릴 것"이라며 "이 협상이 실패한다면, 적당한 때에 또 다른 케네디와 또 다른 닉슨이 나올 것이다"라고 말했다.

중국의 지도부는 닉슨보다도 더 현실적이었고, 더 전략적이었다. 그들은 두 나라 사이의 전통적인 문제들을 부차적으로 봤다. 무엇보다도 공통의 이해에 기초해 협력이 가능한지를 탐색하는 데 집중했다. 키신저가 워싱턴으로 귀환한 지 사흘 만인 15일, 양국은 닉슨이 마오쩌둥의 초청을 받아 중국을 방문한다고 전격 발표했다.

중국 지도부가 원한 것은 미국이 소련의 브레즈네프 독트린 실행에 협조하지 않는다는 보장이었다. 닉슨이 알고자 한 것은 중국이 소련의 지정적 공세를 막는 데 미국과 협조할지였다. 양쪽의 목적은 본질적으로 전략적이었다. 특히 중국 쪽은 이를 위해 세세한 사항들을 따지지 않고 신뢰 구축에 관심을 보였다.

1972년 2월 21일 중국을 방문한 닉슨을 만난 마오쩌둥의 첫마디는 "작은 문제는 대만이고 큰 문제는 세계이다"였다. 중국은 대만에 무력 행사를 하지 않을 것임을 주저하지 않고 닉슨에게 확인시켜줬다. 마오쩌둥은 "현재 우리는 대만이 없어도 살 수 있으니, 100년 뒤에나 거론

하도록 하자"고 말했다. 중국은 미국이 과거 20년 동안 요구하던 사안을 들어주면서도, 미국도 상응하는 호혜적인 조처를 하라고 요구하지 않았다. 중국은 전통적인 외교책을 꺼내들었다. '먼 나라와는 사귀고 가까운 나라는 친다'는 원교근공遠交近攻과 '오랑캐로 오랑캐를 무찌른다'는 이이제이以夷制夷 전략이었다.

그 시점에서 중국이 필요로 한 것은 '먼 곳의 오랑캐' 미국과의 신뢰구축이었다. 미국과의 논쟁에서 이기는 것은 오히려 장기적 이익을 해치는 것이었다. 마오쩌둥에 따르면, 주요한 안보위협은 소련이었다. "현재 시점에서 미국이나 중국으로부터의 침략 문제는 상대적으로 작다… 당신네 미국은 군대를 철수하기를 원한다. 우리 군대도 외국으로 나가지 않을 것이다." 이는 중국의 지정 전략의 일대 변화였다. 중국은 인도차이나에서 미국을 두려워하지 않겠다, 중국은 베트남에서 미국이 무엇을 하든 미국의 이익에 도전하지 않겠다는 뜻을 마오쩌둥은 미국에 전달했다. 우선적으로 소련으로부터의 위협을 우려했고, 이는 곧 일본으로부터의 위협으로 대체됐다. 마오쩌둥은 자신의 반제국주의 언행을 "빈 대포"라며 신경 쓰지 말라고 했다. 중국이 바라보는 세계의 새로운 세력균형에 대한 강조였다.[34]

닉슨의 중국 방문을 결산하는 양국 정상의 공동성명인 2월 28일의 상하이 공동성명은 암묵적인 반소련 미−중 연대의 선언이었다. 상하이 공동성명은 양국의 관계정상화를 천명하며 아시아태평양에서의 어떠한 패권 추구도 반대한다고 선언했다. 성명은 "어느 쪽도 아시아태평양 지역에서 패권을 추구해서는 안 되고, 양쪽은 그런 패권을 수립하려는 어떠한 나라나 국가군의 노력도 반대한다"고 선언했다.

외교적 언어들을 제거하면, 이런 합의는 중국이 인도차이나와 한반도에서 상황을 악화시키는 일을 하지 않을 테고, 미국이나 중국 어느 쪽도 소련 진영에 협력하지 않을 것이며, 아시아를 지배하려는 어떠한 국가의 시도에도 반대함을 의미했다. 소련이 아시아를 지배할 수 있는 능력을 가진 유일한 나라임을 감안하면, 아시아에서 소련의 팽창을 막으려는 암묵적인 동맹이 출현한 것이다.

20세기 초 유럽에서 독일의 팽창을 막기 위해 1904년 영국과 프랑스, 1907년 영국과 러시아의 협상을 통해 결성된 3국협상과 다르지 않은 역사적 사건이었다. 1년 뒤 발표된 한 성명에서 두 나라는 어떠한 나라의 "세계 지배" 시도도 "공동으로" "저항"한다는 데 합의했다. 이는 상하이 공동성명에서 언급된 '아시아'가 '세계'로, '반대'가 '저항'으로, '각자 다짐한다'에서 '공동으로' 격상된 것이다.[35]

미국-중국 화해가 미국-소련 데탕트를 가속화하다

미국에서는 닉슨 행정부의 대중 화해정책이 소련과의 관계를 악화시킬 것이라는 우려가 높았다. 대부분의 소련 전문가들을 포함한 많은 외교통들은 미국에게 세계 질서에서 더 중요한 나라는 중국보다는 소련이라고 봤다. 미-중 접촉은 미국이 존슨 행정부 때부터 추진하던 소련과의 화해, 즉 데탕트Détente를 방해하고 미-소 대립을 격화시킬 것이라고 우려했다.

하지만 미국과 중국의 화해가 가시화되자, 그런 우려와는 정반대의 효과가 나타났다. 닉슨은 중국을 방문한 지 3개월 만인 1972년 5월 모스크바를 방문했다. 2차대전 때 프랭클린 루스벨트 대통령이 얄타 회담을 위해 소련 땅을 찾은 지 27년 만에 미국 대통령의 소련 방문이었다. 브레즈네프와 닉슨의 정상회담을 놓고 1년간이나 밀고 당기던 소련은 키신저의 방중 뒤 한 달 만에 닉슨의 모스크바 초청을 결정했다.

사실 소련도 1960년대 말이 되면서 미국과의 국력 경쟁에서 한계에 봉착하고 있었다. 미국이 봉쇄정책으로 전 세계 분쟁 지역의 최전선에 과도하게 개입한 것처럼, 소련 역시 미국의 봉쇄망을 무력화하려고 제3세계에 과도한 개입을 했다. 미국이나 소련이나 과도한 국력 전개를 재조정해야 할 필요성에 직면했다. 미국에서는 이런 여론이 베트남전 반대 등으로 공개적으로 드러났으나, 소련은 내부적으로 내연하고 있었다는 것이 차이였다.

1960년대 말, 핵전력으로 상징되는 두 나라의 외형적 국력이 거의 비등해지자 양쪽 모두에게 새로운 관계의 필요성이 제기됐다. 긴장완화, 이른바 데탕트였다. 과거와 같은 핵 개발 경쟁은 두 나라 체제에 엄청난 부담일 뿐만 아니라 세계의 안정을 위협하는 요인이었다. 소련은 꾸준히 핵전력을 구축해, 1969년 11월에는 대륙간탄도미사일 수에서 1,140 대 1,054로 미국을 추월했다. 물론 미국은 잠수함발사탄도미사일(SLBM)과 장거리 폭격기에서 앞서 전반적인 핵무기 능력에서 여전히 앞서고 있었으나, 지난 20년간 유지되던 미국의 핵무기 능력 우위는 종말을 고했다. 소련과의 핵 분쟁 위험성을 낮추는 것은 세계의 안정을 도모할 뿐만 아니라 베트남전으로 국방비가 증폭되는 미국에게 부담을 더는 길이기도 했다.

소련에게 미국과의 군비통제협정은 양대 초강대국으로서의 소련의 지위를 굳히는 것이었다. 동시에 미국이 새로운 기술을 개발해 핵 능력에서 우위를 회복하는 것을 막으면서 자신들이 20여 년에 걸쳐 이룬 미국과 동등해진 핵 능력을 안착시키는 길이기도 했다.

이는 미-소 두 나라의 군비 감축, 구체적으로는 핵무기 경쟁 완화의 필요성을 제기했다. 이는 존슨 행정부로 하여금 1967년 소련에 군비통제협상 신호를 보내게 했다. 그해 6월 존슨 당시 대통령은 알렉세이 코시긴Aleksei Kosygin 소련 총리와 만나 핵 문제와 다른 급박한 양국 문제들을 논의했다. 존슨은 소련 최고지도자 브레즈네프와의 회담을 위해 1968년 후반에 모스크바를 방문하기로 계획했다. 하지만 소련이 그해 8월 체코슬로바키아를 침공해 프라하의 봄을 무력진압하며 존슨의 모스크바 방문은 무산됐다. 미국은 체코 사태를 무시하고 소련과 데탕트를 추진할 수 없었던데다, 데탕트에 대한 소련의 진의도 의심하지 않을 수 없었기 때문이다.

그 후 미국의 행정부가 닉슨 행정부로 교체되고, 중—소 국경분쟁에 이어 미국과 중국의 접촉이 가시화되자, 소련의 태도가 일변한 것이다. 미국이 중국에 접근하자, 소련은 2개의 전선에서 도전에 직면했다. 서쪽으로는 나토, 동쪽으로는 중국이었다. 독일의 전통적인 지정적 딜레마인 두 전선에서의 위협이, 갑자기 소련에게 부상한 것이었다.

미국과 중국이 손을 잡던 1970년 전후는 소련의 자신감이 최고조에 달하고, 미국의 자신감은 바닥을 칠 때였다. 소련은 미국의 봉쇄망을 뛰어넘어 제3세계 진출을 가속화한 반면, 미국은 베트남전 수렁에 빠진데다 유럽과 일본의 경제력 부상으로 서방 해양세력 진영에서 그 위상이 추락할 때였다. 세계의 이 지정 구도는 미국과 중국이 서로 접근하며 갑자기 뒤집혔다.

소련으로서는 미국과의 관계 개선이 더 절실하게 됐다. 안드레이 그로미코Andrei Gromyko 소련 외무장관은 1971년 소련 공산당 24차 당대회에서 "오늘날 소련을 배제하거나, 소련에 반대하고서 결정될 수 있는 중요한 문제는 없다… 안정적인 전략 균형의 정치적 중요성은 논박

할 수 없는 것이다… 이는 양쪽[미-소]의 안보뿐만 아니라 전반적인 국제 안보의 보장이다"라고 말했다. 소련은 데탕트를 자신들이 약화됐기 때문에 추진한 것은 아니다. 오히려 미국과의 역관계가 이제 안정됐다고 봤기 때문이었다. 소련의 안보 우려를 해소할 그런 세력균형을 미-중이 서로 가까워진다고 해서 무위로 돌릴 수는 없었다.

미국-중국-소련 관계에서 미국이 주도권을 잡다

데탕트의 상징인 미국과 소련의 전략무기제한협정Strategic Arms Limitation Talks(SALT) 협상은 미-중의 접근 속도에 비례했다. 미-중-소 삼각관계에서 미국이 주도권을 잡았음을 보여주는 대목이다.

미-중이 서로 관계정상화 신호를 보낸 직후인 1969년 10월 19일 미국과 소련은 전략무기제한협정 협상의 개최를 합의했다. 11월부터 핀란드 헬싱키와 오스트리아 빈을 오가며 협상이 시작됐다. 미국은 베트남전 종전에 대한 소련의 협조를 연계했다. 협상에 포함될 핵무기의 범위도 문제였다. 1년 6개월이 넘게 교착상태에 빠졌던 협상은 미국의 탁구대표단이 중국을 방문한 핑퐁외교 한 달 만인 1971년 5월 극적인 타결을 봤다.

미국은 대륙간탄도미사일 수에서 소련에게 3 대 2의 우위를 양보했다. 대신에 소련은 서유럽에 배치된 중거리 미사일들을 용인해줬다. 또한 미국이 우위를 보이는 다탄두미사일(MIRVs) 금지는 제외됐다. 실질적인 측면에서 미국의 핵 능력 우위는 유지됐다. 미국은 베트남전과 관련한 소련의 협조는 포기할 수밖에 없었다. 베트민은 소련의 괴뢰정권이 아니고 베트남전이 소련의 영향력에 의해 좌우될 수 없다는 현실을 닉슨 행정부도 인정할 수밖에 없었기 때문이다.

1972년 2월 21일 닉슨이 모스크바를 방문했고 세 달 뒤인 5월 26일 모스크바 미−소 정상회담에서 역사적인 전략무기제한협정 I이 조인됐다. 새롭게 문제가 됐던 탄도요격미사일(ABM)의 발사 장소는 각자 두 군데로 제한됐다. 기존 합의안에 더해 소련은 잠수함발사탄도미사일 수에서도 약간의 우위를 인정받았고, 미국은 핵탄두를 이동할 수 있는 능력에서 5,700 대 2,500으로 여전히 우위를 지켰다. 또한 닉슨과 브레즈네프는 군사적 대결을 피하고 핵전쟁을 예방하는 데 최선을 다하자는 양국 사이의 행동을 규율하는 기본협정Basic Agreement에도 합의했다. 양국은 1972년 말 새롭게 전략무기제한협정 II 추진도 합의했다.

미국과 중국이 손을 잡기 시작하자, 소련에게 최선의 선택은 미국과의 긴장완화 추구였다. 소련이 미국에게 핵 우위를 여전히 보장하는 군축에 동의한 것은 이런 맥락이었다. 중국보다는 자신들이 미국에게 더 많은 것을 줄 수 있음을 보인 것이기도 했다. 소련은 이를 통해 중국에 맞서는 유사동맹으로 미국을 유인할 수 있으리라고도 생각했다. 브레즈네프는 1973년과 1974년 닉슨과의 정상회담에서 어설프게 이런 것을 제안하기도 했다.[36]

1960년대 말부터 시작된 미−중−소 관계의 변화, 그리고 데탕트는 냉전을 평화로 대체하지는 않았다. 오히려 냉전을 보다 안전하고 통제 가능한 방법으로 관리해, 우발적인 전쟁이나 불안정한 군비 경쟁의 가능성을 최소화하려 했을 뿐이다. 과도하게 전개된 국력을 수습하고 내부 정비를 위한 일종의 시간벌기이기도 했다.

미국은 고통스럽게 이 과정을 통과하며 소련을 제압할 수 있는 새로운 우위를 구축할 수 있었다. 베트남전 수렁에서의 치욕스러운 탈출, 오일쇼크로 인한 경제 혼란, 이란에서의 이슬람혁명을 거치며 미국의 위상은 더 바닥으로 추락하는 듯했다. 하지만 미국은 이 과정에서 경제를 효율화하고 군비를 개량했다.

반면 소련은 내부 혁신을 위한 이 과정을 낭비했다. 서방 해양세력 진영을 강타한 오일쇼크로 폭등한 석유 값은 세계 최대 석유 생산국인 소련에게 착시현상을 불렀다. 소련은 과잉 전개된 국력을 수습하지 않고, 오히려 제3세계 진출을 계속했다. 소련의 경제는 효율성이 떨어지는 중공업에 머물며 동맥경화가 가중됐다. 이는 1970년대 말 소련의 제3세계 진출의 정점인 아프간전쟁과 맞물리며 소련의 체제를 더 이상 지탱할 수 없는 수준으로 밀고 갔다.

한편 중국은 1970년대 말 미국과의 국교정상화로 미 · 중 연대를 완성했다. 미국의 봉쇄망이 완전히 풀리자, 개혁개방으로 나섰다. 중국은 유라시아 대륙세력 진영에서 소련을 대체하는 새로운 패자로 발돋움하게 된다.

15
소련, 붕괴의 씨앗을
뿌리다

    1970년 전후, 세계적인 해빙 분위기 속에서도 소련은 세계 각지에 군대를 파견했다. 1970년대 전반 반식민세력인 북베트남의 승리로 베트남전이 종식되자 아시아, 아프리카, 중남미에서 서방의 식민지배를 받던 국가들이 민족해방투쟁에 나섰고, 4차 중동전쟁에 이은 오일쇼크는 미국 주도의 자본주의 진영에 공황에 준하는 경제 혼란을 불러 소련의 세계 진출을 더욱 자극했다.

역사의 잔인한 속임수, 오일쇼크

    전후 중동이 미국과 소련의 최대 각축장이 된 이유는 간단하다. 해양으로 나가려는 소련의 오랜 지정 욕구를 실현할 최적지인데다, 현대 최고의 전략 자원인 석유가 있었기 때문이다.

물론 중동과 이 지역의 석유는 미국 등 서방 해양세력의 자원이었다. 서방 해양세력의 자본주의 진영은 중동의 석유를 장악하고는 값싸게 공급받아 전후 부흥의 연료로 썼다. 석유의 실질가격은 1945년 이후 1970년까지 2008년 달러가치 기준으로 배럴당 20달러 이상을 넘지 못했다. 오히려 1940년대 후반부터는 꾸준히 하락해 1970년에는 10달러를 조금 상회할 정도였다.

1970년부터 석유 거래의 결제통화인 달러가 미국의 재정적자로 인해 가치가 하락한데다 석유 수요가 늘자, 석유 값은 완만히 오르기 시작했다. 설상가상 1973년 이집트 등 아랍 국가들이 이스라엘을 선공하며 발발한 4차 중동전쟁은 세계 석유시장을 뒤흔들었다. 10월 6일의 개전 직후 아랍 국가들이 전쟁에서 우세를 보이자, 미국의 닉슨 행정부는 12일에 이스라엘에 대한 공개적인 군사 지원을 밝혔다. 소련이 시리아와 이집트에 무기를 공급한 것에 대한 대응이었다.

아랍 국가들은 미국의 조처에 반발해 전쟁으로 이미 가격이 급등한 석유를 무기화했다. 아랍 산유국들이 대부분인 석유수출국기구(OPEC)는 유가를 70%나 인상했다. 리비아를 선두로 미국에 대한 석유 금수를 단행했다. 최대 석유 수출국인 사우디아라비아도 가담했다. 산유량 감축에 더해, 금수 대상에 서유럽과 일본 등 미국의 동맹국들도 추가됐다.

유가는 당시 시세로 배럴당 3달러에서 무려 4배인 12달러까지 갑자기 폭등했다. 공황에 준하는 전후 최대의 경제위기가 전 세계를 덮쳤다. 석유에 의존한 현대 산업과 경제는 일순간에 붕괴되는 듯했다. 1973년부터 1975년까지 미국의 국내총생산은 6%나 하락했다. 전후 부흥의 효과로 1950~1960년대에 미국 등 서방 자본주의 선진국가들은 사실상 완전고용을 향유했다. 그 자본주의 황금시대는 종언을 고하고, 미국 실업률은 9%로 치솟았다. 중동의 석유에 전적으로 의존하던 서유럽과 일본 역시 전후 처음으로 마이너스 성장을 기록했다.

오일쇼크가 부른 경제공황은 1970년대 내내 세계를 옭아맸다. 오일쇼크는 중동 산유국들을 돈방석에 앉혔다. 또 다른 수혜자들도 있었다. 자본주의 진영의 경제와 절연되고, 중동의 석유에 의존하지 않던 소련 등 사회주의 진영이었다. 당시 소련은 세계 최대의 산유국으로 부상하고 있었다.

1950년대까지 소련에게 석유는 아킬레스건이었다. 1910년부터 1950년까지 세계의 산유량이 12배 증가하는 동안 소련의 산유량은 4배밖에 늘지 못했다. 소련 경제의 근간인 중공업은 석유 수요가 더 빨리 늘었다. 소련이 이란 등 중동에 진출하려던 이유 중 하나도 바로 석유였다. 미국의 봉쇄정책으로 외국의 석유를 수입할 수 없게 되자, 소련은 자국 내에서 석유 개발을 할 수밖에 없었다. 1959년 서부 시베리아의 늪지대 밑에서 방대한 유정이 발견됐다. 1961~1969년에 소련은 5개의 새로운 유전을 개발했다. 소련은 석유 순수출국으로 바뀌었다. 특히 시베리아 유전의 석유들은 오일쇼크가 나던 1973년에 본격적으로 생산되기 시작했다.

1973~1985년 동안 소련의 에너지 수출은 소련 경화(현금) 수입의 80%를 차지했다. 석유로 돈방석에 앉은 중동 산유국들의 소련 무기 구입도 수입을 늘렸다. 소련 지도부는 이 돈의 일부를 오일쇼크로 타격받은 동유럽 위성국가들의 경제를 완충시키는 데 사용했다. 동유럽 위성국가들에게 싼값의 석유를 제공했다. 하지만 늘어난 수입은 무엇보다도 소련의 군비 증강에 투여됐다.

1970년에 소련 국내총생산은 미국에 비해 절반이었다. 1인당 실질소득은 소련이 5,000달러를 조금 상회한 반면, 미국은 1만 5,000달러였다. 이처럼 소련은 경제력에서 미국의 3분의 1에도 못 미쳤지만 1970년대 내내 군비는 거의 동등하게 지출했다. 당 간부나 국가 관료 등 소련의 특권 계급인 노멘클라투라Nomenklatura들에게도 많은 몫이 돌아갔다. 생필품 등 부족하던 소비재도 서방으로부터 수입했다. 이는 소련 인민들의 체제 불만을 달래는 당근들이었다.

석유는 1970년대 소련 경제와 체제를 구하는 묘약처럼 보였다. 하지만 묘약이 아니라 마약이었다. 이미 한계점에 다다른 소련 경제와 체제의 동맥경화를 더 연장시켰다. 오일머니라는 마약에 취해서 경제와 체제를 개혁해야 할 시간을 흘려보냈다.

소련은 세계 최대의 석유 및 천연가스 생산국이고, 제3위의 석탄 생산국이었으나, 국내에서는 고질적인 에너지 부족에 시달렸다. 사회주의 중앙집권 계획경제의 비효율도 있었지만, 노후화된 산업시설도 문제였다. 1920년대 소련 경제에서 중공업이 차지하는 비율은 20%에서 1980년대 중반이 되면 70%까지 늘었다. 그 중공업 시설은 대개 1930년대 스탈린의 중공업 우선정책 때 만들어지고, 2차대전 때의 파괴를 보수한 것이었다. 대부분의 산업시설과 교통시설은 에너지 효율이 떨어지고 극심한 공해를 유발했다. 1970년대 소련에서 석유와 그로 인한 수입이 솟아나자, 노후화된 산업과 그 시설을 혁신하지 않고서 더 많은 석유 등 에너지만 쏟아부었다.[37]

반면, 오일쇼크를 맞은 미국 등 서방 자본주의 국가들은 에너지 효율이 떨어지는 산업과 관련 시설들을 혁신했다. 더 나아가 제조업 중심 경제에서 지식산업 중심의 경제로 패러다임을 전환했다. 서방 선진국들은 오일쇼크라는 도전에 맞서 혁신을 이루고 있었으나, 소련은 도전을 회피하며 오히려 체제와 경제의 동맥경화를 심화시킨 것이다.

무엇보다도 소련은 오일머니에 취해 1960년대 이후 국력의 과잉 전개를 더욱 심화시켰다. 베트남 종전을 전후한 1970년대 중반 이후 미국과의 데탕트 분위기가 가라앉고 제3세계의 민족해방투쟁이 가열되자, 소련은 개입을 더 가속화했다.

예고르 가이다르Yegor Gaidar 전 소련 총리는 "석유 수출로 번 돈은 확산되는 식량 공급 위기를 중단시켰고, 장비와 소비재의 수입을 늘렸고, 미국과의 군비 경쟁 및 핵균형 달성을 위한 재정적 기반을 보장했다. 그리고 아프간전쟁 같은 위험스러운 대외정책을 실현시켰다"고 회고했다.

오일머니에 취한 소련의 개혁 지연과 국력 과잉 전개는 체제 부담으로 이어졌다. 1980년대 들어 석유 값이 폭락하자, 소련은 걷잡을 수 없는 체제 부담과 혼란을 야기하게 된다. 소련 현대사가인 스티븐 코트킨 Stephen Kotkin 프린스턴대 교수는 "오일쇼크는 역사의 잔인한 속임수"라고 평했다.

소련의 제3세계 전쟁

소련의 봉쇄 뛰어넘기를 통한 제3세계 진출은 사실 1972년 이집트를 상실함으로써 결정적 타격을 입고, 한계에 봉착했었다.

안와르 사다트Anwar Sadat 당시 이집트 대통령은 1972년 7월에 이집트에 주둔중이던 소련 군사고문단 2,000명을 축출해버렸다. 이집트가 요구하던 최신 방공망을 소련이 제공하지 않는데다, 사다트가 계획하던 이스라엘과의 전쟁을 반대했기 때문이다. 데탕트가 진행되던 1972년

초 미국과 소련은 오슬로 회의에서 중동의 전쟁 방지를 약속한 터였다. 소련은 이집트의 이스라엘 침공을 위한 수에즈 운하 도강 작전 준비 정보를 미국 측에 흘리기도 했다.

사다트가 소련을 이집트에서 몰아낸 이유는 소련으로부터 더 이상 얻을 것이 없는데다, 이집트가 가진 역사적인 지정 전략에서 소련과는 궁합이 맞지 않는다는 것을 절감했기 때문이다. 이집트의 인구·산업 밀집 지역인 나일강 하구가 접한 지중해를 장악한 해양세력과의 연계가 이집트 역사의 한 동력이었다.

소련에게는 봉쇄 뛰어넘기와 해양 진출에 필수적인 중동에서 한계를 알리는 신호였다. 하지만 소련은 베트남전 종전을 전후해 중동보다 더 먼 지역으로 개입과 진출을 가속화했다. 소말리아와 에티오피아가 있는 아프리카곶 지역, 사하라 사막 이남 블랙아프리카, 심지어 중남미까지 나아갔다. 소련은 이미 1960년대 말에 이 지역들에서 교두보를 확보했는데, 1975년을 전후해 그 진출은 새로운 국면을 맞이하게 됐다.

이전까지의 무기류 지원에서 더 나아가 무력개입을 시도한 것이다. 쿠바라는 대리 세력을 내세운 간접적 무력개입이었다. 소련은 1975년을 기점으로 쿠바에 대한 군사 지원을 대폭 강화해, 쿠바의 방위력뿐만 아니라 제3세계에서의 군사 작전 능력을 향상시켰다.

1974년 포르투갈에서 좌익 군부쿠데타가 일어나면서, 아프리카 대륙 서남부에 있던 식민지 앙골라가 독립했다. 하지만 앙골라는 곧 독립 정부 주도권을 놓고 내전에 들어갔다. 소련은 1970년대 초반부터 후원하던 앙골라대중해방운동(MPLA)에 그해 10월부터 무기 지원을 강화했다. 인근 브라자빌콩고에 무기 등 군수품 하역장과 훈련장을 만들어 지원에 들어갔다.

1975년 1월 들어 쿠바 군사고문단이 앙골라에 보내졌다. 5월에는 쿠바 용병과 정규군도 개입을 시작했다. 앙골라대중해방운동은 이런 지원을 업고는 7월부터 전면공세를 펼쳤다. 미국의 지원을 받는 앙골라민족해방전선(FNLA), 중국과 연계되고 남아공 지원을 받는 앙골라완전독립민족연맹(UNITA)을 수도 루안다에서 축출했다. 친소 앙골라대중해방운동의 득세는 미국뿐만 아니라 인근 자이르(콩고민주공화국의 전 이름)와 잠비아, 특히 남아공의 개입을 불렀다. 미국의 자금과 수천 명의 남아공 병력의 지원을 받는 앙골라민족해방전선과 앙골라완전독립민족연맹의 반격이 시작됐다.

　　앙골라대중해방운동이 다시 도움을 요청하자, 소련은 쿠바를 내세웠다. 소련은 해로와 공로로 쿠바 병력을 수송하는 한편 그들을 위한 무기를 제공했다. 앙골라는 소련에게 동유럽 위성국가가 아닌 나라로는 최대로 물자를 지원받는 나라가 됐다. 11월이 되자 앙골라에는 약 4,000명의 쿠바 병력이 주둔했다. 이는 1976년 말이 되자 3만 6,000명으로 증강됐다고 나중에 피델 카스트로 쿠바 국가평의회 의장이 인정했다. 미국 중앙정보국(CIA)은 1976년 2월까지 소련이 앙골라에 약 3억 달러에 달하는 3만 8,000톤의 물자와 무기를 제공했다고 평가했다.

　　미국도 친미 앙골라민족해방전선 측에 3,000만 달러의 추가자금을 비밀리에 지원했으나, 이는 미국 언론에 폭로됐다. 베트남전 개입에 대한 염증이 극에 달한 미국의 분위기에 밀려, 제럴드 포드Gerald Ford 당시 행정부는 앙골라 개입 비밀 작전을 포기해야만 했다. 앙골라민족해방전선은 붕괴됐고, 남아공 병력도 철수했다. 나중에 미국으로 망명한 소련의 고위인사 아르카디 셰프첸코Arkady Shevchenko는 당시 소련 지도자들이 앙골라에서 미국이 개입했다가 또 다시 수치스럽게 물러난 것에

환호작약했다고 전했다. 앙골라에서 이런 경험은 소련이 더욱 대담하게 제3세계에 개입하도록 만들었다.[38]

앙골라 내전이 가열되던 1975년, 아프리카 동남부에서 인도양에 접한 모잠비크가 포르투갈에서 독립했다. 사회주의 성향의 모잠비크해방전선(FRELIMO)이 집권했다. 소련의 지원을 받으며 포르투갈에 대항해 게릴라전을 펼쳤던 모잠비크해방전선은 소련에게 인도양에 접한 항구 베이라를 함대 기지로 내주었다. 또한 모잠비크는 소수 백인우월주의 정권이 지배하던 인근 영연방 로디지아(짐바브웨의 독립 전 이름)에서 투쟁하던 사회주의 성향의 짐바브웨아프리카민족연맹(ZAPU) 등의 반군세력 안식처가 됐다. 소련은 로디지아의 백인우월주의 정권 타도를 명분으로 짐바브웨 반군세력에게도 무기를 지원하며 영향력 팽창을 꾀했다.

아프리카 대륙 남부에서 대서양과 인도양에 각각 접한 앙골라와 모잠비크를 영향권에 넣어서, 소련은 서방 해양세력에 맞서는 지정 전략적인 입지를 강화했다. 특히 모잠비크에서 획득한 베이라는 아프리카 대륙과 마다가스카르 사이의 모잠비크해협을 조망할 수 있었다. 베이라는 소련에게 인도양을 관할하는 미 해군 5함대와 그 기지인 디에고가르시아를 견제하는 한 수단이 됐다. 모잠비크와 앙골라는 또한 남아공의 희망봉을 거쳐 대서양과 인도양을 오가는 서방 해양세력들의 해로를 감시할 수 있는 능력을 소련에게 제공했다.

아프리카 남부보다도 지정 전략적인 이해가 더 큰 중동과 그 주변 지역에도 격변의 기회가 왔다. 소련은 머뭇거리지 않았다. 소련은 1972년 이집트에서 축출된 터라 이 지역들에 대한 영향력 확장이 더욱 시급했다. 소련은 1974년 이집트의 인근국인 리비아와 무기거래조약을 체결했다. 그 후 10년 동안 200억 달러나 되는 상당한 돈벌이와 함께 리비아와의 관계 강화를 이뤘다.

같은 해 소련은 인도양의 아라비아해와 아덴만에 접한 아프리카곶에서 더 큰 기회를 잡으려 했다. 서방의 주요 해로가 지나가는 이 지역은 소련이 줄곧 노리던 지역이었다. 소련은 이미 1969년 소말리아에서 아프리카곶 지역 진출의 통로를 찾았다. 당시 소말리아에서 모하메드 시아드 바레Mohamed Siad Barre 장군이 쿠데타로 정권을 잡고 마르크스-레닌주의 국가를 수립했다. 소련과 강력한 관계가 구축됐다. 소련의 지원에는 소말리아군 전력을 증강하는 상당한 무기가 포함됐다. 소말리아는 그 대가로 소련에게 북부의 베르베라 항에 해군 및 미사일 기지를 건설하게 해줬다. 베르베라는 홍해가 인도양과 만나는 아덴만 연안 항구로, 아덴의 맞은편에 있는 전략적 거점이다.

1974년 소말리아와 접경한 에티오피아에서 사회주의 군부세력이 하일레 셀라시에Haile Selassie 황제를 타도했다. 멩기스투 하일레 마리암Mengistu Haile Mariam이 이끄는 사회주의 정권이 수립됐다. 멩기스투 정권은 동쪽으로는 소말리아와 접경한 오가덴 사막에서 소말리아가 지원하는 반란세력, 북쪽으로는 에리트레아 분리주의운동에 봉착했다. 멩기스투 정권은 소련에 지원을 요청했다. 이는 소련에게 소말리아와 에티오피아 중 하나를 선택하도록 강요했다. 소련은 에티오피아를 선택했다. 에티오피아가 인구가 10배나 많은데다, 서방으로 가는 석유 수송로를 조망하는 훨씬 좋은 전략적 위치를 점하고 있었기 때문이다.

1977년 5월 소련은 에티오피아와 군사 지원 협정을 맺고는 대대적인 개입을 시작했다. 에티오피아는 미국과의 동맹관계를 끊고, 소련의 동맹국이 됐다. 7월 들어 쿠바군이 에티오피아에서 모습을 드러냈다. 소련은 2만 명의 쿠바군을 공수했다. 소말리아는 미국을 비롯해 중동의 미국 동맹국인 사우디아라비아, 이란, 이집트에 도움을 요청했다. 소련의 군비 지원과 쿠바의 무력개입으로 에티오피아는 1978년 소말리와의 오가덴 사막 영유권 분쟁에서 승리했다. 에리트레아 분리주의운동도 잠재웠다. 에티오피아는 소련에게 홍해에 접한 마사와 및 아세브에서 해군 군사기지를 제공했다. 소련에게는 소말리아에서 상실한 베르베라 군사항을 대체하는 수확이었다.

소련은 또 1979년 남예멘으로부터 아덴만에 접한 해군 군사기지를 20년간 제공받는 협정을 체결했다. 에티오피아의 마사와, 아세브 기지에 더해, 남예멘의 아덴만 해군기지를 확보함으로써 세계에서 가장 많은 해운 물동량이 북적이는 홍해와 아덴만의 제해권에 본격적으로 도전했다.

소련은 1978년 남중국해까지 진출해, 미국과 손을 잡은 중국을 위협하는 대담한 시도를 펼쳤다. 베트남전 종전 뒤 베트남은 인도차이나반도에서 영향력을 키우려 했다. 이는 왕조시대부터 갈등의 역사를 가진 중국을 자극했다. 당시 캄보디아에서는 폴 포트Pol Pot 공산주의 정권이 과격한 공산주의 실험을 하며 대량학살을 벌였다. 폴 포트 정권은 중국의 후원을 받고 있었다. 베트남이 이에 대한 개입을 시도했다. 베트남은 훈센Hun Sen이 이끄는 반군세력을 지원하는 병력을 파견해 폴 포트 정권을 타도했다. 이는 중국과 베트남의 단교 사태로 이어졌다. 베트남은 소련의 주요 동맹국으로 선회해 지원을 받으며, 깜라인만 항구를 소련에 장기 조차하는 조약을 맺었다.

베트남전 때 미국의 최대 해군기지였던 깜라인만 항구는 깊은 수심과 남중국해 해로를 조망하는 천혜의 전략적 기지이다. 소련의 깜라인만 항구 조차는 인도양과 동아시아 해역을 잇는 서방 해양세력의 사활적 해로뿐만 아니라 중국의 해상 통로인 남중국해 제해권을 위협했다. 중국은 소련이 자신들의 전통적 세력권인 인도차이나반도까지 진출해 등 뒤에서 찌른다고 생각했다. 이는 곧 중월전쟁이라는 중국의 대대적인 반격을 초래했다.

1970년대 중반 제3세계 전쟁의 초반 회전들은 소련의 승리로 돌아갔다. 하지만 소련의 승리는 착시였다. 소련은 1970년대 중반 서방 해양세력 자본주의 체제의 일시적 문제와 약점들을 장기적인 위기로 오인하고는, 제3세계 진출에 국력을 과도하게 전개했다. 소련은 총체적인 국력이 승부를 결정하는 장기적이고 격렬한 난타전에 말려들었음을 너무 늦게 깨달았다.[39]

미국은 1970년대 중반 이후 소련의 제3세계 진출에 적극적으로 대응하지 못했다. 베트남전쟁의 후폭풍으로 미국 의회와 사회는 제3세계 분쟁에 대한 미국의 개입을 극도로 제약했다. 이에 더해 워터게이트 사건으로 인한 닉슨 대통령의 사임은 미국 행정부의 적극적인 대외활동도 마비시켰다. 하지만 미국의 이런 소극적인 대응은 결과적으로 소련에게는 제3세계에 대한 과잉 개입이라는 독약으로 작용했다.

소련은 앙골라나 모잠비크, 에티오피아 등 원거리 제3세계 국가의 친소 정권이나 세력을 지원하는 데 무기와 경제력을 동원했을 뿐 아니라 쿠바군 병력을 수송, 유지하는 막대한 비용을 치러야 했다. 예를 들어, 에티오피아 내전에서 친소세력에 제공한 탱크는 수송 비용이 탱크 자체의 가격보다도 더 비쌌다. 특히 앙골라와 모잠비크, 로디지아 등 아프리카 남부 지역에서의 개입은 군사 능력과 병참에서 우위를 보이는 남아공이 지원하는 강력한 반군세력의 저항에 봉착했다. 바꿔 말하자면, 미국은 비록 이 지역에서 소련의 진출을 허용하기는 했지만, 상대적으로 적은 비용만 쓰는 간접개입으로도 소련과 친소세력을 괴롭히는 효과를 거둔 셈이었다.

소련 체제 불안의 씨앗이 된 헬싱키조약

무엇보다도 소련은 제3세계 진출에 역량을 집중하는 동안 자신의 사활이 걸린 세력권인 동유럽뿐만 아니라 국내에서 체제 불안의 씨앗이 뿌려지는 것을 막지 못했다. 미국도 소련의 제3세계 진출에 정면 대응하는 대신 동유럽과 소련 국내의 반체제운동을 불 지피는 공작에 주력했다.

1975년 8월 1일 제럴드 포드 당시 미국 대통령은 핀란드 헬싱키에서 열린 유럽안보협력회의(CSCE)의 헬싱키조약에 미국 조야의 반대를 무릅쓰고 서명했다.

1969년에 제안되어 1972년부터 시작된 유럽안보협력회의는 유럽 동서 진영의 화해와 관계 개선을 목적으로 미국과 소련을 비롯해 35개국이 참여했다. 소련 쪽은 이 회의에서 유럽 지역 국경의 현상유지와 그 인정을 핵심 목표로 했다. 미국 등 서방은 인권 및 '주민과 사상의 자유로운 이동' 보장을 요구했다.

소련은 2차대전 과정에서 점령해 위성국가화한 동구권 국가뿐만 아니라 발트해 3국인 에스토니아·리투아니아·라트비아의 합병을 공식적이고 영구적으로 보장받으려 했다. 소련이 러시아 제정시대 이후 줄기차게 추구해온 세력권을 서방으로부터 공식 보장받으려는 것이었다. 이는 유럽 지역 국경들의 현상유지 천명으로 표현됐다.

서방, 특히 미국 내에서는 소련의 세력권을 보장하는 헬싱키조약에 대한 반발이 진보와 보수 양 진영 모두에서 격렬했다. 동구권에 대한 소련의 영원한 지배를 인정한다는 논리였다. 동구권 출신 미국 인사들의 반발이 격렬했다. 특히 발트해 3국의 소련 합병을 공식 인정하는 것에 반발이 거셌다.

닉슨 행정부에 이어 포드 행정부에서도 국무장관으로 재직한 키신저는 포드 대통령에게 "우리가 그것을 원한 것은 아니나 유럽과 함께 가야 한다"며 "의미 없는 것이고, 좌파들에 대한 보여주기일 뿐이다"라고 말했다.[40] 동방정책을 추진하는 독일뿐만 아니라 유럽 동맹국들은 동구권과의 관계 개선을 통한 유럽의 안정을 희구했다. 현실주의 노선의 키신저와 그의 영향을 받은 포드는 유럽 동맹국들과의 관계에 균열을 내면서까지 실질적이고 실효적으로 작동하는 소련의 세력권을 거부해서 얻을 실리가 없었다.

대신에 미국 등 서방은 소련과 동구권이 꺼리는 인권 보장과 증진에 대한 약속을 받아냈다. 헬싱키조약은 크게 세 부분으로 이뤄졌다. 첫 번째 장(배스킷 I)의 항목들은 유럽 내 기존 국경선의 불가침성을 천명했다. 소련이 원하던 조항이다. 두 번째 장(배스킷 II)은 경제, 기술, 과학, 환경 협력을 규정했다. 세 번째 장(배스킷 III)은 각 국가 내에서의 기본적 인권 조항이다. 표현과 정보의 자유, 주민 이동의 자유를 천명했다. 소련은 기존 국경선을 인정받으며, 이 인권 조항을 받아들였다.

키신저는 헬싱키조약을 의미 없는 것이라고 평가절하했으나, 그 효과는 그렇지 않았다. 소련은 헬싱키조약을 자신들의 외교적 승리라고 자평했으나, 이 역시 그렇지 않았다. 헬싱키조약은 소련과 동구권의 반체제운동에 불을 지피는 불쏘시개가 됐다. 소련과 동구권 국가에는 곧 헬싱키조약의 인권 조항들을 감시하는 비정부단체 등이 생겨나, 인권운동과 반체제운동이 기지개를 펴기 시작했다.

헬싱키조약의 영향이 드러난 첫 나라는 폴란드였다. 소련의 동구권 점령 이후 첫 본격적인 반체제 대중운동인 폴란드 자유노조운동의 지도자 레흐 바웬사Lech Walesa에 따르면, 1976년은 자유노조운동의 발생지인 그단스크에서 변화로 가는 전환점이었다.

헬싱키조약이 보장하는 인권 조항을 감시하는 '인권 및 시민권 옹호운동Movement in Defense of Human and Citizen Rights' 같은 폴란드 공산당에서 완전히 독립된 단체들이 생겨나기 시작했다. 바웬사는 이 운동이 노동자들의 권리를 옹호하는 독립노조에 대한 아이디어를 떠올리게 했다고 말했다. 이런 비정부 민간단체들의 활동은 에드바르트 기에레크Edward Gierek의 당시 폴란드 정부가 1976년 6월 소비자물가 상승에 제대로 대처하지 못하면서 더욱 강화됐다.

1976년 여름 동독에서도 반체제 인사들의 활동이 아연 활발해졌다. 에리히 호네커Erich Honecker 동독 공산당 서기장은 동독의 반체제 인사들이 서독 언론의 주목을 받으며, 그들의 메시지가 다시 동독으로 전파되고 있다는 우려를 소련에게 전달했다. 그는 헬싱키조약과 확대되는 동·서독 접촉이 동독에서 반체제활동을 부추긴다며, 이를 단속할 필요가 있다고 보고했다. 이는 미국 중앙정보국에게 간파됐다. 그해 6월, 호네커와 안드레이 그로미코 소련 외무장관은 동·서독 접촉을 줄이는 조처에 합의했다. 하지만 10월의 서독 총선에서 대소련 유화파인 헬무트 슈미트Helmut Schmidt 사회당 총리의 승리를 돕기 위해 그 시행을 늦췄다.[41]

유럽안보협력회의가 공산주의 당국에 대한 광범위한 저항, 그리고 동구와 소련에서 변화를 가져오려는 독립된 단체들의 탄생에 불을 붙인 것은 명백하다. 유럽안보협력회의를 추진하고 인권 조항에 동의하면서, 소련은 역사적인 계산 착오를 했다. 헬싱키조약은 모스크바 당국이 생각했던 것 이상으로 반체제활동을 자극했다. 동구권 국가뿐만 아니라 소련 국내에서도 마찬가지였다. 헬싱키조약은 인권과 이동의 자유와 관련한 이 조약의 원칙들을 이행하려는 시민들의 활동에 합법성을 부여했다. 이는 소련과 동구권에서 역사의 과정을 바꾸는 데 일조한 비정부기구들의 운동을 자극했다. 윌리엄 하이랜드William G. Hyland 당시 백악관 국가안보보좌관은 "소련제국이 금이 가기 시작한 시점이 있다고 말할 수 있다면, 그건 헬싱키에서이다"라고 평했다.[42]

카터, 소련 붕괴의 씨앗을 뿌린 가장 강경한 대통령

1977년 취임한 지미 카터Jimmy Carter 대통령은 전후 대통령 중 가장 자유주의적 이상주의자였다. 그는 대선 과정에서부터 인권과 도덕 가치를 내세웠다. 그는 제3세계의 동맹국 정권뿐만 아니라 소련과 동구권 국가의 인권 문제에 대해서도 개입을 천명했다. 그는 취임 직후인 2월 1일 아나톨리 도브리닌Anatoly Dobrynin 주미 소련대사를 만나 소련의 내부 문제에 간섭하지 않겠으나 "인권과 관련된 모든 기존 협정이 시행되기를 기대한다"고 촉구했다. 카터는 "소련이 그런 문서들에 조인했을 때, 소련은 두 나라 사이의 정당한 논의 의제로 인권 문제를 굳건히 올려놓은 것이다"라고 압박했다.[43]

2월 중순 소련의 저명한 반체제 물리학자 안드레이 사하로프Andrei Sakharov가 카터에게 자신의 곤궁을 알리는 편지를 보내왔다. 카터는 그에게 소련의 인권 증진을 위한 다짐을 담은 답장을 보내줬다. 카터는 2월 14일 레오니트 브레즈네프 소련 공산당 서기장에게 인권 문제를 포함한 포괄적인 양국 관계에 대한 서한을 보냈다. 25일 답장을 보내

온 브레즈네프는 카터가 사하로프와 편지를 주고받은 것을 지적하며 인권 문제 언급을 신랄히 비판했다. 소련은 3월까지 헬싱키 감시그룹 Helsinki Watch Group을 결성한 물리학자 유리 오를로프Yuri Orlov와 알렉산더 긴즈부르크Alexander Ginzburg 등 반체제 인사들에 대한 대대적인 체포로 응수했다.

미국 중앙정보국은 헝가리 당국의 한 지도자의 말을 인용해 인권운동이 소련 지도부에 미칠 충격을 예상하는 극비 보고서를 올렸다. 강박증에 걸린 소련 공산당 지도부는 "인권에 대한 미국의 입장을 소련 체제를 타도하려고 고안된 정교한 전략으로 믿고 있다"고 보고서는 지적했다. 그러자 대소련 매파인 즈비그뉴 브레진스키Zbigniew Brzezinski 국가안보보좌관은 소련 정부의 국내적 정당성을 공격하는 전례 없는 조처를 건의했고, 카터는 이를 승인했다. 소련 국내에서의 비밀 선전활동이었다. 브레진스키는 5월 10일 특별조정위원회(외교안보 부처 기관장 회의)를 주재했다. 데이비드 애런David Aaron 국가안보보좌관을 팀장으로 하는 실무그룹이 구성돼, 소련을 겨냥한 공개활동이나 비밀활동을 입안하고 실행하기로 했다.[44] 소련 내에서 반체제 인사들의 저작물을 살포하는 비밀공작, 동구권 비판적 지식인들의 저작물 간행 지원, 소련 국내의 다양한 소수민족을 겨냥한 저작물 침투 등이 우선 채택된 공작들이었다. 브레진스키는 특히 소련의 소수민족을 겨냥한 공작과 활동을 중시했다. 브레진스키는 카터의 승인하에 라디오 등 언론을 통한 선전선동 활동을 더했다. 미국 정부가 후원하는 자유유럽방송Radio Free Europe/Radio Liberty에 대한 예산 지원을 확대하고, 소련과 동구권에서 이 라디오 방송들을 들을 수 있도록 송출력을 확대했다.

이는 효과가 컸다. 미국으로 망명한 소련 반체제 인사 안드레이 아말리크Andrei Amalrik는 "소련으로 오는 외국 방송은 엄청난 역할을 했다. 이는 수백만 소련 시민에게 유일한 대안 정보였다… 소련 내의 트랜지스터라디오 수는 계속 늘었다. 또한 소련 반체제 인사들의 활동도 늘고, 늘어난 활동은 서로 교류하며 폭넓게 알려졌다"고 평가했다.[45]

1960년대부터 미국 중앙정보국을 지켜온 산증인인 로버트 게이츠Robert Gates 전 중앙정보국장은 전후 미국 대통령 중 가장 유약하다고 평가받은 카터가 사실은 소련 붕괴의 씨앗을 뿌린 가장 강경한 대통령이었다고 평가했다.

카터 행정부는 전임 행정부와는 아주 다른 결의와 강도로 소련에 대한 이데올로기 전쟁을 수행했다. 이런 노력은 카터 행정부 임기 내내 지속됐고, 서방으로부터 전해지는 정보는 소련 국내 위기에 중요한 역할을 했다. 나는 카터 행정부의 선전과 비밀공작이 궁극적으로 소련의 붕괴를 가져온 체제 균열을 야기했다고 믿는다… 당시에는 비웃음을 받고 논란이 많았지만, 1975년과 1978년 사이에 심어진 보잘것없던 변화의 씨앗은 치명적인 열매를 맺어 한 제국의 파괴에 기여했다. 그 제국은 그 통치자나 서방이 당시 알던 것보다 훨씬 더 취약했다.[46]

카터 행정부, 군축을 통해 군비현대화를 추진하다

카터 대통령과 그 행정부는 군비에서도 소련을 결국 궁지에 몰아넣는 성과를 냈다. 닉슨과 포드 행정부의 뒤를 이어 카터 행정부에서도 소련과의 전략무기제한협정 II가 추진되면서, 국방비가 감축됐다. 당시 미국의 국방 매파들은 카터의 전략무기제한협정과 국방비 삭감이 포함된 국방 프로그램 개혁이 소련에게 군사우위를 넘겨주는 것이라고 격렬하게 비난했다. 하지만 카터 행정부는 국방비 감축에 대응해 더 효율적인 전략무기 개발로 나섰다. 이는 1980년대 들어 미국의 전략무기 우위를 확보하는 밑거름이 됐다. 소련이 이를 추격하는 데 다시 엄청난 체제 비용을 쏟아부은 것도 체제 균열의 한 원인이 됐다.

카터가 취임한 1977년 미국 국방비는 10년째 감소중이었다. 베트남전 전비를 제외해도, 미 국방비는 지속적 감소 추세를 보였다. 카터의 회고에 따르면, 미 국방예산은 그의 취임 이전 8년 동안 35%가 감소했다. 반면 소련의 국방예산은 매해 4%씩 증가했다. 당시 미국의 국방비 삭감 추세는 1960년대 말 이후 미국 경제력의 저하가 본질적 배경이었다. 또한 국내외의 광범위한 반대를 부른 베트남전은 국방 분야에 대한 견제를 낳았다. 미 행정부는 무기 체계 현대화 등 국방 개혁으로 방향을 전환했다.

카터도 1977년 1월 60억 달러의 국방비 삭감 조처를 취하며 임기를 시작했다. B-1 전략폭격기 개발 프로그램 취소, 전략무기감축협정 협상에서 트라이던트 탄도미사일 장착 잠수함 프로그램 취소 제안, 소련에게 민감한 지역에서 재래식 무기 판매 및 인도양에서 군사력 배치 제한 제안, 중성자탄 생산 연기, 주한미군 감축 추진 등의 조처들이 나왔다. 카터의 이런 조처들은 그에 대해 2차대전 이후 미국의 국방 분야를 가장 취약하게 만든 대통령이라는 평가와 이미지를 당시에도, 그 후에도 남겼다.

이는 정확한 평가가 아니다. 카터 시절 미국은 1960년대 중반 린든 존슨 대통령부터 미국 행정부가 추진해온 국방 현대화와 전략무기 세대교체에서 본격적인 결실을 맺기 시작했다. 550기의 미니트맨 미사일에 독립적인 3개의 탄두를 장착한 다탄두미사일 개발, 탄두가 하나인 폴라리스 탄도미사일을 10~14개의 탄두를 장착한 포세이돈 미사일로 교체, 트라이던트 탄도미사일 장착 잠수함 및 관련된 신형 미사일 개발, 공중발사 크루즈미사일 시험, 새로운 대륙간탄도미사일인 MX 개발 시작, 노후화된 B-52 전략폭격기 현대화, 신형 B-1 전략폭격기 개발 등이 존슨 행정부 이후 미국이 추진한 대표적인 국방 현대화 프로그램이었다.

이 프로그램들은 베트남전으로 인해 미국의 군비확장에 대한 여론 악화에 밀려 의회에서 예산이 삭감되거나 충분히 배정되지 않아 계속 속도를 내지 못하는 중이었다. 카터는 B-1 전략폭격기 개발 취소를 제외하고는 대부분의 국방 현대화 프로그램 추진에 박차를 가했고, 결실을 보게 했다. 카터는 나아가 기존 프로그램에 없던 완전히 새로운 종류의 전술 및 전략 공격기의 기반이 되는 스텔스(레이더 탐지 회피) 기술의 개발을 승인하고 예산을 따냈다.

1980년대 전반 로널드 레이건Ronald Reagan 행정부 때 나타난 미국의 새로운 전략적 우위는 카터 행정부 때 결실을 보기 시작한 신형 무기의 구축과 배치에 기반했다. 레이건은 닉슨, 포드, 카터 때 씨가 뿌려져 자란 열매를 수확한 것이다.

또한 카터는 취임 초기부터 나토의 전력 강화를 추진했다. 그가 취임한 1977년 소련은 신형 SS-20 중거리 탄도미사일을 유럽 전역에 배치했다. 3개의 탄두에다 정확성이 제고된 소련의 신형 미사일은 미국의 유럽 동맹국들을 겨냥한 것이었다. 그 후 미−소 양국뿐만 아니라 서유럽 국가 사이에서 중거리 미사일 배치 문제는 대중적 차원에서까지 찬반이 격렬히 맞붙은 최대 군축 이슈가 됐다.

카터는 1977년 5월 런던에서 나토 회원국 정상들과 정상회의를 갖고 나토의 재래식 및 핵 군사력을 강화하는 장기 방위 프로그램에 합의했다. 가장 큰 이슈는 소련의 중거리 미사일 유럽 배치에 대한 대응이었다. 카터는 1978년 1월 카리브해 서인도 제도의 프랑스령 섬인 과달루페에서 영국, 프랑스, 서독 정상들과 만나 나토 역사상 가장 중요한 문제 중 하나를 논했다. 유럽에 새로운 핵무기 배치를 합의한 것이다. 카터와 유럽 동맹국 정상들은 중거리핵전력(INF)에 대한 이중트랙에 원칙적으로 합의했다. 유럽에서 중거리 미사일 전력 배치 제한을 먼저 소련과 협상한 뒤, 실패한다면 미국도 중거리 미사일 전력을 유럽에 배치한다는 합의였다.

나토는 1979년 12월 11~12일 정상회의에서 미국의 중거리 미사일 전력을 유럽에 배치하는 계획을 합의했다. 구형의 퍼싱 I 중거리 미사일을 대체하는 퍼싱 II 미사일 108기 및 464기의 지상 발사 크루즈미사일 배치계획이었다. 나토는 이 안을 가지고 소련과의 협상을 요구했다. 미국과 소련 모두가 유럽에서 중거리 핵전력 배치 포기를 합의하지 못하면, 미국은 이 계획을 실행하겠다는 압박이었다.

1979년 6월 18일 카터 행정부는 오스트리아 빈에서 소련과의 전략무기제한협정 II를 타결하고 조인했다. 이 협정 조인을 위한 정상회담에 앞서 중앙정보국은 백악관에 소련에 대해 다량의 정보를 제공하며 두 가지 점을 명확히 보고했다.

첫째, 소련 지도부는 이 조약으로 세계와 제3세계에서 자신들의 입지가 유리해질 것으로 낙관한다. 둘째, 하지만 "미국 정보기관들은 향후 5~10년 동안 소련 경제 전망이 더 암울하고, 정책 선택의 가능성이 스탈린 사망 이후 그 어느 때보다도 불확실할 것으로 대부분 동의한다"는 것이었다.[47]

미-소 양국의 전력균형을 추구하는 전략무기제한협정 조인을 앞두고도 소련은 경제 등 내부 문제의 심각성을 여전히 간과하고 있었다. 세계 및 국내 정세에 대한 소련의 착시는 전략무기제한협정이 타결된 1979년 거대한 지정적 격변을 초래하는 배경이 됐다. 이는 냉전의 고비였고, 소련 붕괴로 가는 출발이었다.

16

냉전 구도를 허문
3대 지정학적 사건

1979년은 냉전의 지정 구도를 허무는 큰 이벤트로 점철됐다. 반소 연대를 완성한 미–중 국교정상화, 냉전의 최대 격전지인 중동에서 이슬람주의 세력이 최초로 집권한 이란의 이슬람혁명, 그리고 소련의 제3세계 진출의 정점이자 몰락의 시작인 아프간 침공이다. 세 사건은 냉전의 지정 구도를 허물며, 소련을 붕괴로 가는 길로 내몰았다.

▌ 덩샤오핑, 미국에 베트남과의 전쟁을 통보하다

1979년은 미–중 국교정상화로 시작됐다. 미국과 중국은 그해 1월 1일 외교관계수립공동성명을 통해 국교정상화를 발효시켰다. 미국은 중국의 대표성이 타이완섬이 아니라 베이징에 있음을 인정하고, 대만은 중국의 일부라는 '원 차이나' 원칙을 확인했다. 이 수교의 지정적 의미는 반소 미-중 연대의 본격적 가동에 있다.

이는 1월 29일 미국을 방문한 중국의 당시 최고지도자 덩샤오핑鄧小平과 지미 카터의 만남에서 그 위력이 현실화됐다. 덩의 방문은 양국의 교류협력 확대를 위한 각종 조약 서명이 공식 목적이었으나, 사실 중국에게는 또 다른 중대한 비밀 사안이 있었다.

덩샤오핑은 30일 오후 5시 카터와 비공식적으로 만났다. 그 자리에는 월터 먼데일Walter Mondale 부통령, 브레진스키 안보보좌관이 동석했다. 덩샤오핑은 카터에게 "어린아이가 못되게 굴고 있다. 이제 볼기를 맞을 때다"라며 베트남 응징 의사를 밝혔다. 그는 베트남에 "제한적인 적절한 교훈"을 가르쳐주겠다고 말했다.[48]

베트남이 캄보디아를 침공하는 등 인도차이나에서 패권국가로 가는 것을 좌시할 수 없다는 게 중국의 결의 이유였다. 중국은 베트남전 종전 이후 베트남이 인근 라오스와 캄보디아에 개입하려는 시도를 베트남 주도의 '인도차이나연방' 건설 움직임으로 받아들였다. 더 큰 문제는 이 인도차이나연방이 인도차이나에서 소련의 패권 추구로 중국에게 인식됐다는 것이다. 베트남전 종전 이후 중국과 베트남의 관계는 악화된 반면 소련과 베트남의 관계는 군사동맹 수준으로 진전됐기 때문이다.

중국은 지정적으로 베트남과 오랜 역사적 갈등관계이다. 중국이 베트남전에서 북베트남의 하노이 정권을 지원한 이유는 결코 사회주의의 대의 때문만이 아니었다. 중국에게 베트남전은 미국이 한반도에서 대만을 거쳐 인도차이나까지 자신을 포위, 봉쇄하려는 기도로 받아들여졌다. 베트남전에서 하노이 정권이 붕괴한다면 중국은 남쪽 국경에서 미국과 직면해야 했다. 그것은 악몽을 의미했다. 베트남전에서 중국의 개입은 한국전쟁에서 중국의 참전과 같은 맥락이었다. 저우언라이 중국 총리는 1968년 4월 팜반동Pham Van Dong 북베트남 총리에게 중국이 전략적 포위를 당하는 일을 막기 위해서 북베트남을 지원한다고 말했다.

하지만 중국은 베트남전에서 미국이 돕는 남베트남이 패배할 리가 없다고 가정했다. 일찍이 1965년 마오쩌둥은 미국 언론인 에드거 스노에게 남베트남을 그대로 유지하는 것을 가능한 결과로 든 바 있었다. 중국은 다만 분단된 베트남의 북부 하노이 정권이 자신에게 계속 의존하리라 예상하고, 그러기를 바랐다. 이런 의미에서 베트남은 중국에게 미국의 대중국 포위봉쇄망에 대한 방어막이었다.

인도차이나에서 중국의 장기 전략적 이해관계는 결국 미국과 유사했다. 인도차이나 4개국인 북베트남, 남베트남, 캄보디아, 라오스가 서로 균형을 유지하는 것이었다. 양국 모두 4개국이 분할되어 있는 현상을 유지하는 것이 자국의 지정적 이해에 부합했다.

뜻밖의 베트남전 종전은 중국에게 인도차이나에서 자신들이 가장 두려워하는 상황을 조성했다. '포위당하는 중국'이었다. 포위의 주체가 이제는 미국이 아니라 소련과 그 대리인 베트남이라는 점이 달라졌을 뿐이다. 베트남은 자신을 위해 베트남전을 수행했고, 그 과정에서 인근 라오스와 캄보디아에 그 영향력을 확장했다. 그런데 그 과정은 베트남과 소련의 동맹 강화이기도 했다.

중국, 소련을 겨냥하고 베트남과의 전쟁을 기획하다

베트남에서 미군이 철수한 뒤인 1975년 8월 덩샤오핑은 중국을 방문한 캄보디아의 크메르루주 지도자 키우 삼판Khieu Samphan에게 "하나의 강대국이 인도차이나에서 철군하자, 다른 강대국이 그 기회를 놓치지 않고… 그 사악한 손길을 동남아로 뻗쳐… 거기서 확장을 도모하고 있다"고 소련을 겨냥했다.[49] 중국은 1976년 2월 베트남에 대한 원조 프로그램을 중단했다.

1976년 3월 라오스의 카이손 폼비한Kaysone Phomvihane 총리가 베이징을 방문했을 때, 화궈펑華國鋒 총리는 "한쪽으로는 데탕트를 외치고 다니면서 다른 한쪽으로는 여기저기 탐욕의 손길을 뻗치는 강대국이 무력 확장과 전쟁 준비를 강화하고 있으며, 더 많은 나라를 자기네 영향권 아래로 끌어들이고 패권을 잡은 군주 행세를 하려고 한다"며 다시 소련을 비난했다.[50]

1976년 4월 사이공(현재의 호치민)이 함락되면서, 중국과 베트남은 노골적인 상호 비난으로 돌아서기 시작했다. 특히 중국은 인도차이나에서 소련의 기도에 대한 비난을 격화시켰다.

베트남은 소련 쪽으로 더욱 경사됐다. 베트남 공산당 정치국은 1978년 6월 중국을 '주적'으로 규정했다. 같은 달 소련이 주도하는 동유럽 경제상호원조회의Council for Mutual Economic Assistance(COMECON), 즉 코메콘에 가입했다. 1978년 11월 베트남은 소련과 우호협력조약을 맺었다. 군사 관련 조항도 들어갔다. 한 달 뒤 12월 베트남군은 캄보디아를 침공해, 친중세력인 크메르루주 정권을 전복하고 훈센이 이끄는 친베트남 정권을 수립했다.

중국 입장에서는 국경을 따라서 전략적으로 악몽 같은 일이 벌어지고 있었다. 북쪽의 중-소 국경에서는 소련의 군사력이 증강됐다. 소련은 중국과의 국경을 따라 50개 사단병력을 배치했다. 서쪽의 아프간에서는 친소 사회주의 세력이 쿠데타로 집권했다. 바르샤바조약기구 회원국이 아닌 나라에서 최초로 친소 소비에트사회주의를 지향하는 정권이었다. 1979년 1월 친미 성향 팔레비 국왕이 망명하고 2월 이란혁명이 일어나 이슬람주의에 입각한 이란이슬람공화국이 탄생한 것도 페르시아만에서 소련의 영향력을 더욱 확대할 것으로 우려됐다. 이런 상황에서 베트남과 소련의 군사동맹 관계화는 중국에게 소련의 대중포위망 완성이자, 자신의 등을 찌르는 행위로 받아들여질 수밖에 없었다.

처음부터 물리적 열세라는 약점을 딛고 성장한 마오쩌둥 등 중국 지도부에게 전쟁이란 우선 심리전이었다. 상대를 군사적으로 압도하는 것보다는 심리적으로 이기는 것이 전쟁의 주요 목적이었다. 중국 전략가들은 적의 물질적 우위에 대항해 심리적 압박으로 맞선다는 전략을 수행해왔다. 사실상 국민당에게 쫓기는 패주를 '대장정'으로 포장하고 적을 압도하는 심리 효과를 조성한 것이 대표적이다. 전쟁에서 군사적 승패가 어떻게 갈렸든, 적을 심리적으로 제압해서 향후 행동을 억제한다면 중국에게는 승리였다. 한국전쟁에서 중국은 군사적 승패와 상관없이, 미국이 한반도 북부로의 진격은 꿈도 꾸지 못하게 만드는 심리적 승리를 거뒀다.

따라서 중국 지도부는 선제공격이라는 형태의 억지력을 굳게 믿었다. 상대방이 받아들일 수 없는 우위를 점하고 있고 전략적 추세가 자신들에게 불리하다는 결론에 도달하면, 적국의 자신감을 훼손하고 자국은 심리적 우세를 되찾을 수 있게 해야 했다. 사방팔방에서 위협에 맞닥뜨린 덩샤오핑은 외교적, 전략적 공세를 취하기로 결심한다. 우선 그는 소련에 대한 입장을 '견제'에서 명백한 '전략적 적대관계' 혹은 상황을 되돌리는 '복귀'로 전환했다. 아시아 지역에서 반소련, 반베트남 연대를 구축하는 데 적극적인 역할을 수행하려 했다. 하노이와의 결전을 위한 모양새를 갖추기 시작했다.[51]

1978년 5월 중국을 방문한 브레진스키 미국 안보보좌관에게 화궈펑 총리는 구체적이고 단호하게 말했다. "공격하는 소련의 전략적 전개를 뒤흔드는 일이 반드시 필요하다. 소련이 세계의 헤게모니를 장악하려면 먼저 세계 각 지역 공군 및 해군기지를 확보해야 하는데, 그러기 위해서는 전략적 전개를 해야 하기 때문이다. 우리는 그들의 전개계획을 방해하는 데 힘을 모아야 한다."[52]

당시만 해도 중국은 미국의 동맹국이 아니고 아직 국교정상화가 이뤄지지 않았는데도, 군사적 의미의 연합행동을 촉구했고 독자적 행동도 할 태세임을 시사했다. 중국은 양국 국교정상화의 최대 걸림돌인 대만에 대한 미국의 무기판매도 용인했다. 1978~1979년 덩샤오핑은 고대 이래 중국 지도자로서는 처음으로 외국을 순방하는 파격 행보를 했다. '베트남 응징'이 소련 견제를 위한 외교 행보였다.

덩샤오핑의 파격 행보는 1978년 10월 일본에서 시작됐다. 덩샤오핑은 중-일우호협력조약 발효에 발맞춰 일본을 방문해서, 일본과의 외교 관계정상화를 넘어서 화해를 선언했다. 그는 "위대하고 근면하며 용감하고 이지적인 일본인에게 배우고 또 그들을 존경한다"고 말해, 일본을 완전히 중국 쪽으로 끌어당겼다. 11월에는 말레이시아, 싱가포르, 태국을 방문했다. 그는 방문국들에서 베트남에게 '동방의 쿠바'라는 딱지를 붙이고, 소련-베트남우호협력조약이 세계 평화에 대한 위협이라고 규정했다. "이 조약은 중국만을 겨냥한 것이 아니다… 전 세계에 대한 소련의 중요한 책략이다… 아시아와 태평양, 나아가 전 세계의 안보와 평화가 위협받고 있기 때문이다."[53]

소련과 베트남을 겨냥한 덩샤오핑의 외교 행보 절정은 미국 방문이었다. 이런 일련의 외교 행보는 중국의 특출한 외교 역량이었다. 중국

을 지원하는 역할에 동의한 적도 없고, 그런 역할을 부탁받은 적조차
없는 국가들이 중국을 지원한다는 인상을 만들어내는 재주였다. 덩샤
오핑은 카터 등 미국 지도부에게 베트남 응징 의사를 직접 밝혔지만,
결코 미국의 재가나 지원을 요청하지 않았다. 하지만 그의 방미는 그
직후 감행된 중국의 베트남 침공에 미국도 마치 개입한 것처럼 인식되
도록 만들었다. 베이징은 어느 한 강대국(미국)이 그들의 행동을 허락한
것 같은 인상을 자아내서, 다른 강대국(소련)이 간섭할 생각조차 못하도
록 만든 것이다.

이런 전략은 중국이 1958년 대만의 진먼섬 포격 사건에서도 구사한
바 있었다. 당시 마오쩌둥은 흐루쇼프 소련 공산당 서기장의 베이징 방
문 3주 뒤에 진먼섬 포격을 감행했다. 마치 소련이 그런 행동에 동의
한 것 같은 인상을 줬고, 아이젠하워 미국 대통령은 이 위기를 촉발하
는 데 흐루쇼프가 도움을 줬다고 비난까지 했다. 진먼섬 포격에서 미국
은 소련의 의도를, 베트남 침공에서 소련은 미국의 의도를 몰라, 개입
할 엄두를 내지 못했다.[54]

그러나 미국이 중국의 외교 전략에 놀아난 것은 아니었다. 미국은 소
련을 겁주려는 덩샤오핑의 그림자연극에 기꺼이 동참해줬다. 인도차이
나에서 세력균형 유지와 아시아태평양에서 소련 견제라는 미국의 지정
적 이해에 부합됐기 때문이다. 카터는 덩샤오핑으로부터 베트남 응징
을 통보받은 다음 날인 1월 31일 덩샤오핑을 다시 단독으로 만나서 중
국의 행동이 초래할 결과들을 상기시키고 자제를 당부하면서 사실상
중국의 베트남 침공을 인정했다.

48시간 뒤인 2월 2일 중앙정보국은 14개 중국군 사단병력이 베트남
접경지대에 배치됐고, 2진 병력들이 보강되고 있다고 보고했다. 덩샤오

핑은 2월 4일 미국을 떠났고, 2주 뒤인 2월 17일 중국군은 베트남 침공을 시작했다. 3차 베트남전이라 불리는 중월전쟁이 발발했다. 3월 16일까지 27일간 진행된 이 전쟁에서 중국은 '제한된 징벌적 공격'을 실시한 뒤 즉각 퇴각했다. 베트남 북부 3개성의 주요 도시들을 점령하고 하노이까지 진격할 수 있는 전과를 올린 뒤 퇴각했다고 중국은 주장했다.

군사적으로 실패했지만, 정치적으로 승리한 전쟁

이 전쟁은 중국이 군사적으로 승리한 전쟁이라 할 수 없다. 오히려 중국은 베트남전에서 단련된 베트남군의 반격에 사실상 전술적 패배를 맛보았다. 문화혁명의 후유증이 여전한 중국군의 전력은 빈약했다. 낡아빠진 무기, 허술한 병참에다, 군 지도부와 병사들은 실전경험이 전무했다. 약 한 달간 치러진 이 전쟁에서 중국 인민해방군의 전사자는 10년 가까이 누적된 미국의 베트남전 전사자와 맞먹는 것으로 추산됐다. 인민해방군의 퇴각은 애초의 전략이기는 했으나, 전쟁이 계속됐다면 베트남의 반격에 밀려 이뤄졌을 것이다.

하지만 이 전쟁이 애초에 소련과 베트남을 심리적으로 제압하려는 장기 전략적 목표를 겨냥했음을 감안하면, 성공한 전쟁이라고 할 수 있다.

먼저 반소련 미-중 연대를 실질적으로 가동한 셈이었다. 중월전쟁 기간 동안 브레진스키 안보보좌관은 매일 저녁 중국대사와 만나 소련의 동향에 대한 미국의 최신 관련 정보를 제공했다. 미국은 전쟁 발발 직전부터 중국과 소련 간 국경지대의 소련군 동향 등 위성정보를 전달했다.

둘째, 중국은 소련 억제라는 고유의 전략적 목표도 달성했다. 중국이나 미국에게 이 전쟁에서 최대 관심사는 소련의 반응과 개입 정도였다.

이 전쟁 동안 소련은 발발 다음 날에 "베트남의 영웅들은… 이번에도 스스로 일어나 싸울 수 있다"는 성명만 발표했고, 개입은 미미했다. 애초부터 덩샤오핑 등 중국 지도부는 소련이 개입할 수 없으리라 예측했다. 미국 중앙정보국 역시 중국이 하노이 정권의 존망을 위협할 정도로까지 남진하지 않는 한 소련이 개입하기는 힘들 것이라고 보고했다.

전쟁이 시작된 지 나흘 만인 22일에 소련은 베트남에 대해 항공기를 통한 원조를 시작했다. 첫 2주 동안 10차례의 원조만 있었다. 당시 에티오피아 내전에서 소련 항공기들이 석 달 동안 20분마다 착륙한 데 비하면 새발의 피였다. 남중국해에 해군 기동부대를 보내고, 중-소 국경에서 공중정찰을 강화하는 데 그쳤다.[55]

전쟁이 끝난 지 한 달 뒤인 4월 화궈펑 총리는 소련 억제라는 자신들의 전략적 목표를 달성했음을 이렇게 말했다. "우리를 위협한 것으로 말하면 소련은 국경 부근의 움직임과 남중국해에 군함 파견을 통해서 그렇게 했다. 하지만 그들은 감히 옴짝달싹하지 못했다. 따라서 우리는 결국 호랑이의 엉덩이를 만질 수 있었다."[56]

물론 베트남에서 소련의 영향력이 당장 줄어들지는 않았고, 오히려 양국의 관계는 더 강화됐다. 중국군이 철수하자마자, 베트남은 소련과의 군사안보관계 강화에 신속히 나섰다. 3월 말 베트남은 남중국해에 자리한 전략적 해군기지인 깜라인만 기지를 소련 해군함정이 사용하도록 허락했다. 소련은 깜라인만 항구 근처에 통신정보시설도 건설했다. 동남아, 중국 남부, 서태평양의 미군과 동·남중국해의 미군 함정에 대한 소련의 정보 능력이 향상됐다. 깜라인만 해군기지는 소련에게 바르샤바조약기구 비회원국에 둔 유일한 영속적 해외기지가 됐다.

그런데 깜라인만이 천혜의 해군기지임에도, 동남아에서 소련의 지정적 우위를 결정적으로 조성하지는 못했다. 소련 해군력이 가진 근본적 취약점인 본토와의 원거리, 주변 중간 기지의 부재, 미국과 그 동맹국 기지들의 포위 등 때문이었다.

오히려 소련과 베트남의 군사협력 확대는 미국과 중국의 군사협력 확대를 추동했다. 미국은 소련과 접경한 이란 북부의 탁스만 등에 있던 감청시설 등 정보수집시설 두 곳을 이란혁명으로 상실했다. 미국은 그 대체지를 중국에서 찾았다. 미국은 중국 서부의 신장위구르 지역에서 소련의 미사일 등 군사활동을 감시할 수 있는 더 유용한 대체지를 얻어 냈다.

3차 베트남전인 중월전쟁은 소련을 포위하는 미-중 연대가 실질적으로 가동하고, 그 위력을 보였다는 점이 가장 큰 의의이다. 미-중-소 3대 강국의 관계는 항미 중-소 블록에서 완전히 반소 미-중 연대로 바뀌었다. 베트남의 팽창주의도 견제됐다. 이 전쟁이 남긴 베트남 북부 국경지대에 대한 중국의 압박은 우려되던 베트남의 인도차이나연방 꿈을 분명히 견제했다.

싱가포르의 리콴유李光耀 전 총리는 이 전쟁의 궁극적 결과를 이렇게 요약했다. "서구 언론들은 중국의 징벌적 행위를 실패작이라고 깎아내렸다. 나는 그것이 동아시아의 역사를 바꾸었다고 믿는다."[57]

반미 이슬람혁명이 미국의 최대 중동 동맹국 이란을 삼키다

미-중-소의 관계를 완전히 재정립한 미-중 국교정상화와 중월전쟁 발발 사이에 중동에서는 또 하나의 지정적 대격변이 터졌다. 이란에서 1978년부터 불붙은 반정부 시위는 1979년 1월 16일 팔레비 국왕이 결국 망명함으로써 이란혁명으로 귀결됐다. 이때까지만 해도 이란혁명은 팔레비 왕정을 타도하는 반독재 민주화혁명의 성격이 짙었다. 이란 국민의 압도적 다수인 시아파 이슬람교도들을 궐기시킨 시아파 교단의 최고위 인사 아야톨라 호메이니Ayatollah Ruhollah Khomeini가 이 혁명의 지도자로 부상하기는 했으나, 진보적인 세속 지식인과 좌파세력이 이 혁명에 불을 붙이고 이끌었다. 자유주의 정치운동가 출신 메디 바자르간Mehdi Bazargan이 임시정부 총리가 된 것도 이를 반영한다.

혁명 이후 이란이 압도적 영향력을 지닌 호메이니의 지도 아래 이슬람주의를 지향하는 것은 분명했으나, 미국은 이란과의 관계를 다시 회복할 수 있을 것으로 기대했다. 하지만 혁명 이후 벌어진 이란의 권력 갈등은 호메이니와 이슬람주의 세력으로 하여금 반미를 지렛대로 하는 권력투쟁으로 내달리게 했다.

3월에 이슬람공화국을 승인하는 국민투표가 가결되고, 이슬람공화국 헌법 기초 과정에서 혁명세력 간의 갈등이 터져 나왔다. 헌법에는 신정정치를 수립하고 지도자에게 절대권력을 준다는 조항이 들어갔다. 그 지도자는 물론 호메이니였다. 자유주의 세력, 수니파 소수민족인 쿠르드족, 투데당 등 좌파 정당, 몇몇 시아파 성직자들도 독재의 복원이라고 반대했다. 반대세력들의 연대에 직면하자, 호메이니는 팔레비의 미국 입국을 빌미로 다시 정국을 장악하려고 했다. 미국이 10월 23일 신병으로 시한부 생명을 선고받은 팔레비의 입국을 승인하자, 호메이니와 이슬람주의 세력들은 팔레비의 송환 및 재판 회부를 요구하며 미국을 격렬히 비난했다.

미국은 사태의 심각성을 몰랐다. 팔레비의 미국 입국 일주일 뒤 알제에서 열린 알제리혁명 25주년 기념식에서 브레진스키 안보보좌관은 바자르간 이란 총리와 회담했다. 브레진스키는 미국은 이란혁명의 정당성을 인정한다면서, 소련이라는 공통의 적에 대처할 필요성이 있다고 말했다. 브레진스키는 이란에게 무기 판매를 재개할 가능성도 열어놨다. 하지만 이란 쪽은 팔레비의 국내 재판을 위한 송환 요구를 꺾지 않았다. 브레진스키는 난민을 받아들이는 미국의 전통을 내세워, 팔레비를 송환하는 것은 미국의 국가 명예와 양립할 수 없다고 거절했다. 회담은 결렬됐으나, 우호적인 분위기는 유지됐다.

하지만 3일 뒤인 11월 4일 테헤란에서는 이란의 과격파 이슬람주의 학생들이 미국대사관에 들어가, 대사관 직원들을 인질로 잡는 점거사태가 시작됐다. 1년 이상 진행된 미국대사관 인질 사건의 시작이었다. 2주 뒤 바자르간 임시정부는 실각했다. 그가 브레진스키와 만나 미국과 타협을 했다는 것이 주된 이유였다. 호메이니는 이 사건으로 미국과의 대결을 고조시키며 모든 혁명세력의 역량을 이 사건에 집중시켰다. 이 와중에 반대파들은 숙청되고, 호메이니의 절대권력이 수립되어나갔다. 이란이 완전한 반미를 표방하는 이슬람공화국으로 나아간 것도 그 수순이었다.

서방 해양세력과 유라시아 대륙세력에게 지정적 쟁패의 최요충지인 중동에서 미국의 최대 동맹이던 이란이 일거에 반미로 돌아선 것이다. 이란의 이슬람혁명은 단순히 한 나라가 반미로 돌아섰다는 의미를 넘어섰다. 이는 중동 전역에 이슬람주의가 국가 권력으로까지 승격되는 확고한 세력으로 등장했음을 의미했다. 서방 해양세력의 자본주의와 유라시아 대륙세력의 사회주의라는 냉전의 두 축을 비집고, 전혀 새로운 세력과 이념이 등장했음을 알리는 팡파르였다.

1978~1979년 겨울, 파리에 망명해 있던 호메이니와 그 추종자들은 이란으로 귀국에 앞서 기자들에게 예고했다. "조금만 있어봐라. 우리가

이란에 들어가고 6개월 뒤면 사우디아라비아에서 어떤 일이 벌어지는 지 보게 될 것이다."

　테헤란의 미국대사관 인질 사건 발발 2주 뒤인 11월 20일 이슬람의 최고 성소인 사우디아라비아 메카의 카바 대사원이 일군의 수니파 이슬람주의 무장세력에 의해 점령당했다. 이슬람 예언자 무함마드가 지상에서 가장 신성한 장소라고 선언한 카바 대사원은 이슬람 정통성의 상징이었다. 사원을 점거한 이슬람주의 무장세력은 성소의 수호자를 자처하는 사우디아라비아의 사우드 왕가가 무함마드의 가르침을 팽개치고 이교도들과 타협하는 부패한 불경한 세력이라고 비난했다. 카바 대사원 점거사태는 2주 이상 계속됐다. 프랑스 특수부대의 도움까지 빌려서야 진압됐다. 244명이 죽고 500여 명이 부상당했다. 이는 이슬람교도의 다수파인 수니파에서도 근본주의 성향 이슬람주의 세력이 최고 성소인 카바 대사원 점거 무력투쟁까지 벌일 정도로 성장했음을 알렸다.

　카바 대사원이 점거당한 다음 날인 11월 21일 이슬람권 최변방국 파키스탄의 수도 이슬라마바드의 미국대사관에도 성난 군중이 몰려들어 담을 넘었다. 대사관은 폭도에게 점령됐고, 대사관 건물들은 화염에 휩싸였다. 테헤란의 미국대사관에 이어 이슬라마바드의 미국대사관에서도 인질사태가 벌어지는 악몽의 순간이었다. 다행히 폭도는 대사관을 점거하지 않고 오후가 되자 철수했다. 인구로 보면 이슬람 최대 국가 중 하나인 파키스탄에서도 반서방을 표방한 이슬람주의 세력이 폭발하는 징후였다. 이슬람 세계 전역에서 이슬람주의가 부글거리며 분출하고 있었다.

이란의 친미 정부 몰락이 소련에 부메랑이 되다

소련은 이란에서 친미 팔레비 왕정이 무너지는 것을 기꺼이 지켜봤다. 또한 이란 등 중동 전역에서 퍼지는 반미 분위기에도 고무됐다. 하지만 시간이 지나면서 곧 이런 사태 전개가 결코 소련의 안보와 지정적 이해에 유리한 것만이 아님을 깨닫게 됐다.

아프간에서 전개되는 사태는 소련에게 점점 이슬람주의라는 심각하고 새로운 안보위협에 눈을 뜨게 했다. 1978년 4월 27일 아프간에서는 정부군 내 사회주의 성향의 장교들이 봉기해, 무함마드 다우드 칸Mohammed Daoud Khan 정부를 전복하고는 다우드 대통령도 사살했다. 누르 무함마드 타라키Nur Muhammad Taraki 인민민주당 수반이 지도하는 혁명정부가 수립되어, 이슬람권에서는 최초로 소비에트 스타일 사회주의 정권 수립으로 나아갔다.

아프간에서 사회주의 정권의 탄생은 소련이 20년간 공들인 공작과 지원의 결실이었고, 소련이 1960년대 이후 펼친 제3세계 진출의 또 하나의 전기였다. 고대 이래 유라시아 대륙의 유목세력이 인도 아대륙으로 진출하던 통로이자, 근대 이후 서방 해양세력과 유라시아 대륙세력이 격돌한 그레이트 게임의 핫스팟인 아프간이 소련의 자장으로 들어간 것이다.

하지만 소련의 이런 개가가 재앙으로 변해가는 데는 오랜 시간이 걸리지 않았다. 아프간의 인민민주당 사회주의 정부는 집권과 동시에 교조주의적인 과격한 개혁에 따른 반발과 내분에 휩싸였다. 보수적인 이슬람교도인 지방의 부족세력과 그 권력자들에게 인민민주당이 추진하는 과격한 마르크스주의 개혁은 자신들의 기득권을 부정할 뿐만 아니라 이슬람과 그 규율을 부정하는 신성모독과 불경이었다. 타라키 정권은 이슬람을 국교로 삼거나 사회의 지배적인 규율로 인정하지 않았다. 이슬람식 대부 제도를 폐지하고, 신부 지참금을 금지하고, 혼인의 자유를 선포했다. 특히 부족 원로와 이슬람 율사들이 통제하던 토지를 몰수했다.

전통적으로 자치를 유지하던 아프간의 지방 부족세력들은 격렬히 반발했다. 인민민주당 내에도 사회주의로의 점진적인 이행을 주장하는 반대파가 있었다. 안팎의 반대에 직면하자, 타라키 정권은 반대세력들을 제어하는 공포정치를 펼쳤다. 1979년에 접어들면서, 이슬람 성직자 등 약 1만 2,000명을 정치범으로 감옥에 가뒀다. 그리고 수용소의 벽 뒤에서 조직적인 처형이 자행됐다.

이미 1978년 10월에 동부 산악지대에서 아프간 최대 민족인 파슈툰의 각 부족세력들이 총을 잡고 봉기하기 시작했다. 군나라 주, 힌두쿠시산맥, 바다흐샨 주 등 동부의 몇몇 지역은 반정부 거점으로 변해갔다. 정권의 구심인 군부 내에서도 이반이 시작돼, 수천 명의 병사들이 탈영했다. 1979년 들어 이란과 접경한 서쪽 국경 지역에서 이란혁명의 여파로 반미·반정부의 기치가 밀려들었다. 2월에는 수도 카불의 미국대사가 이슬람주의 무장세력에게 납치되어 결국 피살됐다. 3월 들어 이란과 접경한 헤라트 주에서 격렬한 반정부 시위가 벌어졌다. 시위 진압에 나선 정부군의 육군 17사단 내에서도 반정부 봉기가 일어났다. 이스마일 칸Ismail Khan 대위가 주도한 봉기에 17사단 병사 대부분이 참가했다. 소련 고문단과 그 가족들이 참혹하게 죽어서, 시체가 막대기에 꽂혀 거리에 전시됐다. 카불의 사회주의 정부는 무자비한 공습으로 대응해, 헤라트에서만 2만 명의 주민을 학살했다.

헤라트 봉기가 번지던 3월 17일 소련 공산당 정치국은 아프간 사태

를 놓고 비밀회동을 했다 유리 안드로포프Yuri Andropov 국가보안위원회
(KGB) 의장은 보고에서 아프간의 카불 사회주의 정부가 "새로운 세력의
중대한 위협에 대한 인식이 없다"고 지적했다. 다음 날 정치국 정례회
의에서 드미트리 우스티노프Dmitriy Ustinov 국방장관은 "아프간 지도부
가 이슬람 근본주의자들의 역할을 충분히 평가하지 못한다"고 말했다.
정치국은 알렉세이 코시긴 총리를 내세워 타라키 혁명위 의장과 통화
했다. 코시긴이 소련에서 훈련받은 수백 명의 아프간 장교들은 도대체
어디에 있냐고 추궁했다. 타라키는 그들은 무슬림 반동분자일 뿐이라
며, 소련군을 위장시켜 파병해달라고 애걸했다. 코시긴은 "아프간의 점
증하는 이슬람 봉기는 복잡한 정치적, 국제적 문제"라고, 타라키의 요
구를 일축했다. 소련 지도부는 아프간 사태의 심각성에 직면하며, 비무
슬림 국가 지도부로서는 처음으로 이슬람주의 세력이라는 전혀 새로운
세력의 출현을 간파했던 것이다.[58]

미국, 아프간에서 소련 견제 공작을 시작하다

소련 공산당 정치국이 아프간 사태로 비상회의를 하던 3월
중순 미국 지도부도 같은 움직임을 보였다. 헤라트 봉기가 일어나자 중
앙정보국은 3월 초 아프간의 반공 봉기에 대한 은밀한 지원을 제안하
는 첫 기밀보고서를 올렸다.

중앙정보국의 소련 담당 수석분석관인 아닐드 회릭Arnold Hoelick은 아
프간 사태가 가져올 파장도 경고했다. 아프간 사회주의 정권의 붕괴 위
기는 소련의 직접적 개입을 부르고, 이는 파키스탄과 이란, 중국 등 주
변 국가들의 아프간 반군에 대한 지원을 촉발하게 될 것이라고 그는
전망했다. 특히 파키스탄에게 소련의 아프간 개입은 심각한 안보위기

를 의미했다. 아프간에 소련의 군사력이 개입하면, 파키스탄은 적대적인 친소 국가에 포위될 터였다. 남쪽에는 교전상태인 최대 적국 인도가 소련과 우호관계를 맺고 있었다. 파키스탄의 무함마드 지아 울하크 Muhammad Zia ul-Haq 군사정부는 전통적으로 인도양 쪽으로 남하를 추진하는 소련의 군사력을 막기 위해 미국에게 개입을 요청할 것이고, 이는 3차대전으로 가는 시나리오가 될 수도 있다고 회릭은 경고했다.

이런 위험에도 불구하고 중앙정보국은 생리적으로 아프간에 대한 개입공작을 이미 시작했다. 파키스탄 옵션이 제안됐다. 파키스탄의 지아 울하크 정권이 아프간 개입의 베이스캠프가 될 수 있다는 것이었다. 파키스탄 역시 이미 아프간의 봉기를 은밀히 지원하고 있었다. 미국에게 파키스탄의 전략적 가치는 제고됐다. 이란혁명으로 대소련 군사시설들이 폐쇄되자, 그 대체지로 떠올랐다. 지아 울하크가 파키스탄에 미국의 새로운 정보시설을 설치하자는 중앙정보국의 제안을 수락하며, 바닥까지 가라앉았던 양국 관계는 회복되기 시작했다. 지미 카터 행정부와 지아 울하크 군사 정권의 인권 문제 갈등은 뒤로 물러났다.

7월 3일 지미 카터 대통령은 즈비그뉴 브레진스키 보좌관의 건의에 따라 아프간 반군에 대한 지원을 드디어 승인했다. 선전 및 심리 공작과 무전기, 의료 등의 '비살상용' 지원을 위한 50만 달러 예산이 배정됐다. 이런 지원은 파키스탄 정보부(ISI)에 건네져, 파키스탄과 아프간의 접경 산악지대를 통해 아프간 반군 게릴라 무자헤딘에게 배분됐다. 시작은 작았다. 하지만 이는 전후 현대사를 바꾸는 미국과 소련의 마지막 대결이 됐다. 아프간은 다시 2차 그레이트 게임의 최후 무대로 변해갔다.

소련, 크리스마스에 이슬람 국가 아프간을 침공하다

1979년 여름이 지나며 소련에게 아프간 사태는 악몽으로 변해갔다. 소련은 정권 통제력을 상실한 타라키를 실각시키고 경쟁자인 하피줄라 아민Hafizullah Amin 외무장관 겸 혁명위 부의장을 권좌에 올렸다. 하지만 아민 역시 권력투쟁에 내부 역량을 소진했고, 그가 미국의 스파이라는 의혹도 커져갔다. 11월 들어 소련 국가보안위원회는 최고 지도자 브레즈네프에게 아민의 제거를 건의했다.

유리 안드로포프 국가보안위 의장은 아프간의 사회주의 정권이 무너지고 미국이 진출하는 악몽 같은 시나리오를 우려했다. 아프간과 접경한 소련 남부의 무슬림 지역인 자치공화국들의 안보가 더욱 취약해질 수 있었다. 당시 미국이 유럽에 배치중이던 중거리 퍼싱 미사일도 아프간에 배치할 수 있었다. 이란과 파키스탄이 미국의 지원으로 핵무장을 할 수도 있고, 중앙아시아 소련령으로 세력을 확장할 수도 있었다.[59] 안드로포프는 "소련 남부의 자치공화국들을 포함한 '뉴 그레이트 오스만제국'을 만들려는" 미국 중앙정보국의 거대한 음모라는 상상력까지 발동했다.[60]

11월 26일 소련 공산당 정치국은 아프간을 침공하기로 잠정적인 결론을 내렸다. 권력투쟁에서 밀려난 아프간 인민민주당 지도자 중 하나이던 바브락 카르말Babrak Karmal이 12월 7일 모스크바에서 날아와 카불 인근 바그람 공군기지에 도착했다. 아민의 후임으로 낙점된 그는 소련 특전대 병력과 함께 입국했다. 12일에 브레즈네프 등 소련 지도부는 아프간 침공을 최종 결정했다. 소련 군부는 아프간에서 군사적 해법을 반대했다. 니콜라이 오가르코프Nicolai Ogarkov 참모총장 등은 우스티노프 국방장관에게 산악 지형과 호전적인 부족이 있는 아프간에서 반란이 일어나 장기화될 가능성이 크다고 경고했다. 하지만 주사위는 던져졌다. 소련 지도부는 침공이 단기적일 것이라고 생각했다. 우스티노프 국방장관은 군사 작전이 몇 주, 길어도 몇 달이면 완료될 것으로 확신했다.[61]

크리스마스이브인 12월 24일 소련은 아프간 침공을 시작했다. 이날 밤 카불 국제공항에는 소련 수송기들이 착륙하며 소련군 공수부대 병력들을 토해놓기 시작했다. 25일 새벽에는 소련군 40군이 탱크를 앞세우고 아프간 접경 도시 테르메스 인근 아무다리야강을 일제히 넘기 시작했다.

기독교 세계의 최대 성일인 크리스마스는 아프간 무슬림들에게 서방 기독교도의 침략일로 기록됐다. 35년 전 2차대전의 승패를 가른 스탈린그라드전투에서의 주력 부대 중 하나인 40군은 주변 약소국을 점령하려는 침략군으로 전락했다.

소련군은 무인지경으로 진군해 당일로 카불에 도착했다. 소련이 미국의 스파이로 의심했던 아민은 정작 소련군의 침공을 자신의 요구를 받아들인 소련의 개입으로 생각했다. 27일 아민은 아프간 대통령궁에서 소련 스페츠나츠 특전부대 병력들에 의해 사살됐다.

베트남의 복수를 아프간에서

소련이 아프간을 침공한 다음 날인 26일 브레진스키 백악관 안보보좌관은 '아프간에서의 소련 개입에 대한 대책'이라는 기밀 정책 보고서를 카터 대통령에게 제출했다. 브레진스키는 소련의 아프간 침공을 중동의 걸프 지역으로 진출하기 위해, 아프간의 친소 정부를 유지하려는 행동으로 이해했다. 대소 강경파인 브레진스키는 미국이 베트남에서 당했던 것처럼, 소련도 아프간에서 대가를 치르기를 희망했다.

아프간을 베트남처럼 미국과 소련의 대리 전장으로 만들려는 미국의 공작은 본격적으로 시작됐다.

브레진스키는 그동안 유보하던 무기 지원을 제안하며 "파키스탄을 설득해 반군을 지원하도록 고무해야 한다. 이는 파키스탄에 대한 우리의 정책 제고를 요구하며, 우리의 안보정책이 핵 비확산정책에 의해 좌우되지 않을 것임을 파키스탄에 확신시켜야 한다. 중국이 반군을 지원하도록 고무해야 한다. 반군을 지원하는 선전활동과 비밀공작에서도 이슬람 국가들과 협력해야 한다"고 카터 대통령에게 건의했다.[62]

미국은 아프간에서 소련의 퇴치를 위해서라면 파키스탄의 핵 개발을 용인한다는 대담한 입장 선회도 마다하지 않았다. 이는 파키스탄을 핵무장으로 이끌었다. 파키스탄의 핵 개발은 그 후 북한의 핵 개발 등 냉전 이후 미국의 최대 안보현안이던 핵 확산 문제를 야기한 모델이었다. 따지고 보면, 30년 가까이 계속되는 북한 핵 위기의 근원 중 하나는 아프간 사태까지 거슬러 올라갈 수 있다. 파키스탄의 핵 개발은 북한에 초기에 기술적 지원을 했을 뿐만 아니라, 무엇보다도 선례를 제공했다.

1980년 1월 카터 대통령은 최고기밀 대통령령을 내려 중앙정보국에 의한 아프간 반군에 대한 무기 지원 비밀공작을 승인했다. 미국은 일단 아프간에서 소련의 '교란'을 목표로 삼았다. 소련의 아프간 개입 비용을 높이자는 것이었다. 이를 통해 소련이 제3세계의 다른 지역으로 진출하려는 것을 저지하자는 의도였다.

아프간에 침공한 소련군은 카불 등 주요 도시, 이 도시들을 잇는 간선도로 부근 지역들을 장악했다. 하지만 아프간 국토의 80%에 달하는 황야와 산악은 소련군이 완전히 장악한 카불의 사회주의 정권에 등을 돌린 아프간 부족과 이슬람주의 세력들의 무대였다. 소련이 아프간을 침공한 지 한 달이 지난 1980년 2월 수도 카불에서도 반소 시위가 일어나 폭동으로 번지며 약 300명이 진압 과정에서 숨졌다. 카불에서 상가들은 일주일이나 철시했고, 밤마다 민가의 지붕 위에서는 무슬림들이 읊는 '알라루 악바르'(신은 위대하다)라는 기도문이 울려 퍼졌다.

아프간에서의 군사 작전이 단기간에 그칠 것이라는 소련의 예상은 빗나가기 시작했다. 무엇보다도, 아프간을 겨냥한 국제적인 반소 연대가 위력을 발휘하기 시작했다. 파키스탄을 통로로 미국과 사우디아라비아 등이 자금을 대고, 중국도 아프간 반군들에게 무기를 파는 구도가 정착되기 시작했다. 그해 여름 모스크바에서 열린 올림픽에는 미국 등 서방이 불참했다. 올림픽 역사상 최초의 반쪽 개최였다.

소련에게 1979년은 1960년대부터 시도된 미국의 봉쇄망을 뛰어넘는 제3세계 진출의 절정이었지만 국력을 과잉 전개한 것이었다. 또한 이 해는 국제적인 반소 연대가 본격적으로 가동되는 원년이자, 이슬람주의라는 새로운 세력이 냉전에 균열을 내기 시작한 원년이기도 했다.

17

서방, 소련을
옥죄다

1979년 6월 18일 오스트리아 빈에서 미국과 소련 정상의 전략무기 제한협정 II 조인식이 열렸다.

당시 73세였던 레오니트 브레즈네프 소련 공산당 서기장은 빈 주재 양국 대사관에서 열린 정상회담과 조인식에서 경호원들의 부축을 받는 모습이 목격됐다. 경호원들은 사실상 그를 들다시피 하며 회담장으로 이동시켰다. 회담 도중에도 브레즈네프는 "이게 맞아?"라며 안드레이 그로미코 외무장관이나 드미트리 우스티노프 국방장관에게 도움을 청했다. 두 사람 역시 브레즈네프의 실수를 교정하는 데 머뭇거리지 않았다. 빈에서 브레즈네프를 지켜본 미국의 한 의사는 "그는 주변 상황을 최소한도로만 인지하며 미끄러지듯이 이동하는 좀비처럼 으스스해 보였다"고 평했다.[63]

소련의 최고지도자 브레즈네프는 당시 소련의 동맥경화 같은 상황을 상징했다. 소련 체제 전체가 수명을 다해가는데 지도부는 이를 인지할 능력과 의지조차도 없었다. 이는 곧 육체적 수명이 다할 그를 대체할 지도부의 면면들도 브레즈네프와 크게 다르지 않았다는 점에서 극명하게 드러나게 된다.

사실상 이때부터 궐위상태에 들어간 브레즈네프에 이어, 3년 뒤 사망한 그의 뒤를 차례로 잇는 유리 안드로포프와 콘스탄틴 체르넨코 Konstantin Chernenko 역시 마찬가지였다. 이들은 최고지도자로 오르자마자 병석에 누워 1년 남짓 있다가 사망했다. 소련은 안으로는 가중되는 경제난과 체제 이완, 밖으로는 미국 등 서방 보수 정권들의 반소 캠페인과 아프간전쟁 등 악화되는 제3세계 개입을 놓고 사실상 아무런 손을 쓰지 못한 채 6년 가까운 시간을 흘려보냈다.

성장과 효율이 파탄 난 소련 경제, 체제의 한계를 노정하다

소련 경제는 소련이 비약적으로 팽창한 2차대전 이후부터 서방 국가의 경제에 비해서 성장이 뒤처져갔다. 1950년 소련의 국내총생산은 1990년 달러가치 기준으로 5,100억 달러였고, 일본은 1,610억 달러, 미국은 1조 4,560억 달러였다. 1965년에는 소련이 1조 110억 달러(198% 성장), 일본은 5,870억 달러(365% 성장), 미국은 2조 6,070억 달러(179% 성장)로 바뀌었다.[64] 소련의 경제규모는 1988년까지 명목 및 구매력가치로 봤을 때 미국에 이어 두 번째였다. 하지만 1988년이 되자, 일본의 국내총생산이 명목가치 3조 달러를 넘어가며 소련을 추월했다. 소련은 1989년에도 국내총생산이 2조 6,595억 달러로 명목가치에서 3위로 내려앉았다.[65]

소련 경제에서 생산규모나 성장률 같은 외형적 지표보다 더 큰 문제점은 비효율과 생산성 악화라는 질적인 문제였다. 소련 경제의 악화는 1973년 오일쇼크 이후 거의 공황상태에 빠졌던 서방 경제의 상황에 가려 있었다. 하지만 1970년대 서방 경제의 불황은 자본주의 특유의 경기순환의 한 과정이었으나, 소련 경제의 악화는 체제의 한계를 노정하는 본질적인 문제였다.

소련 경제의 악화는 경제정책과 운용의 실패라는 기술적 문제가 아니었다. 이미 12장에서 지적한 것처럼, 러시아의 지정적 상황이 결부된 체제의 한계였다. 유라시아 대륙의 평원 한가운데 위치한 러시아는 팽창이 아니면 피침이라는 지정적 숙명을 안고 있다.

러시아의 영토 팽창은 외침을 막는 지형적 장벽과 전략적 종심을 확보하는 과정이었다. 영토 팽창은 외부세력의 침략을 무력화하는 전략적 종심을 제공했으나, 막대한 체제 유지 비용을 요구했다. 정복한 지역에서 이민족들을 단속하는 데도 비용이 들었고, 확장된 제국을 유지하는 비용도 증가됐다. 제국을 유지하기 위한 팽창이 오히려 제국에 부담을 주는 딜레마에 빠졌다. 차르 시대 이래 러시아는 제국의 성립과 유지에서 전체주의로 흐를 수밖에 없었다. 소련의 공산주의 체제 역시 그 일환이다.

특히 경제적인 면에서, 방대한 영토와 희박한 인구와 열악한 기후는 러시아 경제의 효율을 저해하고 중앙집권적 계획경제로 귀결시켰다. 열악한 기후로 작물 재배 시기와 장소가 제한된데다, 재배된 작물도 방대한 영토에 따른 상대적 수송망의 결여로 인해 대도시 등 소비지에서 소비자들에게 감당할 수 없는 비용을 지불하게 했다. 원거리로 떨어진 지역들이 하나의 통합된 시장경제로 묶이기보다는 중앙집권적 계획경제를 통해서 조율돼야만 했다. 소련의 중앙집권적 계획경제는 제국의 유지라는 러시아의 역사적인 지정적 과제를 해결하려는 데 1차 목적이 있었다. 소련이 사실상 그 영역을 동유럽 전체로까지 확장하자, 체제 유지를 위한 중앙집권적 계획경제의 부담은 시간이 갈수록 커졌다.

미국 등 서방, 특히 미국 중앙정보국은 1950년대부터 이런 본질적 한계를 지닌 소련 경제의 악화를 지속적으로 분석하고 예측해왔다. 이는 소련과 그 체제를 깎아내리려는 반소반공 캠페인의 일환이기는 했지만, 시간이 갈수록 그 분석과 예측이 본질을 비껴가지는 않았다.

1970년대 후반, 중앙정보국은 소련의 깊어지는 경제적 어려움뿐만 아니라 대중적 불만, 이데올로기적인 침식, 민족적 소요 등 사회 문제들도 정기적으로 지적하기 시작했다. 중앙정보국은 1979년 8월 "소련의 소비자 불만이 증대되고 1980년대에 정권에 심각한 경제정치적 문제들을 야기할 것"이라고 평가했다. 1980년 6월에는 스탠스필드 터너 Stansfield Turner 국장이 소련 경제에 대한 중앙정보국의 오래된 비관론을 직접 표명했다. 그는 소련의 군사적 부담은 경제에 비해 훨씬 더 빨리 팽창하고 있어서, 그 규모는 전반적인 경제에 비해 상대적으로 계속 커지고 있다고 지적했다. 그는 "소련 경제는 1980년대에 계속 후퇴할 것으로 전망된다"고 언명했다. 그는 "1980년대 중반이면 경제적 양상이 너무 음울해져 소련 지도부는 자유주의 정책들을 포용할 것이다. 이런 정책들은 자원 배분, 구조 개혁 모두에서 큰 변화를 포함할 것이다"라고 전망했다.[66]

중앙정보국은 소련 국민총생산의 14~16%가 군사비로 할당된다고 분석했지만, 실제 부담은 훨씬 더 큰 것으로 추정됐다. 간접적인 비용까지 포함하면 25~40%에 이를 것으로 보였다.[67]

1981년 중반 중앙정보국은 의회의 상하 양원경제위원회(JEC)에 제출한 소련 경제에 관한 연례 브리핑에서 1979~1980년 2년 동안 소련 경제의 실적이 예상보다도 더 악화됐다고 지적했다. 국가정보위 의장 해리 로웬Harry Rowen은 산업 생산 부족과 연속적인 작황 부진은 소련의 국민총생산(GNP) 증가를 2차대전 이후 최저로 떨어뜨렸고 1981년에도 반등의 기미가 없다고 지적했다. 중앙정보국은 1980년대 중반이 되면 새로운 경제적 쇠퇴가 소련 지도부로 하여금 경제의 하향을 되돌리기 위해 체제의 급격한 변화를 고려하게 강제할 것이라고 예측했다.[68]

　　미국 등 서방이 오일쇼크로 시작된 1970년대 대불황기를 겪을 때 소련은 사실 그보다 훨씬 이전부터 '스태그네이션의 시대'로 불린 장기 침체기를 겪고 있었다. 나중에 공산당 서기장에 오르는 미하일 고르바초프에 의해 명명된 '스태그네이션의 시대'는 브레즈네프가 권력에 오른 1964년부터 시작됐다. 달러와 금 태환을 정지한 닉슨쇼크에 이은 오일쇼크 등 자본주의 진영의 위기가 너무 심각해서 이 소련 경제의 침체는 주목받지 못했다. 또한 석유 값 급등이 소련 경제를 떠받쳐줬다. 과도한 중앙집권화와 경직된 관료 체제는 소련 경제가 성장함에 따라 발생하는 문제들에 대처하지 못했다. 무엇보다도 노동생산성이 전국적으로 떨어져갔다.

　　소련도 1970년대에 두 차례의 경제개혁 조처를 시도했으나, 모두 실패했다. 알렉세이 코시긴 총리가 주도한 1973년 경제개혁은 지방의 경제정책 입안자들에게 권한과 기능을 확장하려 했으나, 제대로 시행되지 못했다. 1979년에 코시긴은 그 반대의 개혁조처를 취했다. 소련 경제의 집중화를 더 강화함으로써 중앙정부 부처들의 권한을 강화하려고 했다. 이 개혁도 완전히 시행되지 못했고, 코시긴이 1980년 사망함으로써 사실상 폐기됐다. 소련은 사실상 경제개혁을 주도할 지도력을 상실해갔다. 코시긴의 후임 니콜라이 티호노프Nikolai Tikhonov 역시 75세의 고령에 보수파였다. 코시긴의 사망만이 문제가 아니라, 핵심 지도부가 고령 등으로 작동 불능상태로 빠져가고 있었다.

서방에서는 강경 반소 지도부, 소련에서는 노쇠한 지도부

소련이 경제 등 내부 문제를 풀 지도력을 상실할 때 미국 등 서방은 1980년을 전후해 새로운 지도력이 속속 등장했다. 서방의 새로운 지도력은 영국에서 처음 선보였다. 1979년 5월 총선에서 노동당 정부를 패퇴시키며 등장한 보수당의 마거릿 대처Margaret Thatcher 총리는 신보수주의에 바탕한 혁명에 가까운 경제 프로그램과 강경한 반소반공 정책을 내걸었다. 영국의 대처 정권은 1980년 11월 대선에서 압승한 로널드 레이건 공화당 정부와 경제 및 안보에서 발걸음을 맞췄다.

프랑스에서는 1981년 5월 프랑수아 미테랑François Mitterrand 사회당 정부가 집권했다. 사회주의를 표방하는 사회당이 프랑스에서는 전후에 처음으로 집권했다. 미테랑 정부는 영국의 대처나 미국의 레이건과는 사회·경제 철학에서 전혀 공통점이 없었다. 하지만 그는 평생 프랑스 공산주의자들과 싸워온 사회주의자였고, 단호한 반소주의자였다. 그는 과거 프랑스 식민지 인근에서 세력을 확대하려는 소련의 시도에 맞설 준비가 된 지도자였다.

서독에서도 1982년 10월 대동구권 유화정책을 펼쳤던 헬무트 슈미트 총리의 사회당 주도 연립정부가 막을 내리고, 헬무트 콜Helmut Kohl이 이끄는 기민당 주도 보수 연립정권이 들어섰다.

곧이어 11월 일본에서도 장기 집권중인 보수 자민당 내에서 안보 강경파인 나카소네 야스히로中曾根 康弘 총리 정부가 들어섰다. 주요 국가들에서 강경한 반소반공 정책을 내건 정권들이 잇따라 들어선 것이다.

이처럼 주요 국가의 지도부가 완전히 개편된 1982년 11월, 소련도 드디어 최고지도자가 바뀌는 지도부 개편이 일어났다. 이미 1979년부터 건강 등의 문제로 권력 누수를 겪으며 지도력을 상실하던 브레즈네프 공산당 서기장이 1982년 11월 10일 사망했다.

브레즈네프가 완전히 병석에 든 1982년부터 유리 안드로포프 국가안보위원회 의장은 브레즈네프의 권력기반을 침식시키며 자신의 권력을 강화하고 있었다. 안드로포프의 국가보안위원회는 브레즈네프의 딸 갈리나 등 그 가족들이 연루된 부정부패 추문들을 수사했다. 갈리나와 혼외정사 염문의 상대인 유명한 가수가 다이아몬드 밀수 스캔들에 관련됐다. 갈리나의 남편인 유리 추르바노프Yuri Churbanov 내무부 부장관은 아내와 내연관계인 그 가수를 은밀히 청부살해했다. 국가보안위는 추르바노프를 숙청했다. 병석의 브레즈네프는 속수무책으로 가족들의 추문과 숙청을 지켜봐야 했다. 브레즈네프는 콘스탄틴 체르넨코를 후계자로 지명하려 했으나, 이미 늦은 상황이었다.

브레즈네프가 사망하자마자, 안드로포프가 공산당 서기장으로 발표됐다. 소련은 18년 만에 새로운 지도자를 맞이했다. 소련에서도 서방에서도 소련의 지도부 교체에서 가장 중요한 사실을 모두 모르고 있었다. 69세의 안드로포프는 취임 직후부터 병석에 누워야 했다는 것이다. 안드로포프는 취임 3개월 뒤인 1982년 2월 심각한 신부전증을 겪었다. 8월부터는 병원에 입원해 나머지 생애를 보내야 했다. 안드로포프의 심신으로는 소련 안팎에서 벌어지는 위중한 도전들을 감당할 수 없었다.

안드로포프는 권력에 오른 지 15개월 만인 1984년 2월 9일 병원에서 사망했다. 브레즈네프가 밀었던 체르넨코가 권력을 이어받았다. 체르넨코는 73세로, 안드로포프보다도 고령인데다, 이데올로기 측면에서도 보수파였다. 더 큰 문제는 그의 건강이었다. 아홉 살부터 담배를 피운 그는 최고권력에 오르기 전부터 심각한 기관지염과 폐렴으로 병원을 들락거리는 신세였다. 체르넨코는 서기장에 취임하자마자 한 달 동안 병원에 입원해 공산당 정치국에서 서면으로 보고를 받고 지시했다. 그해 말이 되자, 그는 병원에서 떠날 수 없는 신세가 됐다. 1985년 3월 10일 그는 사망했다. 서기장 취임 13개월 만이었다.

소련의 지도부는 브레즈네프의 건강이 악화된 1979년부터 체르넨코가 사망한 1985년 3월까지 제대로 작동하지 못했다. 지도부의 고령과 빈번한 권력교체 때문이었으나, 이는 수명이 다해가는 소련 체제의 상징이기도 했다.

레이건, 기존의 미국-소련 관계를 전복하다

소련의 지도부가 현안에 능동적으로 대처하지 못하는 빈사 상태로 들어가던 1980년 11월 미국 대통령에 로널드 레이건이 당선됐다. 그의 등장은 1970년대 데탕트와 공존의 미-소 관계에 대한 완전한 전복의 시작이었다. 레이건은 취임 직후 기자회견에서 "지금까지 데탕트는 소련이 자신들의 목적들을 추구하려고 이용한 일방통행로였다"며 향후 미국의 대소련 정책을 예고했다.[69] 2차대전 이후 미국 대통령 중 가장 강경한 보수 반공주의자인 레이건은 소련을 대등한 파트너로서 현실적인 존재로 인정한 닉슨과 포드, 카터 행정부 초기의 대소련 철학을 일거에 폐기했다.

레이건이 취임할 때 워싱턴에는 반소반공 캠페인을 겨냥한 군확 노선의 분위기와 기반이 이미 자리 잡고 있었다. 카터 행정부는 말기인 1980년에 향후 5년 동안 국방비를 1조 2,000억 달러로 증액해두었다. 또한 소련의 아프간 침공에 대한 제재로 대소련 곡물 수출을 금지시켰다. 1980년 여름 모스크바올림픽도 보이콧해, 서방 진영이 불참하는 반쪽 올림픽으로 치러졌다. 정치를 초월한다는 올림픽의 역사상 처음 있는 보이콧이었다.

게다가 카터 행정부는 중국의 베트남 침공을 지원한 데서 드러나듯, 중국과의 관계 증진으로 소련에 대한 추가적인 압박도 했다. 중국에 첨단 군사장비와 기술을 판매했다. 소련의 SS-20 중거리 미사일 동구 배치에 대항해, 나토 역시 서유럽 회원국에 퍼싱-2 및 크루즈 미사일 배치를 결정했다.

레이건 행정부는 카터 행정부에 의해 증액된 향후 5년간 국방비를 다시 4,000억 달러나 증액해 1조 6,000억 달러로 목표치를 설정했다. 이는 미국의 역사상 평화시 최대 국방비 증액이었다. 레이건은 펜타곤에 "국방비는 예산 사항이 아니다. 원하는 대로 써라"라는 말까지 했다.

레이건 행정부는 카터 행정부 때 유산시켰던 B-1 전략폭격기 개발 프로그램을 부활시켰다. 스텔스 B-2 폭격기 개발을 승인하고, 논란이 많던 신형 다탄두 대륙간탄도미사일인 MX 미사일과 정교한 트라이던트 잠수함 미사일 시스템 배치 가속화를 밀어붙였다. 또한 해군 함정을 450척에서 600척으로 늘렸다. 중앙정보국 예산을 실질적으로 증액해 비밀 군사 작전 지원을 확충했다.

백악관과 크렘린만 믿은 '별들의 전쟁'

워싱턴의 전례 없는 군확 노선은 소련을 원천적으로 부정하는 레이건의 강경한 수사와 결부됐다. 레이건은 1982년 6월 8일 영국의회 연설에서 마르크스−레닌주의는 "역사의 잿더미로" 남을 운명이라고 비난했다. 1983년 3월 8일 플로리다 올랜도에서 열린 전국복음주의협회 총회에서는 그 유명한 '악의 제국' 연설을 했다. 레이건은 소련을 "현대 세계에서 악의 초점"이라고 규정했다. 그는 공산주의에 대한 투쟁은 근본적으로 "정의와 불의, 선과 악 사이의 도덕적 투쟁"이라고 강조하며, "악의 제국의 침략적 충동"에 저항하라고 촉구했다.[70] 레이건은 세상을 빛의 세력과 어둠의 세력 사이의 정의의 투쟁으로 보는 마니교식 관점으로 냉전을 정의했다.

레이건 행정부의 군확 노선과 대소련 철학은 '악의 제국' 연설을 한 지 2주 뒤에 발표된 '전략방위구상Strategic Defense Initiative'(SDI)으로 정점에 올랐다. 일명 '스타워즈'로 불린 전략방위구상은 미국을 향해 발사된 적의 미사일을 지구의 대기권 밖에서 요격해 격추하는 미사일방어망 개발과 배치에 대한 것이었다. 레이건은 1983년 3월 23일 대국민 연설에서 미사일방어망 개발을 통해 핵전쟁의 위험을 감소시키는 방법들을 찾는 포괄적이고 강력한 노력을 명령했다며, 핵전쟁에서 자유로운 유토피아적 미래를 설계했다. 그는 "자유 세계 국민들의 안보가 소련의 공격을 저지하기 위한 즉각적인 미국의 보복 위협에 기대지 않고, 소련의 전략 탄도미사일이 우리 땅이나 동맹국의 땅에 도달하기 전에 요격한다면, 우리는 안전하게 살 수 있다"고 말했다.[71]

우주공간에 있는 위성에 장착된 레이저 무기를 통한 적의 미사일 요격까지 포함된 전략방위구상은 당시 공상과학 블록버스터 영화 〈스타워즈〉에나 나올 법했다. 전략방위구상의 원형은 1982년 1월 미 육군 퇴역장성인 대니얼 그레이엄Daniel Graham이 윌리엄 케이시William Casey 중앙정보국장에게 검토를 촉구한 '우주 전선 프로젝트Project High Frontier' 였다. 이 계획을 검토한 중앙정보국 전문가들은 이런 구상이 아무리 빨라도 1990년대 초반까지는 현실화될 수 없다고 결론 냈다. 비용 역시 애초의 산정보다도 천문학적으로 커질 것으로 예상했다. 무엇보다도 이런 방위구상은 탄도요격미사일 협정의 명백한 위반이어서, 미-소 관계의 악화뿐만 아니라 소련의 공격적인 군비 증강을 야기할 것으로 경고됐다.[72]

전략방위구상은 실현될 수 없는 허풍이었고, 대다수 전문가들도 그렇게 평가했다. 하지만 두 곳에서는 이를 믿었다. 한 곳은 레이건과 그 보좌관들이 있는 백악관이었고, 또 다른 한 곳은 모스크바의 크렘린이었다.[73]

레이건 취임 이후 미국의 군확 노선과 대소련 강경 노선을 지켜보던 크렘린은 레이건 행정부가 천명한 전략방위구상을 양국의 전력균형을 근본적으로 파괴하는 시도로 진지하게 받아들였다. 전략방위구상이 발표된 1983년이면, 소련 지도부는 국내의 심각한 경제위기, 그리고 수렁에 빠진 아프간전쟁 등 과잉 전개된 군사력 문제를 자각하고 있었다. 이런 상황에 처한 소련에게 전략방위구상은 자신들이 경쟁할 수 없는 공간에서 엄청난 비용이 소모되는 새로운 군비경쟁이 추진된다는 소식이었다. 소련 지도부는 2차대전 이후 자신들이 구축한 공격력을 근본적으로 부정하고, 자신들이 방어할 수 없는 선제공격을 할 수 있는 새로운 전력을 미국이 추구한다고 믿었다.

안드로포프 소련 공산당 서기장은 레이건 행정부가 "극도로 위험한

길"로 들어서고 있다고 경악했다. 그는 전략방위구상을 "미국의 핵 위협 앞에서 소련을 무장해제시키려는 시도"라고 비난했다. 안드로포프 등 소련 지도부는 미국이 소련과의 핵전쟁을 준비하고 있다고 거의 믿었고, 전략방위구상은 그들의 강박을 더 심화했다.[74]

대한항공기 격추 사건, 미국-소련 핵전쟁의 공포를 극대화하다

1983년 9월 1일 일본 북방 오호츠크해에서 소련 전투기에 의한 대한항공(KAL) 007기 격추 사건은 미국과 소련 두 나라의 긴장관계, 특히 미국의 위협에 대한 소련의 강박을 적나라하게 드러내는 사건이었다.

소련은 대한항공 민간여객기를 미국의 정찰기로 오인해 격추시켰다. 앞서 미국 정찰기 RC-135기가 이 지역에 출현해 소련 영공을 침범하고는 소련의 대륙간탄도미사일 실험을 정찰한 바 있었다. 소련 전투기 SU-15는 대한항공기를 한 시간 전부터 추적하던 RC-135기로 오인했다. 전투기 조종사는 목표물을 '시각적으로' 관측했다고 보고했고, 결국 격추까지 감행했다.

당시 북태평양 연안 소련 방공망 전력은 비상상태였다. 그해 봄부터 미군의 태평양 함대가 이 지역에서 군사훈련을 하면서 미군 전투기들이 여러 차례 소련 영공을 침범했다. 소련 쪽은 미군 전투기들이 소련 영공을 32킬로미터나 침범해 최장 20분까지 몇 차례나 비행했다고 항의했다. 미군 전투기들의 영공 침범 때문에 이와 관련된 소련의 고위 장교들이 전보되거나 해임되기도 했다. 이 지역 소련 방공망 전력이 비상경계로 들어선 상황에서 대한항공기가 항로를 이탈해 소련 영공에 들어서자, 소련군은 격추로 대응한 것이다.

월리엄 케이시 미국 중앙정보국장도 이 사건에 대한 대통령 브리핑에서 격추 지역에서 미군 정찰기는 없었지만 "코브라 볼(정찰기)이 발진하고 대한항공기가 캄차카반도 북동 지역에 접근하고 있었기 때문에 미군 정찰기와 대한항공기를 놓고 혼동이 일어날 수 없다고 말할 수 있는 것은 아니다"라고 평가했다.[75]

대한항공기 격추 사건은 워싱턴에게 소련 체제가 잘못된 것이라는 레이건 행정부의 비판을 정당화해줬다. 한편 모스크바 입장에서 이 사건은 레이건 행정부의 정책과 관련한 최악의 시나리오에 대한 소련의 추측을 극명하게 입증하고 강화하는 사건이었다. 아나톨리 도브리닌 주미 소련대사가 표현한 것처럼 "양쪽은 조금씩 미쳐가고 있었다."

그해 11월 초 미국과 소련 양국은 나토의 연례 군사훈련을 놓고 쿠바 미사일 위기에 준하는 핵전쟁 임박 위기를 겪었다. 암호명이 '명궁 83'으로 붙여진 그해 나토 연례 군사훈련의 달라진 시나리오는 소련의 과민반응을 초래했다. 그해 훈련은 예년과 달리 합참의장과 국방장관, 심지어 대통령과 부통령 등 미국의 최고위급 인사들이 참관했다. 또 나토군 전력이 핵무기의 전면적 사용을 상정하는 훈련도 포함됐다.

소련의 국가보안위원회는 이를 소련에 대한 전면적 핵공격의 서막으로 간주했다. 크렘린은 소련군에 비상사태를 선포했다. 동독의 소련군 기지에서 핵무장을 한 전투기들이 비상대기 상태로 들어갔다. 당시 런던 주재 소련대사관에 근무하던 국가보안위원회 요원 올레크 고르디엡스키Oleg Gordievsky는 영국 정보기관에 포섭된 이중스파이였다. 그는 미국의 핵공격 임박과 소련군의 비상대응을 알리는 국가보안위원회 본부로부터의 비밀전문들을 서방 쪽에 전해, '명궁 83'으로 인한 사태를 인지시켰다. 소련 지도부는 당시 정말로 레이건 행정부가 소련에 선제 핵

공격을 가할 수 있다고 믿었다.

그해 12월 소련은 스위스 제네바에서 진행중이던 군축협상 회의에서 철수했다. 레이건 행정부 출범 이후 아무런 진전이 없는 미-소 군축협상에 소련도 더 이상 모양새를 갖춰줄 필요성을 느끼지 못했다. 미국과 소련 두 나라는 15년 만에 처음으로 어떠한 형태의 협상도 하지 않게 됐다.

레이건 독트린, 제3세계에서 소련세력 구축에 나서다

레이건 행정부는 미국의 봉쇄망을 뛰어넘어 제3세계로 진출한 소련을 다시 원래대로 돌려놓는, 이른바 '구축Roll Back'에도 적극 나섰다. 레이건 행정부는 소련과 현지 친소 정권에 맞서는 반군세력을 양성하고 지원하는 비밀공작에 박차를 가했다. 적어도, 소련에게 제3세계 진출 비용을 값비싸게 치르게 하자는 것이었다. 아프간의 반군세력인 무자헤딘에 대한 지원이 대표적인 예였다.

레이건 행정부는 대담한 직접 침공도 마다하지 않았다. 1983년 10월 7,000여 명의 미군 병력이 카리브해의 조그만 섬나라 그레나다를 전격 침공했다. 1979년 좌파세력이 쿠데타로 집권한 그레나다에서 1983년 10월 내부 권력투쟁이 벌어져 강경 친소세력이 다시 쿠데타로 정권을 장악했다. 레이건 행정부는 주저하지 않고 군사개입을 결정했다. 그레나다에 있던 미국 의료봉사 대학생 600여 명의 안전에 대한 우려가 침공의 명분이었다. 그러나 미국의 내해인 카리브해 지역에서 제2의 쿠바를 만들지 않겠다는 지정적인 목적이 있었다.

아프리카, 아시아, 중남미의 친소 정부들을 몰아내기 위해 반공 게릴라와 저항운동에 공개적으로 또는 비밀리에 지원을 제공하는 것은 레이건 독트린의 중추였다. 레이건 독트린은 냉전에서 승리하려는 레이건 행정부의 전반적 전략의 일환으로 소련이 봉쇄망을 뛰어넘어 진출한 제3세계 지역에서 소련의 영향력을 일소하려 했다. 과거 미국 행정부의 소련에 대한 정책을 상징하던 '봉쇄'나 '데탕트'는 '구축'이라는 단어로 대체됐다. 레이건은 1985년 연두교서에서 "우리는 아프간에서 니카라과까지 모든 대륙에서 자신들의 목숨을 걸고 소련이 지원하는 침략에 저항하는 사람들과의 신뢰를 깨서는 안 된다"고 말했다. 아프간, 니카라과, 앙골라, 에티오피아, 캄보디아 등지에서 미국을 대신해 친소 정부에 맞서는 반군과 게릴라들에 대한 지원은 강화됐고, 이에 대처하는 소련의 비용은 늘어났다.

소련은 진짜로 미국이 핵 선제공격을 할 의지를 갖고, 그 능력을 키우고 있다고 공포에 질렸다. 국내 경제 문제까지 겹치자, 소련의 지도부 안팎에서는 이런 상태로 계속 갈 수 없다는 인식이 확산됐다.

한편 소련을 압박하던 미국 레이건 행정부에 대해서도 우려의 목소리가 커져갔다. 특히 시민 진영이 행동에 나섰다. 1983년 서유럽에 미국의 퍼싱-2 및 크루즈 미사일이 실제로 배치되는 과정에서 사상 최대의 반핵평화운동 시위가 미국과 유럽의 주요 도시에 일제히 벌어졌다.

1983년을 지나며 미국과 소련 두 나라의 충돌과 핵전쟁 위기는 절정에 올랐다. 그러나 이 시기가 지나자 양국 내에서도 상황이 격화돼서는 안 된다는 우려의 목소리가 커져갔다. 이는 두 나라의 지도부에게도 새로운 사고와 태도를 불어넣었다. 특히 소련에서는 새로운 지도부가 들어서자 혁명적인 전환을 시작했다.

1985년 3월 11일 젊은 지도자 미하일 고르바초프가 소련 공산당 서기장에 올랐다. 고르바초프는 '인간의 얼굴을 한 사회주의'를 내걸고 글라스노스트(개방)와 페레스트로이카(개혁)이라는 대대적인 체제 수술을 단행하기 시작했다. 소련 안팎에서는 고르바초프의 체제 수술이 적어도 소련의 체제 정비로 이어질 것으로 예상했다. 하지만 집도의 고르바초프의 진단과 처방이 잘못됐는지, 아니면 환자인 소련의 병세가 이미 돌이킬 수 없는 상황이었는지, 오히려 그 수술은 소련의 붕괴를 촉발하고 말았다.

18
소련제국의
붕괴

    소련은 거대한 국가가 완성된 곳에서 붕괴되기 시작했다. 2차대전 뒤 소련은 동구권 국가들을 위성국가화하며 일종의 제국을 완성했다. 해퍼드 매킨더는 동유럽을 점령한 자는 세계를 지배한다는 경구를 남겼다. 하지만 소련에게 동유럽은 세계를 지배하는 발판이 아니었다. 수익보다는 지출이 더 요구되는 '봉국'이었다.

동유럽, 소련에게 수익보다는 비용이 더 큰 봉국이 되다

    소련은 2차대전 과정에서 점령한 동유럽을 손에서 놓을 수 없었을 뿐이었다. 동유럽을 자신의 손에서 놓는다면, 서유럽 열강세력이 그 통로를 따라 러시아를 침략할 것으로 우려했다. 소련에게 동유럽은 자신들의 장악 여부에 따라 완충지대나 침략통로로 성격이 극명히 갈렸다.

소련에게 동유럽 국가들의 친소 위성국가화는 필연이었다. 하지만 이는 미국 등 서방에게 소련의 팽창에 대한 우려와 불안을 부추겼다. 서방의 대소련 봉쇄정책을 불렀다. 무엇보다도, 동유럽 국가 내에서 반소반공세력을 키웠다. 동유럽의 위성국가 자체가 소련 체제에 부담이 됐다.

이는 러시아 지정학의 영원한 딜레마였다. 러시아는 안보와 생존을 위해 영토 팽창을 해야 했으나, 이 팽창은 러시아에 저항하는 세력을 영내에서 키워 제국의 유지에 막대한 부담이 됐다.

동유럽에서 소련은 처음부터 무력으로 성립됐고, 유지됐다. 1953년 6월 동베를린에서 시작된 동독의 반소 폭동, 1956년 10월 헝가리의 반소 봉기, 1968년 체코슬로바키아의 반소 민주화운동인 '프라하의 봄', 1970년 12월 폴란드 노동자 봉기, 1980년 폴란드 자유노조운동 등은 소련군이나 현지 정권에 의해 진압됐다.

이런 동구권의 반소운동과 봉기, 그에 이은 소련의 무력진압은 소련에게 값비싼 비용을 요구했다. 소련은 동구권 국가에 60만 명에 달하는 대병력을 상시 주둔시켜야 했다. 이런 병력을 소련의 국경선 내부가 아닌 해외에 배치하는 것은 그 비용을 배가시켰다. 본국과 떨어진 긴 병참선, 동구권 국가 현지 병력과의 일체화된 운영 등은 모두 소련의 부담이었다. 게다가 반소운동에 대한 무력진압 때마다 서방이 강력하게 반발하고 제재함에 따라, 소련의 경제적 비용은 증가됐다.

무엇보다도 동구권 국가에서 빈발하는 반소 시위와 운동, 이에 대한 소련의 무력진압은 소련 체제의 정당성을 갉아먹었다. 소련은 1968년 체코슬로바키아의 프라하의 봄 이후로 동구권 반소 민주화운동에 대한 무력진압을 하지 못했다. 미국과의 데탕트도 있었지만, 무력진압이 몰고 올 후폭풍을 더 이상 감당하기 힘들었기 때문이다.

1980년 폴란드의 자유노조운동은 그 양상이 헝가리와 체코슬로바키아의 과거 반소운동에 준했다. 하지만 소련은 무력개입을 자제했다. 장악력을 상실한 폴란드 공산당 정부 대신에 군부가 나서 계엄령을 선포하고 정권을 접수했다. 이는 공산당 우위를 제일 원칙으로 하는 소련의 소비에트 사회주의 체제의 균열이었다. 무엇보다도 자유노조운동은 박멸되지 않았다. 소련 체제 내에서 반체제운동이 상존하는 최초의 사례가 됐다. 이는 소련 체제의 붕괴로 이어지는 첫 균열이었다.

고르바초프, 브레즈네프 독트린 포기로 동유럽을 놔주다

미하일 고르바초프는 소련 공산당 서기장에 오른 1985년부터 시대가 바뀌었다는 신호를 보내기 시작했다. 모스크바가 동유럽에서 자신들의 제국을 유지하려고 무력을 사용하는 일은 더 이상 없을 것임을 시사했다. 고르바초프는 1988년 12월 7일 유엔총회 연설에서 동구권 국가에 대한 소련의 개입을 정당화하던 브레즈네프 독트린의 사실상 포기를 선언했다. 그는 동유럽과 관련해 "한 국가에게 선택의 자유를 부정하는 것은 어떤 말로 포장하거나 핑계를 대더라도 불안정한 균형을 만드는 것이다… 선택의 자유는 보편적인 원칙이다. 예외가 없다"고 말했다.

이미 앞서 1988년 가을부터 동구권 국가, 특히 폴란드와 헝가리에서는 점증하는 경제난이 빈번한 시위와 파업 등 정치적 도전을 낳고 있었다. 고르바초프의 메시지는 급속히 동구권 국가로 스며들었다. 동구권의 공산당 정권들은 이제 두려움을 잊어버린 인민들을 억압하는 데 소련의 도움을 받을 수 없다는 것을 깨닫자, 반체제세력과 타협에 나설 수밖에 없었다.

1981년 폴란드의 자유노조연대 '솔리다르노시치Solidarność'를 탄압하고 들어선 보이치에흐 야루젤스키Wojciech Jaruzelski 정권은 1989년 1월부터 자유노조연대와 원탁회의 대화를 시작했다. 이 대화는 4월 5일 자유노조연대를 합법화하는 동시에 폴란드 상원을 선출하는 자유선거 실시를 합의했다. 6월 4일 치러진 선거에서 공산당인 폴란드연합노동자당은 전패했다. 자유노조와 그 연대 후보들은 100석의 의석 중 99석을 차지했다.

야루젤스키는 자유노조 지도자 레흐 바웬사에게 연정을 제안했으나, 거부당했다. 7월로 예정된 하원 선거 역시 결과는 명확해졌다. 고르바초프는 7월 7일 루마니아 부쿠레슈티에서 바르샤바조약기구 회원국 지도자들과 만나, 폴란드에서 벌어지는 정치 변화를 수용한다고 밝혔다. 소련은 진행중인 변화를 저지하려고 개입하지 않을 것이라고 말했다.

고르바초프는 더 나아가 총선 뒤 폴란드에서 공산당 정권과 자유노조 사이에서 벌어지는 연립정부 주도권 다툼에도 개입했다. 그는 폴란드 공산당이 자유노조 주도의 연립정부를 받아들이도록 설득했다. 8월 24일 폴란드 공산당은 자유노조가 주도하는 비공산 정부에게 권력을 이양했다. 소련의 동구권 체제를 이탈한 첫 국가가 탄생했다.

▎동구권 붕괴의 방아쇠를 당긴 피크닉

폴란드 공산당이 권력을 포기하기 하루 전, 소련의 동구권 체제 붕괴에 더 결정적인 사건이 준비되고 있었다. 헝가리는 자국 국경을 서방 국가에 개방하는 결정을 내렸다. 이는 동독 붕괴와 독일 통일로 가는 첫 단추였다. 동독 주민들이 헝가리를 통해 서방 국가로 이탈하는 길을 열어주기 때문이었다.

헝가리에서도 1988년부터 공산당인 사회주의노동당이 나서 체제 변화를 추진하고 있었다. 30년간 집권해온 야노시 카다르János Kádár 당 서기장이 그해 실각하면서 헝가리의 체제 변화가 시작됐다. 그해 11월 소련 체제에 비판적인 40세의 네메트 미클로시Nemeth Miklós가 총리에 오르며 헝가리의 탈소련 움직임을 가속화됐다. 헝가리 의회는 복수노조, 집회·결사·언론의 자유, 새로운 선거법, 더 나아가 헌법개정 등을 포함한 '민주주의 패키지'를 채택했다. 헝가리 정부는 자국 시민들의 해외여행 제한도 완화했다. 이런 조처는 1989년 5월 초에 오스트리아와의 국경에 설치된 철조망 철거로 이어졌다.

헝가리와 오스트리아 국경의 철조망 제거 작업은 서방 텔레비전에 의해 중계됐다. 이는 분명 새로 집권한 네메트의 의도적인 신호였다. 동구권에서 가장 빠르게 시장경제 요소를 도입한 헝가리는 동독 주민들에게 자국에서 구할 수 없는 상품과 서비스를 제공할 뿐 아니라, 여름 휴가로 헝가리로 오는 동독 관광객들에게 서방으로 가는 길을 열어줄 수 있었다. 네메트는 헝가리를 찾는 동독 주민들을 거대한 지정적 체스게임에 이용하려고 결단을 내린 것이었다. 그는 사실상 '철의 장막'에 구멍을 냈다고 선언한 셈이었다. 그는 헝가리를 통한 동독 주민들의 대량 탈주가 소련의 동구권 체제에서 가장 억압적이고 중추였던 에리히 호네커 동독 정권에 실존적인 위협을 줄 것으로 믿었다. 호네커가 실각한다면, 이는 베를린장벽의 붕괴, 더 나아가 소련의 동구권 체제 붕괴로 이어질 것으로 내다봤다. 소련으로부터 헝가리의 자유와 독립이라는 자신의 진정한 목적 달성을 위한 전제였다.

하지만 헝가리를 찾은 동독 주민들은 그 메시지를 잘 이해하지 못했다. 오스트리아 접경 철조망 철거 작업의 중계에도 불구하고, 소수의 동독 주민만이 국경을 넘는 용기를 냈다. 이런 상황에서 오스트리아와 접경한 헝가리의 한 작은 마을인 소프론에서 일군의 자유주의 활동가들이 대담한 피크닉을 준비했다.

헝가리의 자유주의 개혁을 구가하는 피크닉이었다. 국경지대에 텐트를 치고, 밴드를 동원하고, 맥주를 마시며 파티를 즐기는 것은 물론, 오스트리아로 가는 국경 관문을 일시적으로 개방하는 계획이었다. 주민들이 자유롭게 오스트리아와 헝가리를 넘나들게 하자는 것이었다. 이들은 이를 '범유럽 피크닉'이라고 명명했다.

네메트는 이 행사를 이용하기로 했다. '범유럽 피크닉'이 열리는 8월 19일이 다가오면서, 행사를 알리는 전단들이 헝가리를 방문한 동독 주민들이 묵는 숙소 근처에 뿌려졌다. 서독 정보기관과도 협력했다. 철조망 국경선 위로 나는 비둘기의 이미지가 그려진 전단에는 "오라, 모두 오라. 먹고, 마시고, 즐기자. 철의 장막을 조각내자. 국경은 경계가 풀렸다. 길을 잃지 않게 조심하자. 오스트리아로 발을 헛디딜 수 있고 아무도 모를 것이다!"라고 적었다.[76]

헝가리 경비병들에게는 철수가 명령됐고, 수송 버스가 동원됐다. 행사를 조직하는 쪽은 당초 몇백 명이 참석할 것으로 예상했다. 하지만 당일 현장에 실제로 버스가 도착하자 충격은 배가됐다. 버스에서 내린 사람들은 오스트리아 국경 쪽으로 달려갔다. 그날 오스트리아로 넘어간 동독 주민만 무려 700여 명이었다.

범유럽 피크닉을 계기로 헝가리를 통한 동독 주민들의 서방 탈주가 시작됐다. 헝가리의 국경 개방 결정을 전후로 9월에 1만 3,000명 이상의 동독 주민들이 헝가리를 통해 오스트리아로 넘어갔다. 체코슬로바키아를 통해서도 넘어갔다. 동독 정부는 헝가리 여행을 불허하고, 10월 3일에는 체로슬로바키아와의 국경을 봉쇄했으나, 상황만 악화시켰다.

고르바초프가 10월 6일 동독을 방문해, 질서 회복을 위해 소련군을 이용하지는 않을 것이라고 다시 확인했다. 고르바초프는 나아가 동독 공산당에게 페레스트로이카의 완강한 반대자 호네커를 축출할 것을 촉구했다. 고르바초프가 귀국한 다음 날인 7일, 헝가리 공산당인 헝가리 사회주의노동자당은 레닌주의 포기를 선언했다. 당명도 헝가리사회주의당으로 바꾸었다. 이로써 헝가리는 동구권에서 폴란드에 이어 마르크스-레닌주의를 포기하며 소련 체제에서 탈피한 두 번째 국가가 됐다.

▎베를린장벽이 무너지다

동독의 사태는 더욱 격화됐다. 해외로 탈주를 막자 국내에서 반정부 시위가 벌어졌다. '우리는 나가기를 원한다'는 시위 구호는 '우리는 여기 머물고 있다'로 바뀌었다. 즉 남아서 싸우겠다는 뜻이었다. 10월 9일 라이프치히에서 벌어진 7만여 명의 시위행진에 대해 호네커 동독 공산당 서기장이 분쇄 명령을 내렸으나, 라이프치히의 공산당원들은 이를 거부했다. 10월 16일 라이프치히에서 다시 15만 명이 참가하는 더 큰 시위가 벌어졌다. 동독 공산당의 지도자 중 한 명인 에곤 크렌츠Egon Krenz가 행동에 나섰다. 그는 18일 호네커를 밀어내고, 그의 후임자가 됐다.

일주일 뒤인 24일, 고르바초프는 핀란드 헬싱키에서 소련은 동구에 간섭할 권한이 없다고 발표했다. 그가 동구권의 탈소련에 관해 보내던 메시지 중 가장 명확한 것이었다. 동구권 탈소련 자유화운동의 촉발이

된 1970년대 헬싱키 선언이 나온 헬싱키에서 그 자유화운동을 마무리 짓는 메시지가 나왔다.

동독 주민들의 서방으로의 탈주 러시가 계속되던 10월 31일 고르바초프는 크렌츠에게 서독과의 국경을 개방하라고 말했다. 나흘 뒤 11월 4일 50만 명의 동독 주민이 동베를린에서 시위를 벌였고, 동독 정부의 내각은 사임했다. 11월 9일 동독 임시정부는 동독 주민들은 정부의 특별허가가 없어도 동독을 떠날 수 있다고 발표했다. 이 발표와 동시에 동독 주민들은 베를린장벽으로 몰려갔다. 장벽 위에서 군중이 춤을 추고, 장벽은 기념품으로 뜯겨 나갔다.

1989년 11월 9일은 2차대전의 종전과 함께 시작된 냉전이 끝나는 순간이었다. 냉전의 최대 상징인 베를린장벽이 해체되었을 뿐 아니라 동구권 전체가 소련 체제에서 완전히 이탈하는 순간이었다.

같은 날 불가리아 수도 소피아에서도 35년간 집권해온 불가리아 공산당의 토도르 지프코프Todor Zhivkov가 외무장관이 주도한 쿠데타로 권력에서 축출됐다.

체코슬로바키아에서도 11월 17일 학생들의 시위가 경찰에 의해 공격받으며 본격적인 탈소련 시위가 시작됐다. 프라하에서 그다음 날부터 불어나기 시작한 시위대가 24일로 35만 명에 달하면서 혁명적 사태로 발전했다. 그날 밤 밀로시 야케시Miloš Jakeš 체코슬로바키아 공산당 서기장과 정치국원 전원은 사임했다.

바르샤바조약기구 회원국 지도자들이 12월 4일 회동하고 보니, 고르바초프와 루마니아의 니콜라에 차우셰스쿠Nicolae Ceauşesuu를 제외하고는 모두 새 인물들이었다. 차우셰스쿠의 운명은 더 비극적으로 끝났다. 12월 9일부터 루마니아에서 반정부 폭동이 일어났고, 정권은 급속히 몰락했다. 국외로 탈출하려던 차우셰스쿠 부부는 체포됐다. 군사법 정에 회부된 부부는 크리스마스에 총살됐다.

이로써 바르샤바조약기구 안에 있던 모든 동구권 공산 정권들이 타도되고, 소련 체제에서 이탈했다. 1968년 소련의 체코 침공에 항의해 바르샤바조약기구를 탈퇴하고 소련으로부터 멀어졌던 알바니아의 공산 정권만이 살아남았다.

다시 떠오른 '독일 딜레마'

동구권 체제 붕괴와 탈소련 움직임은 유럽 지정 질서의 대격변을 몰고 왔다. 더 큰 문제들이 남았다. 1500년대 이후 유럽의 지정학을 사로잡은 주제인 동구권을 사이에 둔 강대국의 영향권 설정, 더 나아가 독일 문제였다.

베를린장벽 붕괴를 전후해 서독은 헬무트 콜 총리의 주도로 적극적으로 독일 통일을 모색했다. 독일 통일은 2차대전의 종전협정을 번복하는 문제였다. 독일의 베를린을 여전히 관할하는 4대 강국인 미국, 소련, 영국, 프랑스의 권한을 축소하는 문제였다. 특히 냉전 시절 소련의 팽창에 맞서 서독의 강화에 협력했던 영국과 프랑스에게 독일 통일은 유럽의 세력균형을 바꾸는 결정적인 문제였다. 현실적으로도, 동독에 주둔한 소련군 문제 등에 대한 소련의 동의와 협력이 없다면 결코 평화적으로 해결될 수 없는 문제였다.

무엇보다도, 독일 통일은 1500년대 이후 독일을 사이에 둔 유럽의 세력균형 문제를 다시 제기했다. 통일을 통해 커지고 강화된 독일은 유럽에서 역사적으로 누구도 원치 않는 존재였다. 1500년대 이후 유럽의 전쟁 대부분은 결국 이 커지고 강화된 독일로 인해 벌어졌다.

베를린장벽이 붕괴되기 두 달 전인 1989년 9월 23일 일본을 방문하고 귀국길에 모스크바를 방문한 마거릿 대처 영국 총리는 고르바초프를 만나 독일 통일에 반대하며, 나아가 동구권의 탈공산화, 탈소련화도 반대한다고 표명했다. 페레스트로이카 등 고르바초프의 개혁 노선에 대한 지지를 표명한 대처는 동구권에 대해 "바르샤바조약기구가 온존하는 한 각 국가들이 스스로의 길을 개척하는 것에 당신이 찬성한다는 입장을 완벽히 이해한다"고 말했다. 그러면서 대처는 기밀이니 녹음하지 말라고 요구하고 말을 이었다.

우리는 동독에서 진행중인 과정들에 아주 우려하고 있다. 큰 변화의 끝에 있다… 동독에서 서독으로 탈출하는 수천 명의 사람들은 대표적인 예이다. 이 모든 것은 사안들의 바깥 측면이고… 또 다른 문제가 더 중요하다.

영국과 서유럽은 독일 통일에 관심이 없다. 나토 성명에 쓰인 말들은 다르겠으나, 그건 무시하라. 우리는 독일 통일을 원치 않는다. 독일 통일은 전후 국경들의 변화로 이어질 것이고, 우리는 이를 허용할 수 없다. 그런 사태 전개는 전체적인 국제 상황의 안정을 해치고, 우리의 안보에 대한 위협으로 이어질 수 있다.

우리는 동유럽의 불안정이나 바르샤바조약기구의 해체에 관심이 없다. 물론 모든 동유럽 국가에서의 내부 변화들은 적절하다… 하지만, 우리는 이런 과정들이 엄격하게 내부에 한정되는 것을 지지한다. 우리는 그 나라에 간섭하지 않을 것이고 동유럽의 탈공산화를 추동하지도 않을 것이다. 이는 또 미국 대통령의 입장이라고 당신에게 말할 수 있다. 그는 도쿄에 있는 나에게 전문을 보내, 미국이 소련의 안보 이익을 위협하거나 소련 사회가 위협으로 인식할 수 있는 어떠한 행동도 하지 않을 것임을 당신에게 말해달라고 나에게

부탁했다. 나는 전적으로 그의 요구를 이행하고 있다.[77]

동구권의 격변이 시작되던 1989년 여름만 해도 미국 등 서방은 이 상황이 소련 체제의 붕괴로까지 이어지리라고는 예상하지 못했다. 미국 등은 동구권에서 소련 영향력의 축소 정도만을 기대했고, 소련을 자극하지 않고 그 변화를 순항시키려 했다. 독일 통일을 원하지 않고, 소련의 영향권을 침범하지 않겠다는 것은 조지 부시George Herbert Walker Bush 당시 미국 대통령과 대처 총리에게 마찬가지였다. 하지만 사태가 베를린장벽 붕괴와 소련의 동구권 체제 와해로 이어지며, 독일 통일 문제가 실질적인 현안으로 대두되자, 미국과 동맹국들은 이해가 달라지기 시작했다.

독일 통일은 유럽의 서방 동맹국들에게는 자신들의 안보가 직접 걸린 세력균형 문제였으나, 미국에게는 그렇게 절실하지가 않았다. 오히려 미국이 볼 때, 소련 체제에서 해체되는 동유럽을 서구 체제로 이행시키는 책임을 질 현실적 주체는 독일이 될 수밖에 없었다. 이는 이미 유럽의 최대 경제력으로 부상한 서독에게는 동독을 흡수하는 통일을 의미했다.

미국, 독일 통일에 청신호를 주다

대처가 고르바초프를 만날 때 이미 부시는 독일 통일에 대해 전혀 다른 견해를 가지고 있었다. 부시는 9월 18일 기자회견에서 독일 통일을 지지하는 발언을 했다.

그는 독일 통일이 "독일인들이 결정할 문제"라며 "독일이 통일에 이르게 된다면, 그걸 서방의 이익에 해롭다고 봐야 한다고 생각하지 않는다"고 말했다. 그는 특히 "일각에서는 통일된 독일이 유럽, 서유럽의 평화에 해로울 것이라는 감정이 있는데, 나는 그걸 절대로 수용할 수 없다"고 강조했다. 그는 헬무트 콜 서독 총리가 이 문제에 대해 무언가를 말할 것으로 알고 있다고 말해, 이미 서독과 양해가 끝났음을 시사했다.[78]

11월 28일 헬무트 콜 서독 총리는 의회 연설에서 독일 통일을 위한 10개항 프로그램을 발표했다. 이는 통일이 몇 년에 걸쳐 이뤄질 것이라는 가정에 따른 점진적이고 단계적인 접근이었다. 다음 날 콜은 부시로부터 지지한다는 전화를 받았으나, 고르바초프로부터는 아무런 응답을 받지 못했다. 고르바초프는 여전히 2개의 독일이라는 지속되는 현실을 말하고 있었다.

이틀 뒤인 12월 1일 고르바초프와 부시는 지중해의 섬 몰타에서 만났다. 동구권 격변이 시작되자, 한 달 전에 부시가 특별히 제안한 회담이었다. 두 사람의 만남에서 독일 통일 문제는 피할 수 없는 사안이 됐다. 부시는 고르바초프에게 동구권에서 일어나는 변화를 수용하라고 촉구하며, 독일 통일에 대한 미국의 지지를 분명히 했다. 하지만 그는 자신이 그동안 동구권 격변에서 절제를 가지고 행동했음을 지적하며, "베를린장벽 위에 뛰어오르는 것"을 계속 피하겠다고 말했다. 미국은 결코 동구권 변화를 이용해 소련을 곤경에 빠뜨리지 않겠다는 약속이었다. 부시는 고르바초프가 '노'라고 대답할 수밖에 없는 독일 통일에 관련된 어떠한 언급이나 질문도 피했다.

고르바초프는 통일 독일에 대한 우려를 설명하고, 모든 것은 헬싱키선언 맥락 안에서 이뤄져야 한다고 강조했다. 즉 전후 국경의 인정 등 기존 세력권 유지를 요구한 것이다. 독일 통일 자체가 기존 세력권을 바꾸는 것이었지만, 고르바초프로서는 독일 통일을 묵인하는 것 외에는 별다른 대안이 없었다. 고르바초프는 부시에게 미군이 유럽에 계속 남아달라고 주문했다.[79]

부시는 몰타 회담 뒤 귀국길에 브뤼셀에 들러 나토 정상회의를 가졌다. 부시는 독일 통일에 대한 미국의 지지를 천명하고, 나토의 틀 내에서 통일 독일이라는 원칙을 분명히 했다. 미국은 유럽 동맹국들이 우려하는 통일 독일을 나토 내에서 제어하겠다며 달랜 것이다. 이 자리에서 대처 영국 총리는 우려를 표명했으나, 미국이 사실상 주도하는 나토의 독일 통일 승인은 이제 궤도에 올랐다.

대처와 미테랑, 독일 통일에 저항하다

하지만 영국 등은 쉽게 물러서지 않았다. 무엇보다 고르바초프도 나토 틀 내에서의 통일 독일을 수용할 준비가 되어 있지 않았다. 독일 통일 10개항이 발표된 지 열흘 뒤 열린 서유럽 정상회의에서 대처는 콜에게 거친 언사를 퍼부었다. 대처는 정상들과의 만찬에서 "우리는 독일을 두 번이나 패전시켰는데, 이제 그들이 돌아왔다"고 말했다. 대처는 독일 통일이 거스를 수 없는 대세이니 영국은 적대적인 입장을 취해서는 안 된다는 외교보좌진 및 외무부 쪽의 의견도 억눌렀다. 대처는 외교 당국자들에게 독일 통일은 "현재 의제에 있지 않다"고 훈령했다.

프랑수아 미테랑 프랑스 대통령도 대처와 다르지 않았다. 미테랑은 1990년 1월 20일 대처와 만나 독일 통일은 독일이 히틀러 시대보다도 더 큰 영향력을 유럽에서 가지게 할 것이라고 경고했다. 그러나 미테랑은 독일 통일이 멈출 수 없는 대세라고 인식했다. 그는 임박한 독일 통일의 조건을 강구하는 데 집중했다. 통일 독일을 유럽통합 틀 속에 가

뒤서 제어하자는 것이었다. 독일 통일 뒤 유럽연합이 단일통화 유로를 채택하며 유럽통합을 가속화한 데는 이런 배경이 있었다.

미테랑은 대처로 하여금 독일 통일을 반대하게 하는 것이 유럽통합 관련 조약에서 독일의 양보를 이끌어내는 수단이라고 봤다. 1990년 2월까지 대처는 독일 통일의 속도를 늦출 수 있다고 믿었다. 그녀는 독일 통일이 너무 급속하게 진행돼 고르바초프의 입지가 불안정할 수 있다고 우려했다. 고르바초프가 실각하면, 통일 독일을 제어할 세력균형이 무너지기 때문이다. 대처는 유럽연합 속에 통합된 독일이 순치될 것이라는 미테랑의 낙관주의에 동조하지 않았다.

대처는 2월 2일자 내부 메모에서 "그 문제들이 유럽공동체(EC) 강화로 극복될 수 없다. 독일의 야망은 압도적이고 활동적인 요인이 될 것이다"라고 전망했다. 그녀는 2개의 독일이 공존하는 5년간의 이행기를 갖는 안을 지지했다. 그녀는 3월에 독일 《슈피겔*Spiegel*》과의 회견에서 콜이 폴란드와의 전후 국경선인 오데르–나이세 국경을 인정하지 않는다고 말했다고 밝히기도 했다. 콜은 결코 이런 말을 한 적이 없다고 격노했다. 대처의 반발에도 주사위는 던져졌다.[80]

독일 통일은 결국 소련의 양보가 필수였다. 소련의 양보는 자신들의 안보 우려 해소가 보장되어야 가능했다. 이는 러시아제국 이래 자국 안보의 사활적 이해가 걸린 동구권 국가들에서의 세력균형 문제였다. 소련 입장에서는 적어도 동구권 국가들을 자신의 안보 완충지대로 남겨둬야 했다. 이는 동구권 국가들이 미국과 서유럽 국가들의 동맹 체제에 편입되지 않는 것을 의미했다. 구체적으로는 반소 군사동맹인 나토가 동독 등 동쪽으로 확장되지 않는 것을 의미했다.

소련, 나토의 동진 없는 독일 통일을 묵인하다

1990년 2월 6일 한스디트리히 겐셔Hans-Dietrich Genscher 서독 외무장관은 더글러스 허드Douglas Hurd 영국 외무장관에게 고르바초프는 나토가 향후 동독뿐만 아니라 동구 전체로 확장될 가능성이 배제되기를 원한다고 말했다. 겐셔는 "나토는 동쪽으로 영역을 확장하려고 의도하지 않는다"는 공개성명을 나토가 발표해야만 한다고 제안했다. 겐셔는 "그런 성명은 단순히 [동독만] 언급할 것이 아니라, 일반적 원칙이 돼야 한다"며 "예를 들어, 소련은 헝가리가 정부가 바뀌더라도 서방 동맹의 일부가 되지 않는다는 것을 확인할 보장을 원한다"고 말했다. 겐셔는 나토가 이 문제를 즉각 논의할 것을 촉구했다. 허드도 동의했다.[81]

3일 뒤인 2월 9일 모스크바에서 제임스 베이커James Addison Baker III 당시 미국 국무장관은 나토를 놓고 고르바초프와 직접 논의했다. 이 만남에서 베이커는 자신의 말을 육필로 메모했다. 거기에는 핵심 단어들에 별표까지 쳐져 있었다. "최종 결과: 통일 독일은 [정치적으로] 변화된 나토에 고정된다. '나토의 관할 영역은 동쪽으로!' 나아가지 않는다." 이 말의 의미는 통일된 독일은 미국이 주도하는 나토의 영향권에서 벗어나지 않고, 나토 역시 동쪽으로 확장하지 않는다는 것이다.[82]

베이커는 이날 만남과 자신의 육필 메모와 관련한 비밀편지를 모스크바 주재 서독대사에게 남겼다. 이는 곧 소련을 방문할 서독의 콜 총리와 겐셔 외무장관을 위한 것이었다. 베이커는 고르바초프에게 질문 형식으로 중대한 제안을 했다고 밝혔다. "당신은 통일 독일이 나토 밖에 있기를 선호하는가, 그래서 독일에 미군이 주둔하지 않고 독일이 완전히 독립하기를 원하는가? 아니면, 나토의 관할권이 현재 위치에서 한 치도 동쪽으로 나아가지 않는다는 보장하에서 통일 독일이 나토와 엮여 있기를 선호하는가?" 베이커가 고르바초프에게 던진 선택지였다. 이 중 후자는 독일이 통일돼도 동독 지역은 나토의 관할권이 아니라는 의미였다. 베이커에 따르면, 고르바초프는 "물론 나토 영역의 확장은 받아들일 수 없다"고 대답했다.[83]

미국 백악관 국가안보위원회에서는 이 보고를 받고 그런 해결책이 가능하지 않다고 생각했다. 어떻게 나토의 관할 영역이 한 나라의 절반에만 적용될 수 있느냐는 의문이었다. 국가안보위는 모스크바를 방문하러 출발하려는 콜 서독 총리에게 조지 부시 미 대통령의 이름으로 편지를 보냈다. 편지는 베이커가 약속한 대로 나토가 동쪽으로 전진하지 않겠다고 시사하는 대신에, "현재 [동독의] 영토에 특별군사지위"를 제안했다. 편지에서 그 특별지위가 무엇을 수반하는지에 대해서는 정확히 정의되지 않았으나, 의미는 명확했다. 독일 전역은 나토 동맹이 되나, 모스크바가 이런 사태 전개를 받아들이기 용이하게 하려고, 독일의 동쪽 지역에 체면 세우기용 규제를 적용한다는 것이었다. 즉 일정한 형태의 나토 군사력 행동에 대한 제약이었다.[84]

모스크바에 도착한 콜은 2개의 편지를 손에 쥐었다. 베이커와 부시의 편지였다. 두 편지는 같은 문제에 대해 모순된 입장이었다. 복잡한 상황에 처한 콜은 결국 베이커의 입장 쪽으로 기울었다고 콜 집무실의 기록은 전한다. 베이커의 유화적 입장이 모스크바로부터 독일 통일에 대한 허가를 받아내기 쉬울 것으로 생각했다. 콜은 2월 10일 회담에서 고르바초프에게 "나토가 영역을 [동독의] 현재 영토 쪽으로 확장할 수 없다는 것은 당연하다"고 보장했다. 겐셔 외무장관 역시 예두아르트 셰바르드나제Eduard Shevardnadze 소련 외무장관에게 "우리에게 그 입장은 단호하다. 나토는 동쪽으로 확장하지 않을 것이다"라고 같은 메

시지를 전했다.[85]

베이커에 이은 서독 쪽의 거듭된 보장을 듣고서 고르바초프는 독일 통일의 첫 단계인 동·서독의 경제 및 통화 통합을 시작하라는 '청신호'를 줬다. 고르바초프와의 만남을 끝낸 그날 밤, 콜은 잠을 이룰 수가 없었다. 모스크바 붉은광장의 추위 속에서 오랜 산책을 했다고 그는 회고했다.[86]

미국, 나토의 동진 배제 약속을 삼키다

워싱턴은 콜의 들뜬 기분과는 달랐다. 1990년 2월 중순 워싱턴에 돌아온 베이커는 곧 국가안보위의 입장에 동조됐다. 부시의 외교팀은 나토가 1989년 경계를 유지한다는 언급을 더 이상 하지 않았다. 2월 24~25일 캠프데이비드 정상회담에서 부시는 콜에게 모스크바와의 타협에 대한 자신의 감정을 직설적으로 드러냈다. "빌어먹을! 우리가 이기고, 저들이 졌다. 우리는 소련이 패배의 문턱에서 승리를 거머쥐게 해줄 수 없다." 콜은 "이건 결국 돈 문제가 될 것이다"라며 고르바초프를 달랠 방법을 찾아야 한다고 주장했다. 부시 역시 서독이 '두둑한 주머니'를 가지고 있음을 지적하며 동조했다. 로버트 게이츠 당시 안보보좌관은 그 목적은 "소련을 매수하는 것"이었다고 나중에 설명했다. 서독이 뇌물을 제공한 것이다.[87]

4월 들어 부시는 프랑수아 미테랑 당시 프랑스 대통령에게 비밀전문을 보냈다. 미국은 소련이 통일 독일에 대해 우려하는 영국과 프랑스와 손을 잡을 수 있다고 경계했기 때문이다. 부시는 미테랑에게 통일 독일은 소련군이 철수해도 나토군이 주둔하는 등 나토의 완전한 회원으로 남을 것이라고 강조했다. 나토가 그 지역에 핵 및 재래식 무기를 계속 배치할 것이라고도 했다. 그는 미테랑에게 어떠한 다른 기구도 서구 안보 보호자로서의 나토를 대체할 수 없고, 그럴 능력도 없을 것이라고 경고했다. 부시는 독일이 통일된다 해도 냉전 이후 유럽의 압도적인 안보기구는 여전히 나토가 될 것이며, 결코 범유럽적 동맹기구는 없을 것임을 명확히 했다. 통일 독일을 나토 안에서 제어할 것이며, 나토는 서유럽의 미국 동맹국들을 위한 안보기구로 남는다는 의미였다.

그러나 다음 달 고르바초프는 범유럽적인 안보장치를 제안했다. 통일 독일이 나토와 바르샤바조약기구 모두에 가입하되 두 기구는 점진적으로 해체하고 유럽 전체를 포괄하는 새로운 안보장치를 마련하자는 것이었다. 그는 일단 소련도 나토에 가입하는 방안을 내놓았다. 고르바초프는 베이커에게 "당신들은 나토가 우리를 겨냥하지 않고 있다고 말하는데, 그래서 우리는 나토에 가입하겠다고 제안하는 것이다"라고 말했다. 고르바초프는 소련의 나토 가입으로 나토의 반소 성격을 희석시키려 했다. 하지만 베이커는 "범유럽 안보는 꿈"이라며 무시하듯이 거부했다.[88]

5월 들어 고르바초프는 국내에서 점점 장악력을 잃어가며 곤궁한 위치로 몰리기 시작했다. 증가하는 범죄율, 만연한 반정부 시위, 점증하는 반소 분리주의운동, 무엇보다도 악화하는 경제 때문이었다. 고르바초프는 이 문제들에 대처할 돈이 절실했다. 이는 그에게 서독 등에 대한 양보를 의미했다.

고르바초프는 콜과 7월과 9월 두 차례 정상회담을 거치며, 나토 안에서의 통일 독일에 대한 승인을 결국 할 수밖에 없었다. 물론 고르바초프에게 체면치레용 대책은 주어졌다. 소련군 철수까지 4년의 유예기간, 동독 영토에서 나토군과 핵무기 배치 제한 등이었다. 실제로 고르바초프가 받은 것은 돈이었다. 그는 철수하는 소련군을 위한 주택 건설 등을 위한 12억 마르크 외에 3억 마르크 차관을 무이자로 받았다. 나토를 확장하지 않는다는 공식적인 보장은 물론 없었다. [89]

소련 붕괴로 17세기로 돌아간 러시아

당시 동독에 주재하던 소련 국가보안위원회의 한 젊은 중견 간부가 이 모든 과정을 지켜봤다. 그는 "어떻게 소련이 유럽에서 그 지위를 잃을 수 있단 말인가" 하고 비탄하며 모스크바로 철수해야 했다. 그의 이름은 블라디미르 푸틴이었다.

곧이어 소련의 운명은 푸틴이 탄식한 현실 그 이상이었다. 소련은 동유럽에서 철수한 지 2년 만에 체제 자체가 붕괴했다. 소련 내의 14개 공화국은 독립했다. 서쪽으로는 발트해 3국과 벨라루스, 몰도바, 그리고 우크라이나까지 상실했다. 남쪽에서는 캅카스 지역의 조지아, 아르메니아, 아제르바이잔이 떨어져 나갔다. 중앙아시아 지역에서 카자흐스탄, 우즈베키스탄, 타지키스탄, 키르기스스탄, 투르크메니스탄이 독립했다. 러시아의 서쪽, 남쪽으로 전략적 종심을 제공하고 자연 안보 방벽이 되었던 지역들이 사라졌다.

러시아의 국경은 17세기로 후퇴했다. 러시아의 지정적 위상은 제국적 팽창을 시작하던 모스크바대공국 말기로 다시 돌아갔다. 러시아가 17세기부터 지정적 취약을 타개하기 위해 수행한 모든 팽창이 원점으로 돌아간 것이다. 지난 400년 동안 유라시아 대륙에서 형성돼왔던 지정 구도의 한 축이 일거에 와해됐다는 의미였다. 소련의 붕괴는 유라시아 대륙의 지정 질서에 지진을 일으켰다.

05

중국의
지정학과
3차
그레이트 게임

북중국평원을 흐르는 황하의 중류에서 발원한 중국이라는 나라는 그 후 서북 방면에서 내려오는 초원 유목세력과의 상호작용 속에서 성립되어갔다.

서북방의 초원 유목세력들은 한족의 중원으로 내려와 점령이나 흡수의 과정을 통해 중국의 일원으로 거듭났다. 초원 유목세력들의 남하로 중원의 한족은 동남 방면으로 뻗어나가며, 지금의 중국 판도를 형성해갔다. 이 과정에서 강남으로 불리는 양쯔강 이남의 동남 연안지대는 시간이 갈수록 지정적 가치가 높아졌다.

여진족에 이어 몽골족에 밀려 양쯔강 이남으로 내려간 남송 시대를 거치며 강남의 연안지대는 중국 경제의 중심지로 부상했다. 초원 유목세력들에게 점령된 화북지대와 절연된 남송의 강남 경제는 남중국해를 시작으로 동남아와 교역으로 연결됐다. 명대에 들어서 정화鄭和의 함대가 동아프리카까지 원정을 한 것은 인도양 전역으로까지 확장된 중국의 해상력을 보여준다.

명은 서북방에서 다시 제기된 몽골족에 의한 안보위협으로 정화의 원정을 폐기하고는 그 후 400여 년간 이어지는 사실상의 해상교역 금지에 들어간다. 이는 곧 아시아로 밀려오는 유럽 해양세력들에게 아시아의 바다를 내어줬다. 종국적으로는 중국을 포함한 아시아를 유럽 해양세력들의 판도로 편입시키는 결과를 초래했다.

이런 역사가 보여주는 중국의 지정 전략과 과제는 세 가지이다. 첫째, 신장위구르, 내몽골, 티베트 등 서북 변경지대를 완충지대로 확보해야 한다. 둘째, 한족이 거주하는 중원의 통일을 유지해야 한다. 셋째, 동남 연안지대를 통제해야 한다.

2차대전 뒤 마오쩌둥의 공산당은 국공내전에 승리하며 중국의 통일을 다시 이뤘으나, 이 세 가지 지정 전략 과제에 다시 직면했다. 소련과의 분쟁으로 서북 방면의 전통적인 안보위협이 다시 제기됐고, 소련의 안보위협을 제어한다는 이유로 동남 방면은 미국에 의해 봉쇄됐다. 그러자 마오쩌둥은 미국과의 화해로 대담한 노선 전환을 추진했다. 미국 역시 닉슨 독트린을 발표해 중국을 봉쇄하는 아시아태평양 방위선을 후퇴시키며 호응해줬다. 1980년대 덩샤오핑은 미국과 수교를 완성한 뒤 동남 연안지대의 해금을 완전히 해제하고는, 이 지역을 중국 경제성장의 발원지로 만들었다.

중국의 부상은 매킨더 이후 서방의 지정학자들이 경고하던 바였다. 러시아에 비해 양호한 해안 접근성을 가진 중국이 국력을 키우면, 서방 해양세력에게는 러시아에 비할 수 없는 유라시아 대륙세력이 될 것이라고 매킨더 등은 경고했다. 중국이 유라시아 대륙 내부뿐만 아니라 해양으로도 진출할 수 있는 세력이 될 것이라는 예측이었다.

실제로 2000년대 이후 부상한 대륙세력 중국은 일대일로—帯—路 등의 대규모 프로젝트를 통해 유라시아 대륙 내부 및 주변부 국가로의 진출을 가속화하는 한편, 바다로도 진출하고자 한다. 이는 여전히 서방 해양세력의 패권을 쥐고 있는 미국과의 충돌을 부르고 있다. G2 시대, 미국과 중국의 지정적 대결의 본질은 바로 이것이다.

19

정화의 원정이 말하는
중국의 지정학

1433년 정화가 이끄는 명제국의 '보물선' 함대는 일곱 번째 해외 원정을 마치고 난징으로 귀환한 뒤로는 다시는 바다로 나가지 못했다. 제국의 조정은 정화 함대의 원정을 금지했다. 관련 기록과 선박 건조 시설도 폐기했다. 더 나아가 민간 차원의 해양 무역과 선박 건조도 금지했다.

중국의 이 해금정책은 사실상 400년간이나 지속됐다. 그리고 결국 이 해금정책을 폐기한 것은 중국이 아니라 외부세력이었다. 1840년 청과 영국의 아편전쟁의 결과였다. 그 후 중국은 3000년간 지속된 제국의 역사에서 가장 굴욕적이고 가혹한 한 시기를 보냈다.

명나라 때 정화의 대원정과 그 갑작스러운 폐기는 중국 역사의 대외 정책뿐만 아니라 동서양의 지정 질서에서 가장 극적인 장면이었다. 그

때까지 동서양을 통틀어 가장 선진적이고 부강한 문명과 국력을 지녔던 중국은 시나브로 쇠잔해갔다. 정화의 대함대가 누볐던 유라시아 대륙 주변의 바다에는 유럽세력들이 출몰하기 시작했고, 16세기부터는 제해권을 장악해갔다. 서세동점 역사였다.

전통적인 서북 방면 안보위협이 좌초시킨 정화의 대원정

정화 함대는 1405~1433년 7차례의 대항해를 통해서 동아프리카까지 가며 인도양 전역을 누볐다. 유럽세력의 제국주의와 서세동점의 시작인 1492년 콜럼버스의 아메리카 발견과 1497년 바스쿠 다가마의 희망봉 항해보다도 한 세기 가까이 앞선다. 정화의 함대는 콜럼버스와 다가마의 항해단과는 달리 동원 선박이 최대 3,500척, 인원이 3만 명에 달하는 대규모 원정대였다. 유럽의 캐러벨 선박에 비하면, 정화의 선박은 30배나 컸다.

정화의 원정대는 적대적이었던 실론(현재 스리랑카)의 왕을 포로로 잡아 베이징으로 압송하기도 했다. 나중에 유럽세력들이 이 지역에 구축한 식민지를 당시에도 만들 수 있었다. 중국이 정화의 대원정 같은 정책을 이어갔다면 세계사가 바뀌었을 것이라고 역사가들은 주장한다. 중국이 해상에서의 우위를 지켰다면 유럽이 동양으로 침략해 오지 못했을 테고, 선진문물을 지닌 중국이 근대화도 먼저 이룩했을 것이라는 추론이다.

왜 그때 중국은 정화의 대원정 프로젝트를 폐기했는가? 역사가들이 합의하는 공통분모는 당시 어느 지역보다도 문명과 경제력이 앞선 중국의 입장에서 보면, 정화의 대원정이 비용에 비해 실익이 없었다는 것이다.

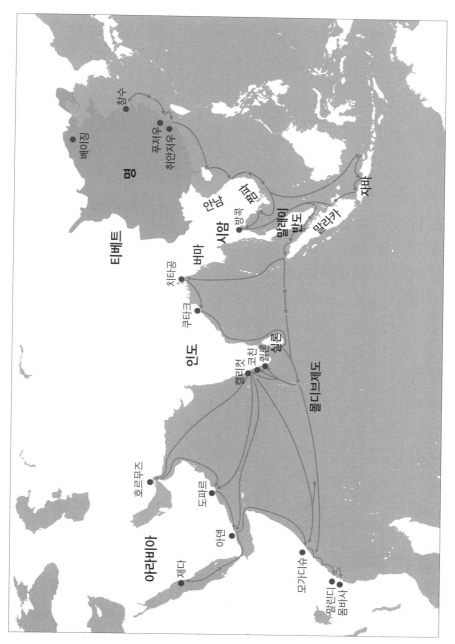

베이징

명

티베트

항수

푸저우
취안저우

안남

참파

시암

방콕

버마

치타공

말레이
반도

말라카

자바

쿠타크

인도

캘리컷
코친
콜룸

실론

몰디브제도

호르무즈

도파르

아덴

아라비아

제다

모가디슈

말린디
몸바사

무엇보다 당시 명의 안보 상황과 연관이 깊다. 정화의 원정이 완전히 중단되던 즈음, 북방의 새로운 강자 몽골의 오이라트가 흥기했다. 정화의 대원정이 중단된 다음해인 1434년 오이라트의 지도자 토곤이 몽골 부족들을 통일했다. 몽골 초원을 제패하는 세력으로 성장해, 다시 명을 위협하기 시작했다. 토곤을 이은 아들 에센이 1449년 조공무역을 놓고 벌인 분쟁으로 명을 침공해, 토목보(하북성 회래현) 전투에서 명의 황제 정통제를 포로로 생포했다.

명으로서는 전통적인 안보위협 지역인 내륙의 서북 방면을 내버려두고 한가롭게 동남 해안을 통해 바깥 세계로 진출할 현실적 여건이 아니었다. 서북 방면 초원 유목세력의 위협이 황제를 생포할 정도로 거세지는데, 먼 나라의 진기한 문물이나 가져오는 데 국력을 소모하는 것으로 보인 정화의 대원정을 지속하기는 힘들었다.

'토목의 변'이라 불리는 이 사태는 정화 대원정과 그 폐기와 함께, 중국의 역대 제국들이 직면해온 지정학의 핵심과 딜레마를 보여준다. 서북 방면에서 전통적으로 제기되는 안보위협에 대처하는 한편 경제력의 중심인 동남 방면의 연안을 관리해 동남아 지역에서 영향력을 유지하는 두 과제를 조화시켜야 하는 것이다. 근대로 오면서 중국 입장에서는 이 두 가지 기본적인 지정적 과제 중 동남 방면의 중요성이 커져갔다.

강남의 경제중심화가 동남 방면의 해상력을 제고시키다

고대 이래 중국에 대한 안보위협은 서북 방면에서 제기됐다. 서북방의 초원 유목세력은 중원의 한족세력에게 최대 안보위해 세력이었으나, 한족과 함께 중국을 성립시킨 기본 동력이기도 했다. 중국 역사 내내 유라시아 대륙의 초원 유목세력이 황하 유역의 한족세력을 위협하고 침공하고 남하해서 한족화되며 제국을 유지·확장하는 패턴이 반복되었다.

중국의 첫 제국인 진 역시 애초에는 초원 유목세력인 '오랑캐'로 발원했다. 진을 건국한 진시황이 만리장성을 쌓아올린 것도 중국의 역사적인 안보방역선을 상징한다. 이 안보방역선이 통과하는 지역을 관리할 수 있을 때 중국의 안보가 보장됨을 의미했다.

한족의 영역이 양쯔강 이남 강남 지역으로까지 확장되자, 중국의 지정학은 새로운 과제를 부여받기 시작했다. 서북 방면이 최대의 안보사활 지역으로 여전히 남았지만, 동남 연안 지역 관리의 중요성도 커져갔다. 한제국의 멸망 뒤 북방의 초원 유목세력들이 전면적으로 중원 지역으로 남하하고, 한족세력들은 양쯔강 이남으로 밀려났다. 서기 3세기부터 6세기 말까지 지속된 위진남북조 시대(220~589) 동안 한족이 이주한 강남 지역은 개발되고, 그 경제적 중요성은 커졌다. 위진남북조 시대를 마감하고 다시 중국을 통일한 수제국의 양제는 강남과 북방의 중원 지역을 연결하는 대운하를 건설했다. 강남의 물산을 유통시키기 위해서였다.

강남 지역이 완전히 개발되고 중국의 경제력 중심으로 완전히 자리를 굳힌 것은 송대(968~1279)이다. 송은 한족의 왕조 중 북방의 초원 유목세력들에게 가장 시달렸다. 거란족의 요, 여진족의 금, 몽골족의 원의 침략을 차례로 받으며, 강남으로 밀려나 남송(1127~1279) 정권을 유지하다가 원에 의해 정복됐다.

송은 왕조 초기부터 요에게 중원의 북방을 내어줘서, 양쯔강 유역과 그 이남의 경영에 주력할 수밖에 없었다. 특히나 양쯔강 이남으로 완전히 내려간 남송 시대에는 동남아를 잇는 해상무역에 의존해야만 했다.

적대적인 초원 유목세력들에 의해 서북방의 육로가 완전히 단절됐기 때문이다.

1235년 몽골이 압도적인 기마군사력을 앞세우고 남하하자, 송은 대포와 화약 등 과학기술력과 해군력으로 대항했다. 몽골의 봉쇄와 침공에도 송이 100년 이상이나 버티고 저항한 원동력은 강남의 경제력과 해상력이었다.

송대를 거치며 해상력, 그리고 동남 방면 해로를 통한 동남아와의 무역은 중국 경제에서 비중이 커져갔다. 9세기부터 몽골이 송을 정복한 13세기까지 유라시아 대륙의 초원 유목지대가 극심한 분열과 전쟁의 시기를 거친 것도 동남 방면 부상의 배경이 되었다. 그 이전까지 동서양 교역의 주요 통로였던 초원의 길들이 불안전해지자, 바다를 통해 중국 동남 해안까지 이어지는 해상교역로가 대신 활기를 보였다. 동남아에서 해상무역은 급속히 증가했고, 이는 강남 경영에 주력할 수밖에 없는 송의 지정적 과제와 맞물렸다. 송을 기점으로 중국의 경제 중심은 강남으로 이동했다.

몽골이 수립한 제국 원은 전형적인 대륙세력이지만, 송의 해상력을 이어받았다. 송을 정복하는 과정에서 송의 해군력을 흡수한 것이다. 해상력은 원의 세계제국 확장과 경영에 필수였다. 비록 실패로 끝났으나, 1274년과 1281년 두 차례에 걸친 일본 정벌, 그리고 자바(현재 인도네시아 자바섬) 정벌은 송으로부터 이어받은 해군력이 있었기에 가능했다. 대한해협을 건너서 시도한 일본 정벌이 실패한 지 12년 뒤인 1293년, 원은 1,000척 이상의 선박을 동원해 자바를 침공했다. 이 침공의 주목적은 인도양과 남중국해를 연결하는 말라카해협을 통한 해상교역의 안전 확보였다. 자바 정복은 실패했으나, 중국의 해군력은 페르시아만의 호르무즈해협까지 그 영향력을 확장했다. 페르시아도 몽골 세계제국의 영역이었기 때문에, 종주국인 원의 해상력이 영향을 미치는 것은 당연했다.

'동이 서융 남만 북적'에서 '북로남왜'로

원의 일본과 자바 원정은 동아시아 정세에 큰 영향을 미쳤다. 일본은 원의 침공을 격퇴했으나, 통치세력인 가마쿠라 막부는 막대한 전비로 재정난에 봉착했다. 1331년 가마쿠라 막부가 붕괴되는 과정에서 통제에서 벗어난 사무라이(무사) 집단들은 유동세력이 됐다. 해구들은 일본에서 발진해 고려와 중국 연안을 습격하고 약탈하기 시작했다. 왜구의 시작이었다. 중국 사상 처음으로 동남 방면을 위협하는 해양세력의 출현이었다.

중국에서는 강남 경제력에 대한 의존도가 커졌다. 원 시대에 강남 지역의 쌀 등 곡물 수송은 중요성이 배가됐다. 원 조정은 베이징과 강남을 연결하는 대운하를 건설했으나, 중간에 있는 산둥 지역의 고도차를 극복하기 힘들었다. 기대했던 수송량을 확보하지 못했고, 연안 해운을 통한 수송 비중이 더 커졌다.

대운하 건설 과정의 동원과 중세는 주민들의 반발을 불렀다. 강남 지역 등에서 해운을 장악한 한족 상인들은 원 조정의 통제가 풀리자 군벌화했다. 강남에서 홍건적의 난 등 대규모 반원 폭동이 잇따랐고, 강남으로부터의 식량 공급이 끊겼다. 반란군 중에서 주도권을 장악한 빈농 출신의 주원장朱元璋이 난징에서 명을 건국하고, 베이징으로 진격해 원 조정의 몽골세력들을 다시 북방 초원지대로 축출했다.

명의 건국 뒤에도 강남에서는 군벌들이 항쟁을 계속하며, 명 조정에 저항했다. 특히 동중국해의 무장 해운업자들은 일본과 결탁해 명 조정에 저항했다. 이 해상 무장집단이 '왜구'이다. 왜구는 일본 해적들을 능멸하는 용어이나, 일본인들로만 구성된 것은 아니었다. 중국의 반체제 무장세력도 가세했다. 중국은 서북 방면의 초원 유목세력(북로)인 대륙세력에 더해, 동·남중국해의 무국적 해적세력(남왜)인 해양세력의 동시 위협이라는 새로운 안보 상황에 처하게 됐다.

중국의 전통적인 오랑캐 구도인 동이東夷 서융西戎 남만南蠻 북적北狄이 북로남왜北虜南倭로 바뀐 것이다. 이는 중국 강남 지역의 개발과 경제력 증강, 동아시아 역내의 교역으로 형성된 해양세력의 출현에 따른 결과였다.

명을 건국한 주원장 홍무제는 서북 방면의 위협, 즉 원의 잔존세력인 북원에 대해서는 출병과 토벌, 장성 축조 등 적극책으로, 동남 방면의 위협에는 해금령이라는 소극책으로 대응했다. 서북 방면의 위협이 더 크고 절박해, 동남 방면의 왜구에 대해서는 왜구의 자금원인 일본과의 교역을 끊는 수준의 방어적 정책만을 썼던 것이다.

명의 해금령은 중국에 강력히 내재된 대륙세력 지향적 이데올로기의 영향도 크다. 명대 통치 이념의 바탕이 된 주자학은 야만, 즉 오랑캐에 대한 중화의 절대 우위를 핵심으로 한다. 오랑캐 몽골을 축출하고 건국된데다 여전히 그 위협에 시달리던 명이 강조할 수밖에 없는 부분이었다.

또한 주자학은 중화주의 사상의 지식인인 사대부를 지배계급으로 하는 정주 농경사회의 이데올로기로서, 농업을 장려하고 상공업을 천시하는 '사농공상士農工商'을 내세웠다. 사실 송대를 지나면서 동아시아 전역에서 중국산 직물과 도자기 등의 수요가 급증했고 중국에는 은이 유입됐다. 송대부터 강남의 광저우 등 무역항에는 이슬람계 상인들이 정주하며 인도양 방면까지의 무역에 종사했다. 원대에는 은과 지폐 등 화폐유통이 활발하게 이루어졌다.

그런데 명은 주자학 이데올로기에 따라 상업을 천시해 화폐 유통이 제한되고 현물경제가 부활한데다, 해금령으로 인해 조공무역을 제외한 모든 무역이 엄금되면서 오히려 밀무역이 성행하고 왜구가 기승을 부리게 되었다. 게다가 조공무역은 중국에게 대외 무역역조의 원인이었다. 조공은 인근 국가들이 중국을 섬긴다는 예를 갖춰 보내는 물품이었으나, 사실 중국제국이 자신의 체면을 살리면서 서북 방면의 초원 유목세력들을 달래는 수단으로 쓰였으므로 중국은 그 답례로 몇 배 이상의 하사품을 내렸다. 몽골 등 초원 유목세력에게는 주로 말을 받고, 그 대가로 식량과 직물 등으로 몇 배나 보상해주는 식이었다. 결국 해금령은 장기적으로 중국의 무역역조와 재정난을 심화했다. 무엇보다도 중국 경제의 중심인 강남 지역의 경제력에 타격이었다.

허술하게 대응한 남동 방면에 비하면, 홍무제와 3대 황제 영락제는 서북 방면의 초원 유목세력을 제어하는 데는 공을 들였다. 특히 영락제는 수도를 양쯔강 유역에 있는 난징에서 자신의 근거지였던 북방의 베이징으로 옮기고, 서북 방면의 안보를 적극적으로 관리했다. 영락제는 북방 초원지대로 축출된 원의 잔여세력인 북원 등 초원 유목세력들을 몇 차례 원정을 통해 약화시키고 명의 통제하에 넣었다.

서북 방면의 안보위협이 관리되자, 영락제는 해금령 해제를 단행했다. 그 상징적인 사건이 바로 정화의 대원정이었다. 대원정의 주목적은 동남 연안지대를 관리할 해상력 정비와 확장이었다.

정화는 원 조정에 복무한 색목인 가문 출신으로 이슬람교도였다. 명군이 운남성을 정벌하는 과정에서 포로가 된 그는 거세되어 환관이 됐다. 정화는 영락제가 조카와 왕위계승 전쟁을 벌일 때 공을 세워 황제의 측근이 됐다. 정화 자신이 대륙세력 지향적인 이데올로기를 가진 기존 주자학 관료와는 대비되는 출신과 배경을 지닌 셈이다.

원－명 교체기에 남중국해 주변에 대한 중국의 영향력은 쇠퇴했고, 해상 장악력 역시 약화됐다. 정화의 함대는 동아시아 교역의 사활적인 병목 지역인 말라카해협을 위협하던 한족 해적세력 소탕에 먼저 주력했다. 인도양에서 남중국해까지 주요 해로들의 안전과 정비가 주 목적이었다. 이를 통해 명의 제해권이 인도양 전역까지 확립됐다.

명대 정화의 대원정은 송 이후 중국의 새로운 중심이 된 강남과 그 경제력, 이와 연관된 해상력을 보여줬다. 하지만 영락제 사후 대원정은 돌연 중단됐고, 심지어 해금령이 재발동됐다. 이는 앞서 언급한 대로 서북 방면의 안보위협이 다시 제기된 것이 가장 컸다. 영락제 이후 명 조정의 정책 실수와 무능도 작용했다. 서북 방면의 초원 유목세력에 대해 만리장성 밖에서 벌이던 선제적인 대처를 포기하고, 장성 안으로 철수하는 방어적 정책으로 돌아섰다. 이는 장성 밖 오이라트 등 초원 유목세력들에 대한 통제력을 잃게 했다.

정화의 대원정 프로젝트 자체가 시대를 앞서간 측면도 있다. 정화 함대는 방문하는 지역마다 조공무역을 시행했다. 이는 명 조정의 위세를 떨치기는 했으나, 막대한 재정 소요를 불렀다. 조정에서는 대륙세력 지향인 국수적인 주자학 관료세력 대 해양세력 지향인 국제적인 환관세력의 권력투쟁이 일었다. 그 결과는 영락제 사후 관료들의 승리로 돌아갔다.

명은 다시 바다에 등을 돌렸다. 정화의 함대 원정이 중단된 지 16년 만에 서북 방면에서 황제가 포로로 잡히는 최대의 안보위기가 발생했다. 명은 지상군 증강 및 장성 복구에 재정을 소요했고, 동남 연안지대 관리 및 해군력은 방치했다.

재정난으로 조공무역마저 줄어들고, 자유로운 무역을 요구하는 왜구의 활동이 다시 활발해졌다. 서북 방면에서 초원 유목세력, 동남 방면에서 왜구의 협공인 북로남왜 사태는 명 붕괴의 근간이 됐다. 이러한 대륙과 해양 양쪽에서의 위협은 이후 중국 지정학과 지정 전략의 숙제가 됐다.

정화의 함대가 철수하자, 유럽이 아시아의 바다를 장악하다

정화 함대 대원정의 폐기로 명이 바다에 등을 돌린 지 60여 년 만에 포르투갈의 바스쿠 다가마가 희망봉을 돌아서 아시아로 진출하는 문을 열었다. 그 후 유럽 해양세력들은 인도양과 동·남중국해까지 교역로와 해상을 장악하기 시작했다. 포르투갈은 말라카해협을 점령하고, 아메리카 대륙을 발견한 스페인은 태평양을 건너서 필리핀을 점령했다. 포르투갈, 스페인, 네덜란드가 차례로 동아시아까지 진출했다.

중국 제품에 대한 수요가 큰 유럽세력들은 스페인이 아메리카 대륙에서 발견한 대규모 은광의 은을 가지고 중국 문을 두드렸다. 밀무역이 극성을 부리고, 국내에서도 교역창구에 대한 요구가 커지자, 명 조정은 1557년 마카오를 무역창구로 개방했다. 포르투갈 상인들에게 마카오에 조차지를 내주고, 1년에 은 500량을 받았다. 마카오만을 창구로 제한해 교역을 단속한 것이다.

중국과의 교역을 위해 필요한 은은 일본에서도 개발됐다. 가마쿠라 막부 이후 일본 전국시대의 영주인 다이묘들은 경쟁적으로 은광을 개발했다. 이 은으로 유럽세력들로부터 조총 등 새로운 문물을 받아들였다. 일본은 신대륙 아메리카와 함께 세계 2대 은 생산지로 떠올랐다. 자연히 일본과 유럽세력 간 교역이 활발해졌다.

일본의 은 개발은 세계 무역 체제의 완성이었다. 유럽세력들이 아메리카로 가서 은을 채취해 동아시아로 와서는 중국의 제품을 사서 다시 유럽으로 가는 교역 체제가 완성됐다. 지구를 한 바퀴 도는 글로벌 무역 체제였다. 이 교역 체제에서 일본은 중요한 중간기지로 부상하며, 새롭게 흥기하는 유럽 해양세력과의 연계가 이뤄졌다.

해양세력으로 성장해가는 일본은 동아시아 정세에 지각변동을 일으켰다. 일본 전국시대를 통일한 도요토미 히데요시豊臣秀吉는 1592년 조선을 침략하는 임진왜란을 일으켰다. 히데요시는 중원의 명을 정복하려 하니 조선은 그 길을 내달라는 '정명가도征明假道'를 임진왜란의 명분으로 삼았다. 명으로서는 일본의 조선 점령이 중원으로까지 이어지는 중대한 안보위협이라고 판단하고 출병하지 않을 수 없었다.

임진왜란은 중국이 해양세력 국가로부터 받는 본격적인 위협의 시작이었다. 이때부터 한반도는 유라시아 대륙세력과 서방 해양세력이 각자의 영역으로 진출하는 교두보로서 그 전략적 가치가 매겨지기 시작했다.

임진왜란 출병으로 명의 재정이 더욱 피폐해졌다. 이는 서북 방면에서 새로운 세력 변화를 재촉했다. 임진왜란으로 명의 장악력이 느슨해진 만주에서 누르하치가 이끄는 여진족이 흥기하기 시작했다. 누르하치努兒哈赤는 임진왜란 종전 18년 뒤에 후금을 건국했다. 그의 아들 홍타이지皇太極는 후금을 청으로 개칭하고는 병자호란으로 조선을 복속시켰다. 청의 조선 복속은 명을 정복하려는 중원 진출에 앞서 후방을 안정화시키는 작업이었다.

동남 연안 해상세력들이 청에 첫 반기를 들다

명 내부의 농민반란을 틈타서 명을 멸망시키고 중원을 차지한 청에게 첫 도전이 동남 방면에서 제기됐다. 송대 이후 성장한 강남의 해상군벌 등 동아시아 내 해양세력들이 본격적인 반청복명反清復明의 반란을 일으켰다. 새로운 남왜의 위협이 다시 제기됐다.

청이 베이징에 입성하면서부터 동남 방면에서 이미 대규모 반청 반란이 일어나고 있었다. 푸젠(복건)의 해상군벌 정성공鄭成功 일족이 명을 계승한다는 남명을 수립하는 데 앞장서며, 반란을 주도했다.

아버지가 푸젠의 최강 해상군벌이었던 정성공은 일본 나가사키에서 일본인 어머니에게서 태어났고, 거기서 유년시절을 보냈다. 이는 정성공 군벌이 일본의 왜구세력과 밀접히 연결되며 성장했음을 의미한다. 아버지를 따라서 반청운동에 참가했던 정성공은 아버지가 청에 항복해 귀순했음에도 항쟁을 계속했다. 강남의 한족 해상군벌과 왜구까지 연합한 정성공 세력은 한때 10만의 병력으로 난징까지 진격했으나, 결국 패퇴당했다.

정성공 세력은 당시까지 중국 조정에서는 신경도 쓰지 않던 대만으로 건너갔다. 당시 대만은 네덜란드 동인도회사가 40년간이나 통치해 점령하고 있었다. 정성공 세력은 네덜란드를 몰아내고 반청 항쟁에 들어갔다. 정성공 세력은 대만에서 20년간이나 통치하다가, 결국 1683년 청에게 복속됐다.

결과적으로 정성공의 난은 대만을 중국의 영역으로 확정시키는 계기가 됐다. 정성공의 난은 중국 역사에서 처음으로 대만의 지정적 가치를 알려, 이후 대만은 중국과 해양세력들이 동아시아 패권을 다투는 중요한 지역으로 부각되기 시작했다.

정성공 세력은 송대 이후 성장한 중국 내의 해상세력, 그리고 일본과 동남아의 해상세력 등 동아시아 해양세력을 상징한다. 그 위세는 대만에서 네덜란드를 간단히 축출한 데서 잘 드러난다. 하지만 정성공 난의 결말은 동아시아 해양세력의 쇠퇴를 의미하기도 한다. 청 조정의 만주족인 대륙세력은 강남 지역을 중심으로 한 동아시아 해양세력과 그 기반을 분쇄했다.

정성공의 난 과정에서 청은 광동, 푸젠, 저장성 등 동남 해안에서 15킬로미터 이내의 주민들을 내륙으로 강제이주시키고 무역을 금지하는 강력한 해금령인 천계령遷界令을 발동했다. 정성공의 난 평정 이후 강남 지역에서 다시 일어난 오삼계吳三桂의 난이 더해지며, 강남 지역의 경제와 해외교역 시스템은 큰 타격을 입었다.

정성공과 오삼계의 난 동안 유럽세력들은 중국 강남 지역과의 교역에 차질을 빚었다. 그 대체지로 일본이 떠올랐다. 이는 일본까지 연결되는 해상과 해로에 대한 유럽세력들의 영향력을 더 증가시켰다. 이런 사태들로 아시아 바다는 무주공산이 되고, 유럽 해양세력들의 무대로 변해갔다.

초원 유목세력이 사라진 자리에 러시아가 들어서다

청이 동남 방면에서 도전을 물리칠 때 서북 방면에서도 전통적인 안보위협이 다시 제기됐다. 청이 명을 멸망시키고 중원에 진출한 1644년, 현재 중국의 신장성 지역에서 몽골계인 오이라트 부족이 다시 흥기해, 중가르라는 새로운 세력으로 형성되기 시작했다. 몽골 지역 유목세력의 제위인 칸으로 올라선 중가르 지도자 갈단은 동몽골고원, 남티베트고원까지 세력을 확장했다. 청은 포위되는 형국이 됐다.

청의 전성기를 이끈 강희제, 옹정제, 건륭제는 연이은 원정을 통해서 결국 건륭제 때인 1755년 중가르부를 정벌했다. 현재 중국의 신장위구르 및 티베트 자치구는 중가르부 원정의 결과이다. 신장과 티베트를 흡수한 청은 중국에게 역사상 실효적이고 공식적인 최대 판도의 영토를 안겨줬다. 몽골 세계제국의 종주국인 원 시대에도 티베트와 신장 지역은 사실상 자치가 허용된 조공국가에 그쳤다.

청의 중가르 정벌은 고대 이래 전통적인 유라시아 대륙세력인 초원 유목세력의 종말이었다. 유라시아 대륙을 휩쓸던 초원 유목세력의 기마병력은 총포를 동원한 청의 우세한 화력 앞에서 종언을 고했다.

여기에는 더 큰 요인이 있다. 청이 중가르를 정벌할 때 서쪽에서는 새로운 대륙세력이 동진하고 있었던 것이다. 중가르로 대표되는 유라시아의 초원 유목세력은 청의 공세에 밀리기도 했거니와, 과거와는 달리 유라시아 내륙 깊은 곳으로 물러나 재기를 도모할 수가 없었다. 이미 그 자리에는 러시아라는 전혀 새로운 대륙세력이 밀고 들어왔기 때문이다.

청이 중가르에 대한 공략을 시작할 때 러시아의 코사크 부대는 중앙아시아와 시베리아에서 원주민들을 제압하며 동진하고 있었다. 청은 베이징으로 입성하기 전인 1639년부터 현재의 중−러 국경지대인 아무르강 유역에서 러시아와 충돌을 시작했다. 청은 조선의 병력까지 동원해, 동진하는 러시아를 막으려는 나선정벌도 벌였다. 양국은 강희제가 중가르 정벌을 하던 1689년 동시베리아의 네르친스크에서 서로의 영역을 정하는 국경조약을 맺었다. 아무르강과 와이싱안링(스타노보이)산맥을 경계로 두 제국의 국경은 정해졌다. 이는 초원 유목세력의 배후지가 중국과 러시아에 점령됐음을 의미했다.

네르친스크조약은 유라시아 대륙에서 중국과 러시아라는 두 대륙세력의 정립, 그리고 유라시아 대륙세력의 패자 지위를 가리는 쟁패를 알리는 신호였다. 중국은 전통적인 초원 유목세력을 대체하는 러시아라는 새로운 '북로'에 직면하게 됐다.

영국, 중국과의 무역역조에 아편전쟁을 도발하다

유라시아 대륙세력의 구도를 바꾼 청의 중가르 원정이 마무리된 18세기 중반부터 중국은 전혀 새로운 지정 질서에 봉착하기 시작했다. 서북 방면에서는 전통적인 초원 유목세력을 대체한 러시아라는 새로운 대륙세력이, 동남 방면에서는 양이洋夷라는 유럽의 해양세력들이 밀려들기 시작했다. 포르투갈과 스페인, 네덜란드, 영국으로 이어지는 유럽 해양세력들은 인도양을 횡단해 남·동중국해를 거쳐 일본까지 가는 유라시아 대륙의 연안 바다와 해로를 18세기에 접어들면서 완전히 장악했다.

1635년부터 중국 동남 연안지대에 영국 선박들이 간헐적으로 출몰하기 시작했다. 영국은 중국과 조공무역 시스템을 통한 공식적인 관계를 수립하지 못해, 영국 상인들은 광저우 등의 항구에서만 교역을 허가받았다. 영국 정부로부터 중국과의 무역독점권을 받은 영국동인도회사는 유럽-중국 무역에서 점점 우월한 지위를 차지해나갔다. 이는 세계 최고의 전력을 갖춘 영국 해군의 힘이 있었기 때문이다.

신대륙에서 채광된 은과 중국의 제품들이 교환되는 구조였던 유럽-중국 무역은 유럽 쪽에 적자가 쌓이는 무역역조를 빚을 수밖에 없었다.

중국은 유럽 제품에 대한 수요가 거의 없었다. 또한 중국과의 무역에 필요한 은의 공급에도 차질이 생겼다. 신대륙에서 은 채굴량이 줄어들고, 유럽 내에서도 경제성장으로 은 등 귀금속에 대한 수요가 커졌다. 또한 1816년 영국은 금본위제를 채택하며 그 보조수단으로 은화를 주조해 유통했다. 유럽 국가 중 중국과의 무역을 주도한 영국은 은 유출로 통화량이 제한받아 디플레이션이 야기되는 등 국내 경제가 침체됐다. 국내 수요가 증가한 은이 중국과의 무역 때문에 계속 유출되는 사태는 영국을 비롯한 유럽 국가 정부를 자극했다.

영국 등 유럽 국가들은 지정된 항구에서 당국의 허가를 받은 업자에 한해서만 무역을 허용하는 청의 교역 체계를 종식하고 소비시장을 개방해줄 것을 청의 조정에 계속 요구했다. 영국은 1793년 조지 매카트니George Macartney 경, 1816년 윌리엄 애머스트William Amherst 경을 특사로 파견해, 중국 시장 접근 제한을 풀어달라고 요청했다. 하지만 청은 들어줄 이유가 없었다. 더구나 애머스트가 양국 사이의 대등한 관계를 주장하며 청의 황제에게 신하로서의 예를 갖추지 않자 중국에서 추방해버렸다.

19세기로 접어들면서 영국은 아편이 중국과의 무역역조를 타개할 수 있는 방안임을 깨닫기 시작했다. 영국은 1781년부터 중국에 아편을 판매하기 시작했다. 영국 상인들로부터 아편을 건네받은 중국 상인들은 대가를 은으로 지불했고, 영국 상인들은 이 은으로 차 등 중국 제품의 구매를 늘렸다. 중가르 원정 이후 재정난에 빠져 있던 청의 조정은 처음에 이를 눈감아줬다. 영국 쪽이 차 등 중국 제품에 대한 구매를 늘리자, 그 판매독점권을 가진 청의 조정에 수익이 늘어났기 때문이다.

영국-인도-중국으로 이어지는 아편무역은 산업혁명의 결과이기도 했다. 산업혁명으로 영국의 방직산업이 세계 최강의 경쟁력을 갖추자, 인도의 면직·방직산업은 큰 타격을 입었다. 그러자 면화를 재배하던 벵골 지역에서 그 대체품으로 수익성이 좋은 아편을 재배하기 시작한 것이다. 인도와 중국과의 무역독점권을 가진 동인도회사로서는 일석이조의 장사였다. 아편무역은 산업혁명과 글로벌 교역 시스템으로 무장한 서방 해양세력의 본질적 이해관계를 보여준 전형적인 사례였다.

아편무역을 둘러싼 양국의 갈등이 쌓여 결국 1839년 아편전쟁이 발발했다. 막강한 화력을 갖춘 영국 해군 철갑선은 상하이를 함락하고 양쯔강을 거슬러 올라가 중국에 사활적인 도시인 난징마저 위협했다. 청 조정은 손을 들었다. 양쯔강 하구 유역을 장악한 영국이 베이징으로 곡물을 수송하는 대운하를 마비시켜버렸기 때문이다. 영국은 홍콩 할양, 치외법권 등이 담긴 난징조약을 중국에 강요했다. 난징조약은 중국이 서방 해양세력과 맺은 불평등조약의 시작일 뿐이었다. 동남 방면의 연안지대는 중국이 겪어보지 못했던 새로운 오랑캐들이 밀고 들어오는 최대의 안보취약 지대가 됐다.

서북 방면에서도 러시아가 계속 남하했다. 아무르강 북안과 우수리강의 동안을 병합하고는 청조에게 이를 인정하라고 강요했다. 청은 러시아와 1858년 아이훈조약, 1860년 베이징조약을 맺고는 연해주를 러시아에 넘겨줬다. 이로써 러시아가 만주를 포위하는 형국이 됐고, 만주에서 러시아의 영향력은 커져갔다.

서북 내륙이냐, 동남 연안이냐? 중국의 색방파 대 해방파 투쟁

서북 방면과 동남 방면에서 새로운 세력들이 동시에 제기하는 안보위협은 청의 조정을 색방塞防파와 해방海防파로 분열시켰다. 이는 청이 직면한 안보위협과 이를 타개할 방안을 놓고 벌인 대륙지향적 세력과 해양지향적 세력 사이의 투쟁이었다.

이홍장李鴻章 등 해방파는 유럽과 일본에 맞설 대함대를 건조해 동남 연안지대의 관리와 방어에 국력을 집중하고, 러시아와는 타협해 신장 지역을 할양해야 한다고 주장했다. 좌종당左宗棠 등 색방파는 최대의 적을 러시아로 지목하고 신장 지역 양보를 반대했다. 색방파는 지상군 증강에 국력을 투입하자며, 동남 연안지대의 방어를 후순위로 돌렸다.

최고실력자 서태후는 양쪽의 안을 타협 절충했다. 양무운동이라는 개혁을 통해서 외자를 도입한 철도 건설과 광산 개발을 추진하는 한편, 영국으로부터 최신 증기선 구입 등으로 근대적 해군을 육성토록 했다. 이는 아시아 최강을 지향하는 북양함대 창설로 이어졌다.

서태후는 좌종당에게 러시아와 교섭해 러시아가 점령한 신장 지역의 이리를 반환시키도록 명령했다. 4장에서 전술한 대로, 1860년 신장 지역에서는 야쿠브 베그를 지도자로 하는 이슬람교도 세력의 반란이 일었다. 러시아는 이를 조정한다는 명목으로 개입해 이리 지역을 점령했다. 좌종당의 색방파 주도로 1874년 야쿠브 베그를 평정하는 병력이 파견됐다. 청의 팔기군은 3년에 걸쳐 이 반란을 진압했으나, 러시아는 이리를 반환하지 않았다. 청은 러시아에게 전쟁을 을렀고, 영국도 러시아를 견제하려고 청을 도왔다. 청의 강경한 태도와 영국 등의 압박에 러시아는 결국 굴복했다. 1881년 러시아 페테르부르크에서 이리를 청에 반환하는 이리조약을 체결했다. 색방파는 신장을 지키고 러시아를 제어하는 성과를 올렸다.

반면 이홍장의 해방파는 나락으로 떨어졌다. 이홍장은 군비가 정비되지 않은 상태에서 청불전쟁(1884~1885), 청일전쟁(1894~1895)에서 연패했다. 특히 아시아 최강이라는 북양함대는 소국 일본에게도 힘을 발휘하지 못했다. 일본은 러일전쟁에서도 승리해, 조선을 합병하고 만주까지 독차지하기 일보직전까지 갔다. 청에 대한 러시아의 위협은 일단 일본에 의해 제어됐으나, 일본은 청에게 임박한 위협세력이자 최대의 위협세력으로 부상했다.

1912년 쑨원孫文의 주도로 신해혁명이 성공해, 청조는 타도되고 중화민국이 수립됐다. 동시에 외몽골과 티베트도 독립을 선언했다. 외몽골이 세운 몽골인민공화국은 중국으로부터 재합병을 우려해 러시아를 계승한 소련과 동맹을 맺었고, 티베트의 달라이 라마 13세 정권은 영국과 제휴했다.

대륙세력 공산당이 해양세력 국민당을 이기다

쑨원의 사후 중국 내부에서는 내전이 발발했다. 상하이의 저장 지역 등 동남 연안의 부유한 상공업자 세력을 기반으로 한 장제스蔣介石의 국민당 정권은 미국과 영국 등 서방 해양세력의 지지를 받았다. 화북과 내륙 지역의 농민을 기반으로 한 공산당은 소련의 지원을 받았다. 마오쩌둥이 득세한 공산당은 농민 노선을 더욱 뚜렷이 했다. 국민당은 서방 해양세력과, 공산당은 유라시아 대륙세력과 연계됐다.

내전에서 공산당이 승리해 1949년 중화인민공화국이 성립되자, 중국은 독립을 표방했던 티베트와 신장위구르 지역을 즉각 회복하고는 역사상 전례가 없던 전면적인 무역단절 상황에 들어갔다.

중국 내전에서 국민당을 지원했던 미국은 2차대전 종전 뒤 소련과 연대하는 중화인민공화국이 수립되자, 대소련 봉쇄정책의 한 축으로 대중국 봉쇄정책에 나섰다. 중국의 공산당 정권도 동남 해안 지역의 전면 해금 등으로 스스로 문을 걸어 잠갔다. 청대 말 이후 동남 연안지대를 통해 밀려든 서방 해양세력과 그에 대한 국내 동맹세력 청산을 우선순위로 뒀다. 중국은 동남 방면에서 여전히 제기되는 안보위협에 단호히 대응했다.

중국은 건국 이듬해인 1950년 한국전쟁에 개입했다. 미군이 중국과 북한 국경지대까지 진군하자, 즉각 '출병'을 단행했다. 마오쩌둥 당시 주석은 "입술이 없으면 이가 시리다"라고 말했는데, 한반도는 해양세력들이 명대 이후 중국의 심장부 지역인 중원을 본격적으로 점령하기 위해 침공하는 교두보였기 때문이다. 임진왜란, 청일전쟁과 러일전쟁, 중일전쟁 등은 한반도를 노린 각축으로 시작됐다. 중국에게 한국전쟁은 앞서 한반도에서 벌어진 세력 다툼의 연장선상에 있었다. 중국은 국공내전 때 도움을 준 김일성 북한 정권이 붕괴돼 미국 및 그 동맹세력이 만주를 위협하는 상황을 허용할 수 없었다. 중국은 한국전쟁 개입을 통해 북한 정권을 회복시키고 한반도 상황을 전쟁 이전으로 되돌리는데 성공했다.

또한 중국은 대만으로 퇴각한 국민당 정권이 점령한 중국 본토 연안의 진먼섬 등에 군사적 위협을 가하며, 선제적으로 동남 방면에 대한 안보를 다졌다. 국민당 정권의 대만 퇴각 뒤에도 본토와 대만 사이의 진먼섬, 마쭈군도, 다첸군도 등 본토에 인접한 섬들은 국민당 정권이 관할했다. 동남 연안지대에서 우세했던 국민당 세력을 반영한 현실이었다. 그러나 한국전쟁 종료 뒤 1954년 미국과 대만의 공동방위조약 체결이 논의되자, 중국은 다첸군도 인근의 잉장산섬을 전격적으로 점령하고 다첸군도에서도 국민당군을 밀어냈다. 이 과정에서 중국은 진먼섬과 마쭈군도에 대해서도 포격을 가했다.

이 섬들은 대만에게 중국 공산당 정권의 침공을 막는 최전선 방위선이었으나, 중국에게는 미국과 대만이 본토를 침공할 경우에 이용될 최전선 발진기지였다. 중국의 진먼섬 포격은 미국 내에서 중국에 대한 핵무기 사용 주장을 불러일으켰다. 하지만 이는 중국이 긴장을 고조시키면 전면전도 불사하겠다는 선제적인 안보 대응일 따름이었다.

1954년 1차 대만해협 위기에 이어, 중국은 1958년에도 진먼섬에 대해 포격을 가해 2차 대만해협 위기를 불렀다. 미 해군 7함대가 대만해협에 파견되는 등 더 심각한 전면전의 위기가 고조됐다. 중국은 이후에도 1979년 미-중 수교 때까지 주기적으로 진먼섬에 포격을 가했다. 이것은 중국의 의도가 무엇이었는지 잘 보여준다. 긴장과 대결 고조를 통해 동남 연안지대에 대한 통제력을 강화할 뿐 아니라, 대만은 중국의 일부라는 선언을 한 것이다.

심지어 중국은 미국과 수교 뒤 동남 연안의 해금을 풀고 개방정책을 밀고 나가던 1995년에도 대만해협을 향해 일련의 미사일 시험발사를 하며 3차 대만해협 위기를 조성하기도 했다. 대만 독립을 주장하는 대만의 리덩후이李登輝 정권에 대한 경고였다.

덩샤오핑, 동남 연안 해금령을 철폐하고 중국을 성장시키다

중국은 한국전쟁 개입과 연이은 진먼섬 포격 사건을 통해서 동남 방면의 전면적 해금을 강화하고 지속할 수밖에 없었다. 마오쩌둥 정권은 농민세력에 기반한 폐쇄경제 정책을 가속화했다. 자력갱생, 대중동원, 집단생산 체제 노선인 대약진운동이 마오쩌둥에 의해 주도됐다. 마오쩌둥은 또한 스탈린 사후 관계가 악화된 소련에 의해 다시 제기되는 서북 방면의 위협에 대처하고자 했다. 서북 지역에 군수산업 육성 역량을 모으느라, 해금정책으로 위축된 중국 경제의 중심인 동남 지역의 산업 개발은 더욱 뒤로 밀렸다.

1950년대 말이 되자 대약진운동은 참혹한 실패로 드러났다. 이 실패로 1959년 마오쩌둥이 물러난 후, 국가주석직을 이어받은 류샤오치劉少奇와 덩샤오핑 등이 마오의 노선을 비판하며 중국 내 권력투쟁이 일었다. 류샤오치와 덩샤오핑은 개방을 주장했고, 이는 필연적으로 동남 방면의 해금령 해제를 의미했다. 특히 중국 동남부 및 동남아 지역에 광범위한 화교 상공업 네트워크를 가진 하카客家 출신인 덩샤오핑은 실용적인 개방정책을 주장하는 개혁개방파의 핵심이 됐다.

1960년대 중반 들어 중국은 안으로는 문화혁명이라는 사실상의 내전상태, 밖으로는 서북 및 동남 방면 양쪽에서 소련과 미국으로부터 협공을 받는 안팎의 위기에 처했다. 미국과 소련은 쿠바위기 해소를 계기로 양국의 관계를 개선하는 데탕트에 돌입했다.

미국은 1965년 본격적으로 베트남전쟁에 개입하면서 중국을 동남 방면에서 더욱 위협했다. 핵무기를 탑재할 수 있는 미국의 전폭기들이 동중국해의 오키나와에서 북베트남까지 비행해 공습을 단행했다. 남중국해에서는 미국의 막강한 해군력이 사실상의 해상봉쇄를 실시했다. 서북 방면에서 소련은 중―소 국경지대에서 군사력을 증강시켜, 중국을 전면적으로 압박했다. 이는 결국 1969년 두 나라가 우수리강의 진바오섬에서 무력충돌하는 국경분쟁으로 비화됐다. 북로남미北露南美의 사태였다.

마오쩌둥은 대륙세력 지향이었고, 서북 방면 소련의 위협을 더 긴급한 안보 사안으로 여기는 색방파였다. 문화혁명으로 다시 권력을 틀어쥔 마오쩌둥은 반소 미―중 연대라는 지정학적 대전환을 시작했다. 마오쩌둥은 데탕트에도 불구하고 세계의 주요 모순은 미국과 소련 간 대립이어서, 중국과 미국의 접근이 가능할 수 있음을 간파했다.

베트남전쟁이 절정으로 치달으며 미국의 베트남전쟁 수렁이 깊어지던 1971년 헨리 키신저 미국 안보보좌관의 비밀 방중으로 두 나라는 전격 화해에 돌입했다. 이는 15장에서 전술한 내용으로, 1979년 두 나라의 수교로 이어져 세계 지정 구도에 대변화를 일으켰다.

마오쩌둥이 닦아놓은 반소 미-중 연대라는 지정 전략의 대변화는 마오쩌둥 사후 권력을 쟁취한 덩샤오핑이라는 새로운 해방파에 의해 계승되어 발전됐다. 덩샤오핑은 미-중 수교를 통해 동남 방면에 대한 미국의 봉쇄를 풀고, 해금을 철폐하는 개혁개방 정책을 추진했다. 송대 이후 중국 경제의 중심이던 동남 연안지대의 잠재력을 부활시키는 정책이기도 했다. 이는 동남 연안지대에 외자와 기술을 도입해 경제를 먼저 발전시켜 중국 전체에 퍼지게 한다는 '선부론先富論'으로 구체화됐다.

덩샤오핑의 선부론은 중국의 성공적인 개혁개방 및 경제발전을 이끌었다. 더 나아가 중국을 미국과 어깨를 겨누는 G2의 일원으로 자리매김하게 했다. 이는 미국과 중국이 유라시아 대륙의 패권을 다투는 새로운 그레이트 게임, 제3차 그레이트 게임이라는 새로운 지정적 도전을 중국에 야기하고 있다.

20
중원·변경·연안,
중국의 3대 지정 전략 과제

    중국이라는 역사적 · 경제적 · 정치적 · 문화적으로 독자적인 공간은 그 지리 조건으로 인해 탄생했다. 중국은 유럽, 이슬람, 인도 등 다른 문명권과는 극히 제한된 접촉을 하며 근대까지 지내왔다. 중국은 주변을 둘러싼 지리 조건에 의해 사실상 외부와 단절된 섬이었기 때문이다. 중국은 사막과 황야, 거칠고 높은 산맥, 밀림으로 둘러싸여 독자적인 세계를 구축해왔다.

중원·변경·연안이 제기하는 3대 지정 전략 과제
    중국은 지리적으로나 지정적으로나 크게 두 지역으로 나뉜다. 하나는 전통적인 중심부 지역이다. 흔히 '중원中原' 혹은 '내지內地'라고 불리는 한족의 전통적 거주 지역이다. 중원은 원래 황하와 양쯔강

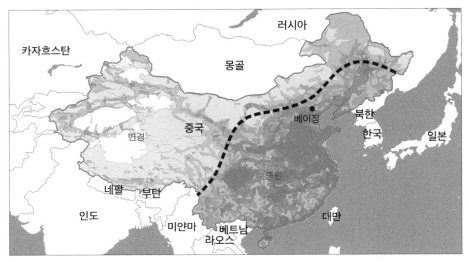

■ 15인치 강우선과 중국 대륙 인구밀도

사이에 펼쳐진 북중국평원을 일컫는 말이나, 한족의 전통적 영역을 지칭하는 개념이 됐다.

다른 하나는 중원을 둘러싼 '완충지대'이다. 만주, 내몽골과 외몽골, 신장위구르, 티베트 등 중원을 둘러싼 지역들이다. '변경邊境' 혹은 '외지外地'로 불린다.

두 지역은 이른바 '15인치(약 380밀리리터) 강우선'으로 구분된다. 이 강우선의 동쪽이 중원으로, 1년 강우량이 15인치를 넘는다. 그 서쪽이 비한족 완충지대로, 강우량은 15인치 이하이다. 중국 인구의 압도적 다수가 이 강우선 동·남쪽에 거주한다. 한족이 발원하고 팽창한 지역이다. 이 지역은 면적으로는 미국의 절반이나, 인구는 10억 명 이상이나 된다.[1]

중원은 강과 비가 풍부한 곳으로 농부와 상인의 땅이었다. 변경의 비한족 완충지대는 유목민과 기마세력의 땅이었다. 중국이 강할 때는 주변지역이 중국에 복속됐고, 중국이 약할 때는 변경의 비한족들이 중국을 정복했다. 변경의 비한족들은 끊임없이 중원으로 남하해 중국을 정복하거나, 격퇴되거나, 복속되는 과정에서 결국 한족화됐다. 서북 방면의 초원 유목세력이 남하해 한족화되고, 한족은 동남 방면으로 팽창하는 과정이 중국의 팽창 역사이자 지정학 역사이다. 동남 방면으로 나아간 한족의 팽창은 중세 이후 양쯔강 이남 강남 지역을 경제의 중심지로 굳혔다.

중국 인구는 현재 세계 인구의 23%에 해당하나, 중국 영토는 전 세계의 경작지 중 7%만 품고 있다. 중원의 경작지 1평방마일당 2,000명(1제곱킬로미터당 775명)의 과밀인구가 몰려 살고 있다. 과거나 현재나, 중국은 현상유지 세력이 아니다. 과거에는 중원의 인구 압력과 경작지 부족을 해소하려고 영토를 확장했고, 현재는 전 세계 경제성장에 따른 에너지 등 자원과 시장 확보를 위해 확장이 더욱 중요해지고 있다.[2]

이는 근대로 올수록 동남 방면 쪽의 지정 도전과 그 안보가 중국에게 점점 중요해지고 있음을 의미한다. 이런 지리 조건을 바탕으로 주변세력에 대응해온 중국에게는 세 가지의 당위적인 지정적 과제가 주어져 있다. 이는 중국에게 3대 지정 전략이기도 하다.

첫째, 한족 거주 지역인 중원의 내부 통일을 유지해야 한다.

둘째, 티베트, 신장위구르, 내몽골, 만주라는 완충지대를 통제해야 한다.

셋째, 연안지대를 외국의 침입으로부터 방어해야 한다.[3]

▍마오쩌둥과 덩샤오핑, 3대 지정 전략 과제를 수행하다

중국의 3대 지정적 과제는 분리되지 않고 서로 연관됐다. 중화인민공화국이 수립되는 과정과 그 직후 마오쩌둥은 이 3대 과제를 동시에 수행했다.

당시 티베트는 독립을 선포했고, 신장위구르는 독립된 군벌의 통제하에 있었으며, 외몽골은 소련이 후견하는 국가였고, 만주와 내몽골은 소련의 영향력하에 있었다. 마오쩌둥의 공산당은 내전 승리를 굳히며 소련으로부터 만주와 내몽골을 되찾아 다시 장악했다. 내전 승리 직후에는 신장위구르의 군벌 양쩡신楊增新을 몰아냈다. 1950년에는 한국전쟁을 틈타 티베트를 침공해 재장악했다.

주변 완충지대를 재장악한 마오쩌둥은 동남 연안 방면에 대한 철저한 해금과 자력갱생 노선을 취했다. 이는 동남 연안지대 방어뿐만 아니라 중원의 단결을 겨냥한 것이었다. 아편전쟁 이후 침입한 서방 해양세력, 이들과 결탁된 국내세력을 구축하기 위한 전략이었다. 서방이 강요한 개항 이후 벌어진 빈부격차와 지역격차를, 밖으로 문을 걸어 잠근 채 자력갱생으로 극복하려 했다. 이는 국내의 빈부 및 지역 격차를 해소하기는 했으나, 모두를 하향 평등화하는 방식으로 굳어져갔다.

마오쩌둥의 이런 자력갱생 노선은 1960년대 말부터 소련에 의해 서북 방면으로부터 위협이 다시 제기되자, 수정이 불가피했다. 자력갱생 노선을 폐기하고, 동남 연안지대의 해금을 푸는 개혁개방 노선으로 대전환했다. 특히 마오쩌둥은 미국과 손을 잡는 지정 전략 대전환의 문을 열었다. 그가 문은 연 이 반소 미-중 연대는 결국 중국의 서북 방면을 위협하던 소련을 붕괴시키는 전략의 주축이 됐다.

후계자 덩샤오핑은 1980년대 들어 동남 연안지대를 개방했다. 외국의 자본과 기술로 이 지역의 경제성장을 촉진해 중국 전역으로 확산시키는 '선부론'을 추진했다. 이러한 개방 노선이 가능했던 배경은 완충지대를 포함한 중국 전역에 대한 공산당의 장악력이 확고했기 때문이다. 물론 미국도 중국에 대한 봉쇄를 풀고 간섭 포기를 선언했다.

덩샤오핑은 중국을 외국 자본과 기술에 다시 개방해 수출 주도 경제로 전환해도 중원에 불안정을 야기하지 않을 것으로 보고 도박을 걸었다. 그의 도박대로 중국은 지금까지 성공적인 경제성장을 달성하며, 세계 2위의 경제대국으로 뛰어올랐다.

대륙과 바다를 가진 중국의 부상

미국 패권의 지정학에 관한 고전인 《거대한 체스판The Grand Chessboard》의 저자 즈비그뉴 브레진스키 전 미국 국가안보보좌관은 중국 지정학의 역사를 통일, 팽창, 쇠퇴, 분열의 순환으로 특징지었다.

앞서 중국은 청대 강희·옹정·건륭의 치세로 팽창기를 끝낸 뒤 아편전쟁 때까지 쇠퇴, 그 후는 분열의 시대를 보냈다. 중국은 아편전쟁부터 중화인민공화국 건국까지 100여 년간을 중국 역사에서 '치욕의 시대'로 규정하고 있다. 중화인민공화국 건국을 시작으로 중국은 최근 70여 년 동안 재통일 과정을 수행했다. 이제 중국은 팽창이라는 단계로 분명 접어들고 있다.

현재 중국은 역사상 그 어느 때보다도 3대 지정 과제를 성공적으로 수행하고 있다. 중국 공산당의 통치는 중원과 한족을 강력히 응집하고 있다. 중국이 고대로부터 받아오던 외부로부터의 안보위협이 적절히 제어되고 있기 때문이다.

특히 고대부터 근대까지 중국을 가장 위협하던 서북 방면으로부터 안보위협은 역사상 가장 낮은 수위로 떨어진 상태이다. 중원을 위협하는 근거지였던 유라시아 내륙의 심장지대가 현재 허약한 세력과 국가들로 채워지고 심지어 무정부상태로 난립하고 있기 때문이다. 이는 중원으로 남하하던 유라시아 내륙의 초원 유목세력들이 소멸하고, 그 대체세력이던 대륙세력 러시아마저 소련의 붕괴 여파에서 벗어나지 못한 까닭이다.

또한 근대 이후 경제, 정치, 군사안보 측면에서 중요성이 커진 동남 연안지대는 중국의 중심 번영축으로서 경제성장을 이끌고 있다. 더욱이 서북 방면의 안보위협으로 비교적 자유로워진 상황은 중국으로 하여금 동남 연안지대를 통한 해양 진출을 모색하게 한다.

영국의 지정학자 해퍼드 매킨더는 1904년 유명한 논문 〈역사의 지리적 중심축〉을 중국에 대한 경고로 끝냈다. 그는 중국이 자신들의 울타리를 넘어 패권을 확대하면 "세계의 평화에 황화가 될 수도 있다"고 지

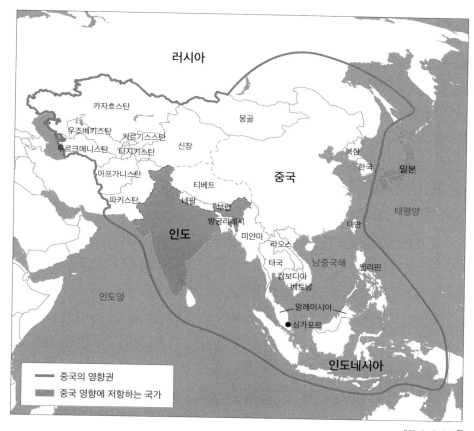

러시아

카자흐스탄

우즈베키스탄
투르크메니스탄   키르기스스탄
    타지키스탄

아프가니스탄   티베트

파키스탄   네팔
      부탄
      방글라데시

인도

몽골

신장

중국

북한
한국   일본

태평양

대만

미얀마

라오스

태국

남중국해   필리핀

캄보디아
베트남

말레이시아

인도양

●싱가포르

인도네시아

| | 중국의 영향권 |
| | 중국 영향에 저항하는 국가 |

대중화 세력권 ▌

적했다. "이는 중국인들이 대륙의 자원에 접근할 수 있는 해안지대를 확보하고 있기 때문이며, 이런 이점은 중심축 지역의 러시아인들이 누리지 못하는 것이기 때문이다"라고 그는 설명했다.

러시아는 대륙 강대국이지만 해안은 얼음에 의해 봉쇄되어 있다. 반면 중국은 많은 양질의 항구를 가진 1만 5,000여 킬로미터의 온화한 해안선 덕택에 대륙 강대국이자 해양 강대국이 될 소지가 있다. 명대의 정화 원정은 이를 보여준다. 매킨더는 실제로 중국이 어느 날 러시아를 정복할지 모른다고 우려했다. 그렇게 된다면 중국의 영역은 광물과 화석연료를 가진 중앙아시아에서부터 태평양의 주요 해로까지 펼쳐질 수 있을 것이다.

중국의 서출북화와 동립남하

매킨더가 우려했던 중국의 진출과 팽창은 현재 '서출북화西出北和 동립남하東立南下' 형태로 드러나고 있다. 서쪽으로 진출하고 북쪽으로는 화해하는 한편, 동쪽에서 입지를 다지고 남쪽으로 내려가려는 중국의 '서출북화 동립남하' 전략은 멀게는 1989년 미하일 고르바초프 당시 소련 공산당 서기장의 베이징 방문으로 시작된 중-소 관계 정상화에서 출발했다.

북쪽의 러시아와 화해하고, 서쪽으로는 카자흐스탄과 투르크메니스탄, 파키스탄을 관통하는 송유관과 도로를 건설해 진출하고, 동쪽의 난사군도(스프래틀리 제도) 등 동·남중국해 섬들의 영유권과 해로를 확보하고, 남쪽으로는 미얀마 등을 통해서 남하해 인도양으로 직접 연결하려는 움직임이다. 중국의 서출북화 동립남하 팽창은 시진핑習近平 국가주석 취임 이후 '일대일로'라는 대형 프로젝트로 구체화되고 있다. 일대일로는 중국을 중심으로 한 유라시아의 내륙과 해양에서 새로운 에너지, 교역, 수송 사회간접시설 구축을 목표로 하는 현대판 실크로드 프로젝트이다.

중원을 견제하던 유라시아 내륙의 심장지대가 허약하고 혼란된 상태에서, 중국의 부상은 새로운 지정 상황을 조성하고 있다. 해양에 쉽게 접근할 수 있는데다 해양력을 갖출 능력과 이해관계를 가진 중국의 부상은 태평양뿐만 아니라 전 세계 대양에서 미국의 해상 패권을 위협하는 잠재력을 갖고 있다. 이는 독일이나 소련의 부상과는 전혀 다른 과제를 미국에 제기하고 있다.[4]

유라시아 대륙에서 압도적인 패권국을 저지하려는 미국은 중국의 진출을 막는 포위 전략을 2010년대 이후 구체화하고 있다. 미국은 일단 중국의 연안인 '동남 봉쇄'에 집중해, 2010년부터 중국 동남쪽의 동남아국가연합, 즉 아세안(ASEAN) 국가들을 묶어 중국에 대항하게 했다. 또한 2017년 이후부터는 일본이 제창한 '자유롭고 개방된 인도-태평양 지역' 개념에 동의하며, 확장된 대중국 포위동맹을 시사하고 있다. 미국-일본-인도-오스트레일리아가 연대하는 반중국 포위블록을 결성하자는 것이다.

한편으로 미국은 중국 본토 공산화 이후 설정된 대중국 아시아태평양 방위선을 재정비하고 있다. 2차대전 직후 존 덜레스John Foster Dulles 당시 국무장관이 밝혔던 태평양 방위선인 일본-오키나와-대만-필리핀에 이어 그 후방에도 일본-괌-오스트레일리아로 이어지는 방위선을 중첩해 설정하고 있다. 그런데 중국은 이 방위선을 오히려 자신들의 영향권인 제1열도선(일본-오키나와-대만-필리핀-남중국해), 제2열도선(일본-괌-뉴기니)으로 규정한다. 이 열도선 안에서 미국의 영향력을 배제하려는 반접근 전략을 펼치고 있다.

중국의 진출과 팽창, 미국의 포위와 봉쇄는 유라시아 대륙의 연안과 내륙 오지 곳곳에서 마찰음을 내고 있다. 이 마찰음이 대륙의 주변, 그리고 중심부로 번져가는 것은 시간문제다. 동·남중국해에서 벌어지는 영토분쟁과 주변 수역에서 잦아지는 대규모 군사훈련은 그 징표다. 남방 해양세력인 한-미-일 동맹과 북방 대륙세력인 북-중-러 연대가 부딪치는 한반도 주변도 그 파장이 커지고 있다.

21

대륙의 패권을 쥐려는
서출북화 전략

　현재 중국의 국경 대부분은 험악한 산악이나 사막, 밀림 등 지리적 방벽으로 이뤄져 있다. 이 자연 방벽들은 고대로부터 중국을 외부 세계와 단절시키는 역할을 했다. 중국은 국경의 지리적 방벽에다, 이에 접한 티베트, 신장, 내몽골 등 서북 방면의 완충지대를 통제함으로써 중원 지역의 안보를 담보할 수 있는 전략적 종심을 확보하고 있다.

　현재 중국에게 전통적인 서북 방면의 위협 등 지상 방면으로부터의 안보위협은 제어되고 있다. 역사 이래 중국을 위협하던 유라시아 심장 지대가 현재 사실상 세력공백 상태이기 때문이다. 소련의 붕괴에 이어 허약한 국가들이 난립하고 있다. 중국은 현재 유라시아 대륙 내부로 영향력을 확장하고 있다.

■ 중국 지형도

라오스와의 국경부터 천연의 방벽

중국의 국경은 인구가 밀집하고 대규모 물류가 가능한 베트남과의 접경 지역이 끝나면서부터 사실상 자연 안보 방벽이 시작돼 라오스에서 러시아와의 접경이 끝날 때까지 계속된다.

베트남과 접경지대가 끝나면 중국은 서쪽으로 라오스 및 미얀마와 접경한다. 윈난성이 맞닿은 라오스 및 미얀마와의 국경 지역은 산악 정글이다. 도로가 없다. 2차대전 때 장제스 국민당 정권이 내륙의 충칭으로 퇴각해 고립되자, 미국은 이들을 지원하려고 이른바 '버마 로드'를 개척하려 했다. 버마, 즉 미얀마에서 윈난을 거쳐 충칭의 장제스 국민당군에게 보급품을 전달하려는 작전이었다. 대부분 항공편으로 보급품이 전달됐다.

중국, 미얀마, 인도 세 나라의 접경에는 해발 5,881미터로 동남아에서 가장 높은 카까보라지산이 자리 잡고 있다. 이 산은 서쪽으로 더 험한 국경지대의 출발을 알린다.

중국은 그 서쪽으로 세계의 지붕 히말라야산맥을 경계로 부탄, 네팔, 인도와 접경한다. 히말라야산맥의 북쪽으로는 티베트고원이다. 히말라야가 있는 중국의 남서쪽 경계를 통과하는 것은 전문산악대가 아니고서는 사실상 불가능하다. 히말라야산맥을 경계로 한 인도 및 네팔, 부탄과의 접경지대는 중국에게는 가장 심각한 영토분쟁 지역이다. 히말라야산맥 동단의 아커싸이친과 서단의 아루나찰프라데시 등을 놓고 중국과 인도는 1962년 국경전쟁 이래 수차례 분쟁을 지속하고 있다.

중국은 현재의 중국-인도 국경선이 20세기 초에 영국의 이익에 따라 그어졌기 때문에 수용할 수 없다는 입장이다. 중국에서 청조를 타도한 1913년 신해혁명 뒤 티베트가 독립을 선언하자, 영국은 이를 인정했다. 티베트를 자신의 영향권으로 만들어 청조뿐만 아니라 남하하는 러시아를 견제하려 했다. 영국은 이를 위해 인도-티베트 국경선을 획정하는 1914년 심라조약을 체결했다.

이 조약을 주도한 영국 외교관 헨리 맥마흔Henry McMahon의 이름을 따서 '맥마흔 라인'이라고 불리는 인도-티베트 국경선은 히말라야 동단인 현재의 아루나찰프라데시 등을 인도령으로 획정했다. 남한의 3분의 2가 넘는 8만 3,000제곱킬로미터 면적의 아루나찰프라데시는 전통적으로 티베트권에 속한 지역이었다. 당시 영국령이던 인도에 이 지역을 포함시킴으로써, 영국은 티베트에 교두보를 확보한 셈이 됐다. 하지만 심라조약 체결 당시부터 중국은 이 맥마흔 라인을 인정하지 않고 퇴장했다.

중화인민공화국 수립 뒤 티베트를 다시 병합한 중국은 아루나찰프라데시 등이 원래 티베트 영토임을 주장하며, 그 영유권을 주장하고 있다. 중국에게 이 영토분쟁은 분쟁 지역 자체보다는 중국의 티베트 영유권 정통성을 위한 것이다.

중국-인도 국경분쟁은 티베트를 사이에 둔 싸움

중국에게 갈수록 그 지정적 가치가 커지는 결정적 완충지대인 티베트는 히말라야산맥으로 보호받지만, 일부 지역에서 영토분쟁이 일어나 티베트 독립을 주장하고 있다. 중국에게 티베트의 독립은 중원 안보의 직접적 위협을 의미한다. 외부세력이 티베트를 전략적으로 통제할 수 있게 되면, 중원으로 밀고 들어올 전초기지를 확보하게 된다. 티베트는 중원보다도 높은 고원지대이다. 중원 쪽에서 티베트를 공략하기는 힘들어도, 티베트 쪽에서 중원으로 나아가기는 상대적으로 쉽다.

경제지리적인 면에서도 티베트는 중국에게 사활이 걸린 곳이다. 티베트는 황하, 양쯔강 등 중국의 모든 주요 강의 수원지이다. 더 나아가 인도차이나반도 쪽으로 나가는 메콩강의 수원이기도 하다. 중국은 2030년이 되면 필요한 수자원의 25%가 부족할 것으로 예상된다. 티베트의 상실은 극단적인 경우 중국에게 황하나 양쯔강의 물줄기가 마를 수 있는 상황을 의미한다. 더욱이 티베트에서는 구리와 리튬 등 각종 광물자원의 개발도 활발하게 이뤄지고 있다.[5]

티베트는 현대 중국의 통합과 정통성에 가장 손상을 주는 곳이다. 중국의 영토 중 분리독립 문제가 국제적으로 가장 논란이 되는 지역이다. 1950년 중국 인민해방군의 티베트 점령 뒤 인도로 망명한 티베트의 정신적 지도자 달라이 라마는 서방에서 티베트 분리독립의 상징이 됐다. 이후 티베트 라싸 등에서는 간헐적으로 분리독립 봉기가 일었다. 가장 최근에는 2008년 라싸 등지에서 반중 봉기가 터져, 21명이 죽고 수백 명이 부상했다. 한족의 상점과 재산이 약탈되고 방화됐다.

중국은 티베트를 중국의 여타 지역과 적극적으로 연결시키는 전략, 즉 한족화로 대응하고 있다. 티베트는 더 이상 세계에서 가장 고립되고, 외지고, 접근하기 힘든 곳이 아니다. 중국은 1950년 인민해방군의 진주 때부터 티베트로 가는 도로 개척을 시작해, 2006년에는 티베트 라싸와 칭하이성 시닝을 연결하는 칭짱 고속철도를 개통했다. 칭짱 철도 개통은 티베트의 한족지역화를 의미하기도 한다.

중국 국가통계국에 따르면, 2014년 12월 현재 티베트자치구의 인구는 318만 명이고, 티베트계 주민은 90%이며, 한족은 8%에 불과하다. 하지만 이는 주민등록된 인구이고, 한족의 비율을 대폭 축소한 것으로 의심된다.

티베트망명정부나 현지에서는 티베트자치구 및 그 주변을 포함한 전통적인 티베트권에 사는 한족 주민을 700만~800만 명으로 추정하고 있다. 이는 티베트자치구에 사는 것으로 추정되는 티베트족 220만 명은 물론이고, 중국 전역에 퍼진 티베트족 인구 750만 명을 능가하는 규모이다.

티베트는 중국 영토 중 가장 반한적인 민족적 정체성이 강하고, 분리독립 성향이 높다. 하지만 티베트의 분리독립이 중국에게 급박하거나 현존하는 위협은 아니다. 중국은 티베트 분리독립 자체보다는 다른 지역에도 그 같은 움직임이 전파되는 것을 두려워할 뿐이다.

시간은 중국의 편일 가능성이 크다. 이미 현지에서 티베트계 주민을 능가하는 한족 인구는 티베트의 중국화를 시간문제로 만들 것이다.

파키스탄과 아프간은 중국의 인도양 진출 통로

티베트를 남쪽에서 병풍처럼 둘러싼 히말라야산맥은 서쪽으로 가면서 카라코람산맥으로 이어진다. 카라코람산맥은 무슬림 국가들인 파키스탄, 아프가니스탄, 타지키스탄으로 이어지며, 중국과의 접경을 이룬다. 다른 한편으로 카라코람산맥은 다시 톈산산맥으로 연결되어, 키르기스스탄 및 카자흐스탄이 중국과 접하는 국경이 된다. 미얀마와의 접경인 카까보라지산에서 시작되어 히말라야산맥을 서쪽으로 계속 이어지는 험준한 산맥은 키르기스스탄, 카자흐스탄, 중국 이 세 나라가 서로 국경을 맞대는 톈산산맥의 최고봉인 해발 7,439미터의 포베다산에서 마지막 정점을 이룬다.

이러한 중국 남서부 국경의 험준한 산악지대는 교역과 군사력의 통행을 막는 자연 방벽이 되었다. 중국은 고대로부터 지금까지 이 방면으로부터 도전과 위협을 받지 않았다. 카라코람산맥이 끝나고 톈산산맥이 이어지는 키르기스스탄, 카자흐스탄, 중국의 세 나라 국경지대에 가서야 제한적 통행이 가능하며, 역사적으로 이 지대는 유라시아 내륙에서 중국을 잇는 교역로 중 하나였다. 중국은 당나라 때 실크로드 지역 통제권 확보의 일환으로 이 지역을 넘어 진출한 전례가 있다. 고구려 유민 출신의 장군 고선지는 이 지역의 파미르고원과 톈산산맥을 넘어 서역 정벌에 나선 적이 있다.

현재 중국은 이 지역 국가를 향해 영향력을 투사중이다. 이는 안보와 경제 양쪽을 모두 겨냥한 것이다. 중국은 인도를 견제하기 위해 파키스탄과 전통적인 우호관계를 다지고 있다. 카라코람산맥을 넘어 파키스탄과 중국을 연결하는 '중국–파키스탄 우호고속도로'인 카라코람 고속도로는 일찌감치 1959년에 착공되어 지난 1979년에 완공됐다. 중국은 2006년부터 카라코람 고속도로를 확장하는 한편 파키스탄 아라비아해의 심해 항구 과다르까지 연결시키는 공사를 진행중이다. 과다르는 중국이 인도양에서 확보하려는 거점항구 중 하나로 항만시설을 건설해주고 있는 곳이다. 파키스탄은 아프간과 함께 중국에게 서부 지역을 인도양으로 연결하는 통로로 설정되었다. 중동의 석유 등의 자원을 과다르 등 인도양의 항구를 통해 육로나 파이프라인으로 중국 서부로 수송하려는 프로젝트다.

1979년 소련의 침공 이후 지금까지 전쟁이 지속되는 아프간도 중국과 짧은 국경을 맞대고 있다. 중국은 소련의 아프간전쟁 때 파키스탄과 함께 저항세력 탈레반을 지원하는 후방기지 역할을 했다. 소련이 아프간에서 철수하자마자, 수도 카불에 중국 매춘조직이 제일 먼저 진출하기도 했다.

아프간에서 계속되는 미국과 탈레반의 전쟁도 중국의 진출을 막지는 못했다. 중국은 수도 카불 옆의 바르다크에서 철도를 건설하는 등 아프간 곳곳에서 도로와 철도 등 수송망 건설에 집중하고 있다. 중국의 서부 신장 지역을 키르기스스탄, 타지키스탄에 이어 아프간까지 연결하려는 프로젝트이다. 아프간에 묻힌 구리, 철, 우라늄 등 광물자원도 중국이 노리는 대상이다. 아프간에서 전쟁이 끝나고 미국이 철수하면, 중국은 아프간에 대한 영향력 행사에서 다른 나라보다도 몇 걸음 앞서가 있을 것이다.

신장위구르, 중국의 방어적 완충지대에서 국력 투사의 출구

파키스탄과 아프간뿐만 아니라 타지키스탄, 키르기스스탄, 카자흐스탄으로 이어지는 옛 소련의 중앙아시아 공화국들은 중국의 신장위구르자치구와 접경하고 있다. '새로운 영역'이라는 뜻의 신장新疆은 전통적인 초원 유목세력의 소멸이 남긴 땅이다. 청대의 건륭제 때 중가르의 정벌로 그 이전까지 유라시아 대륙을 휩쓸던 주축인 초원 유목세력이 종말을 고하면서, 이 지역은 중국이 공식적으로, 실효적으로 지배하는 땅이 됐다.

이곳에 사는 원주민인 튀르크계 위구르족들은 중국이 내전 등으로 분열되었던 1930년대와 1940년대 두 차례나 동투르키스탄이란 이름으로 독립을 선포한 적이 있다. 그러나 중화인민공화국이 건설되는 과정에서 마오쩌둥의 인민해방군은 1949년 신장위구르의 군벌 양쩡신을 축출하고 신속히 이 지역을 장악했다.

이 지역 역시 티베트와 마찬가지로 분리독립의 움직임이 지속되고 있다. 특히 2009년 대규모 민족분규가 발생해, 200명이 넘는 사망자가 발생했다. 중국의 대응은 티베트에서와 마찬가지로 한족화이다.

청대에 신장에서 한족 인구의 비율은 30% 내외였는데, 2000년대 이후는 40%를 넘고 있다. 중국 정부의 공식통계에 따라도, 2015년 현재 신장 인구 2,360만 명 중 위구르족은 1,130만 명으로 46%이고, 한족은 841만 명인 39%이다. 신장에 주둔한 군속이나 비등록 이주민을 포함하면, 신장에서도 한족은 다수일 가능성이 크다.

티베트불교와 달라이 라마, 망명정부라는 확고한 실체가 있는 티베트의 분리독립운동에 비해, 신장의 분리독립운동은 그 정체성과 강도가 약하다. 신장위구르자치구 지역 전체가 위구르족들만의 땅도 아니고, 역사적으로 다양한 민족과 인종들이 살아왔다. 위구르족은 신장의 남서쪽, 특히 톈산산맥 부근에서 전통적으로 다수계 주민이었지만, 신장의 수도 우르무치에서 전통적으로 다수계 주민은 한족과 회족이었다. 중국 당국 입장에서 신장은 티베트에 비해 중국의 영토임을 주장할 근거가 상대적으로 많다.

중국에게 신장은 티베트와 마찬가지로 안보에 사활적인 전략적 완충지대이다. 미국 텍사스 크기의 2배가 넘는 신장은 8개국과 국경을 맞대며 중국에게 전략적 종심을 제공한다. 신장과 카자흐스탄의 국경은 중국의 한족 거주 지역과 거의 1,600킬로미터나 떨어져 있다.

신장 자체가 완충지대일뿐만 아니라, 소련의 붕괴에 이은 중앙아시아의 허약한 신생국 난립은 중국에게 역사상 그 어느 때보다도 서쪽 변경의 안보를 안정화시켜주고 있다. 이제 신장은 방어적인 완충지대에서 나아가 중국의 영향력을 유라시아 대륙 한가운데로 투사하는 출구이기도 하다. 중앙아시아는 매킨더가 패권의 필수지대로 설파한 유라시아 심장지대이다. 중국은 역사상 처음으로 이 지역에 군사력이 아닌 경제력으로 점령을 시도하고 있다. 2000년대 이후 중국이 추진해온 서부 대개발에 이어 시진핑 국가주석 취임 이후 중국 대외정책의 주축이 된 일대일로 정책의 중심무대이다.

카자흐스탄에서 신장으로 이어지는 지대는 지리적으로 중국과 유라시아 내륙이 소통할 수 있는 사실상 유일한 곳이었다. 고대부터 실크로드의 주요 간선로였다. 중국이 일대일로 정책으로 현대판 실크로드를 개척하려 한다면, 신장과 카자흐스탄을 지나 서쪽으로 나아가야 한다. 신장과 그 접경 중앙아시아는 중국에게 새로운 원자재 공급처이자 중국 자본과 제품의 소비시장으로 떠오른다.

중앙아시아의 자원인 석유와 가스를 중국으로 수송하는 파이프라인이 이 일대일로를 따라 깔려 있다. 카스피해에서 나오는 석유는 카자흐스탄을 거쳐 신장으로 가는 송유관을 통해 중국으로 수송된다. 가스관도 마찬가지이다. 투르크메니스탄과 우즈베키스탄 국경에서 나오는 천연가스는 우즈베키스탄, 카자흐스탄을 거쳐 신장으로 가는 가스관으로 수송된다.

중국은 2008년을 기점으로 러시아를 제치고 중앙아시아 국가들에게 최대 교역국으로 부상했다. 중앙아시아 5개국인 카자흐스탄, 타지키스탄, 키르기스스탄, 우즈베키스탄, 투르크메니스탄의 대중국 교역 규모는 2001년에는 15억 달러에서 2013년에 500억 달러로 늘었다. 러시아와는 315억 달러이다. 2014년 중국 국내 경제의 침체로 중앙아시아 국가와의 교역이 325억 달러로 격감했을 때도 중국은 이 지역에 인프라 투자로 640억 달러를 약속하기도 했다. 중국은 또한 일대일로 프로젝트의 일환으로 460억 달러를 추가로 약속했다.[6]

몽골, 중국 팽창의 미래를 내다볼 시금석

카자흐스탄에 이은 몽골과의 접경지대는 고대 이래 중국에 가장 거세고 잦은 지정적 위협을 가하던 곳이다. 현재 몽골인 외몽골, 그리고 외몽골이 둘러싼 중국의 내몽골자치구는 사막과 초원, 산악이 혼재한 광막한 광야지대이다. 중국을 침략하고 정복한 초원 유목세력들인 흉노, 돌궐, 몽골, 거란, 여진족이 이곳에서 세력을 키웠고 여기를 통해 중국 본토로 진출했다.

이곳의 초원 유목세력들은 끊임없이 중국을 위협하고 침략했으나, 중국은 좀처럼 이곳 북쪽으로 진공하지 않았다. 농경 정주세력인 중국으로서는 북쪽으로 진출해서 얻을 실익이 없었고, 진출하기도 힘들었기 때문이다. 하지만 현재 상황은 바뀌었다. 몽골 지역은 중국 팽창의 미래를 내다볼 시금석이 되고 있다.

중앙아시아 국가와는 달리, 몽골은 청제국의 영토였다. 몽골은 중국으로부터 독립한 뒤 후견국 역할을 하던 소련이 붕괴되면서, 중국의 접경국가 중 중국 영향력에 가장 취약한 상태가 됐다. 이에 몽골은 2005년 미국 대통령 조지 부시의 첫 방문을 시작으로 미국과의 관계 강화로 나서고 있다. 부시의 뒤를 이어 힐러리 클린턴Hillary Clinton 국무장관, 조 바이든Joe Biden 부통령, 존 켈리John Kelly 국무장관 등이 몽골을 방문했다. 하지만 러시아와 중국에 둘러싸인 몽골에게 미국이 할 수 있는 일은 별로 없다.

몽골은 고작 300만여 명의 인구에 인구밀도가 1제곱킬로미터당 1.97명으로, 전 세계 국가 중 238위에 해당하는 최하위권이다. 내몽골역시 세계적인 인구 희박 지역이었지만, 인구 압력이 높아진 한족이 이주함에 따라 2017년에는 인구가 3,000만 명에 육박할 정도로 급증했다. 내몽골은 자연적 경계가 없고, 국경의 표지판만으로 몽골과 접경한다. 내몽골의 한족화는 몽골 한족화의 문을 열 것으로 보인다.

몽골은 절실한 경제 개발의 추동력을 중국으로부터 찾을 수밖에 없는 상황이다. 외부 세계로 나가는 길도 중국을 거칠 수밖에 없다. 몽골을 외부 세계로 연결하는 도로는 현재 중국이 건설하고 있다.

중국은 알루미늄을 비롯해 구리, 석탄, 납, 아연, 주석, 철광석 등 원자재의 최대 소비국이다. 이 원자재들은 몽골의 텅 빈 초원과 산악지대에 풍부히 묻혀 있다. 전자제품 생산의 필수품이 된 희토류 역시 내·외몽골의 초원지대에 매장되어 있다. 몽골의 이런 자원은 중국의 통제하에 있을 수밖에 없다. 중국을 거치지 않고서는 외부로 나갈 수 없다. 몽골 입장에서도 당장 중국에 그 개발과 판매를 맡기는 것이 손쉽고 유리하기도 하다.

러시아 연해주, 희박한 인구와 풍부한 자원의 땅

몽골에 이어 중국과 접경하는 러시아의 극동 지역이야말로 중국의 팽창 압력이 가장 쏠리는 곳이다. 중국의 어떤 접경지대보다도 개발 요소와 경제적 기회가 풍부하고, 지정 전략에 가장 긴요한 곳이기 때문이다. 몽골의 북부와 중국 만주의 북부에 펼쳐진 러시아의 극동은 바이칼 호수와 블라디보스토크 사이에 놓인 광대한 삼림지대이다. 과거 초원 유목세력들의 배후지였다.

유럽 크기의 2배가 넘는 이 광대한 지역의 인구는 고작 670만 명이다. 그마저도 감소중이어서 이 추세라면 결국 450만 명으로까지 떨어질 것으로 예상된다. 반면 중국 만주의 동북 삼성, 즉 지린성, 헤이룽장성, 랴오닝성의 인구는 모두 1억 명이 넘는다. 몽골 북쪽의 러시아 도시 치타에는 이미 증가하는 중국계 주민 집단이 형성되어 있다.

게다가 자원 확보에 열을 올리는 중국에게 러시아의 극동은 인구가 희박한 반면 천연가스, 석유, 목재, 금, 다이아몬드 등 자원의 보고이다.

소련이 붕괴된 이후 중국과 러시아는 괄목할 만한 관계 개선을 이뤄왔다. 무엇보다도 두 나라는 서로를 필요로 한다. 중국은 러시아의 자원이 필요하고, 러시아는 자원 판매처로서 중국이 필요하다. 두 나라는 2015년 5월 역사적인 천연가스공급협정을 타결함으로써, 전략적 관계로까지 발전하고 있다. 러시아가 중국에 2018년부터 매해 380억 세제곱미터의 천연가스를 30년간 판매한다는 이 계약은 약 4,000억 달러 금액으로, 에너지거래 사상 최대 규모이다. 공급되는 가스량은 중국 소비량의 5분의 1이며, 1,000세제곱미터당 350달러로 유럽에 공급되는 380달러보다 싸다. 이로써 중국은 러시아로부터 천연가스를 싸고 안정적으로 공급받게 됐고, 가스 수출을 유럽에 의존하던 러시아는 극동에서 개발된 천연가스 판매처를 안정적으로 확보하고 다변화했다.[7]

현재 두 나라는 분명 서로를 필요로 하는 전례 없는 관계를 형성하고 있다. 하지만 유라시아 대륙세력을 대표하는 두 나라는 본질적으로 역사적 경쟁관계이다. 2차대전 뒤 사회주의 혈맹임을 과시하던 소련과 중국이 서로를 견제하려고 경쟁적으로 미국에 접근한 사례에서 잘 드러난다. 현재의 관계도 아직까지는 전략적 관계라기보다는 전술적 관계이다.

중국 인구의 유입 압력을 받고 있는 극동 지역을 모스크바와 연결하는 수송로는 시베리아횡단철도인 범시베리아철도(TSR), 그 지선인 바이칼-아무르철도(BAM)가 거의 유일하다. 그에 비하면 러시아의 블라디보스토크에서 블라고베셴스크까지의 태평양 연안 지역은 중국과의 접경에서 가장 통행이 손쉬운 지역이다. 상대적으로 교통이 양호하고, 적절한 인구가 있다. 연해주라고도 불리는 이 지역은 당초 청의 영토였으나, 19세기에 동진하던 러시아에 할양됐다. 앞으로 중국과 러시아 사이에 분쟁이 생긴다면, 그 중심이 될 곳이다.

러시아와의 국경이 끝나는 지점에서 중국의 서북 변경지대도 끝난다. 중화인민공화국 수립 이후 중국은 주변국들과 모두 23건의 영토분쟁을 벌였다. 이 중 17건을 타결했고, 대부분 상대 국가에 상당한 양보를 했다. 인도와의 국경분쟁을 제외하면 육상 국경을 둘러싼 고질적인 영토분쟁은 대부분 타결됐다. 이로써 서출북화의 기초를 다진 셈이다. 남아 있는 영토분쟁은 동남 연안 방면의 섬과 해양 영유권 분쟁들이다.[8]

역사적으로 비우호 국가에 둘러싸인 중국

하지만 중국이 육상으로 접경하는 14개 국가는 역사적으로 보면 적대관계 혹은 긴장관계였다. 가장 긴 국경선을 맞대는 러시아는 역사적인 경쟁관계이다. 몽골은 중국으로의 점령이나 동화를 우려하는 국가로, 현재 미국에 접근하고 있다. 서쪽으로 국경을 맞댄 카자흐스탄, 키르기스스탄, 타지키스탄은 무슬림 국가이다. 중국의 무슬림 지역인 신장위구르자치구와 인종적, 종교적으로 얽혀 있다. 중국은 이 무슬림 세력이 신장위구르자치구의 분리독립운동과 연계되는 것을 내부 안보에서 가장 우려하고 있다.

남쪽으로 긴 국경선을 맞댄 인도는 중국과 여전히 국경분쟁을 벌이는 나라이다. 현재 인도는 중국을 가상 적국으로 설정할 정도로 중국의 부상을 경계하고 있다. 중국과 우호관계를 맺어온 파키스탄은 인도 견제를 위한 전술적 관계일 뿐이다. 파키스탄 역시 미국의 동맹국이다.

네팔 역시 냉전시대 이후부터 미국에게 중국을 관찰하는 전초기지들을 제공해왔다. 중국은 이를 견제하려고 네팔과 인도 북동부의 마오쩌둥주의 게릴라세력을 후원했다. 부탄은 중국과 국경분쟁을 겪고 있다. 두 나라는 공식적인 외교관계를 아직 수립하지 못하고 있다. 부탄은 중국이 독립을 결사적으로 저지하는 티베트와 인종적, 민족적으로 관계가 깊다.

국제적 고립상태에서 중국의 유일한 우호국가였던 미얀마도 최근 수치Aung San Suu Kyi 정권이 들어서면서 미국과 중국 사이의 등거리 외교로 돌아서고 있다. 미얀마 내부에서는 군사정권 시절 커진 중국의 영향력을 반대하는 반중 정서가 더 크다. 미얀마 역시 고대 이래 중국으로부터의 영향력을 거부하는 반중 정서가 높은 나라이다.

인도차이나반도에서 중국과 접경하는 베트남과 라오스 역시 중국과 역사적 원한이 깊다. 1979년 중국과 전쟁을 벌인 베트남은 현재 남중국해의 영유권을 놓고 날카롭게 대치하고 있다. 라오스도 베트남전쟁 뒤 베트남과 중국 사이에 끼이자, 소극적인 등거리 외교를 하면서 중국과의 외교관계를 격하시켰다. 중국이 라오스의 소수민족인 몽족 독립투쟁을 지원하자, 1979년 두 나라 관계는 최악으로 치닫기도 했다. 현재 라오스는 압도적인 중국의 영향력을 의식해, 중국과의 관계를 회복했다. 현재 라오스는 인도차이나반도에서 상대적으로 중국과 우호관계를 유지하고 있으나, 생존을 위한 등거리 외교의 산물일 뿐이다.

중국은 서북 방면에서 제기되던 전통적인 안보위협을 그 어느 때보다도 제어하고 있으나, 육상 접경국가들과의 적대 혹은 긴장 관계라는 본질적 성격이 바뀌지는 않았다. 상황이 바뀐다면, 중국이 육상으로 접경하는 삼면이 모두 비우호적인 국가와 세력들로 둘러싸일 가능성은 여전히 남아 있다.

그런데 중국은 한반도와의 접경지대를 시작으로 한 동남 방면으로 전혀 다른 지정적 도전에 봉착한다. 서북 방면을 향한 중국의 서출북화는 현재 비교적 관련 국가들과의 마찰이 적은 반면, 동남 방면을 향한 동립남하는 강력한 저항과 마찰을 일으키고 있다. 서북 방면과는 전혀 다른 지리 조건과 세력관계가 존재하기 때문이다.

서북 방면과는 달리 동남 방면은 지형이 평탄하고 연안지대인데다 인구가 밀집해 있고 대규모 물류가 가능하다. 서북 방면은 유라시아 내륙이므로 해양세력인 미국의 영향력이 취약한 반면, 동남 방면은 연안지대로 미국의 영향력이 막강하고 관련국들도 미국과 동맹 내지는 밀접한 관계를 맺고 있다.

한반도와 접하는 1,500킬로미터의 북한-중국 국경지대, 이어지는 1만 4,500킬로미터 길이의 해안, 그리고 베트남과의 접경지대는 중국의 부상이 시작된 개혁개방 이후 가장 큰 지정적 도전이 몰아치고 있는 곳이다.

22
해양세력이 되려는
동립남하 전략

　21세기 글로벌 지정 구도에서 가장 큰 도전은 중국의 해양 진출이다. 중국은 경제성장에 따라 더 이상 대륙세력으로만 머물 수 없는 상황에 처해 있기 때문이다. 중국의 경제성장은 해외 자원과 시장을 필요로 한다.

　송대 이후 전개돼온 지정 상황에 더해 중국의 경제성장은 이제 중국을 해양세력의 초기 단계로 추동하고 있다. 현재 중국이 해양을 거쳐 해외로 나가는 진출 영역은 명대의 정화 함대가 갔던 원정로와 거의 일치한다.

　미국 지정학자인 니컬러스 스파이크먼은 모든 역사에서 패권국가들은 인접 해역을 통제하기 위해 '원주형의 해양 팽창'을 해왔다고 지적했다. 그리스는 에게해에서, 로마는 지중해에서, 미국은 카리브해에서 주도권을 확보하려고 했다. 그리고 지금 중국은 남중국해에서 제해권을 확보하려고 한다. 스파이크먼이 카리브해를 '미국의 지중해'라고 지칭한 것처럼, 남중국해는 '중국의 지중해'가 아닐 수 없다.[9]

중국해는 '중국의' 지중해가 될 수 있나?

중국은 앞바다인 동·남중국해에서 제해권을 확보해 자신의 내해로 만들어야 할 뿐만 아니라 인도양에서도 지배적인 입지를 굳혀야 한다. 미국이 패권국으로 부상할 때 카리브해를 내해로 만들고 더 나아가 태평양을 자신의 호수로 만든 것과 같은 맥락이다.

중국의 입장에서 문제는 앞바다인 동·남중국해에서부터 적대적인 조건에 처해 있다는 것이다. 중국해에는 냉전 초기부터 세계 최강의 미군 해군력으로 공산 중국 등 사회주의권을 포위·봉쇄하려는 태평양방위선이 설정되어왔다. 일본, 한국, 대만, 필리핀 등 미국의 강력한 동맹국 및 이 동맹국들이 제공하는 오키나와 등지의 미군 기지들이 중국의 동남 해안을 포위·봉쇄하고 있다. 미국의 이 방위선은 1970년대 후반 닉슨 독트린 발표 이후 미국과 대만의 외교관계 격하, 주한미군 감축, 필리핀 내 미군 기지 철수 등으로 약화 내지 후퇴했다. 하지만 미국은 버락 오바마Barack Obama 행정부 들어서 아시아태평양 시대 및 아시아 중시정책Pivot to Asia을 선언하면서, 이 방위선을 중심으로 중국에 대한 포위·봉쇄망을 다시 강화하고 있다.

반면, 중국은 미국의 이 태평양 방위선을 중심으로 해양세력으로서 자신의 범위를 설정하고 있다. 일본-오키나와-대만-필리핀-남중국해로 이어지는 제1열도선, 일본-괌-뉴기니로 이어지는 제2열도선이다. 중국은 이 열도선들 밖으로 미국의 군사력 등 영향력을 배제하려는

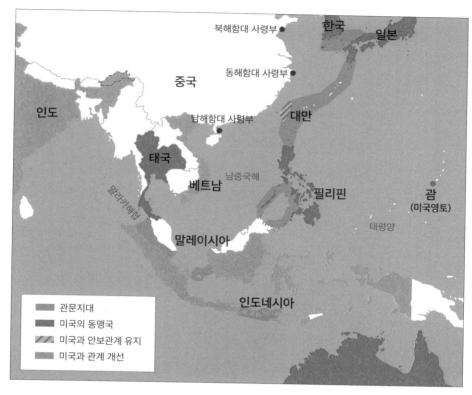

북해함대 사령부 ●

동해함대 사령부 ●

한국

일본

중국

인도

남해함대 사령부 ●

대만

태국

베트남

남중국해

필리핀

괌
(미국영토)

말레이시아

태평양

인도네시아

범례
- 관문지대
- 미국의 동맹국
- 미국과 안보관계 유지
- 미국과 관계 개선

미국의 대중국 포위망 ▌

반反접근 전략을 펼치고 있다.

중국은 이 열도선을 바다의 만리장성으로 만들려고 하고 있다. 하지만 이 열도선들이 중국의 태평양 접근을 감시하고 봉쇄하는 미국과 동맹국들의 기지 라인임을 감안하면, '역逆만리장성'이기도 하다. 중국에게 이 열도선이 만리장성이 될지 혹은 '역만리장성'이 될지는 결국 중국과 미국 및 관련국들의 힘의 관계로 결정될 것이다.

제2태평양전쟁의 개전

덩샤오핑은 1982년 중국 군부의 실력자인 류화칭劉華清 공산당 중앙군사위 부주석 겸 인민해방군 해군사령관에게 군 근대화 계획을 수립할 것을 지시했다. 열도선 전략이 이 인민해방군 근대화 계획에 포함됐다. 2000년까지를 '재건기'로 설정하고는 중국 연안에서 완전한 대미국 방어태세, 2010년까지는 '약진 전기'로 제1열도선에서 제해권 확보, 2020년까지는 '약진 후기'로 제2열도선에서 제해권 확보 및 항공모함 건조, 2040년까지는 '완성기'로 태평양·인도양에서 미 해군의 독점 저지를 목표로 했다. 서해, 동중국해, 남중국해를 중국이 장악하여 내해화하고, 나아가 괌까지 이르는 서태평양 지역을 중국 해군의 작전 범위로 만들겠다는 전략이다. 요컨대 2040년까지는 미 해군과 대등한 해군력을 건설하겠다는 것이다.

1993년 리펑李鵬 총리는 전국인민대표대회에서 "방어 대상에 해양 권익이 포함된다"고 밝혀, 중국 연근해에서의 영유권이 인민해방군의 작전 대상이 될 것임을 시사했다. 1997년에는 스원성石雲生 해군사령관이 취임하면서 중국 해군력을 '연안 해군'에서 '근해 해군'으로 변혁하겠다고 선언했다. '근해'란 중국의 전략 범위가 포함된 바다를 말한다. 사실상 대양 해군 건설을 선포한 것이다.

2010년 이후 미국과 중국은 제1열도선을 중심으로 본격적으로 충돌하고 있다. 일본–대만–필리핀–말레이·인도네시아로 이어지는 제1열도선의 동·남중국해 연안은 중국과 주변 국가들이 영유권 분쟁을 벌이는 곳이기도 하다. 특히 남중국해에는 중국 수출입의 생명선 같은 해로가 있다. 중국이 수입하는 석유의 85%가 이곳을 지난다. 미국이 2010년 아세안과 아세안지역포럼(ARF)에서부터 남중국해 영유권 분쟁에 본격적으로 개입하자, 미국과 중국의 격돌은 격화되고 있다.

2010년 3월 서해에서 한국 해군의 초계함 천안함 폭침사고가 일어나자, 미국은 항공모함 조지워싱턴이 참여하는 한미연합훈련을 서해에서 실시한다고 발표했다. 중국은 격렬히 반발했다. 중국 외교관들은 비공식적으로 "서해에는 공해가 없다"고 말하기도 했다. 미국은 중국의 반발에 일정을 미뤄 연합훈련을 동해에서 실시했다.

그해 7월 아세안 외무장관회의에서 힐러리 클린턴 당시 미국 국무장관은 중국의 남중국해 영유권 주장으로 이 지역에서 항행의 자유가 위협받는다고 비판했다. 그동안 남중국해 영유권 분쟁에 개입하지 않던 미국은 이 회의를 기점으로 동남아 국가들을 지지하며 개입을 시작했다. 이에 양제츠楊潔篪 당시 중국 외무장관은 "중국은 대국이고 다른 나라들은 소국이다. 이는 엄연히 사실이다"라고 말함으로써 중국의 팽창주의에 대한 우려를 불렀다.

같은 해 9월 중국과 일본 사이에서 영유권 분쟁이 치열한 댜오위다오(일본명 센카쿠열도) 인근 동중국해에서 일본 해안경비정을 들이받은 중국 어선의 선장을 일본이 억류했다. 중국은 일본에 대한 희토류 수출 금지로 대응했다. 결국 일본이 무릎을 꿇었다. 클린턴 장관은 그해 10월 《포린 폴리시Foreign Policy》에 〈미국의 태평양 세기America's Pacific Century〉라는 기고를 통해, 미국의 아시아 귀환정책을 선포했다. 클린턴은 "미국이 글로벌 질서의 리더로 계속 남으려면 더욱 많은 경제·외교·군사적 에너지를 아시아태평양 지역에 투입해야 한다"고 말했다.[10]

2011년 11월 미국은 아시아태평양 지역에서 중국에 대한 봉쇄망 강화를 본격적으로 시작했다. 버락 오바마 미국 대통령은 하와이에서 열린 아시아태평양경제협력체(APEC) 정상회의에서 후진타오胡錦濤 중국 국가주석에게 "규칙을 지키라"고 포문을 열었다. 공해에서 항행의 자유 등 국제법을 중국이 준수해야 한다는 내용으로, 아시아태평양 해역에서 중국의 배타적 영향력 확대를 묵과하지 않겠다는 의미였다. 그리고는 오스트레일리아 다윈으로 날아가 미 해병의 주둔을 발표했다. 클린턴 국무장관은 미얀마 방문을 발표하고 양국의 국교정상화를 위한 손짓을 보냈다. 중국의 배타적 영향권이던 미얀마도 미국의 대중 견제에 동원하겠다는 의도였다.

미국이 선택한 이 지역들에는 역사적 의미가 있었다. 하와이는 일본의 진주만 공습으로 태평양전쟁이 개전된 곳이다. 오스트레일리아 다윈과 미얀마는 2차대전의 태평양전쟁 때 미국 등 연합군이 일본에 반격을 시작한 곳이다. 더글러스 맥아더 당시 연합군 사령관은 다윈에서부터 일본에 반격을 시작해 북상을 시작했다. 미얀마는 일본 남방군이 인도를 침공하려다 연합군에게 참패를 당한 임팔전투가 벌어진 곳이다. 미국은 태평양전쟁에서 일본의 공세를 저지한 최남단과 최서단 방어선에서 다시 중국의 팽창을 저지하는 봉쇄망 강화에 나선 셈이었다. 특히 다윈에 대한 미 해병 파견과 주둔은 미국이 아시아태평양 방위선을 후퇴시킨 닉슨 독트린 이후 아시아태평양 지역에 처음으로 새로운 병력을 파견한 것이었다.

클린턴은 또한 필리핀을 방문해 양국 군사동맹을 재확인하고 병력 증파 및 기지 사용 가능성을 열었다. 필리핀은 태평양전쟁 때 미군의 극동사령부가 있던 곳이다. 이에 앞서 그해 8월 미 해군 전함은 중국을 코밑에서 위협하는 베트남의 깜라인만 기지를 30년 만에 방문했다. 베트남 역시 미국의 중국 견제에 동원세력이 될 수 있음을 보여줬다.

이는 태평양전쟁 개전 상황의 재변주라고 할 수 있다. 태평양전쟁을 개전한 일본의 진주만 공습의 직접 원인은 미국 등 연합국의 대일 원자재 금수였다. 일본의 중일전쟁 확대를 제재하려고 미국·영국·네덜란드는 말레이·인도네시아 지역의 원유 등 원자재의 일본 수출을 금지했다. 일본은 미국America·영국Britain·중국China·네덜란드Dutch의 첫 글자를 따서 'ABCD 봉쇄망'이라고 이름붙이고 비난하며 전쟁을 시작해 남중국해 주변지대부터 먼저 점령했다. 그리고 시간이 흘러, 지금은 일본 대신 중국이 이 지역을 노리는 것이다.

열도선, 중국의 '모래 만리장성'인가, '역만리장성'인가
미국이 강화하는 봉쇄·포위망을 중국은 돌파하려 한다. 남중국해 영유권 분쟁에서 중국은 2010년 이후부터는 실력 행사에 돌입해, 관련 해역에서 동남아 국가들과 크고 작은 수많은 충돌을 벌여왔다.

특히 중국은 2013년 말부터 스프래틀리군도의 영유권을 확고히 하려고, 인공섬 건설 작업을 벌이고 있다. 중국은 이 군도의 미스치프환초 등 7개 환초에서 모래를 준설하고는, 활주로와 방공 및 미사일방어 시설 등 인공구조물을 세워서 인공섬을 만드는 공사를 벌였다. 이미 3개의 활주로가 완공되었으며, 중국 최고 사양의 전투기뿐만 아니라 장거리 폭격기와 수송기들이 사용할 수 있도록 건설됐다. 중국은 남중국해에서 군사기지를 건설하고 있는 것이다. 해리 해리스Harry Harris 미 태평양함대 사령관은 이를 '모래 만리장성'이라고 불렀다. 2016년 말 현재 중국이 확보한 인공섬 면적은 3,200에이커(13제곱킬로미터)에 달한다.[11]

남중국해에서 인공섬 건설을 시작하던 때인 2013년 11월, 중국은 동중국해에서도 일본과 영유권 분쟁중인 댜오위다오 일대 해역을 자국의 방공식별 구역으로 선포했다. 자국의 항공관제 규칙을 적용하겠다는 것이었다.

2014년 5월에는 베트남과 영유권 분쟁을 벌이는 파라셀군도(중국명 시사군도)에서 중국의 석유시추 시설을 놓고 두 나라가 충돌했다. 베트남은 20여 척의 함정을 그 인근 해역에 파견해, 중국 함정들과 충돌했다.

2015년 남중국해에서 중국의 인공섬 건설 진척을 보여주는 위성사진들이 공개되면서는 미국이 군사력을 동원해 대응을 시작했다. 미국은 '항행의 자유 작전'을 중국이 남중국해에서 건설한 인공섬의 주변 해역에서 실시했다. 10월 26일 미 해군 구축함 라센호 등 전함 3척이 스프래틀리군도 내의 환초에 중국이 건설한 인공섬 해역의 12마일, 약 20킬로미터 안으로 들어가 항행했다. 영해로 인정받는 12마일 안으로 들어간 것은 중국의 영유권을 인정하지 않겠다는 의미이다. 미국은 2016년 1월에는 파라셀군도의 트리톤섬 해역에서, 그해 5월에는 중국이 활주로를 건설한 스프래틀리군도의 피어리크로스환초 인공섬에서 각각 항행의 자유 작전을 수행했다. 미국은 2017년 도널드 트럼프Donald Trump 행정부가 들어선 뒤 남중국해에서 항행의 자유 작전을 일시 중단했다가 7월 들어 재개했다.

미국을 밀어내려는 중국의 반접근/지역거부 전략

전략적 관점에서 미국이 주장하는 '항행의 자유'는 자신들의 군사력 등 영향력이 세계 어디든 제한받지 않고 접근할 수 있는 자유를 의미한다. 중국으로서는 미 군사력의 중국해 접근에 대응해야 한다. 중국이 중국해에서 펼치는 반접근/지역거부anti-access/area denial(A2AD) 전략은 그 소산이다. 반접근/지역거부 전략은 본토나 자국의 주요한 이해가 걸린 영향권 내에서 타국의 군사력을 제어하고 배제하려는 전략이다. 이 전략은 중국이 명명한 것도 아니고, 새로운 전략도 아니다. 이는 소련이 미국의 봉쇄에 맞서 펼쳤던 전략이기도 하다.

냉전 초기 소련의 해상 전략은 대양의 통제를 놓고 소련 해군력이 미국의 전함들에 맞서는 것이었다. 하지만 소련은 대양 접근이 사실상 봉쇄되어 있는데다 해군력도 열세였다. 이는 소련 해군으로 하여금 반접근/지역거부 전략으로 후퇴하게 했다.

소련은 본토 해안에서 3,000킬로미터까지의 거리에 방어망을 설정하고, 자신들의 연안 지역 및 탄도미사일 장착 잠수함(SSBN) 정박지들에 대한 나토 회원국들의 군사력 접근을 막으려 했다. 그 방어망을 지킨다는 것은 소련 주변의 나토 기지들을 공격하고 나토의 전함과 항공모함 전단들이 소련 연안지대에 도달하기 전에 공격하는 것도 의미했다.

이를 위해서 소련은 나토 군사력, 특히 해군력의 소련 접근을 탐지하고 막는 능력과 무기를 개발하고 배치했다. 소련 해군은 해양정찰 위성 레이더, 초계함, 해양정찰기 등으로 구성된 광대한 해양 초계 시스템을 구축했다. 이는 소련이 공격형 잠수함과 전투기에 공격 목표물에 관한 정보를 제공해서 장거리 대함 크루즈미사일이나 어뢰로 공격할 수 있게 하는 '킬 체인Kill Chain' 시스템을 구축하게 했다.

중국 역시 유사한 군 현대화 프로그램을 진행하고 있다. 열도선 내에서 인공섬을 건설해서 탄도미사일 장착 잠수함 부대들의 요새를 만들고, 수중 탐지기들을 부설하고, 대잠수함전 능력 향상에 투자하고 있다. 태평양의 미 군사력을 위협하고 중국 연안 접근을 제한하려고, 다양한 장거리 '대함 탄도미사일'(ASBM)과 '대함 크루즈미사일'(ASCM)도 개발하고 있다.

세스 크롭시Seth Cropsey 전 미 해군성 부장관은 중국이 가까운 장래에 미 해군을 능가하는 잠수함 전력을 배치할 수 있다고 평가했다. 75대의 잠수함이 취역중인 미군보다 더 많은 잠수함을 2025년 내로 배치할 수 있다는 것이다. 또한 대함 탄도미사일에 이용되는 광역레이더, 인공위성, 해저음파탐지기망, 사이버전 등을 계획하고 있다고 크롭시는 지적했다. 기뢰전 전력 향상, 러시아의 4세대 전투기인 Su-27 및 Su-30 구매, 1,500대의 러시아제 지대공 미사일의 중국 연안지대 배치 등도 추진되고 있다. 광섬유 시스템을 지하로 부설하고, 미 해군의 미사일 사정거리에서 벗어나는 서부 지역에 방어 능력들을 집적하고 있다. 2018~2020년에는 5세대 전투기를 배치할 전망이다. 미국의 부와 힘의 최고 상징인 항공모함을 타격할 공격 전략도 개발중이다.[12]

물론 중국이 미국의 항모나 해군력을 공격할 의도가 있는 것은 아니다. 미국과 군사력으로 충돌하는 것은 결코 중국이 바라는 바가 아니다. 중국의 의도는 '억제'이다. 자국의 해안을 따라 대량의 공격 및 방어 전력을 집적해서 미 해군이 제1열도선 안으로 전개하는 것을 주저하게 만드는 것이다. 적의 행동에 영향을 줄 수 있다는 것이야말로 힘의 본질이다.[13]

하지만 미국은 이를 결코 '억제'로 받아들이지 않을 것이다. 1차대전

전에 독일이 해군력을 증강한 것은 영국의 해군력을 능가해 해양 패권을 잡자는 의도는 아니었다. 독일 역시 영국 해군력의 억제를 원했다. 하지만 영국은 이를 심각한 위협으로 받아들였고, 독일을 포위하는 프랑스 및 러시아와의 3국협상을 체결했다. 미국 역시 중국의 해군력 증강을 중국이 마지노선을 넘었다고 받아들일 것이다.

대만, 반중국 불침 항모인가, 중국의 해양 발진기지인가

해양 진출을 포함한 중국의 부상에서 최대 전략 요충지는 대만이다. 대만은 중국에게 '하나의 중국'을 확인하는 정치적 의미가 있을 뿐만 아니라 중국의 안보와 해양 진출을 가름하는 곳이다.

태평양전쟁 때 미군 지휘부는 일본 본토 공략을 위한 교두보로서 대만과 필리핀을 놓고 격론을 벌였다. 미드웨이해전을 승리로 이끌어 태평양전쟁의 물줄기를 바꾼 체스터 니미츠 제독의 해군은 대만을 지목했다. 반면 극동사령부가 있던 필리핀에서 개전 초기 패퇴당했던 더글러스 맥아더는 필리핀을 먼저 탈환하자고 고집했다. 맥아더는 자신의 고집을 관철하기는 했으나, 대만이 가진 전략적 가치를 모르지 않았다. 맥아더는 대만을 중국해 한가운데 떠 있는 '불침 항모'라고 말했다. 그는 한국전쟁에 중국이 참전하자, 그 보복으로 대만의 국민당군을 동원해 중국 동남 연안을 침공하자고 주장하기도 했다.

미국이 일본 본토에서부터 인도네시아까지 구축한 바다의 '역만리장성' 중에서 대만은 가장 높고 중심에 위치한 요새이다. 중국해의 중심에 자리 잡은 대만에서 미국 등 외부세력은 중국의 연안에 전력을 방사할 수 있다. 반면 대만이 중국의 품으로 돌아가면, 중국 해군은 갑자기 제1열도선과 마주보는 유리한 전략적 위치에 선다. 또한 제1열도선 너

머로 자유롭게 전력을 투사할 수 있다.[14]

2009년 랜드연구소 연구에 따르면, 미국은 2020년이 되면 대만을 중국의 공격에서 방어할 수 없게 된다. 중국은 사이버 무기, 4세대 전투기로 무장한 공군력, 잠수함 발사 탄도미사일, 대만과 대만의 전투기를 겨냥한 수천 발의 미사일로 전력을 갖추게 될 것이다. 이 보고서에 따르면, 미국이 일본에 가데나 공군기지를 유지하고 2개의 항모 전단을 갖춘다 해도, 중국은 미국을 패퇴시킬 수 있다.

대만을 놓고 벌이는 미국과 중국의 경쟁에서 가장 결정적인 요인은 결의와 지리이다. 대만을 놓고 벌이는 각축에서 어느 쪽이 더 단호히 전력을 집중할 수 있겠는가? 미국은 국내의 여론과 전 세계에 산개된 자국의 안보 부담을 고려할 수밖에 없다. 또한 미국은 지구 반 바퀴를 돌아서 전력을 이동해야 하고, 중국 인근의 동맹국 기지들 역시 갈수록 사용이 제한되고 있다. 지정학적 측면에서 시간은 결코 미국의 편이 아니다.

사실 중국에게도 대만을 겨냥한 군사행동은 가장 바라지 않는 선택이다. 중국은 오히려 대만을 경제적으로 흡수하고 있다. 대만 스스로 중국의 품에 남는 선택을 할 수밖에 없는 환경을 조성하고 있다.

중국과의 교역량은 대만 전체 교역의 30%를 차지한다. 대만 수출의 40%는 중국으로 향한다. 애플의 핸드폰을 실제로 제작하는 세계 최대의 전자전기제품 제조회사인 대만의 폭스콘은 본토에서 대부분의 제품을 생산한다. 중국이 대만에 투자한 것보다, 대만이 중국에 투자한 것이 더 많다. 대만 기업의 3분의 2가 본토에 투자하고 있다. 대만 내에서 분리독립 주장은 갈수록 구호에 불과해지고 있다. 마오쩌둥은 미국과 화해하면서, "작은 문제는 대만이고 큰 문제는 세계이다"라고 말했다. 중국에게 이제 대만은 큰 문제인 세계를 향해 나아가는 데 반드시 취해야 할 대상이다.

중국의 인도양 진출, 역사상 첫 해외기지를 만들다

중국이 중국해의 제해권을 장악할 수 있다고 해도, 여전히 문제는 남는다. 중국에게 남중국해 제해권은 필요조건이지 충분조건은 아니다. 중국에게 중동의 석유 수송 등 유라시아 대륙의 물류를 위해서는 인도양이 필요하다. 명대에 정화의 함대가 인도양을 누빈 이유이다.

인도양은 서세동점의 바다였다. 유럽의 서방 해양세력들이 아프리카와 아시아로 진출하기 위해 패권을 다툰 바다였다. 20세기 이후 대서양과 태평양을 호수로 만든 미국의 부상으로 인도양의 전략적 가치는 상대적으로 쇠퇴했다. 하지만 중국의 부상은 인도양을 다시 "21세기의 중심무대"로 부상시키고 있다.[15]

수에즈 운하에서 인도양으로 빠져나오는 전략 요충인 아덴만에 접한 동아프리카 지부티의 도랄레에서 2017년 8월 1일 오전 8시 중국의 첫 해외 군사기지 주둔지 의식이 거행됐다. 중국 광둥의 한 부대에서 출정식을 마친 중국 해군이 이날 지부티 중국 기지에 입항해 본격적인 기지 운영에 들어갔다고 중국 〈인민일보人民日報〉 등이 보도했다. 역사상 중국이 중화 조공 체제에 속한 주변국이 아닌 해외에 군사력을 주둔하거나, 상설 군사기지를 운용하는 것은 처음이다. 이 기지는 무기 저장, 선박 및 헬기 유지보수시설, 그리고 소규모 중국 해병 및 특수병력 주둔지로 활용된다. 중국은 이 기지를 매해 2,000만 달러에 10년간 조차하고, 10년을 더 추가할 수 있는 조약을 맺었다. 〈인민일보〉도 "우리가 처음으로 해외에 기지를 건설하고 사용하기 시작했다"며 "이로 인해 아덴만, 소말리아 해역에서 선박을 보호하고, 인도주의 등 국제 의무를 더욱 잘하게 될 것"이라고 평했다.

지부티에는 이미 미국, 영국, 프랑스 등이 군사기지를 운영중인데 중국도 가세한 것이다. 지부티의 외국 군사기지 중 최대 규모인 것은 미군의 르모니에 기지이다. 200만 제곱미터에 이르고 병력 4,500명이 주둔중이다. 미국은 지부티 기지에서 중동 대테러전의 일환인 무인비행기 작전을 주도하고 있다. 중국 기지는 이 기지에서 불과 13킬로미터 떨어져 있다.

미국 국방부는 그해 7월에 발표한 '중국 군사·안보 정세 연례 보고서'에서 중국이 막강한 경제력을 토대로 지부티에 이어 오랜 우호국가인 파키스탄 등에도 추가로 군사기지 건설에 나설 것이라며 우려하고 있다. 미 국방부는 중국이 향후 10년 동안 몇 개의 해외 군사기지를 더 확보할 것이라고 예측했다. 실제로 중국은 현재 공개적으로 더 많은 해외 전초기지 확보를 협상중이다. 오만의 살랄라 항은 가장 유력한 곳이다. 세이셸군도 및 파키스탄의 카라치 항도 유력하다.

중국은 지부티의 군사기지 확보에 앞서 이미 인도양 전역에서 상업적 차원의 거점항구를 확보하는 데 전력을 기울여왔다. 중국은 2010년께 지부티에 3개 항구, 2개 공항, 수도·가스 파이프라인, 에티오피아로 연결되는 철도 등을 건설하거나 자금 지원을 하면서 진출했다. 2013년 중국 국영회사들이 지부티 항구 운영권 지분을 매입했고, 2014년에는 새로운 도랄레 다목적항 건설에 5억 9,000만 달러를 투자했다. 이는 결국 지부티에서 군사기지 확보로 이어졌다.

중국은 그와 비슷하게 파키스탄, 스리랑카, 방글라데시, 미얀마 등 인도양 연안 국가의 항구들을 자국 거점항구로 개발하려고, 이 나라들에게 항만시설 등 사회간접자본시설을 지원해왔다. 특히 파키스탄의 과다르와 미얀마의 차욱퓨 항구 등을 개발해, 고속도로나 송유관 등으로 중국 본토와 직접 연결하는 프로젝트를 진행해왔다.

중국의 '진주목걸이 전략'과 중국공포증

미국에서는 중국의 이런 인도양 진출을 '진주목걸이' 전략이라고 명명하고 있다. 진주목걸이 전략은 미국 컨설팅회사 부즈앨런해밀턴이 2005년 1월 미 국방부 의뢰로 작성한 '유라시아에서의 에너지 미래' 보고서에서 나온 용어이다. 인도양에서 중국의 전략적 진출거점을 이으면 진주목걸이와 비슷하다며, 파키스탄의 과다르, 방글라데시의 치타공, 미얀마의 벵골만 연안, 남중국해를 '진주'로 꼽았다. 보고서는 "중국은 중동에서부터 남중국해까지 해로를 따라 전략적 관계를 만들고 있으며, 이는 중국의 에너지 자원을 지키고, 광범위한 안보 목적을 위해 방어적, 공격적 입지를 구축하는 방식으로 이뤄지고 있다"고 평가했다.

2006년 크리스토퍼 퍼슨Christopher Pehrson 당시 미 공군 중령의 〈진주목걸이: 아시아 연안에서 부상하는 중국세력에 대한 대응String Of Pearls: Meeting the Challenge of China's Rising Power Across the Asian Littoral〉이라는 논문은 이 '진주'들이 결국 인도양과 태평양 지역으로 진출하는 중국의 군사거점이 될 수 있다고 주장했다.

이 주장은 '중국공포증'을 자극하는 과장된 측면이 크다는 반론이 많다. 중국의 경제력 성장에 따른 물동량 증가에 대처하려는 자연스러운 상업적 목적의 개발을 과장한다는 것이다. 중국의 해운 및 항만 회사들이 해외 주요 항구에서 자신들의 전용 하역장을 확보하는 조처에 불과

하다는 반론이다.[16]

대표적 대중 강경론자인 애런 프리드버그Aaron Friedberg 프린스턴대 교수조차도 "이 지역들에 군사시설이 있다면 적과의 교전 때 신속하고도 손쉽게 파괴할 수 있는 고정 목표물을 제공하는 셈"이라며 미국의 주장이 과장됐다고 지적한다. 중국 쪽도 미 국방부의 대중 강경론자들과 인도의 중국공포증이 만든 소설이라고 일축한다.

진주목걸이 전략은 분명 중국의 진출을 과장하고 있다. 중국이 현재 인도양에서 군사적 영향력까지 포함한 패권을 추구할 능력이 없고, 그럴 의사도 없는 것은 분명하다. 이는 인도양에서 중국이 처한 지정적 불리함이라는 현실적 조건뿐만 아니라, 중국이 역사상 추구해온 대외정책과도 부합하지 않는다.

명대에 정화의 함대는 남중국해와 인도양의 국가들을 군사적으로 침공하지 않았고, 경제적으로 식민화를 추구하지도 않았다. 정화는 남중국해와 인도양의 해적을 소탕하고, 역내 세력들에게 중국이라는 존재를 각인시키려 했다. 정화의 함대는 방문하는 지역들에서 중국의 물자를 풀어놓았다. 중화 체제를 안정시키고자 광역의 조공무역 체제를 만들려고 했다.

현재 중국의 인도양 진출 역시 본질적으로 정화의 함대가 펼쳤던 전략이다. 현재 중국은 인도양 연안 국가들을 더 절박하게 필요로 한다. 정화의 함대는 위력을 과시하고 시혜를 베풀어 인도양 연안 세력들을 포섭하려고 했다. 그에 비해, 현재 중국은 경제적 이권을 제공하며 중국에 의존하는 관계를 만들려고 한다. 이 지역의 자원과 시장이 필요하기 때문이다.

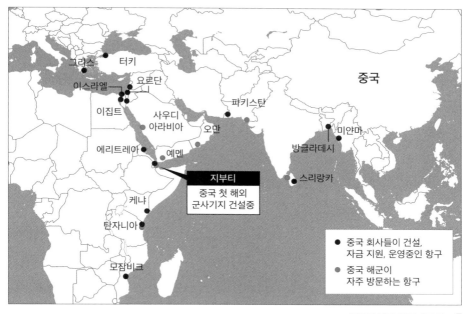

그리스
터키
이스라엘
요르단
이집트
사우디
아라비아
오만
파키스탄
미얀마
방글라데시
에리트레아
예멘
스리랑카

지부티
중국 첫 해외
군사기지 건설중

케냐
탄자니아
모잠비크

중국

● 중국 회사들이 건설,
  자금 지원, 운영중인 항구
● 중국 해군이
  자주 방문하는 항구

중국의 전략 항구 네트워크 ▐

아프리카, 중국의 진출을 말해주는 곳

중국 입장에서 보면, 중동의 석유는 물론이고 아프리카의 자원도 절실하다. 수단, 앙골라, 나이지리아의 석유, 잠비아와 가봉의 철광석, 콩고의 구리와 코발트 등의 개발에 중국은 관여하고 있다. 이 국가들과 해당 자원들은 중국이 건설하는 도로와 철도로 연결되며, 대서양과 인도양의 항구로 수송되고 있다.

중국 외교부에 따르면 2000년에 10억 달러였던 중국의 아프리카 투자금은 2015년 현재 1,000억 달러 이상으로 늘었다. 무역 규모로는 수출은 1,020억 달러, 수입은 670억 달러로, 미국을 제치고 최대 교역국으로 떠올랐다.

아프리카는 중국의 해외 진출 양상을 잘 보여준다. 중국의 아프리카 진출은 자원보다는 영향력 확보에 더 비중을 두고 있다. 중국이 아프리카에서 단지 자원을 빼먹으려고 한다는 것은 큰 오해이다. 중국은 아프리카 진출에서 주로 사회간접자본시설 건설 계약에 공을 들이며, 그 운영까지도 지속적으로 주관하고 있다. 중국 기업들은 2014년 한 해에만 아프리카에서 700억 달러의 건설수주 계약을 체결했다. 대개 아프리카 국가들에게 중요한 사회간접시설, 일자리, 현지 노동력 기술 제고 등을 겨냥한 프로젝트들이다. 미국 존스홉킨스 대학교의 '중국·아프리카 연구계획' 팀에 따르면, 아프리카 최대의 석유자원국 나이지리아에서 중국이 세운 공장들은 건축자재, 전구, 세라믹을 생산하고, 폐선에서 강철을 채취하고 있다. 나이지리아의 한 관리는 중국인들이 자국 경제의 모든 분야에 관여하려 한다고 말했다.[17]

중국 노동력을 현지에 취업시킨다는 비판도 있으나, 현지 노동력이 압도적으로 채용된다. 중국 노동력의 진출보다는 중국식 운영 표준을 아프리카에 도입한다는 지적이 더 타당하다. 에티오피아와 탄자니아의 철도망 건설과 그 운영에서 잘 드러난다. 이는 무엇보다도 아프리카에서 중국이라는 존재를 필수불가결하게 만들려는 의도라 할 수 있다.

2017년 11월 아프리카 짐바브웨에서 일어난 쿠데타는 아프리카에서 중국의 영향력을 단적으로 말해주었다. 아프리카의 최장수 독재자로 37년간 집권해온 로버트 무가베Robert Mugabe 대통령은 콘스탄티노 치웽가Constantino Chiwenga 군사령관이 이끄는 군부의 쿠데타로 축출됐다. 치웽가는 쿠데타 결행 일주일 전에 중국을 방문해, 창완취안常萬全 국방장관을 만났다. 그의 중국 방문은 아내의 월권 및 부정부패로 권력기반을 잃은 무가베를 축출하려는 데 중국의 승인을 받기 위한 것으로 추측됐다. 무가베 역시 1960년대 짐바브웨 독립투쟁을 이끌면서 중국의 지원을 받은 바 있다. 새로 대통령에 취임한 에머슨 음낭가그와Emmerson Mnangagwa 부통령 역시 독립투쟁 때 마오쩌둥 사상을 추종하는 무장세력을 이끌며 중국의 지원을 받았다.

이는 냉전시대 때 미국이 친미 개발도상국 국가들의 쿠데타를 재가하며 정권을 좌지우지한 것도 다르지 않다. 짐바브웨 쿠데타 사건은 아프리카에서 중국의 영향력이 의도 여부와 상관없이 그런 수준으로 성장하고 있음을 드러냈다.

한반도, 열강의 완충지가 될 것인가, 교두보가 될 것인가

한반도의 지정적 위상은 서방 해양세력이 부상한 1500년대에 크게 바뀌게 된다. 그 이전까지 한반도는 중원을 둘러싼 세력들에 의해 그 지정적 위상이 규정됐으나, 그 이후로는 해양세력 대 대륙세력의 충돌 지점으로 바뀌기 시작했다.

서방 해양세력이 아시아로 몰려오기 전 한반도 지정학의 동력은 유라시아 대륙세력의 변동에서 나왔다. 중국 대륙의 중원을 둔 쟁패가 한반도의 지정적 가치를 규정했다. 중원을 차지했거나 차지하려는 세력은 한반도를 그 패권을 위협할 수 있는 배후지로 남겨두려고 하지 않았다. 고대 이래 한반도를 향한 유라시아 대륙세력의 침략과 진출은 중국 대륙의 중원 패권 담보를 목적으로 했다.

중원 패권에 의해 규정된 한반도의 지정적 가치

중국 대륙 쪽에서 한반도로 가했던 침략과 진출은 크게 세 부류이다. 첫째, 중원을 장악한 세력의 침략이다. 한나라의 고조선 침략과 한사군 설치, 수·당의 고구려 침략이다. 둘째, 중원으로 진출하려는 북방 유목세력의 침략이다. 거란과 몽골의 고려 침략, 그리고 여진의 조선 침략인 병자호란이다. 셋째, 중원세력의 한반도 출병이다. 임진왜란 때 명의 출병, 조선 말 청일전쟁, 중국의 한국전쟁 참전이다. 한·수·당은 당시의 만주 지역을 장악한 고조선과 고구려를 견제하기 위해서, 거란·몽골·여진은 중원의 한족 지역에 진출하기에 앞서 후방을 안정시키기 위해서, 명·청·중공(중국 공산당)의 출병은 해양세력의 중국 대륙 진출 저지를 위해서였다.

중국 대륙의 세력에게 한반도와 관련한 지정학의 첫 원칙은 중원을 위협할 교두보가 되지 않게 하는 것이었다. 역사적으로 만주가 완충지대가 되고 한반도에 안정적 정권이 들어설 경우, 중국과 한반도의 관계는 안정됐다. 반면 한반도와 만주가 한 세력에 의해 장악되어 중원을 위협할 가능성이 있을 때, 중원을 장악한 세력은 한반도를 침략했다. 고조선과 고구려가 그 경우이다. 두 나라는 한반도 북부와 만주 남부를 장악한 지배세력으로서 주변의 초원 유목세력까지 규합하여 중원을 위협할 세력으로 여겨졌다.

반고班固의 《한서漢書》는 "고조선이 흉노의 왼팔"이라고 적었다. 또 전한과 후한 사이의 신 왕조를 건국한 왕망王莽이 고구려에게 흉노를 없애라고 명령하자, 고구려가 흉노와 연합해 역공을 했다는 기록도 있다. 한제국을 완성한 한무제는 결국 고조선을 침략해, 만주 남부와 한반도 북부에 한사군을 설치하는 것으로 중원에 대한 위협을 제거했다.

수와 당도 한반도 북부와 만주 남부를 장악한 강대국 고구려를 제압하려 했다. 만주를 차지한 고구려 역시 주변의 거란 및 말갈 등 초원 유목세력까지 포괄하고 중원을 위협할 수 있었기 때문이다. 수는 중원 통일 직후 모든 국력을 동원해 고구려를 정벌하려다, 결국 실패했다. 이는 수의 붕괴로 이어졌다. 수를 이은 당은 태종과 고종 2대에 걸쳐서 고구려 원정을 단행해, 마침내 고구려를 붕괴시켰다.

한이 요동(랴오둥) 지역과 한반도 서북부 지역을 중심으로 한사군을 설치했듯이, 당도 그에 해당하는 지역에 안동도호부를 설치해 직할령으로 통치하려 했다. 이는 현재 북한의 남포–원산을 잇는 이북 지역으로, 특히 평양을 중심으로 한 지역이 애초 안동도호부의 중심 지역이었다. 중원세력이 볼 때 한반도에서 지정적 가치가 있는 지역은 서북부이다. 이러한 위치는 지금 한반도 분단의 근원적 요인이기도 하다. 이렇듯 한반도는 고대부터 상이한 세력에 의해 분할되거나 분할이 시도되어왔다.

중원을 장악한 세력보다는 중원으로 진출하려는 세력이 한반도를 더 자주 침략했다. 지정 질서의 변화가 전쟁을 부른 것이다. 중원 진출에 앞서 한반도가 자신들의 배후를 위협하지 못하도록 막으려는 조처였다. 거란의 고려 침공, 몽골의 고려 침략, 청의 조선 침략인 병자호란이 그 경우이다.

916년에 수립된 거란국이 국호를 바꾼 요의 첫 고려 침공 때 서희가 외교 담판을 통해 오히려 지금의 평안북도 땅인 강동 6주를 얻어낸 것은 그들의 침공 목적이 무엇이었는지를 잘 보여준다. 앞서 고려 태조는 거란이 현재의 만리장성 이북 땅을 차지하며 요로 국호를 고치고 세력을 확대하자, 후진과 동맹을 맺고는 요에 대한 합공을 추진하기도 했다. 그 후에도 고려는 송과 연합해 요에 적대적인 정책을 폈다. 이것이 요의 고려 침공 배경이 됐다.

요가 원했던 것은 중원에 진출하기에 앞서, 자신들을 배후에서 위협하지 않는 고려였다. 요는 서희와의 외교협상에서 이를 보장받는 우호관계를 맺자, 오히려 강동 6주의 소유권을 고려에게 인정해준 것이다. 요의 침공군을 이끈 소손녕蕭遜寧이 서희와의 협상 뒤 고려에 보낸 편지는 요의 의도를 잘 보여준다.

근자에 나는 우리 황제로부터 명령을 받았는데 그 내용은 "고려는 우리와 일찍부터 우호관계를 맺어왔고 국경이 서로 인접해 있으니… 사신이 왕래하여야 시종일관하게 좋은 관계가 장구히 계속될 수 있는 것이다… 너는 고려와 상의해서 그 나라로 하여금 통로 요충이 되는 곳에 성을 쌓도록 권고하라"고 하였다… 청컨대 대왕[고려왕]도 미리 지시를 하여 안북부에서 압록강 이동에 이르는 180리 구간에 적당한 지점을 답사하고… 우리와 함께 축성하되… 우리가 이러한 조치를 취하게 되는 목적은 당신네 나라의 차마 교통이 편리하도록 조공의 길을 열고 영구히 거란의 조정을 받들어 자국의 평안한 길을 찾도록 하는 데 있는 것이다.[1]

요는 고려와의 화의 뒤 즉각 중원으로 진출해, 송을 강남 이남으로 몰아내고 화북을 차지할 수 있었다. 하지만 요는 고려가 입조 등의 강화 조건을 이행하지 않고 다시 송과의 동맹을 추진하자, 고려가 안정되지 않았다고 판단하고 재침공했다. 1010년 2차 침공, 1018년 3차 침공을 강행했다. 요는 3차 침입 때 강감찬 장군의 귀주대첩으로 완패하며, 고려 침공을 중단할 수밖에 없었다. 고려도 요의 침공으로 막대한 피해를 입었지만, 요 역시 고려 침공을 실패하면서 동북아에서 주도권을 상실해갔다.

중원의 패권 질서 안정은 한반도의 안정

고려와 요의 대결은 결국 만주 지역의 세력을 유동화시켜 여진이라는 새로운 세력을 부상시켰다. 여진은 금을 세워 요를 멸망시키고 화북의 패자로 올라섰다. 금 역시 강남 지역으로 내려간 남송을 장악하고 중원 패권을 완성시키려고 했다. 금은 요와는 달리 고려와는 큰 전쟁을 치르지 않았다. 이는 금을 정점으로 한 중원의 패권 질서가 완성됐기 때문이다. 남송은 금과 화의하고 종속관계를 확인하는 사대관계를 맺고, 금은 남송 정복을 중단했다. 고려도 요와의 관계와는 달리, 금에 대해 전형적인 책봉조공관계를 유지했다.

그 후 북방에서 대대적으로 흥기한 몽골이 금을 멸망시키고 남송까지 정복해 중원을 석권하려 하자 한반도는 다시 그 자장에 빨려들어갔다. 몽골과 고려는 적대적인 관계로 출발하지 않았다. 몽골에 쫓긴 거란의 잔류세력이 고려 국경을 넘자, 고려는 몽골과 협력해 이들을 소탕했다. 강동성전투라 불리는 이 협력은 양국을 '형제관계'로 만들었다. 하지만 그 후 몽골 사신 피살 사건 등 외교분쟁이 일면서 몽골의 침략이 시작됐다.

1231년 몽골의 침략으로 시작된 고려−몽골(여몽)전쟁은 강화도로 피신했던 고려 조정이 개경으로 환도한 1273년까지 40여 년간 계속됐다. 몽골은 고려를 완전히 복속시키고 나서야 남송 정벌에 전력을 쏟을 수 있었다. 고려가 항복한 지 6년이 지나서야 몽골은 남송을 완전히 정복했다.

여몽전쟁이 한반도에서 벌어진 전쟁 역사상 가장 오래 지속된 것은 그만큼 중원의 패권 질서가 불안정했기 때문이다. 몽골은 중원에 진출하려는 역대 왕조 중 가장 공격적인 정복정책을 수행했고, 남송 역시 몽골에 결사항전했다. 이런 상황에서 고려의 무신정권은 몽골에 대해 마지못해 하는 외교적 타협과 항전을 오락가락하는 전략적 오류를 범했다. 이는 몽골이 8차례의 침공과 철수를 반복하며 40여년간이나 전쟁을 지속시킨 배경이다.

고려 무신정권은 몽골이 침공하면 화의나 항복을 하고 나서 곧 파기하곤 했다. 그러면 몽골은 재차 침공을 가해왔다. 몽골은 특히 강화도로 들어간 고려 조정의 출륙과 입조를 요구했다. 고려 조정을 섬인 강화도에서 개경으로 옮기고, 자신들의 조정에 사신을 보내라는 것이었다. 강화도에 틀어박힌 무신정권은 몽골의 침공 때마다 이를 수용하고는, 몽골이 철수하면 다시 항전을 반복했다.

이를 자주독립을 위한 항전으로 높게 평가할 수 있을지는 의문이다. 몽골이 고려에 요구한 것은 요나 금의 요구와 다르지 않았다. 형식적으로는 책봉조공관계였고, 내용적으로는 자신들의 중원 진출과 경영을 위협하지 않는 관계였다. 몽골이 요구하던 사대관계는 당시 동아시아에서 공인된 국제관계였다. 고려는 이미 요나 금과 이런 관계를 맺고 있었다. 사실상 무신정권은 개경으로 환도하면 몽골의 원 조정 대 고려 조정의 관계로 양국 관계가 정상화되어 자신들이 정권을 상실할 것을 우려했다고밖에 볼 수 없다. 무신정권이 주도한 항전이란 강화도에 그저 틀어박혀 있는 것에 지나지 않았고, 그 피해는 고스란히 백성들에게 돌아갔다. 무신정권의 대몽항쟁은 자신들의 정권 유지가 첫 목적이었다.

1258년 최씨 무신정권의 집권자 최의가 내부 쿠데타로 살해되면서 고려의 대몽항쟁은 끝이 나기 시작했다. 임유무를 마지막 지도자로 하는 무신정권이 1270년에 완전히 종식되면서 대몽항쟁은 끝이 났다.

당시 세계 최강의 군사력을 갖춘 몽골이 고려를 점령해 직할통치를 하지 않고 침공과 철수를 40여 년 동안 반복한 것은 한반도의 지정적 위상 때문이었다. 중원세력에게 한반도는 전략적 종심이 깊고 길어서, 직할통치는 큰 비용이 요구됐다. 장기적이고 안정적인 직할통치는 사실상 불가능했다. 수와 당의 고구려 침공은 이를 잘 보여준다. 수와 당은 모두 막대한 비용을 치러야 했고, 결코 직할통치를 이루지 못했다.

또한 한반도 북부와 접견한 요동·요서(랴오시) 지역은 중원세력에게는 사활을 걸고 통제해야 할 안보 완충지대였다. 화북의 중심지인 베이징과 직접 연결된 이 지역이 북방 초원 유목세력에게 장악되면, 중원의 안보는 속절없이 붕괴된 것이 중국의 역사였다. 중원세력 입장에서는 한반도에 우호적인 정권이 존재하는 것이 요동·요서 지역 경략에 더 유리했다. 요가 여진족을 통제하려고 고려에 강동 6주 영유권을 인정한 것이나, 몽골이 거란 잔류세력을 소탕하려고 고려와 협력한 것은 이를 잘 보여준다.

서방 해양세력의 도래, 임진왜란의 배경이 되다

중원을 둘러싼 세력관계에 의해 규정되던 한반도의 지정학은 1500년대 이후 서방 해양세력의 도래로 전환된다. 세계의 지정 질서를 바꾼 1500년대 이후 서방 해양세력의 부상은 한반도도 그 영향권에서 예외로 두지 않았다. 한반도의 지정적 운명에 서방 해양세력이라는 새로운 지정적 동력이 추가됐다. 한반도는 중원을 차지하려는 유라시아 대륙세력의 배후지에서, 유라시아 대륙세력과 서방 해양세력이 충돌하는 전선으로 바뀌어갔다. 두 세력이 상대의 영역으로 나아가거나, 자신의 영역을 지키기 위해 반드시 차지해야 하는 교두보로 되어갔다.

콜럼버스의 아메리카 신대륙 발견으로 부상하기 시작한 서방 해양세력은 100년 만인 1592년 한반도에 거대한 전쟁이라는 형태로 영향력을 발휘했다. 일본의 한반도 침략인 임진왜란이다. 그 이전 한반도에서의 전쟁이 유라시아 대륙세력이 중원의 패자를 다투는 과정에서 벌어졌다면, 임진왜란은 해양세력과 대륙세력이 동아시아에서 본격적으로 첫 충돌한 전쟁이었다. 서방 해양세력에 영향을 받은 일본은 중원으로 진출하려고 한반도를 침략해, 중원의 명까지 개입시키는 국제전을 발화시켰다.

중세 이후 일본은 인구에서 항상 한반도에 비해 1.5~2배를 유지해왔다. 임진왜란 직전 조선은 600만~700만 명, 일본은 1,000만~1,200만 명, 명은 6,000만 명 정도로 추정된다. 근대 이전에 인구는 국력을 보여주는 수치였다. 당시 일본은 조선에 비해 국력 잠재력이 1.5~2배나 컸던데다, 100년간의 전국시대를 거치며 단련된 막강한 군사력을 갖추고 있었다. 당시 일본은 33만 명의 병력을 보유했다. 전쟁에 앞서 일시적으로 동원된 병력이 아니라, 상비군 수준의 병력이었다. 그에 비해 조선은 실제 병력이 6만 명에 그쳤다. 도요토미 히데요시가 임진왜란을 일으킨 이유 중 하나가 전국시대를 통일한 뒤 유동화된 이 군사력을 밖으로 돌리려는 것이었다. 당시 일본의 이런 병력은 조선은 물론이고 중원을 겨냥할 수 있는 수준이었다.

도요토미의 전국시대 통일에 앞서 일본은 서방 해양세력 진출의 직접적 영향을 받았다. 조총으로 상징되는 유럽의 군사력이 대표적이다. 또한 일본은 서방 해양세력과의 접촉으로 실질적인 혜택을 누렸다. 당시 대항해시대를 선도한 포르투갈, 스페인은 인도, 필리핀을 거쳐 일본에서도 활발한 선교 식민활동과 교역을 벌였다. 고려 말 조선 초까지 동아시아에서 극성을 부리던 왜구가 사라진 것은 서방 해양세력의 도래와 관련이 있다. 서방 해양세력들이 동아시아의 교역로를 통제하기 시작하면서, 일종의 무장 밀무역 세력인 왜구가 사라졌다. 도요토미도 지방 영주들을 통제해 왜구를 근절하려 노력했다. 서방 해양세력과의 무역을 통해 더 많은 이익을 규슈 등 남부의 영주들과 막부가 누릴 수 있었기 때문이기도 하다. 1500년대 초에 본격적으로 개발된 일본의 이와미 은광은 세계적인 은광이었다. 당시 은은 명 등에서 결제수단이었고, 일본은 막대한 은 생산량으로 국부를 축적할 수 있었다. 임진왜란의 군자금은 사실상 이 은에서 나왔다. 서방 해양세력과의 접촉은 무엇보다도 일본의 세계관을 바꾸었다. 동아시아의 중화 중심의 세계관에서 탈피하게 됐다. 중세 일본인이 생각하던 '전 세계'인 천축(인도를 뜻하나, 일본인은 동남아를 천축으로 인식했다), 진단(중국) 및 한반도, 본조(일본)를 모두 지배하려 했다. 이는 태평양전쟁 때 일본이 표방한 대동아공영권과 겹친다.[2]

도요토미가 임진왜란을 일으키면서 내건 '정명가도征明假'(명을 정복하기 위해 길을 내달라)는 결코 허언이 아니었다. 20만 명의 대병력으로 조선을 침략한 왜군이 파죽지세의 기세로 북상하며 평양까지 점령하자, 명은 이를 중대한 안보위협으로 간주할 수밖에 없었다. 평양 등 한반도 서북부가 적대세력에 의해 장악되면, 중원 안보의 사활이 걸린 완충지대인 요동·요서가 뚫리게 된다. 그러나 도요토미의 야망은 1년도 되지 않아 꺾이기 시작했다. 명의 참전과 조선 수군을 이끈 이순신의 활약, 그리고 북방 국경을 지키던 조선의 정예병들이 전쟁에 투입됐기 때문이다. 1593년 1월 조-명 연합군의 평양성 탈환은 임진왜란의 성격을 바꾸었다.

해양세력의 도래, 한반도 분할의 배경

도요토미의 일본은 한반도 남부에 교두보 확보로 전쟁의 목적을 바꾸었다. 일본과 명 사이에서 한반도 분할인 조선 4도 할양를 놓고 협상이 벌어졌다. 1592년 9월 일본의 고니시 유키나가小西行長가 평양 강화회담에서 명의 심유경沈惟敬에게 대동강변 분할선을 제안하며 한반도 분할론이 수면에 떠올랐다. 1593년 6월에는 도요토미 히데요시가 조선 8도 중 경기, 충청, 전라, 경상 등 남부의 4도를 일본에 할양하는 조선 분할안을 제안했다.

실제로 심유경은 일본군과 같이 도요토미의 본영에 들어가서 이 분할론을 수용했다. 도요토미는 명에 대해 명의 황녀를 일본의 후비로 보낼 것, 공식적인 양국 무역 재개, 조선 8도 중 4도 할양, 조선 왕자 및 대신 12인을 인질로 보낼 것을 요구했다. 심유경은 이를 수락했지만, 명의 조정에서 이를 수용하지 않으리라는 것을 알고는 거짓으로 보고했다. 조선 4도 할양 등의 내용보다는 일본이 명을 오히려 신하국으로 취급하는 내용들 때문이었다.

심유경은 도요토미를 일본 왕에 책봉하고 조공을 허락한다는 거짓 협상안을 보내 명의 조정에서 허락을 받았다. 명은 이에 바탕해 일본에 사신을 파견해 도요토미를 일본 왕에 봉한다는 책서를 전했다. 도요토미는 격분했다. 당연히 화의는 결렬됐고, 일본은 1597년 다시 조선을 침략하는 정유재란을 일으켰다. 다음해인 1598년 도요토미 사망에 따른 일본의 철수로 임진왜란은 종식됐다.

임진왜란은 동아시아 국제정세를 장기적으로 격변시켰다. 일본이 동아시아에서 독립적인 세력으로 부상했다. 일본은 중원세력이 주도하는 동아시아의 중화 질서에서 벗어난 세력으로 성장해갔다. 이는 한반도의 지정적 위상을 규정하는 새로운 세력의 등장이었다.

한반도는 대륙세력과 해양세력이 충돌하는 지점으로 변해갔다. 명과 일본의 한반도 분할협상은 대륙세력과 해양세력의 타협으로 볼 수 있다. 중원의 대륙세력은 안보 완충지로서 한반도 북부가, 해양세력은 대륙으로 나가는 교두보로서 한반도 남부가 필요했다. 임진왜란을 시작으로 등장한 한반도 분할은 그 후 중국, 러시아, 일본, 미국 등이 얽히며 수차례나 기도됐다. 결국 2차대전 뒤 서방 해양세력 미국과 유라시아 대륙세력 소련에 의해 분할되어 지금까지 이르고 있다.

또한 임진왜란은 중원의 세력교체를 불렀다. 명과 조선에 의해 견제되던 만주 지역에서는 임진왜란으로 그 통제력이 느슨해지자, 여진족이 흥기했다. 명, 조선, 몽골에 의해 견제되며 분열됐던 여진족은 누르하치의 주도 아래 임진왜란을 틈타 재빨리 세력을 통일하며 부상했다. 1580년대부터 여진족 세력 규합에 나선 누르하치가 임진왜란 발발 직후 조선 조정에 도와줄 수 있다고 타진하며 여진족의 흥기를 예고했다. 1595년 함경도 등 북부 지역 도체찰사 류성룡은 여진족이 누르하치의 영도하에 급속히 통일됨에 따라 장차 화근이 되리라 예측했다. 임진왜란이 끝난 1599년 누르하치는 철 제련을 시작하고 여진 문자를 제정해, 여진족의 정체성을 확보했다. 누르하치는 여진뿐만 아니라 몽골세력도 규합해, 1606년에 몽골부족들로부터 유라시아 북방 초원 유목세력들의 최고지도자인 '한汗'(칸khan)의 칭호를 받았다. 누르하치는 1616년 후금 건국을 선포하고는 본격적으로 중원 제패에 나섰다.

17세기에 여진족의 흥기는 중원세력이 한반도를 놓고 반복했던 지정적인 원칙을 다시 극명하게 보여줬다. 여진은 중원 진출에 앞서 한반도라는 배후를 안정시키려 했고, 이는 여진의 조선 침략인 정묘호란과 병자호란이라는 두 차례의 전쟁을 불렀다. 누르하치의 후금과 명이 주도한 반누르하치 연합군이 본격적으로 충돌한 1619년 사르후전투에서 조선은 명의 요청에 따라 파병했다. 당시 조선 국왕 광해군은 파병하는 조선군에게 소극적 대응을 명하는 등 명과 후금 사이에서 균형외교를 추진하려 했다.

누르하치군의 포로가 된 파병 장수 강홍립은 자신들이 자발적으로 전투에 참여한 것이 아니라 임진왜란 당시 조선을 도운 명의 은혜를 갚기 위해 온 것이라고 변명했다. 누르하치도 조선을 적으로 돌리지 않는 것이 중원 진출에 유리하다고 판단했다. 그는 사르후전투 뒤 조선에 보낸 편지에서 "조선 너희의 군대가 대명국을 원조하여 나에게 온 후, 내가 생각하니 '조선의 군대가 바라서 온 것이 아니고, 대명국에 이기기 못하고, 왜국의 적을 물리쳐준 보은이라고 왔을 것이다'"라며 유화적 자세를 취했음을 《만주실록滿洲實錄》은 전한다.[3]

하지만 여진의 세력이 팽창하고 중원 진출이 임박하며 조선에 대한 압박은 커졌다. 조선에서도 권력교체가 일어나 여진과 조선의 관계는 파탄 난다. 1623년 광해군에 대한 반정으로 집권한 인조와 그 지지세력들은 임진왜란 때 조선을 도와서 다시 살게 한 '재조지은再造之恩'의 명에 대한 사대관계 회복을 명분으로 내세웠다. 이 무렵 후금에서는 1626년 명을 공격하던 영원성전투에서 누르하치가 전사하고 태종 홍타이지가 왕위를 이었다. 후금 입장에서는 이제 명과의 정면대결이 불가피했다. 그에 앞서 조선을 순치시켜야 했다.

인조 이후 조선은 향명배금向明排金 정책을 펼치며 실질적으로 후금을 위협했다. 인조는 명이 후금에 빼앗긴 요동을 수복하려고 보낸 모문룡毛文龍의 군대를 평북 철산의 가도에 주둔시키고 군사까지 원조했다. 결국 1627년 후금은 조선을 침략하는 정묘호란을 일으켰다. '전왕 광해군을 위하여 원수를 갚는다'는 명분을 내세웠다. 후금은 황주까지 진격한 뒤 조선에 먼저 화의를 교섭했다. 후금과 조선은 후금군의 즉시 철병, 철병 이후 압록강 월경 금지, 형제국 관계, 조선은 후금과 화약을 맺되 명과 적대하지 않는다는 것 등을 내용으로 하는 정묘조약을 맺었다. 사실상 전승국인 후금은 패전국 조선에 관대한 화의 조건을 허용했다. 후금에게 정묘호란의 최대 목적은 '반금 조-명 연합'을 깨기 위한 것이었음에도, 조선이 명과의 관계를 유지하는 것까지 묵인했다.

이는 후금에게 조선의 전략적 가치가 그만큼 컸기 때문이다. 후금은 명과의 결전을 위해 조선의 물자가 필요했고, 조선을 강압하는 데 군사력을 소비할 수 없었다. 역사에서 가정은 쓸데없지만, 조선이 후금과의 정묘조약에 따라 관계를 유지했다면, 더 큰 참화가 된 병자호란을 피할 수 있었을지 모른다. 조선에게 정묘조약은 명과 후금 사이에서 등거리 외교를 가능케 하는 명분과 현실을 제공했는데도 조선은 이를 활용하지 못했다.

홍타이지는 후금의 국호를 청으로 바꾸고 1636년 다시 조선을 침략한다. 이 병자호란은 조선에 대한 후금의 요구가 과도해진 데 직접적인 원인이 있기는 하다. 하지만 당시의 국제정세 변화를 모르고 명과의 사대관계라는 이상주의에 사로잡힌 인조 정권의 실책이 아닐 수 없다.

인조 정권은 청과의 대결 노선으로 기울면서도, 아무런 대책도 마련하지 않았다. 청과의 타협을 주장한 주화파 최명길은 조선이 정말로 청과 전쟁을 벌일 것이라면 인조가 직접 압록강가로 나아가 싸워야 한다고 주장했다. 그래야 지더라도 피해를 최소화하고, 유리한 강화를 맺을 수 있다는 논지였다.

인조 조정은 최명길의 이런 대책을 실행할 의지도 없으면서 결사항전만 주장하다가, 강화도도 가지 못하고 남한산성에 들어간 것이 고작이다. 남한산성에서 벌어진 그 후의 경과는 최근 소설과 영화 등으로 이제 대중에게 잘 알려졌다.

조선을 제압한 청은 결국 1644년 만리장성을 넘어 베이징에 입성함으로써 중원 제패를 달성했다. 이로써 임진왜란으로 촉발된 동아시아의 세력 변화는 일단락됐다. 한반도는 다시 청이 주도하는 중원 체제에 들어갔다.

동아시아의 지정 질서는 다시 안정에 들어갔으나, 이미 아시아에 도래한 서방 해양세력은 에너지를 축적하고 있었다. 200년이 지나서 그 에너지는 한반도를 포함한 동아시아 전체에 지정 질서의 거대한 변화를 일으켰다.

1500년대부터 동아시아로 도래했던 서방 해양세력이 1800년대 중엽이 돼서야 동아시아 지정 질서를 본격적으로 바꾸어놓은 것은 청이 다시 구축한 중화 체제 질서가 그만큼 견고했기 때문이다. 청은 중국 역대 왕조 중 실효적으로 지배하는 가장 넓은 영토를 구축하는 등 당시 세계 최대의 제국이었다. 서방 해양세력은 인도나 동남아 등은 식민화했지만, 청에게는 교역을 허락받는 '시혜'를 받을 수 있을 뿐이었다. 한반도의 조선은 청이 주도하는 이런 중화 체제의 중요한 구성원이었기 때문에, 서방 해양세력의 직접적 도래를 오랫동안 회피할 수 있었다. 서방 해양세력은 중화 체제에서 비껴나 있던 일본에 대해서만 제한된 접촉과 교류를 할 수 있었다.

서방 해양세력은 1700년대 말 영국의 산업혁명으로 비로소 청에 맞설 수 있는 군사력을 개발하기 시작했다. 그제야 영국 등은 중국을 상대로 자신들에게 유리한 교역 조건 등을 강제할 수 있게 됐다. 1840년 아편전쟁은 그 시작이었다. 그렇지만 중화 질서가 유럽 열강에 의해 당장 해체되기 시작한 것은 아니었다. 유럽 열강에게도 중화 질서는 유용했다. 예를 들어 당시 안남이라고 불린 베트남이나 한반도의 조선과 무역을 하고 싶으면 먼저 청과 이야기한다. 그러면 일이 수월해진다. 유럽 열강에게 중화 질서의 조공 체제는 교역 범위를 안정적으로 넓힐 수 있는 좋은 수단이었다. 1880년대까지 중국은 조공 체제하에서 각국의 관계를 중재하면서 동아시아에 진출하는 열강을 안심시켰다.[4]

1854년 일본이 개항해 중화 체제에서 완전히 독립된 세력으로 성장하고, 그즈음 러시아가 동아시아에서 남하를 시도했다. 동아시아에서 축적되던 지정적 동력은 지정 질서를 변화시키는 지진으로 표출되기 시작했다. 한반도는 그 지진의 진앙지가 됐다.(1부 4장 중 〈그레이트 게임이 지연시킨 조선 개항〉 등 참조)

한반도, 서방 해양세력과 유라시아 대륙세력의 충돌점이 되다

조선이 일본과의 강화도조약으로 개항을 하고 9개월 뒤인 1877년 3월. 이노우에 가오루는 미덥지가 않았다. 그는 지필을 챙겼다. 강화도조약의 조선 협상대표 신헌에게 직접 편지를 썼다.

현재 세계정세를 볼 때 조선을 위해 말하지 않을 수 없는 것이 있다… 북쪽에 한 물건이 있는데 그 세력이 심히 맹렬하고 집어삼키려는 기세가 날로 높아가고 있는 것은 신헌이 잘 알고 있는 일이다… 오늘날의 계책은 각국의 형세를 반드시 통달해 독립 방법을 세우고 동맹을 많이 체결해서 세계 내의 권형[세력균형]을 유지해야 한다. 만일 그러지 못하면 고립되어 그 화가 뒤를 이을 것이다.[5]

일본 유신세력의 핵심 중 한 명이자, 조선 주재 초대 일본공사가 되는 이노우에가 말한 "북쪽에 있는 한 물건"은 러시아였다. 이노우에는 일본의 특명전권부사로 조선에 파견되어 조선을 개항시킨 강화도조약 체결을 주도한 터였다.

강화도조약 3개월 뒤인 1876년 6월 김기수가 조선의 수신사로 일본을 방문했다. 이노우에는 김기수를 위한 환영 만찬뿐만 아니라, 자택 초청 만찬 등으로 그를 챙겼다. 이노우에는 김기수를 만날 때마다 러시아의 위험을 강조했다. 일찌감치 강화도조약 체결 회담에서부터 일본 측은 러시아 문제를 거론했다. 조선 쪽 대표 신헌이 일본 통역관들에게 일본이 교린하고 있는 국가 중 가장 강한 국가가 어디냐고 묻자, 그들은 러시아라면서 모든 나라들이 러시아를 꺼린다고 답했다. 이노우에도 회담에서 러시아의 위협을 강조한 터였는데, 강화도조약 체결 뒤 수신사로 김기수가 방일하자, 이를 재차 강조한 것이다. 그러나 김기수는 이노우에의 말을 건성으로 들었다. 이해를 못했기 때문이다. 실제로 김기수는 귀국 뒤 고종이 수신사활동에 대해 묻자 거의 답변을 하지 못했다.

결국 1877년 3월 이노우에는 김기수가 귀국 후 모든 것을 일일이 보고했으리라 여기지만 안심할 수 없다며 신헌에게 직접 서한을 보낸 것이다. 김기수 개인의 무능과 한계가 아니었다. 갑자기 낯선 세상에 들어간 조선의 한계였다. 조선을 개항시킨 일본에 의한 강화도조약과 "수신사 파견의 가장 큰 국제정치적 의미는 조선이 영국과 러시아가 세계적인 규모로 대치하던 세계정치 판도에서 영국의 세력범위 지역에 들어가기 시작했다는 점이다. 일본은 러시아의 남하에 대해 그 어느 국가보다 저항하지 않을 수 없는 처지였다. 이런 점에서 영국과 일본의 기본적인 국제정치적 입장은 같은 노선에 있었다. 이런 배경에서 메이지 일본이 조선과 처음으로 접촉했던 강화도 회담에서부터 러시아 문제가 거론됐다."[6]

이노우에의 우려처럼 한반도는 영국과 러시아가 유라시아 대륙 전역에서 대치하고 충돌하던 세계정치 판도에서 그레이트 게임의 마지막 무대가 됐다. 한반도는 청일전쟁에 이어 러일전쟁의 무대가 됐다.

러일전쟁은 단순히 러시아와 일본이 조선을 놓고 겨룬 전쟁이 아니다. 동아시아를 찾은 서방 해양세력의 선두주자인 영국은 청과 그 영향권에 있는 주변국들을 직접 점령해 식민지화할 계산이 없었다. 중앙집권적 관료 체제가 구축된 방대한 중국을 점령해 직할통치하는 것은 불가능했다. 우월한 무역경쟁력과 군사력을 가진 영국으로서는 청을 강압해 유리하게 교역을 하는 것이 이익이었다.

하지만 러시아의 남하는 영국의 이런 대중국 접근책을 심각하게 위협했다. 러시아는 부동항 확보 등 영토적 야망을 가지고 있었다. 19세기 말 극동까지 온 러시아가 만주로 세력을 넓히며 한반도를 통해 남하를 시도하자, 서방 해양세력 영국 대 유라시아 대륙세력 러시아의 대결은 본격적으로 벌어졌다. 이는 영국과 이해관계를 같이하는 일본을 자극했다.

일본은 남하하는 러시아를 최대의 위협세력으로 봤고, 이를 선제적으로 저지하려면 한반도로 먼저 진출해야 했다. 일본에서는 근대화의 아버지인 후쿠자와 유키치福澤諭吉가 〈시사신보時事新報〉에 실린 1885년 3월 16일자 사설에서 '탈아론脫亞論'을 발표했다. 영국 등 서방 해양세력권으로의 완전한 편입을 통해 동아시아의 패권 지분을 공유하자는 논리였다.

후쿠자와는 "우리 이웃 나라는 지나와 조선 정도다… 내가 보기에 이두 나라는 서구 문명이 동쪽으로 전진하는 가운데 독립을 유지할 수 있는 길이 없다… 그 국토는 세계 문명국에 의해 분할될 것이다… 서양의 문명국과 진퇴를 같이하고, 지나와 조선을 대하는 방법도 이웃 나라임을 고려해서 특별히 대하는 것이 아닌, 서양인이 그들을 대하는 것처럼 대하면 된다"고 주장했다.[7]

후쿠자와 유키치의 이 탈아론은 조선과 청을 침략하자는 것이었다. 이는 당시 일본의 조선 진출이 심각하게 제지되면서 등장했다. 4개월 전인 1884년 12월 조선에서는 일본의 후원을 받는 김옥균 등 개화파가 갑신정변을 일으킨 바 있었다. 하지만 갑신정변은 청에 의해 진압돼 '삼일천하'로 끝났다. 후쿠자와가 이 사설을 쓴 직후인 1884년 4월 청과 일본은 톈진조약을 맺어 조선에서 군대를 철수하고, 출병할 때는 서로 통고하기로 결정했다.

일본의 조선 진출은 저지됐고, 조선에서는 여전히 청이 우월한 세력을 보유하고 있음을 보여줬다. 당시 청은 이홍장의 주도로 개혁을 통한 부국강병책을 추진하며, 단호하고 강경한 대외정책으로 선회하고 있었다. 1881년 신장에서 일어난 야쿠브 베그 주도의 이슬람교도 봉기를 진압하고, 러시아의 개입을 차단했다. 또한 이홍장은 1881년 조선과 안남 정책을 자신의 직접 관할로 바꾸었다. 1882년 조선의 임오군란을 진압해 대원군을 청으로 연행하고, 조선의 조정을 친청파로 물갈이했다. 원세개袁世凱가 '주차조선총리'라는 직함으로 조선에 파견돼, 청은 조선을 직할통치의 전 단계로까지 밀고 갔다.

일본은 청의 이런 영향력 회복에 초조했다. 당시 일본 육군의 수뇌부인 야마가타 아리모토山縣有朋 등은 청의 영향력 회복을 일찌감치 주시했다. 그는 1880년 11월 이웃 국가들의 국방력을 고찰하는 '진인방병비약표進隣邦兵備略表'를 메이지 천황에게 올려, 중국이 개항 이후 겪는 많은 난제를 해결하고 이홍장의 주도로 군비를 확장하고 있다고 경고했다. 러시아가 남하하는 상황에서 조선도 청의 영향권으로 돌아가면, 일본은 고립될 수 있다는 위기감에 따른 것이었다. 야마가타는 1889년 6월 유럽 순방에서 로렌츠 폰 슈타인Lorenz Von Stein 빈 대학 정치경제학 교수를 만나 일본의 안보위기와 그 대책을 들었다. 두 사람은 당시 러시아가 건설하던 시베리아철도가 블라디보스토크까지 연결되면, 일본의 안보가 위험해질 것이라는 데 동의했다. 특히 슈타인은 러시아가 조선을 점령하려고 할 때 시베리아철도를 통해 아시아에 대규모 해군을 배치할 수 있다고 예측했다. 러시아가 남하해 한반도 동쪽 원산 일대에 해군기지를 건설하면 일본에게 큰 문제가 된다는 경고였다.

야마가타는 "조선을 중국으로부터 완전히 떼어놓아 자주독립국으로 만들고, 이를 통해 구주의 한 강국이 조선을 차지하지 않도록 하는 것"이 일본의 전략이라고 생각했다. 슈타인은 주권이 미치는 국토의 범위인 '주권선', 그 국토의 존망이 관계되는 외국의 상태인 '이익선' 개념을 제시하며, 일본의 대조선 전략을 제의했다. 그는 조선을 중립국으로 두는 것이 일본의 이익선이 된다고 말했다. 즉 조선을 즉시 점령할 필요가 없고, 스위스나 벨기에, 수에즈운하처럼 조선을 중립국으로 두는 것에 대해 영국, 러시아, 독일, 프랑스 등의 승인을 받으면 된다고 조언했다. 이는 영국 등의 힘을 빌려서 조선을 중립화하면, 러시아를 막을 수 있다는 의미였다.[8]

야마가타는 귀국한 다음해인 1890년 총리대신이 된다. 그의 머릿속에 들어온 한반도가 들어가는 이익선은 그 후 일본이 청일전쟁, 러일전쟁, 만주사변, 중일전쟁, 태평양전쟁, 그리고 현재 방위력 확충으로 가는 지도의 밑그림이 됐다.

영국을 대리한 일본의 전쟁, 청일전쟁과 러일전쟁

1894년 조선에서는 동학농민운동이 일어나 6월 최고조에 달했다. 조선의 조정은 청에 출병을 요구했다. 이에 청은 텐진조약에 따라 일본에도 통보했고, 일본도 신속히 출병했다. 청과 일본 모두가 출병하며 외국의 간섭이 우려되자, 조선 조정은 동학농민군의 요구를 거의 받아들였고 봉기는 급속히 진정됐다. 일본은 조선 조정과 농민군의 합의 하루 전에 서울에 병력을 입성시키는 놀라운 작전을 벌였다.

봉기가 진정되었으니 청과 일본의 병력은 철수해야 했으나, 일본은 청에 조선의 개혁을 요구하자고 제안했다. 청은 양국 군대가 함께 철수해야 한다고 맞섰다. 청과 일본이 조선에서 대치하던 7월 16일 영국은 일본과 영일통상항해조약을 맺었다. 영일동맹으로 가는 첫 단추였다. 이는 일본이 전쟁을 하고 싶으면 해도 된다는 메시지였다.

그때까지 영국은 조선을 두고 청과 일본이 대립하면 러시아의 남하가 더 수월해질 것으로 우려했다. 그러나 영국은 러시아와 협상을 진행하면서 아무것도 할 수 없는 청의 실체를 파악했다. 일본을 지지함으로써 러시아의 남하에 대항하기로 결정한 것이다. 일본의 관세자주권과 치외법권 개정 요구에도 응해줬다. 이에 맞서 청은 러시아의 대리자가 됐다. 이홍장은 청일전쟁 이전에도, 이후에도 러시아에 접근하는 정책을 고수했다.[9]

영일조약 체결 직후인 7월 말 청일전쟁이 발발해 8월 1일 정식으로 선전포고가 나왔다. 한반도에서 발화되어, 만주의 랴오둥반도, 대만까지 번지며 9개월 동안 진행된 청일전쟁에서 일본은 완승했다.

청일전쟁은 영국과 러시아가 배후에 있던 대리전이었다. 일본의 승리로 체결된 시모노세키조약은 일본의 배후에 있던 영국의 이익 챙기기를 잘 보여준다. 일본은 랴오둥반도와 대만을 할양받고, 중국은 양쯔강변에 있는 쑤저우, 사스, 충칭 및 항저우를 추가 개방하기로 했다. 중국 중부의 양쯔강 지역은 영국의 세력권이었다. 랴오둥반도는 베이징의 울타리이고 서해의 제해권과 관련된 요충이다.

일본에게 랴오둥반도 장악은 중국 내에서 열강 사이의 세력균형을 바꿀 사안이었다. 무엇보다도 러시아의 만주 진출에 장애였다. 그러자 러시아는 프랑스 및 독일과 함께 일본에 압력을 행사하는 삼국간섭을 주도해 랴오둥반도를 청에 다시 돌려주게 했다.

러시아에 대한 일본의 절치부심은 증폭됐다. 랴오둥반도 반환으로 늘어난 전쟁배상금 3억 6,000만 엔(당시 일본 정부의 1년 예산은 1억 엔)의 60%는 러시아를 겨냥한 군비확충에 돌려졌다. 일본은 청일전쟁에서 승리했음에도 조선에서 지위가 다시 불안해졌다. 삼국간섭을 주도한 러시아로 청과 조선이 밀착해갔다. 청일전쟁이 끝난 지 5개월 만인 1895년 10월, 친러파의 구심점이던 명성황후가 일본에 의해 잔혹하게 살해당하는 을미사변이 일어났다. 하지만 고종이 러시아공사관으로 피하는 아관파천으로 조선의 친러정권은 더 강화됐다.

청과 러시아는 1895년 6월 일본이 양국을 공격하면 서로 돕는다는 비밀조약인 '러청 방적상호원조조약'을 맺었다. 이 조약에서 청은 러시아에 헤이룽장성과 지린성을 통과해 블라디보스토크로 가는 중둥철도 부설권을 줬다. 만주 횡단철도를 러시아가 차지한 것이다. 러시아는 더 나아가 1898년 랴오둥반도의 뤼순과 다롄 조차권, 중둥철도의 남쪽지선(남만주철도) 부설권까지 따냈다. 일본이 반환했던 랴오둥반도뿐만 아니라 만주 전역을 러시아가 사실상 차지한 것이다. 러시아는 랴오둥반도의 부동항을 확보해 서해로 진출할 수 있게 됐다. 중원 지역을 통제할 위치인데다가, 대양으로 나가는 데는 동해 쪽 항구보다 더 양호한 조건이었다. 뒤이어 러시아는 1900년 청에서 일어난 의화단 사건을 핑계로 헤이룽강 연안 지역을 점령하고, 만주에 대규모 병력을 주둔하기까지 했다. 러시아와 청의 관계는 틀어지기 시작했다.

영국은 이를 보고는 1902년 1월 일본과 동맹을 체결했다. 남아프리카의 보어전쟁에서 고전하던 영국은 유라시아 대륙 반대편까지 지상군을 전개하기 힘들자, 러시아 저지의 임무에 일본을 동참시킨 것이다. 일본은 러시아가 한반도보다는 만주에 관심이 많아서, 한반도를 우선시하는 자신들과 타협이 가능할 것으로 생각했다.

그런데 러시아는 궁정 내 세력이 교체되면서 갑자기 한반도에 대한 관심을 증폭시켰다. 사업가 출신의 알렉산드르 미하일로비치 베조브라조프Aleksandr Mikhailovich Bezobrazov 일파가 1903년 10월 궁정 권력을 장악했다. 시베리아 철도 프로젝트를 추진하는 베조브라조프는 극동 총독으로 임명됐다. 그는 일본이 가장 중히 여기는 한반도에 가장 적극적 야망을 보였다.

당시 경제적으로 어려웠던 러시아에게 중둥철도 및 뤼순으로 연결되는 남만주철도는 큰 부담이었다. 베조브라조프는 한반도를 차지하면 남만주철도를 연결하지 않고도 뤼순과 다롄을 지킬 수 있다고 니콜라이 2세 황제를 설득했다. 일본은 러시아로부터 한반도에 대한 세력권을 인정받는 대신에 만주의 철도선에 대한 러시아의 세력권을 인정하는 타협안을 제시했다. '만한교환론'이다. 일본은 한반도를, 러시아는 만주를 세력범위로 정하는 것이었다.

러시아는 만주에 대해서는 일본이 논할 자격이 없고, 한반도에서 일본의 지위는 조건부로 승인하겠다고 역제안했다. 조건부 승인이란 러시아의 자유로운 대한해협 항해권을 인정하고, 한반도에서 북위 39도선 이북은 중립화하고 일본이 한국 영토를 군사적, 전략적으로 이용하지 말라는 것이었다. 한반도 분할 제안이었다. 39도선 분할은 임진왜란 때 일본이 청에 제안했던 대동강변 분할선과 겹친다. 이번에는 러시아가 일본에 제안한 것이다. 일본의 만한교환론에 러시아는 한반도 분할론으로 대응한 것이다.

이에 일본은 '만주 문호개방'을 명분으로 내세우며, 러시아에 대한 전쟁 명분을 축적하기 시작했다. 만주에 더 큰 관심을 가진 미국과 영국의 도움을 끌어들이기 위해서였다. 미국과 영국은 만주가 완전히 러시아에게 점령되면 베이징 등 화북 지역도 위험해질 것이라고 우려했다. 일본은 만주를 러시아의 손아귀에서 빼앗는 대리전쟁을 치러주겠다고 영국과 미국에게 시사한 것이다.

청일전쟁 전에 영국이 일본과 통상항해조약을 맺어 지원한 것과 같은 비슷한 조처를 미국이 취해줬다. 1903년 10월 미국은 일본과 동시에 청에 대한 통상조약 개정을 발표했다. 미국과 일본은 청을 동시에 압박해, 더 많은 도시들의 개방을 촉구했다. 거기에는 만주의 도시들도 포함됐다. 만주에서 러시아를 몰아내면 만주가 개방될 것임을 세계에 알린 것이다. 러시아와 관계가 틀어진 청도 일본을 간접적으로 지원했다.

프랑스와 독일은 러시아를 지원했다. 프랑스는 만주철도에 투자했기 때문이다. 독일은 유럽에서 팽창하려면 러시아의 관심을 극동으로 돌려야 했다. 본질은 한반도였으나 명분은 만주로 내건 영국–미국–일본 대 러시아–프랑스–독일의 전선이 형성됐다. 주전 선수는 일본과 러시아였다.

1904년 2월 8일 일본은 뤼순의 러시아 극동함대를 기습공격하고는 세 시간 뒤에야 선전포고를 했다. 러시아는 일본의 전쟁 의지를 믿지 못하다가 8일이 지나서야 선전포고를 했다. 1년 반 동안 한반도와 주변 해역, 만주에서 벌어진 러일전쟁은 그 규모가 청일전쟁의 10배였다. 제국주의 전쟁으로서는 크림전쟁에 버금가는 규모였다.(1부 4장 중 〈조선, 그레이트 게임의 마지막 무대가 되다〉 참조)

러일전쟁이 벌어진 한반도는 영국과 러시아가 유라시아 대륙의 패권을 다툰 1차 그레이트 게임의 종료 무대가 됐다. 그 결과 한반도는 영국 등 서방 해양세력을 대신해 전쟁을 치른 일본에게 대가로 지불됐다. 러일전쟁 뒤 체결된 포츠머스조약에서 러시아는 "일본이 한국에서 정치·군사 및 경제적인 탁월한 이익을 갖는 것을 승인"했다. 청일전쟁 뒤 시모노세키조약에서 "완전무결한 자주독립의 나라"라던 조선이 일본의 탁월한 이익을 점하는 대상으로 바뀐 것이다. 한반도는 일본의 식민지가 되는 과정으로 들어섰고, 이는 1910년의 경술국치로 이어졌다.

동아시아의 세력공백을 메운 일본, 제국이 되다

1914년 발발한 1차세계대전은 동아시아의 불안정한 세력균형을 더욱 흔들었다. 1차대전 동안 유럽 열강이 유럽에서 사투를 벌였고, 전쟁 뒤 독일이 패망하고 러시아가 몰락했다. 동아시아에 작용하던 유럽 열강의 세력에 1차대전으로 공백이 생기자, 일본이 그 공백을 메워갔다.

1914년 7월 28일 1차대전이 발발하자 일본은 영일동맹을 내세워 참전의사를 밝혔다. 일본은 산둥반도의 조차지 등 중국을 비롯한 아시아 태평양 지역에서 독일이 가진 이권을 노린 것이다. 영국도 이를 알고는 거부하다가, 일본의 완강한 요구에 결국 동의했다. 그러나 군사행동의 범위를 독일 조차지인 산둥반도의 자오저우만 밖으로 확대하지 않는다는 조건을 붙였다. 특히 태평양에 미치지 않는다고 선언하라고 요구하고는 일방적으로 발표해버렸다.

영국은 일본의 중국 진출 확대가 중국의 반발을 유발할 뿐 아니라 중국 내 자신들의 이익도 위협할 것으로 내다봤다. 또한 독일의 남태평양 섬들을 일본이 차지하면, 그 남쪽의 오스트레일리아 등 영연방 국가들에게도 위협이 됐다. 태평양을 자신들의 바다로 만들려 하던 미국에게도 일본의 남태평양 섬 장악은 큰 위협이었다.

일본은 독일에 선전포고를 하고는 신속하게 산둥반도를 점령하고 더 나아가 남태평양에서 독일의 소유이던 마리아나제도, 마셜제도, 캐롤라인제도, 팔라우제도 등 남양군도를 점령했다. 청일전쟁에서 대만과 펑후제도를, 러일전쟁에서 랴오둥반도 일대 및 만주철도들을 차지하고, 1910년에는 한반도를 합병한 데 이어, 1차대전에서는 산둥반도의 독일 이권 및 적도 이북의 독일령 남양군도를 차근차근 얻어나갔다.

일본은 유라시아 대륙의 환태평양 지역을 장악한 제국으로 부상했다. 일본이 점령한 지역은 모두 대륙과 대양이 만나는 곳으로, 양쪽으로 모두 진출하는 관문 지역들이었다. 일본은 특히 자오지철도 등 산둥반도 일대를 확보함으로써 중원을 위협하는 최대 세력이 됐다. 랴오둥반도와 함께 산둥반도는 베이징 일대를 육지와 바다에서 감싸고 있다. 한반도에서 만주를 거쳐 베이징으로 가는 철도, 산둥반도에서 북쪽으로 베이징으로 연결되는 자오지철도는 일본으로 하여금 화북 지역 장악을 용이하게 만들었다.

일본의 이런 진출은 모두 전략적 관점에 따른 것이었다. 자신들의 안전보장과 추가적 진출에 결정적인 지역들이다. 교역과 선교 등이 먼저였던 서방과는 달리, 일본은 철저히 안전보장을 최우선시해 군부와 국가가 앞장서 식민지를 획득했다.

1차대전 종전협상이던 파리 강화회의에서 일본은 산둥반도를 중국에 반환하라는 서방 국가들의 압력에 맞서, 결국 전리품들을 대부분 지켜냈다. 이는 일본과 미·영의 관계를 더욱 소원하게 만들었다. 이 와중에서 1919년 한국에서 일어난 3·1운동은 일본에 대한 미국 쪽의 비판을 더욱 거세게 했다.

일본이 한반도는 물론이고 만주의 요동·요서까지 장악하자, 고대 이후 동아시아의 지정학 원칙이 다시 작동하기 시작했다. 중원으로의 진출이다. 일본은 자신들의 이권인 남만주철도를 위한 철도수비대 주둔, 남만주철도의 간선과 지선 부설권 등을 놓고 중국과 마찰을 빚었다. 일본 내에서는 러일전쟁에서 '20만 명의 영령과 20억 엔의 자재'를 들여 획득한 만주라는 말이 무성했다. 2차대전 직전 외상이었던 마쓰오카 요스케松岡洋右는 1930년 의원 시절 "만몽滿蒙은 우리나라의 생명선이다"

라는 유명한 말을 했다. 이를 계기로 일본에서는 '만몽'이라는 말이 정착됐다. 만몽이란 남만주와 동부 내몽골을 합친 지역이다. 두만강변의 훈춘에서 몽골인민공화국까지 직선을 그어, 그 아래의 지역이다. 러일전쟁 뒤 일본과 러시아는 이 직선 남쪽의 남만주는 일본, 북쪽의 북만주는 러시아의 영향권으로 나눴다.

일본은 만몽선을 이익선에서 주권선으로까지 격상한 것이다. 일본 육군 관동군 내에서는 참모 이시와라 간지石原莞爾가 이미 1929년부터 만주를 무력으로 완전히 장악할 계략을 세우고 있었다. 1931년 9월 19일 관동군은 일본의 남만주철도 선로 일부를 스스로 폭파하고는 중국 소행으로 몰아붙여 중국을 공격하는 만주사변을 일으켰다. 만주 군벌 장쉐량張學良이 11만의 병력을 이끌고 베이징으로 가도록 유도한 뒤 장쉐량의 사령부인 펑톈을 단숨에 점령했다.

만주사변을 시작으로 일본은 본격적인 대륙 진출을 시작해 1937년 중일전쟁, 1941년 태평양전쟁을 도발했다. 일본이 서방 해양세력의 원조들인 미국과 영국에 맞서는 2차대전까지 벌인 것은 유라시아 대륙세력의 일시적 퇴조에 따른 동아시아의 세력공백이 빚은 결과이다. 러시아가 몰락해 소련이 국제 체제에서 일시적으로 철수하고 중국이 약화되자, 일본은 동아시아와 태평양을 자신의 세력권으로 확장하려다 미·영과도 충돌한 것이다.

대륙세력과 해양세력의 타협으로 한반도 분할이 현실화되다

2차대전을 거치며 소련이 부상하고 중국이 다시 통일되자, 유라시아 대륙세력과 서방 해양세력의 관계는 다시 정립됐다. 동아시아에서는 그 결과가 한반도의 분할로 나타났다. 그리고 미·영과 일본의 관계도 정렬됐다. 일본은 동아시아에서 이 유라시아 대륙세력의 남하와 태평양 진출을 막는 미국의 동맹국으로 다시 부활했다.

한반도는 다시 러일전쟁 때처럼 남하하는 유라시아 대륙세력과 이를 막으려는 서방 해양세력의 충돌점이 됐다. 한국전쟁은 북한 김일성 정권의 모험주의 노선에 의해 촉발됐으나, 당시 동아시아에서 소련과 중국이라는 유라시아 대륙세력의 급속한 팽창을 배경으로 한다. 한국전쟁이 일어나자 일본에 주둔했던 미군은 한국으로 즉각 투입됐고, 일본은 후방기지 역할을 했다. 한국전쟁은 한국이 유라시아 동부에서 미국 등 서방 해양세력의 전초기지, 일본은 그 주요기지임을 보여줬다.

만주의 요동·요서 지역과 접경한 한반도의 서북부 지역, 즉 평안도 지역이 적대세력인 미군에 의해 장악되자, 중국의 지도자 마오쩌둥은 '입술이 없어지면 이가 시리다'는 뜻의 '순망치한脣亡齒寒'을 말하면서 즉각 출병을 결정했다. 인민해방군이 한반도로 파병되어, 미군을 다시 38선 이남으로 격퇴시켰다. 중국에게 한반도가 갖는 전략적 가치를 여실히 보여줬다. 중국의 한국전쟁 참전은 한반도에 대한 중국의 세 번째 출병이었다. 임진왜란 이후 대륙세력과 해양세력이 한반도를 놓고 분할을 논의하던 북위 39도선이 돌파되자, 한국전쟁은 대대적인 국제전으로 비화한 것이다.

미국의 헨리 키신저는 이를 놓고 더글러스 맥아더 당시 미군 사령관이 한반도의 지정학적 역사를 무시하고 군사적 승리만을 추구한 결과라고 비판하고 있다.

최선의 결정은 중국 국경에서 100마일 정도 떨어진 한반도의 병목지점까지 진군하는 것이었다. 이는 한반도 인구의 90%뿐만 아니라 북한의 수도인

평양까지도 포함하는 방어선이 되었을 것이다. 또, 중국에 도전하지 않고도 정치적 승리를 거둘 수 있었다. 맥아더는 똑똑한 전략가였지만, 민감한 정치 분석가는 아니었다. 맥아더는 한국을 통로로 했던 일본의 만주 침략에 대한 중국의 역사적 기억을 무시하고는 압록강의 중국 국경까지 압박했다. 맥아더가 인천에서 예상하지 못했던 성공을 거두자, 트루먼도 이를 묵인했다. 현상 유지와 완승 사이의 중간지대를 저버림으로써, 트루먼은 한반도 병목지점의 지리적, 인구적인 이점도 포기한 것이다. 트루먼은 중국 국경에서 상당한 거리로 떨어진 100마일 길이의 방어선을 중국 공산세력이 밀집한 곳과 바로 접한 400마일 전선의 방어 필요성과 맞바꿔버린 것이다.[10]

미군이 평안도의 안주와 함경도의 함흥을 잇는 선까지만 진군했다면, 중국의 참전은 없었을 것이라는 지적이다.

한국전쟁은 냉전이라 불린 두 번째 그레이트 게임, 즉 중-소 사회주의권 블록인 유라시아 대륙세력 대 미국 주도 서방 해양세력의 대결이 처음 전면적인 국제전으로 비화된 사건이다. 영국과 러시아의 첫 번째 그레이트 게임에서 한반도가 그 종료 무대가 된 것에 비해, 두 번째 그레이트 게임에서 한반도는 그 서막을 열었다. 분단된 한반도는 분단된 독일과 함께 유라시아 대륙 동서쪽에서 두 번째 그레이트 게임의 최전방 충돌점이 됐다. 2차 그레이트 게임은 독일에서 종료됐다. 베를린장벽 붕괴에 이은 독일의 통일은 동유럽에서 소련의 전면 퇴각으로 이어졌고, 결국 소련 붕괴로 귀결됐다. 유라시아 대륙 서쪽에서는 소련의 붕괴로 유라시아 대륙세력의 전면 퇴각이 있었으나, 유라시아 대륙 동쪽은 사정이 달랐다.

사회주의권 붕괴에도 건재한 중국이 부상하기 시작했다. 북한은 소련의 붕괴에 따른 사회주의권 해체 앞에서 자구책으로 핵 개발에 나섰다. 독일과 동유럽 등 유라시아 대륙 서쪽은 완전히 서방 해양세력의 세력권으로 편입됐지만, 그 동쪽은 세 번째 그레이트 게임의 주요 무대로 변할 잠재력을 키워갔다.

한반도가 중국에 주는 지정적 가치

세계지도를 펴보자. 미국과 중국이 패권을 겨루는 세 번째 그레이트 게임인 G2 시대의 지정학을 한반도를 중심으로 살펴보기 위해서다.

유라시아 대륙, 그중에서도 동쪽 절반에 해당하는 아시아를 보자. 중국과 러시아의 존재가 압도적이다. 유라시아 대륙 동쪽에서 현재 세계의 패권국가인 미국의 군사력 등 영향력은 이 대륙에 직접 발을 붙이기보다는 주로 환태평양 도서 지역을 따라 전개된다. 미군은 일본 본토와 오키나와 등 일본열도를 따라서 괌까지 점점이 배치되어 주둔한다.

예외가 있다. 한국이다. 한국은 유라시아 대륙 동반부에서 압도적인 존재감을 갖는 중국과 러시아의 영향권에서 벗어나 있는 반도이다. 그리고 미군의 정규 지상군이 이 거대한 유라시아 대륙에서 유일하게 직접 발을 딛고 있는 곳이다. 이는 무엇을 말하는가?

바다를 두고 격리된 섬과, 대륙과 직접 연결된 반도는 본질적으로 지정적인 차이가 크다. 바다로 둘러싸인 섬은 공격보다는 방어에 유리하다. 전쟁이 끊이지 않았던 유럽에서 영국이 한 번도 외침에 굴복하지 않았고, 아시아의 북방 유목민족들이 끊임없이 남하하던 동아시아에서 일본이 안전했던 것이 이를 증명한다. 대양을 사이에 둔 미국은 그 군사력이 아니라도 외부로부터의 침략이 사실상 원천적으로 불가능하다.

그래서 섬에 주둔한 군사력은 공격적이라기보다는 방어적이다. 일본열도나 괌 등에 주둔한 미군은 기본적으로 공격전력이라기보다는 방어전력이다. 과거 소련이나 현재의 중국이 태평양으로 진출하는 것을 막는 봉쇄전력이다. 하지만 유라시아 대륙에 직접 연결되는 한반도의 남쪽에 주둔한 미군은 그 성격이 다르다.

한국은 세계의 패권국가 미국이 유라시아 대륙 동쪽에서 군사력을 전개하려 할 때 이용할 수 있는 유일한 교두보이자 전략적 전초기지이다. 한국과 이곳에 주둔하는 주한미군 등 군사력은 중국과 러시아에게는 유사시에 자신들을 직접 위협할 수 있는 공격 발진지이자 공격전력이다. 환태평양 지역의 섬들과 태평양에 전개된 미군전력은 한국을 거치면서 방어전력에서 공격전력으로 전환될 수 있다. 주한미군은 2만 5,000여 명 내외로, 주일본 미군 3만 9,000여 명, 주독일 미군 3만 5,000여 명에 이어 해외주둔 미군 규모 중 3위이다.[11] 이는 한국의 전략적 가치가 미국에게 3위라는 것을 말해준다.

다시 세계지도로 눈을 돌려보자. 중국과 그 접경국가를 보자. 중국은 14개 국가와 접경하고 있다. 이 14개 국가들이 중국을 남쪽, 북쪽, 서쪽에서 감싸고 있다. 이 나라들 중 중국이 건국 이래 항구적 우호관계를 지켜온 나라가 있는지 보자. 중국은 현재 접경국가들 쪽으로 경제적 영향력을 확장하고 있으나, 이 국가들과 역사적으로는 갈등관계이다. 또한 현재 중국의 팽창은 이 국가들 내에서 반중 정서를 키우고 있다. (5부 21장 중 〈역사적으로 비우호 국가에 둘러싸인 중국〉 참조)

사실상 중국은 영토의 삼면이 적대관계 내지 긴장관계의 국가들과 접경하고 있을 뿐 아니라, 영해도 적대세력에 의해 가로막혀 있다. 중국의 연안인 남중국해와 동중국해를 감싸는 일본 본토와 오키나와 등 일본열도, 필리핀, 괌으로 이어지는 환태평양 지대의 섬들에는 막강한 미국의 군사력이 주둔하고 있다. 중국 입장에서는 동서남북 사면이 비우호 국가와 세력들로 둘러싸여 봉쇄되고 있다는 현실 인식을 가질 수밖에 없다.

이런 중국과 유일하게 일관된 우호관계를 맺어온 접경국가가 있다. 북한이다. 중국과 북한의 지도부는 건국 과정에서 반일 공동투쟁을 벌인 사회주의 혈맹관계로 맺어졌다. 두 나라가 건국 이후 갈등이 없었던 것은 아니나, 기본적인 혈맹관계를 유지하고 있다. 한국전쟁은 중국이 건국 이후 해외에 군대를 파병해 전쟁을 벌인 유일한 사례이다. 중국과 북한은 '조중 우호협력상호원조조약'으로 서로에게 유일하게 군사동맹을 맺고 있기도 하다. 더구나 북한은 미 군사력이 유라시아 대륙의 동반부에 직접 발을 붙이게 해주는 한국과 대치하는 나라이다. 중국 입장에서는 자신이 자리 잡은 유라시아 대륙 본토를 직접 겨냥할 수 있는 잠재적인 공격 교두보이자 전력인 한국과 주한미군에 맞서는 완충지대가 북한이다.

중국 입장에서는 북한의 전략적 가치가, 미국이 한국에서 찾는 전략적 가치보다 더 크다. 북한 지역이 미국 등 서방의 영향권에 들어간다면, 중국은 방어에 가장 취약한 지역을 노출하게 된다. 중국이 북쪽, 서쪽, 남쪽으로 접한 국경지대는 인구가 희박한 동토, 사막, 산맥, 밀림지대이다. 침공이 어려운데다 실익이 없는 자연 방벽으로 둘러싸인 지역이다. 하지만 중국과 북한의 접경은 인구와 산업시설이 많은데다 침공이 용이한 지역이다. 두 나라의 국경은 약 1,300킬로미터나 된다.

중국에게 북한의 상실이 야기할 수 있는 안보위협은 육지에서보다도 바다에서 더 크다. 중국에 우호적인 북한의 존재는 황해를 중국의 안전한 내해로 만드는 기반이다. 그런 북한이 미국 등 서방 해양세력의 영향력에 들어가면, 황해는 미국 등에게 수도 베이징 등 최대 인구밀집지역 및 산업지대를 완전히 노출시키는 무대가 된다. 이렇게 되면, 중국은 남중국해, 동중국해에 이어 황해마저도 서방 해양세력에게 봉쇄되며, 바다로 나가는 길이 자유롭지 않게 된다. 19세기 말 황해 연안의 한반도 및 랴오둥반도, 산둥반도가 일본 등에 의해 점령된 뒤 중국의 운명이 어떻게 됐는지는 이미 살폈다.

한반도, 완충지인가 교두보인가?

1500년대 서방 해양세력이 도래한 이후 한반도는 일본과 중국, 일본과 러시아, 소련과 미국, 중국과 미국 사이에서 완충지대가 되느냐 교두보가 되느냐에 따라 운명이 갈려왔다. 열강이 서로 견제할 수 있는 세력균형의 중심점으로서 완충지대로 충실히 기능하면, 한반도는 전쟁과 참화를 피하고 안보가 보장될 수 있었다. 하지만 불행하게도 한반도는 주변 열강의 세력변이가 생길 때마다 우월한 열강의 교두보로 전락했다. 한반도에서 전쟁과 참화는 끊이지 않았다.

한반도 같은 완충지대 국가의 문제는 열강의 변화하는 동력에 따라서 급속히 불안정한 위상으로 빠진다는 것이다. 완충지대를 둘러싸고 경쟁하는 열강이 세력균형을 이루거나 자신들 사이의 방어공간을 보장하는 데 관심을 둘 때, 완충지대 국가는 그 목적을 달성할 수 있다. 그런 세력균형이 깨지면, 완충지대는 급속히 열강의 세력 진출을 위한 교두보가 된다.[12]

현재 한반도 평화에 최대 위협인 북한의 핵 개발 위기는 1990년대 초 소련 붕괴 등 유라시아 대륙세력의 급속한 위축을 배경으로 한다.

북한의 후견세력인 러시아와 중국은 세력이 약화됐고 한국과 수교했는데, 미국과 일본은 북한과 수교를 하지 않았다. 고립된 북한으로서는 핵 개발로 자구책을 찾았고, 어느덧 30년이 흘렀다.

다시 중국이 부상하면서 동아시아에서 대륙세력과 해양세력의 세력 균형은 갈림길에 서 있다. 중국의 부상을 동아시아에서 미국의 패권에 도전하는 세력균형의 위기라고 봐서는 안 된다. 이는 소련의 붕괴로 기우뚱해졌던 서방 해양세력 대 유라시아 대륙세력의 세력균형 회복으로 봐야 한다. 그래야 한반도의 안정적 미래가 보인다. 핵 개발을 놓고 중국과 북한은 갈등하지만, 중국의 부상은 기본적으로 북한의 안보를 담보한다. 미국의 도널드 트럼프 행정부 출범 이후 미국이 중국에 북핵 해결을 요구하는 것도 이런 차원의 일이다.

지금 한반도의 분단 체제는 미·중·일·러 열강이 자국의 이해에 따라 타협해서 한반도에 강제한 완충지대 시스템이라고 할 수 있다. 우리 민족에게 비극이고, 극복해야 할 체제이다. 하지만 이 분단 체제 때문에 한반도에서 '불안정한 안정'이나마 유지되는 역설이 존재한다.

한반도에 관한 열강의 최대 관심사는 한반도가 상대의 영향권으로 완전히 종속되지 않는 것이다. 미-일 진영과 중-러 진영은 한반도에서 남북한 대립의 긴장을 명분으로 삼아, 이 지역에서 상대를 겨냥한 군사력 확장 등 압력의 수단으로 분단 체제를 이용하고 있다. 하지만 열강이 한반도에서 열전이나 급격한 세력 변화를 원한다고 볼 수는 없다. 한국전쟁의 경험 등은 한반도를 분단 체제를 통한 완충지대로 남겨 두는 것이 열강에게 안정적인 세력 관리에 유리함을 보여줬다.

한반도의 지정학은 먼저 이 분단 체제를 인정하는 현실주의에서 출발해야 한다. 이상은 분단 체제의 극복이나, 현실은 그 관리가 돼야 한다. 이는 분단 체제가 주변 열강의 세력균형 차원에서 성립된 것을 인정해야 함을 의미한다. 현재 분단 체제와 주변 열강의 세력균형은 연계된 것이다. '같은 민족이기 때문에 통일해야 한다'는 진보 진영의 민족통일론이나, '북한은 공산주의이기 때문에 흡수통일해야 한다'는 보수진영의 반공통일론은 위험한 이상주의이다.

서독이 동독을 흡수통일한 독일 통일은 한반도의 모델이 될 수 없다. 독일의 통일은 기본적으로 유럽 최강대국인 자신들의 지정적 위상을 회복한 것뿐이다. 독일은 통일을 거부하는 주변 열강을 저지할 수 있었다. 현재 한국이 북한을 국력에서 압도한다고 해서, 그것이 평화 통일의 동력이 된다고 착각해서는 안 된다. 보수 진영 쪽은 북한을 압박하고 고립시키면 '통일은 느닷없이 찾아온다'고 주장하나, 그렇게 찾아오는 것은 통일이라기보다는 전쟁이나 참화가 될 가능성이 더 크다. 한국은 결코 독일이 아니다.

미국 지정학자 니컬러스 스파이크먼은 "열강 사이의 세력투쟁이 기본적인 현실인 국제관계의 역동적 세계에서, 작은 완충국가들의 궁극적 운명은 기껏해야 위태로울 뿐이다"고 말했다. 한반도에서 현재 분단 체제를 안정적으로 관리하는 데 실패하면, 한반도는 미국과 중국이 대결하는 세 번째 그레이트 게임의 핫스팟이 될 것이다.

분단 체제를 평화적으로 관리해 공존 체제로 안정화시켜야 한다. 남북한의 두 정권 모두가 주변 열강과 안정적 관계를 구축하게 해야 한다. 이를 통해 한반도가 특정 열강 진영의 교두보가 아니라 양 진영의 완충지대로 안정적으로 유지되게 해야 한다. 이는 결코 분단 체제의 영구화가 아니다. 주변 열강의 세력균형을 유지하는 공존 체제로의 안정적 전환이야말로 분단 체제의 평화적 해소로 가는 길이다. 분단 체제의 극복은 분단 체제가 생겨나고 작동하는 현실을 인정해야만 가능하기 때문이다.

1부 _ 유럽의 지정학과 1차 그레이트 게임

1. 재레드 다이아몬드, 《총·균·쇠: 무기 병균 금속은 인류의 운명을 어떻게 바꿨는가》, 김진준 옮김(문학사상사, 1998), 202~213쪽.

2. Frédéric Gazeau, "The European Coastal Zone: Characterization and First Assessment of Ecosystem Metabolism". http://www.co2.ulg.ac.be/pub/Gazeau%20et%20al%202004b.pdf

3. CIA, The World Fact Book. https://www.cia.gov/library/publications/the—world—factbook/index.html

4. "Coastal and Marine Ecosystems—Marine Jurisdictions: Coastline length", World Resources Institute. Archived from the original on April 19, 2012. Retrieved March 18, 2012.

5. Saul Bernard Cohen, *Geopolitics: The Geography of International Relations*(Rowman & Littlefield Publishers, 2014), Kindle Edition, pp. 4935~4938.

6. Jakub J. Grygiel, *Great Powers and Geopolitical Change*(The Johns Hopkins University Press, 2006), Kindle Edition, pp. 937~942.

7. Ibid., pp. 942~946.

8. Ibid., pp. 946~950.

9. Ibid., pp. 950~957.

10. Ibid., pp. 906~908.

11. Halford Mackinder, "The Geographical Pivot of History", *The Geographical Journal*, vol. 23, no. 4, April 1904, p. 423.

12. Jakub J. Grygiel, *Great Powers and Geopolitical Change*, pp. 671~673.

13. Ibid., pp. 678~680.

14. Ibid., pp. 695~699.

15. Ibid., pp. 727~733.

16. Debin Ma, "Great Silk Exchange", p. 60. Ibid., pp. 733~736 재인용.

17. Ibid., pp. 2365~2374.

18. Henry Kissinger, *World Order*(Penguin Publishing Group, 2014), Kindle Edition, p. 26.

19. "The Battle of Waterloo: A Landmark in Britain's Geopolitical Strategy", Stratfor, June 18, 2015. https://www.stratfor.com/analysis/battle-waterloo-landmark-britains-geopolitical-strategy

20. Henry Kissinger, *World Order*, p. 32.

21. George Friedman, "Britain's Strategy", Stratfor, May 7, 2012. https://www.stratfor.com/weekly/britains-strategy

22. Henry Kissinger, *Diplomacy*, p. 76.

23. Idid.

24. Idid., p. 99.

25. Idid., p. 97.

26. Idid., pp. 80~81.

27. Peter Zeihan, "The Rise, Fall, and Rise of the Reich", Stratfor, March 10, 2005. https://www.stratfor.com/analysis/rise-fall-and-rise-reich

28. Henry Kissinger, *World Order*, p. 22.

29. "The Geopolitics of Russia: Permanent Struggle", Stratfor, April 15, 2012. https://www.stratfor.com/analysis/geopolitics-russia-permanent-struggle

30. Tim Marshall, *Prisoners of Geography: Ten Maps that Explain Everything About the World*(Scribner, 2005), Kindle Edition, pp. 232~237.

31. 피터 홉커크, 《그레이트 게임: 중앙아시아를 둘러싼 숨겨진 전쟁》, 정영목 옮김(사계절, 2008), 23~25쪽.

32. 같은 책, 27쪽.

33. 같은 책, 94~95쪽.

34. 같은 책, 221~222쪽.

35. 같은 책, 383~389쪽.

36. 같은 책, 386~387쪽.

37. Alex Marshall, *The Russian General Staff and Asia, 1860-1917*(Routledge, 2006), pp. 78~79.

38. 김용구, "위기의 교린질서", 《세계외교사》(서울대학교 출판부, 2006). http://terms.naver.com/entry.nhn?docId=2456265&cid=51420&categoryId=51420&expCategoryId=51420

39. 김용구, "19세기와 조선", 같은 책. http://terms.naver.com/entry.nhn?docId=24
   56262&cid=51420&categoryId=51420&expCategoryId=51420

40. 김용구, 같은 글.

41. 피터 홉커크, 《그레이트 게임: 중앙아시아를 둘러싼 숨겨진 전쟁》, 543쪽.

42. 같은 책, 641쪽.

43. Mackinder, "The Geographical Pivot of History", *The Geographical Journal*, p 436.

44. Ibid., p 437.

2부 _ '독일 딜레마'의 지정학과 세계대전

1. Henry Kissinger, *Diplomacy*, p. 139.

2. Ibid., p. 160.

3. 포르메니아는 독일과 접경한 폴란드의 지방으로, 이곳 출신의 용병들이 독일 등에
   서 고용됐다. 전쟁에서 소모되는 총알받이 병사들의 목숨만 한 가치도 없다는 표
   현이다.

4. John J. Mearsheimer, *The Tragedy of Great Power Politics*(W. W. Norton & Company,
   2003), Kindle Edition, pp. 3217~3221.

5. Ibid., pp. 4949~4957.

6. Henry Kissinger, *Diplomacy*, pp. 181~182.

7. Ibid., pp. 204~205.

8. Ibid., pp. 205~206.

9. Brian W. Blouet, *Geopolitics and Globalization in the Twentieth Century*(Reaktion
   Books, 2001), p. 36.

10. Henry Kissinger, *Diplomacy*, pp. 181~182. pp. 202~203.

11. Ibid., p. 203.

12. Ibid., p. 204.

13. 제바스티안 하프너, 《비스마르크에서 히틀러까지》, 안인희 옮김(돌베개, 2016),
   122쪽.

14. John J. Mearsheimer, *The Tragedy of Great Power Politics*, pp. 3750~3753.

15. 제바스티안 하프너, 《비스마르크에서 히틀러까지》, 138~139쪽.

16. Henry Kissinger, *Diplomacy*, p. 228.

17. Ibid, pp.233~234.

18. Halford John Mackinder, *Democratic Ideals and Reality: A Study in the Politics of*

Reconstruction(1919), p. 205.

19. Brian W. Blouet, *Geopolitics and Globalization in the Twentieth Century*, p. 74.

20. Ibid., pp. 59~60.

21. World Future Fund, "A Report from Carl J. Burckhardt, High Commissioner of the League of Nations, on his meeting with Adolf Hitler on August 11, 1939". http://www.worldfuturefund.org/wffmaster/Reading/Germany/Burckhardt.htm

22. Brian W. Blouet, *Geopolitics and Globalization in the Twentieth Century*, p. 75.

23. John J. Mearsheimer, *The Tragedy of Great Power Politics*, pp. 3156~3163.

24. Brian W. Blouet, *Geopolitics and Globalization in the Twentieth Century*, pp. 76~77.

25. Henry Kissinger, *Diplomacy*, pp. 361~362.

26. Ibid., p. 368.

27. Brian W. Blouet(ed.), *Global Geostrategy: Mackinder and the Defence of the West*(Routledge, 2013), Kindle Edition, pp. 259~268.

28. 리처드 오버리, 《스탈린과 히틀러의 전쟁》, 류한수 옮김(지식의 풍경, 2002), 218쪽 재인용.

29. 같은 책, 73~74쪽.

30. 이언 커쇼, 《히틀러 II: 몰락 1936-1945》, 이희재 옮김(교양인, 2010), 646쪽.

31. 같은 책, 654쪽.

32. P. M. H. Bell, *Twelve Turning Points of the Second World War*(Yale University Press, 2011), p 107.

3부 _ 미국과 소련, 새로운 해양세력과 대륙세력의 등장

1. "The Geopolitics of the United States, Part I: The Inevitable Empire", Stratfor, July 4, 2016, p. 26. https://www.stratfor.com/analysis/geopolitics-united-states-part-1-inevitable-empire

2. Ibid., pp. 5~6.

3. Ibid., p. 8.

4. Ibid., p. 16.

5. "The Geopolitics of the United States, Part I: The Inevitable Empire", Stratfor, July 4, 2016, p. 23. https://www.stratfor.com/analysis/geopolitics-united-states-part-1-inevitable-empire

6. Saul Bernard Cohen, *Geopolitics: The Geography of International Relations*, pp. 661~669.

7. Brian W. Blouet, *Geopolitics and Globalization in the Twentieth Century*, p. 26.

8. Saul Bernard Cohen, *Geopolitics: The Geography of International Relations*, pp. 661~669.

9. Henry Kissinger, *Diplomacy*, p. 387.

10. Ibid., pp. 389~390.

11. Ibid., p. 395.

12. "Casablanca Directive", American Air Museum in Britain, May 20, 2015. http://www.americanairmuseum.com/mission/2053

13. Harry Truman, *1945: Year of Decisions*(CreateSpace Independent Publishing Platform, 2017), p. 416.

14. "Harry Truman, interview with Walter LaFeber", PBS, Amercian Experience. http://www.pbs.org/wgbh/americanexperience/features/interview/truman-lafeber/

15. Tsuyoshi Hasegawa, "The Atomic Bombs and the Soviet Invasion: What Drove Japan's Decision to Surrender?", *The Asia-Pacific Journal/Japan Focus*, vol. 5/Issue 8, Aug 1, 2007. http://apjjf.org/-Tsuyoshi-Hasegawa/2501/article.html

16. 리처드 오버리, 《스탈린과 히틀러의 전쟁》, 342쪽.

4부 _ 냉전, 미국과 소련의 2차 그레이트 게임

1. Nicholas Spykman, *America's Strategy in the World Politics: The United States and the Balance of Power*(1941), p. 260.

2. Brian W. Blouet, *Geopolitics and Globalization in the Twentieth Century*, pp. 120~121.

3. Ibid., p. 120.

4. Nicholas Spykman, *The Geography of Peace*, Helen R. Nichol(ed.)(1944), p. 41.

5. Henry Kissinger, *Diplomacy*, pp. 447~448.

6. George Kennan, 'Long Telegram' from Moscow, February 22, 1946, in "Foreign Relations of the United States", 1946. http://nsarchive.gwu.edu/coldwar/documents/episode-1/kennan.htm

7. Ibid.

8. Winston Churchill, "Sinews of Peace" address of March 5, 1946 at Westminster College. https://en.wikisource.org/wiki/Sinews_of_Peace

9. Ibid.

10. Henry Kissinger, *Diplomacy*, p. 449.

11. Ibid., p. 450.

12. *TIME*, July 2, 1951. https://en.wikiquote.org/wiki/Harry_S._Truman

13. Henry Kissinger, *Diplomacy*, p. 452.

14. President Harry S. Truman's Address befors a Joint Session of Congress, March 12, 1947. http://avalon.law.yale.edu/20th_century/trudoc.asp

15. Brian W. Blouet, *Geopolitics and Globalization in the Twentieth Century*, p 151.

16. Robert J. McMahon, *The Cold War: A Very Short Introduction*(Oxford University Press, 2003), Kindle Edition, p. 30.

17. Ibid., p. 31.

18. Saul Bernard Cohen, *Geopolitics: The Geography of International Relations*, pp. 1857~1859.

19. Tim Kane, "Global U.S. Troop Deployment, 1950–2003", The Heritage Foundation, October 27, 2004. http://www.heritage.org/defense/report/global–us–troop–deployment–1950–2003

20. Henry S. Rowen, "Formulating Strategic Doctrine", in Report of the Commission on the Organization of the Government for the Conduct of Foreign Policy, Appendix K, Adequacy of Current Organization: Defense and Arms Control(U. S. Government Printing Office, 1975), p. 222.; John J. Mearsheimer, *The Tragedy of Great Power Politics*, pp. 8747~8750.

21. John J. Mearsheimer, *The Tragedy of Great Power Politics*, pp. 3825~3836.

22. Henry Kissinger, *Diplomacy*, pp. 498~499.

23. Saul Bernard Cohen, *Geopolitics: The Geography of International Relations*, pp. 2077~2085.

24. Ibid., pp. 2085~2100.

25. Ibid., pp. 2087~2100.

26. Henry Kissinger, *Diplomacy*, pp. 721~722.

27. Ibid.

28. *Time*, January 3, 1972, p. 15.

29. Henry Kissinger, *White House Years: The First Volume of His Classic Memoirs*(Simon & Schuster, 1898), Kindle Edition, pp. 1558~1566.

30. Henry Kissinger, *Diplomacy*, p. 722.

31. Richard M. Nixon, "Asia After Viet Nam," *Foreign Affairs*, vol. 46, no. 1(October 1967), p. 121.

32. "Nixon's View of the World—From Informal Talks," in *U. S. News & World Report*, vol. LXV, no. 12(September 16, 1968), p. 48.

33. Henry Kissinger, *Diplomacy*, p. 721.

34. Ibid., p. 728.

35. Ibid., pp. 728~729.

36. Ibid., p. 730.

37. Stephen Kotkin, *Armageddon Averted: The Soviet Collapse 1970-2000*(Oxford Univ. Press, 2008), p. 15~18.

38. Robert M. Gates, *From the Shadows: The Ultimate Insider's Story of Five Presidents and How They Won the Cold War*(Simon & Schuster, 2007), Kindle Edition, p. 68~69.

39. Ibid., pp. 83~84.

40. Ford, Gerald; Kissinger, Henry; Scowcroft, Brent(August 15, 1974). Wikisource link to President Ford—Henry Kissinger memcon(August 15, 1972). Gerald R. Ford Presidential Library. Wikisource. Wikisource page link p. 5. Wikisource link [scan] https://en.wikisource.org/wiki/Page:Ford,_Kissinger_-_August_15,_1974(Gerald_Ford_Library)(1552750).pdf/6

41. Robert M. Gates, *From the Shadows: The Ultimate Insider's Story of Five Presidents and How They Won the Cold War*, pp. 87~88.

42. William G. Hyland, *Mortal Rivals*(Random House, 1987), p. 128.

43. Robert M. Gates, *From the Shadows: The Ultimate Insider's Story of Five Presidents and How They Won the Cold War*, p. 89.

44. Ibid., pp. 90~91.

45. Ibid., pp. 93~95.

46. Ibid., pp. 95~96.

47. Ibid., p. 116.

48. 中共對侵越戰爭八股自辯. http://www.hkfront.org/wcvcw12.htm

49. 헨리 키신저, 《헨리 키신저의 중국 이야기》, 권기대 옮김(민음사, 2012), 424쪽.

50. 같은 책, 424~425쪽.

51. 같은 책, 426~427쪽.

52. 같은 책, 433쪽.

53. 같은 책, 438쪽.

54. 같은 책, 440~441쪽.

55. Robert M. Gates, *From the Shadows: The Ultimate Insider's Story of Five Presidents and How They Won the Cold War*, p. 122.

56. 헨리 키신저, 《헨리 키신저의 중국 이야기》, 450쪽.

57. 같은 책, 458쪽.

58. Steve Coll, *Ghost War: The Secret History of the CIA, Afghanistan and Bin Laden*(Penguin Books Ltd., 2005), pp. 41~42.

59. Ibid., p. 49.

60. A. F. Dobrynin, "Personal Memorandom, Andropov to Brezhnev," Cold War International Project.

61. Seth G. Jones, *In the Graveyard of Empires: America's War in Afghanistan*(W. W. Norton & Company, 2009), Kindle Edition, pp. 810~824.

62. Zbigniew Brezinski, "Reflections on Soviet Intervention in Afghanistan" memorandum for the president from Zbigniew Brezinski, Cold War International History Project, December 26, 1979.

63. Robert M. Gates, *From the Shadows: The Ultimate Insider's Story of Five Presidents and How They Won the Cold War*, p. 117.

64. Angus Maddison, *The World Economy: A Millennial Perspective*(Organization for Economic Cooperation & Development, 2001), pp. 274~275, 298.

65. "GDP—Million 1990", CIA Factbook, 1991.

66. Robert M. Gates, *From the Shadows: The Ultimate Insider's Story of Five Presidents and How They Won the Cold War*, pp. 173~174.

67. Ibid., pp. 318~319.

68. Ibid., pp. 184~185.

69. "President Sharply Assails Kremlin: Haig Warning on Poland Disclosed", *New York Times*, January 30, 1981. http://www.nytimes.com/1981/01/30/world/president-sharply-assails-kremlin-haig-warning-on-poland-disclosed.html

70. "Ronald Reagan, 'Evil Empire Speech' (8 March 1983)". http://voicesofdemocracy. umd.edu/reagan-evil-empire-speech-text/

71. "Address to the Nation on Detense and National Security", President Reagan's SDI Speech. http://www.atomicarchive.com/Docs/Missile/Starwars.shtml

72. Robert M. Gates, *From the Shadows: The Ultimate Insider's Story of Five Presidents and How They Won the Cold War*, p. 264.

73. Ibid., p. 263.

74. Benjamin B. Fischer, "A Cold War Conundrum: The 1983 Soviet War Scare", https://www.cia.gov/library/center-for-the-study-of-intelligence/csi-publications/books-and-monographs/a-cold-war-conundrum/source.htm#HEADING1-11

75. Ibid.

76. Michael Meyer, "The picnic that brought down the Berlin Wall", *Los Angeles Times*, September 13, 2009. http://articles.latimes.com/2009/sep/13/opinion/oe-meyer13

77. Svetlana Savranskaya and Tom Blanton(ed.), "The Thatcher-Gorbachev Conversations", *National Security Archive Electronic Briefing Book*, no. 422, April 12, 2013. http://nsarchive2.gwu.edu/NSAEBB/NSAEBB422; http://nsarchive2.gwu.edu/NSAEBB/NSAEBB422/docs/Doc%207%201989-09-23%20Gorbachev%20Thatcher.pdf

78. "The President's News Conference in Helena, Montana", The American Presidency Project, September 18, 1989. http://www.presidency.ucsb.edu/ws/index.php?pid=17538

79. Robert M. Gates, *From the Shadows: The Ultimate Insider's Story of Five Presidents and How They Won the Cold War*, p. 484.

80. "The Germans Are Back!: The Iron Lady's Views on German Reunification", *Spiegel*, September 11, 2009. http://www.spiegel.de/international/europe/the-iron-lady-s-views-on-german-reunification-the-germans-are-back-a-648364.html

81. Mary Elise Sarotte, "A Broken Promise?: What the West Really Told Moscow About NATO Expansion", *Foreign Affairs*, September/october 2014.

82~89. Ibid.

5부 _ 중국의 지정학과 3차 그레이트 게임

1. "The Geopolitics of China: A Great Power Enclosed", Stratfor, March 25, 2012. https://worldview.stratfor.com/article/geopolitics-china-great-power-enclosed#/entry/jsconnect?client_id=644347316&target=%2Fdiscussion%2Fembed%3Fp%3D%252Fdiscussion%252Fembed%252F%26vani

lla_identifier%3D265830%26vanilla_url%3Dhttps%253A%252F%252Fwo
rldview.stratfor.com%252Farticle%252Fgeopolitics—china—great—power—
enclosed%26vanilla_category_id%3D1%26title%3DThe%2BGeopolitics%2Bof%2B
China%253A%2BA%2BGreat%2BPower%2BEnclosed

2. Robert D. Kaplan, *The Revenge of Geography: What the Map Tells Us About Coming Conflicts and the Battle Against Fate*(Random House, 2012), Kindle Edition, pp. 3179~3182.

3. "The Geopolitics of China: A Great Power Enclosed".

4. Jakub J. Grygiel, *Great Powers and Geopolitical Change*, pp. 2479~2489.

5. Robert D. Kaplan, *The Revenge of Geography: What the Map Tells Us About Coming Conflicts and the Battle Against Fate*, pp. 3272~3276.

6. "China's Long March Into Central Asia", Stratfor, April 27, 2016. https://worldview.stratfor.com/article/chinas—long—march—central—asia

7. "Russia signs 30—year Deal Worth $400bn to Deliver Gas to China", *Guardian*, May 21, 2014. https://www.theguardian.com/world/2014/may/21/russia—30—year—400bn—gas—deal—china

8. M. Taylor Fravel, *Strong Borders, Secure Nation: Cooperation and Conflict in China's Territorial Disputes*(Princeton University Press, 2008). John J. Mearsheimer, *The Tragedy of Great Power Politics*, pp. 6003~6009 재인용.

9. Robert D. Kaplan, "The Geography of Chinese Power: How Far Can Beijing Reach on Land and at Sea?", *Foreign Affairs*, May/June, 2010.

10. Hillary Clinton, "America's Pacific Century", *Foreign Policy*, October 11, 2011. http://foreignpolicy.com/2011/10/11/americas—pacific—century/

11. "Images Show 'Significant' Chinese Weapons Systems in South China Sea", *The Guardian*, December 14, 2016. https://www.theguardian.com/world/2016/dec/15/images—Show—Significant—Chinese—Weapons—Systems—in—south—china—sea

12. Robert D. Kaplan, *The Revenge of Geography: What the Map Tells Us About Coming Conflicts and the Battle Against Fate*, pp. 3474~3483.

13. Ibid., 3483~3489.

14. Ibid.

15. Robert D. Kaplan, "Center Stage for the 21st Century: Power Plays in the Indian Ocean", *Foreign Affairs*, March/April, 2009. https://www.foreignaffairs.com/articles/east—asia/2009—03—01/center—stage—21st—century

16. "China's Foreign Ports, The New Masters and Commanders: China's Growing Empire of Ports Abroad Is Mainly About Trade, Not Aggression", *The Economist*, June 8, 2013. https://www.economist.com/news/international/21579039-chinas-growing-empire-ports-abroad-mainly-about-trade-not-aggression-new-masters

17. Deborah Brautiam, "5 Myths About Chinese Investment in Africa", *Foreign Policy*, December 4, 2015. http://foreignpolicy.com/2015/12/04/5-myths-about-chinese-investment-in-africa/

에필로그 _ 한반도, 열강의 완충지가 될 것인가, 교두보가 될것인가

1. 조선민주주의인민공화국 과학원 고전연구소, 《고려사》, 제1권 세가 제3 성종(과학원출판사, 1962), 172쪽.

2. 김시덕, 《동아시아, 해양과 대륙이 맞서다》(메디치, 2015), 7쪽.

3. 같은 책, 74쪽.

4. 가토 요코, 《그럼에도 일본은 전쟁을 선택했다》, 윤현명 · 이승혁 옮김(서해문집, 2017), 95쪽.

5. 김용구, 《세계외교사》. http://terms.naver.com/entry.nhn?docId=2456268&cid=51420&categoryId=51420&expCategoryId=51420

6. 김용구, "교린질서 붕괴의 시련", 같은 책. http://terms.naver.com/entry.nhn?docId=2456268&cid=51420&categoryId=51420&expCategoryId=51420

7. 가토 요코, 《그럼에도 일본은 전쟁을 선택했다》, 104쪽 재인용.

8. 같은 책, 109~111쪽.

9. 같은 책, 138쪽.

10. Henry Kissinger, *Diplomacy*, pp. 480~481.

11. "Total Military Personnel and Dependent End Strength By Service, Regional Area, and Country", Defense Manpower Data Center, November 7, 2016.

12. Roger Baker, "Korea's Place in History", Stratfor, January 15, 2018.

지정학의 포로들

© 정의길

초판 1쇄 발행 2018년 2월 27일
초판 2쇄 발행 2022년 7월 28일

지은이 정의길
펴낸이 이상훈
편집인 김수영
본부장 정진항
인문사회팀 권순범 김경훈
마케팅 김한성 조재성 박신영 김효진 김애린 임은비
사업지원 정혜진 엄세영

펴낸곳 (주)한겨레엔 www.hanibook.co.kr
등록 2006년 1월 4일 제313-2006-00003호
주소 서울시 마포구 창전로 70 (신수동) 화수목빌딩 5층
전화 02)6383-1602~3 **팩스** 02)6383-1610
대표메일 book@hanien.co.kr

ISBN 979-11-6040-132-5 (03900)

＊ 이 책은 삼성언론재단의 지원을 받아 저술·출판되었습니다.